Mythen in nachmythischer Zeit

Mythen in nachmythischer Zeit

Die Antike in der deutschsprachigen Literatur der Gegenwart

Herausgegeben von
Bernd Seidensticker und Martin Vöhler

Walter de Gruyter · Berlin · New York
2002

♾ Gedruckt auf säurefreiem Papier,
das die US-ANSI-Norm über Haltbarkeit erfüllt.

Die Deutsche Bibliothek – CIP-Einheitsaufnahme

Mythen in nachmythischer Zeit : die Antike in der deutschsprachigen Literatur der Gegenwart / hrsg. von Bernd Seidensticker und Martin Vöhler. – Berlin ; New York : de Gruyter, 2002
ISBN 3-11-016869-3

Printed in Germany
Satz: DTP Johanna Boy, Brennberg
Druck und buchbinderische Verarbeitung: WB-Druck, Rieden/Allgäu
Umschlaggestaltung: +malsy, Bremen

Vorwort

„Die griechischen Götter, die Bescheidenen, sind unsere treuesten Freunde, denn sie allein sind bereit, mit jedem Geschlecht, das vergeht, aufs neue verworfen zu werden. Sie, die so vielfältig sind, schillernd in der Erscheinung, widerspruchsvoll wie die Wirklichkeit selbst, teilen unseren Tod. Sie verlassen uns nicht, und wenn sie wieder auferstehn, geschieht es in neuer, verwandelter, menschlicher Gestalt."

Ernst Blochs Formulierung am Ende von Walter Jens' Reisetagebuch *Die Götter sind sterblich* beschreibt im Bild der sterblich-unsterblichen Götter den immer wieder gleichen und dabei immer wieder neuen Prozeß der kreativen Rezeption antiker Mythen, der so alt ist wie die europäische Literatur. Nicht die pietätvolle Bewahrung und Tradierung, sondern die immer neuen Variationen und Metamorphosen haben den alten Stoffen ihre Lebendigkeit erhalten. Das gilt auch und in besonderem Maße für die deutschsprachige Literatur der Gegenwart, in der die Antike, trotz des sich beschleunigenden Abbaus der altsprachlichen Fächer an Schule und Universität, eine erhebliche Rolle spielt.

Die Essays des vorliegenden Bandes gehen der Frage nach, was zeitgenössische Autoren dazu bewegt, auf die alten mythischen Geschichten zurückzugreifen und sie zu bearbeiten. Untersucht werden Aspekte der Stoffwahl, die Konzentration auf bestimmte Gestalten, der kreative Umgang mit dem antiken Material, die Auseinandersetzung mit den klassischen Formen, die Transposition antiker Konflikte in moderne Kontexte, die Verfahren der Bearbeitung und Fortschreibung. Ziel ist es, über den Stand und die Tendenzen der literarischen Auseinandersetzung mit der Antike während der letzten Jahrzehnte des 20. Jahrhunderts zu informieren.

Die Auswahl der behandelten Autoren beansprucht keine Vollständigkeit. Sie wurde so getroffen, daß unterschiedliche Zugangsweisen zum Mythos möglichst deutlich zum Ausdruck kommen. Die renommierten Autoren gehören zudem verschiedenen Generationen an: Bereits in den zwanziger Jahren sind Erich Fried (21), Walter Jens (23), Peter Hacks (28), Heiner Müller (29), Günter Kunert (29) und Christa Wolf (29) geboren, im folgenden Jahrzehnt bzw. in den Jahren bis zum Ende des Zweiten Weltkriegs Hubert Fichte (35), Volker Braun (39), Peter Handke (42), Stefan Schütz (44), Botho Strauß (44) und Thomas Brasch (45). Zur Nachkriegsgeneration zählen Michael Köhlmeier (49), Gisbert Haefs (50), Christoph Ransmayr (54) und Durs Grünbein (62). Die Schwerpunkte ihrer Antikerezeption verteilen sich auf alle großen literarischen Gattungen: auf die Lyrik, das Drama, die Kurzgeschichte, den Essay und den Roman; schließlich ergeben sich gravierende Unterschiede der Antikerezeption nicht zuletzt daraus, ob die Autoren westlich oder östlich der Elbe leben und arbeiten.

Die einzelnen Kapitel des Bandes sind so gegliedert, daß zunächst die Autoren selbst zu Wort kommen. In Originalbeiträgen oder in bereits publizierten Äußerungen umreißen sie ihren Zugang zur Antike. Im Anschluß daran charakterisieren die an diesem Band beteiligten Literaturwissenschaftler (aus dem Bereich der Altertumswissenschaften, der Komparatistik und der Germanistik) grundlegende Aspekte der Antikerezeption des jeweils vorgestellten Autors: Sie untersuchen an einschlägigen Beispielen Kontexte, Quellen und Vorbilder, unterscheiden direkte und indirekte Wege der Vermittlung, informieren über den Bildungshintergrund, Sprachkenntnisse und wissenschaftliche Hilfsmittel und behandeln schließlich ästhetische und politische Zielsetzungen.

Thomas Brasch faßt (1977) sein Interesse an den griechischen Mythen in einer kurzen Charakteristik zusammen: Sie seien ausgezeichnete Kurzgeschichten von exemplarischer Geltung, in sich abgeschlossen und aus sich heraus, ohne Kenntnis der historischen Kontexte, verständlich. Brasch deutet sie als „Geschichten über Arbeitsprozesse". Seine Erzählung vom Wettkampf zwischen Apoll und Marsyas, die er als „Geschichte eines Streiks" darbietet, steht im Mittelpunkt der Analyse von Antje Janssen-Zimmermann (Koblenz).

Mit dem Übergang zum Sozialismus muß die Mythenerzählung, wie Volker Braun im Gespräch mit Silvia Schlenstedt fordert (1972), eine grundlegende Neubestimmung erfahren: Die großen Mythen der Vergangenheit sollen „aufgehoben" und verfremdet werden, um die eingetretene historische Zäsur sinnfällig zu machen. Braun verdeutlicht dies Verfahren am Beispiel des Sisyphos, der seinen Stein nunmehr als nutzlose Last wegwerfen könne. Heinz-Peter Preußer (Bremen) charakterisiert die spätere Entwicklung von Brauns Arbeit am Mythos, indem er dessen Iphigenie-Bearbeitung auf der Folie der literarischen Tradition darstellt.

Hubert Fichte setzt in seinem Antikebezug nicht auf Distanz, sondern auf Empathie. Er sucht unter den antiken Autoren nach Bündnispartnern für die eigenen Anliegen (die Kritik der etablierten Wissenschaft, des Eurozentrismus, der Sexualmoral etc.). Manfred Weinberg (Konstanz) geht in seinem Beitrag dem emphatischen Herodot-Bezug bei Fichte nach, der den antiken Historiker in einer eigenwilligen Deutung zum frühen Ethnographen, „Uravantgardisten“ und zum „modernen Empiriker“ erklärt.

Erich Fried hat, wie auch andere der in diesem Band versammelten Autoren (Grünbein, Handke, Jens, Müller), selbst Übersetzungen griechischer Autoren angefertigt und veröffentlicht. Von den Erfahrungen bei seiner Übersetzung der Euripideischen *Bacchantinnen* berichtet er (1970) in dem ausgewählten Text. Timo Günther (Berlin) nimmt Frieds Fabel *Nicht Fisch, nicht Fleisch* zum Anlaß, dessen Verhältnis zu den konkurrierenden rhetorischen Traditionen der Antike zu untersuchen, um auf dieser Grundlage den rhetorischen Impetus Frieds genauer (als bisher geschehen) bestimmen zu können.

Durs Grünbein hebt in seinem Essay (2001) die sprachbildende Kraft der antiken, speziell der römischen Autoren hervor. Darüber hinaus bezeugt er ein besonderes Interesse für die „anthropologischen Einsichten“, die in literarischen Gattungen wie Tragödie, Epistel und Ode mit unübertroffener Meisterschaft formuliert seien. Michael von Albrecht (Heidelberg) verdeutlicht in seiner Analyse des Gedichtbands *Nach den Satiren* die nachhaltigen Konsequenzen dieser poetischen Auseinandersetzung Grünbeins mit der Antike.

In seinen zehn Thesen *Über die Wiederverwendung von Mythen* (1963) behandelt Peter Hacks die „Rolle von Mythen in nachmythischer Zeit“. Unter diesem Stichwort, das dem vorliegenden Band seinen Titel gegeben hat, faßt Hacks die spezifische Leistung der Mythen als eine Poetisierung der ihnen historisch zugrundeliegenden Fakten und Geschichten. Ihre Form sei „stabil, bis zur Formel gemeißelt und inhaltlich kompromißlos.“ Der historische Kern jedoch, auf den sich die Mythen beziehen, sei schnell vergessen: „Das Abgebildete ist vergangen, die Abbildungen bleiben; und wir erkennen uns, obgleich sie nicht von uns gemacht sind, in ihnen wieder.“ Frank Stucke (Berlin) konzentriert sich in seinem Beitrag auf die Versuche von Hacks, im Rückgriff auf die antiken Stoffe die Vorgaben des ‚sozialistischen Realismus‘ zu überwinden und die utopischen Gehalte seiner Vorlagen freizusetzen.

Gisbert Haefs kommentiert in seinem Beitrag (2001) die Vielfalt der Antikebilder lakonisch: „Wahrscheinlich hat jeder seine eigene Antike“, auf die jedoch ein jeder wie auf „die eigene Familien- beziehungsweise Ahnengeschichte“ zurückschaue. Die Nähe zu den antiken Vorfahren erweist sich aber als eine „scheinbare Nähe, die bei genauem Hinschauen immer wieder zu komplexer Fremdartigkeit“ werde. Am Beispiel des Hannibal-Romans (1989) zeigt Peter Habermehl (Berlin), wie es Haefs gelingt, einer breiteren Öffentlichkeit eine kaum bekannte Epoche unter Verzicht auf alte Klischees vorzustellen.

Im Anschluß an die Ausführungen Handkes (1987) zu seiner Übersetzung des Aischyleischen *Prometheus*, widmet sich Oswald Panagl (Salzburg) ihrer Vorgeschichte und charakterisiert die Übersetzung aus sprachwissenschaftlicher

Sicht. Er arbeitet Handkes Interesse am griechischen Einzelwort, seiner Lautung und Etymologie heraus und verfolgt Handkes Rückgriffe auf die griechische Literatur seit dem Ende der siebziger Jahre. Dabei unterscheidet er dessen synkretistischen Zugriff von den Zugangsweisen anderer Autoren (Köhlmeier, Ransmayr, Strauß oder Christa Wolf) und verdeutlicht die eigentümlichen Facettenbildungen Handkes in einem Durchgang durch das literarische Werk.

Walter Jens erläutert in seinem Beitrag (2001) den Modellcharakter der antiken Literatur für die eigene Arbeit, die er als Form „rezeptiven Produzierens" bezeichnet, da er in den unterschiedlichsten literarischen Genera versucht habe, einen „Stil-Bezug zwischen Damals und Heute, Ferne und Nähe" zu entwickeln. Bernd Seidensticker (Berlin) arbeitet in seiner exemplarischen Analyse des Reisejournals *Die Götter sind sterblich* die eigentümliche Spannung von klassizistischen und antiklassizistischen Zügen bei Jens heraus, indem er das titelgebende Paradox dem sonst vorherrschenden (klassizistischen) Bild einer unvergänglichen Antike gegenüberstellt, und gibt einen Überblick über die jahrzehntelange vielfältige Antikerezeption des Wissenschaftlers, Kritikers und Autors Jens.

Michael Köhlmeier fordert vom modernen Erzähler (2001) die entschiedene Transposition der antiken Mythen in die Vorstellungswelt der Gegenwart. Die Mythen eigneten sich als Spiegel von Gegenwartskonflikten, doch sollten sie stets aktualisiert (beispielsweise in die Supermärkte der Nachbarschaft verlegt) werden. Das Interesse an den alten Geschichten verblasse hingegen, sobald uns ihre Konflikte fremd würden (als Beispiel nennt Köhlmeier Achill, dessen Charakter auch Jens als „tapfer, aber langweilig" verworfen hat). Karlheinz Töchterle (Innsbruck) konzentriert sich in seinem Beitrag auf die Analyse der komplexen Erzählstrategien, die Köhlmeier in seinen bisherigen Odysseus-Romanen entfaltet.

Günter Kunert hebt in seinem Beitrag (2000) die den Mythen eigentümliche Poetisierungsleistung hervor. Er bezeichnet die einprägsamen Bilder des Mythos als „kunstvolle Übersetzungen von Erfahrungen, von Erlebtem und Erlittenem, von Einsicht und Erkenntnis." In ihrem Kunstcharakter entsprächen die Mythen dem dichterischen Verfahren des Lyrikers, der ebenfalls mit wenigen einprägsamen Bildern eine „Transformation von Realität in eine ästhetische Form" leiste. Wolfgang Maaz (Berlin) verdeutlicht Kunerts Umgang mit der Antike am Beispiel der zahlreichen Berlin-Gedichte des Autors, die vielfältige mythologische Bezüge entfalten.

Der (bereits im Beitrag von Volker Braun hervorgehobene) Aspekt des historischen Übergangs erhält bei Heiner Müller (1985) eine besonders originelle Deutung. Müller unterlegt dem Übergang eine chiastische Struktur, nach der sich die in der Antike begonnene Entwicklung in der Moderne umkehre: In der Antike führe der Übergang von der „clanorientierten Gesellschaft zur Klassengesellschaft“ (von der „Familie zum Staat, zur Polis“), in der Moderne hingegen von der Klassengesellschaft zur klassenlosen Gesellschaft. Insofern erhalten die Konflikte und Kollisionen der griechischen Tragödie eine aktuelle Dimension. Sie werden zur „Wiederkehr des Gleichen als eines Anderen“. Wilfried Barner (Göttingen) verdeutlicht Müllers „Modell“ der Antike in seiner exemplarischen Analyse des *Philoktet*.

Christoph Ransmayr stellt (1987/88) in dem Entwurf seines Ovid-Romans dessen Struktur als Umkehr der *Metamorphosen* vor. Sein Roman führe von der aufgeklärten Welt Roms in eine letzte Welt zurück. Das Chaos, das Ovid an den Anfang gestellt hatte, bildet bei Ransmayr den Endpunkt, auf den seine Geschichte in den Bildern „einer verlassenen, blutgetränkten Erde“ zuläuft. Ulrich Schmitzer (Erlangen) stellt das komplexe Spannungsgefüge zwischen den beiden Welten in seiner Lektüre der Ransmayrschen Metamorphosen vor.

Stefan Schütz präsentiert seine „Lesart der Antike“ in einem launigen Aphorismus (2001). Er markiert einen polaren Gegensatz von Nietzsche und Schopenhauer und überläßt es der divinatorischen Kraft des Lesers, Näheres zu ergründen. Volker Riedel (Jena) gibt einen Überblick zur Antikerezeption im Werk von Stefan Schütz, wobei er in seiner Analyse die Vorbilder ebenso wie die grundlegenden Motive (etwa die ‚Abrechnung‘ mit der Gesellschaft, der Geschichte, dem Patriarchat) hervorhebt.

Botho Strauß begründet im Programmheft der Berliner Aufführung von *Ithaka* (1997) seinen Rekurs auf den Mythos aus der Notwendigkeit „eines Bewußtseinsschutzes“. Die Auseinandersetzung mit der Antike erhält bei ihm eine kathartische Funktion. Sie werde zu „einer gehörigen Reinwaschung“ und diene „der großen Gesundung“. Wolfgang Emmerich (Bremen) verfolgt die Entwicklung, die Botho Strauß vom radikalen Mythenverdacht zu einer vehementen Rehabilitierung des Mythos führt. Der simplifizierenden Polemik hält Emmerich die anspielungsreichen und raffinierten Inszenierungen der Texte entgegen.

Christa Wolf hebt (1998) den Aspekt der wechselseitigen Durchdringung in ihrer Auseinandersetzung mit den mythischen Gestalten hervor: „Eine Gestalt ist da, die sich in einem Rahmen bewegt, an den man sich zu halten hat, in dem aber, wenn man sich tief genug darauf einläßt, ungeahnte Freiräume sich eröffnen: zu entdecken, hervorzuholen, zu deuten, zu erfinden.“ Die Arbeit am Mythos gerät ihr zur literarischen Archäologie. Mit der Neugestaltung der alten Geschichten zielt sie auf eine grundlegende Kritik der tradierten Denkmuster (bspw. des männlich-patriarchalen, militaristischen oder selbstzerstörerischen Denkens). Glenn W. Most (Pisa/Chicago) markiert in seiner Untersuchung der *Medea* die Größe und Grenzen dieses archäologischen Unterfangens.

Der kursorische Überblick zu den Beiträgen kann die Verwendungsvielfalt des Mythos in der Gegenwartsliteratur nur andeuten. Grundsätzlich fällt auf, daß die antiken Mythen in erster Linie nach den griechischen Vorlagen rezipiert werden. Als Quellen dienen insbesondere Homer und die Tragiker. Die *Metamorphosen* Ovids, die lange Zeit die Rezeption bestimmten, verlieren ihre zentrale Vermittlungsrolle. Die Kriegs- und Krisenerfahrungen des Jahrhunderts (Zweiter Weltkrieg, Kalter Krieg, atomare Wiederaufrüstung, Bürgerkriege der neunziger Jahre) spiegeln sich in den vielfältigen Bezugnahmen auf den Trojanischen Krieg, die sich bei Jens, Köhlmeier, Kunert, Müller, Schütz, Strauß und Christa Wolf (mit unterschiedlichen Akzenten) finden. Von den mythischen Gestalten beansprucht Odysseus mit seinem ambivalenten Charakter ein besonderes Interesse. Insgesamt dient der Mythos ganz unterschiedlichen Zwecken wie der Kritik und Affirmation, der Distanzierung und Affektmobilisierung, der Spiegelung und Verfremdung, der Objektivierung und Klischeebildung, der Geschlechterkritik und Rolleneinübung, der Aufklärung und Gegenaufklärung, der Politisierung und Quietisierung, der Verunsicherung und Manipulation. Entsprechend wird er kritisiert, rehabilitiert, verfremdet, umfunktionalisiert, verabschiedet, wiederhergestellt, verdächtigt und sakralisiert. Als entscheidend für sein Verständnis erweist sich die konkrete Bestimmung seiner Funktion im literarischen Kontext. Hatte Hans Blumenberg in seiner *Arbeit am Mythos* dem Mythos neben der notwendig „hochgradigen Beständigkeit des narrativen Kerns“ eine „ausgeprägte marginale Variationsfähigkeit“ zugesprochen, so schöpft der Mythengebrauch der Gegenwartsliteratur die Grenzen dieser Bestimmung voll aus: Die Variationsfähigkeit des Mythos entwickelt hier eine expressive Dynamik. Der Mythos lebt, auch wenn seine Heroen und Götter längst gestorben sind.

Zu danken ist: Carsten Lohmann und Timo Günther für die umsichtige Durchsicht und Computerbearbeitung der Beiträge, Susanne Rade und Dr. Heiko Hartmann, die die Entstehung und Herstellung des Bandes kundig und engagiert betreuten, sowie schließlich der Fritz Thyssen Stiftung, die ein den Band vorbereitendes Symposion in der Tagungsstätte der Berlin-Brandenburgischen Akademie der Wissenschaften in Blankensee mit ihrer großzügigen finanziellen Unterstützung ermöglichte.

Berlin im Oktober 2001

Bernd Seidensticker
Martin Vöhler

Inhaltsverzeichnis

Thomas Brasch

Aus: Interview mit Thomas Brasch von Karl Corino. In: Deutschland-Archiv. Zeitschrift für Fragen der DDR und der Deutschlandpolitik 10 (1977) 509-510.

Corino: Nun kann für Sie Realismus sicher nicht bedeuten, daß man irgendeinen beliebigen Rohstoff nimmt und zusieht, wie man ihn möglichst ohne Umwege aufs Papier bringt. Das erklärt wahrscheinlich auch, daß es formal sehr verschiedene Ansätze in Ihrem Erzählungsband (*Vor den Vätern sterben die Söhne*) gibt, daß die Erzählung neben der Parabel steht, daß es sozusagen surreale oder groteske Geschichten gibt, wie meinetwegen die, daß der Held, der Autor, wie immer man ihn nennen mag, plötzlich einen Wolf in seinem Inneren vorfindet, und ähnliches. Wie definiert sich denn nun anhand eines solchen Gemischs Ihr Begriff von Realismus, ein Begriff von Realismus, der auch erlaubt, Abwandlungen des antiken Mythos, den Wettkampf zwischen Apollo und Marsyas einzubeziehen?

Brasch: Um da konkret zu bleiben; die Geschichte von Apollo und Marsyas ist für mich auch eine – wie Sie sie nennen – Produktionsgeschichte. Es ist im Grunde die Geschichte eines Streiks. Ein Mann weigert sich, eine ganz bestimmte Arbeit zu verrichten und sie mit einer anderen zu vergleichen. In dem Fall eine künstlerische Arbeit. Es sind, ich würde nicht sagen Produktionsgeschichten, sondern Geschichten über Arbeit. Ob das eine künstlerische Arbeit ist, die verrichtet wird, oder eine Trauerarbeit, oder die Arbeit an einer Maschine, das ist mir dabei relativ uninteressant. Es sind Geschichten über Arbeitsprozesse. Und deshalb brauchen die Geschichten einander. Die Marsyas-Geschichte beschreibt, was die Literatur Europas zum Hintergrund hat, die Antike. Im Grunde sind da ja alle Formen schon da. In den Dramen ist es ganz deutlich ablesbar. Und eine Geschichte wie die *Fastnacht*-Geschichte wäre für mich nur halb, wenn sie nicht neben der Marsyasgeschichte zum Beispiel stände. Sie haben etwas miteinander zu tun. Diese Leistungsgesellschaft hat in Griechenland begonnen, und eine Anekdote aus diesem Prozeß erzählt die Marsyas-Geschichte. Das Motiv der Leistungsgesellschaft führt ganz direkt von Marsyas zu *Fastnacht* zum Beispiel. Der Zusammenhang ist etwas größer für mich, und für mich braucht der eine Text den anderen.

Corino: Wobei verschiedene Schwierigkeiten des Verständnisses auftauchen können. Sie werden wahrscheinlich einräumen, daß jemand, der selber in einer Fabrik arbeitet, die Geschichte eines Aufstiegs – ein Mann qualifiziert sich zum Leiter des Neuererbüros und wird dann wieder abgesetzt, weil er sich allerlei zuschulden kommen läßt –, daß also eine solche Geschichte für jemanden, der keine Gymnasialbildung hat, der nicht den antiken Mythos kennt, leichter verständlich ist als diese Abwandlung des antiken Modells, das ja gerade via Abwandlung auf den Hintergrund des antiken Mythos bezogen bleibt, und die man nur wirklich würdigen kann, wenn man die ursprüngliche Form kennt.

Brasch: Was Sie da sagen, würde eine ganz starke Kritik bedeuten. Wenn die Geschichte nur verständlich ist, indem man auch die, sagen wir, fünf Zeilen Ovid kennt, die es dazu gibt, dann wäre es eine schlechte Geschichte. Meiner Meinung nach ist es eine ganz simple Geschichte, wenn man sie vom Anfang zum Ende hin liest. Ich glaub' auch nicht, daß es Schwierigkeiten gäbe – bislang haben nur zwei Leute sie gelesen, die Arbeiter sind – bei Leuten, die den antiken Mythos nicht kennen oder die nicht auf der Oberschule waren. Das ist die Begegnung zweier Männer, wobei der eine vom andern fordert, daß er nun mit ihm in den Wettbewerb tritt. Und der andere sich dem verweigert. Es ist alles in der Geschichte drin, für mich jedenfalls. Wenn man eine Geschichte nur versteht, falls man auch andere Dinge weiß über die DDR oder über den Mythos, dann ist die Geschichte für mich keine gute Geschichte. In Shakespeares Stücken stehen alle Dinge drin, die man braucht. Und man braucht sehr wenig Quellenstudium oder gar keines mehr zu treiben. Im Stück wird erzählt, was zu erzählen ist, und alles andere wäre dann mangelndes Talent. Es ist ja gar nicht wichtig, ob das in der Antike schon mal beschrieben ist oder da den Vergleich herzuholen. Man muß es nur einfach so lesen, wie man auch 'ne andere Kurzgeschichte liest, ohne sich zu fragen, woher die Motive denn nun kommen.

Antje Janssen-Zimmermann

„Kunst war nie ein Mittel, die Welt zu ändern, aber immer ein Versuch, sie zu überleben."[1]
Die Gegenwart des Mythos im Werk Thomas Braschs

Es gibt verschiedene Gründe, sich schreibend auf den Mythos zu beziehen. Rückzüge sind denkbar – auf das Althergebrachte, das im Kanon der Literatur Tradierte, das Ungefährdete und Ungefährliche, Fluchtbewegungen nicht nur unter schwierigen politischen Verhältnissen, die zum Zwecke literarischer Wahrheitsfindung die Codierung mittels einer „Sklavensprache" erfordern.

Möglich ist die (aktualisierte) Übersetzung, die Bearbeitung, die offene oder versteckte Nutzung der Vorgabe für ein eigenmächtiges Weiterschreiben, vornehmlich im Blick auf zeitgemäße Entwicklungen. Neufassung und Fortführung des Stoffes schließen die Camouflage nicht aus, sind aber auch von Interesse für Autoren wie für Zuschauer und Leser in demokratischen Systemen.

Alle Versuche, den Mythos nicht nur zu reproduzieren, sondern sich mit ihm unter den Bedingungen der Gegenwart kreativ auseinander zu setzen, behaupten seine Aktualität. Aktualität kann sich erweisen in der Übertragbarkeit beschriebener Verhältnisse auf gegenwärtig herrschende, aber auch in der Kontinuität der gezeigten Problemkonstellationen. Das Wiedererkennen ermöglicht es auch, angesichts unzureichender Lebensbedingungen Utopien denken zu lassen, die als Hoffnungen im tradierten Text aufgehoben sind.

Die kreative Auseinandersetzung mit dem Mythos behauptet dessen Aktualität und entbehrt gleichzeitig des Fortschrittsglaubens, kennt daher keine Klassifikation von „reaktionären" (d. h. überholten) und progressiven (Literatur-) Epochen. Vielmehr werden Kontinuitäten erkannt und signifikante Brüche, die die „Arbeit am Mythos" (Hans Blumenberg) als Arbeit an den andauernden

1 Brasch (1977b) 61.

Konflikten und nicht eingelösten Träumen der Menschheit definieren, allerdings an Konflikten und Träumen, für die Kontinuität verbürgt ist, die aber nicht aus der Zeit sind. Alle literarischen Arbeiten, die sich der Geschichte zuwenden, beanspruchen Aktualität, sei es, dass sie eine literarische Figur zum Gegenstand erheben oder eine Autorenbiografie zum Vorbild nehmen, eine historische Konstellation oder einen vorläufigen Text aufgreifen. Für sie gilt, was Christoph Hein für das Drama reklamiert hat: „Stücke, die in der Gegenwart geschrieben werden, sind Gegenwartsstücke."[2]

Einige Gründe und Verfahren, sich dem Mythos zu widmen, sind genannt; Fragen nach der Berechtigung eines solchen Vorgehens damit zum Teil schon beantwortet. Dennoch sind Zweifel anzumelden, die sich in erster Linie auf den Erkenntnisstand beziehen, auf dem die Formulierung des Mythos beruht. Konkret wird dessen Zurückweisung als vorrationalen Weltmodells, nimmt man Bezug auf die Literaturgeschichte der DDR, in deren unmittelbaren Kontext die überwiegende Zahl der hier betrachteten Werke einzuordnen ist. Marx hatte konstatiert, der Mythos als „unbewusste künstlerische Verarbeitung der Natur"[3] verschwinde mit der Beherrschung der Natur mittels rationaler Erkenntnis ihrer Gesetzmäßigkeiten und folgerichtiger technischer Entwicklung. Daraus folgt:

> Mit Mythologie und Marxismus sind zunächst einmal Gegensätze markiert, die einander auszuschließen scheinen. Gehört das eine in die Vor-Geschichte und damit zugleich in ein vorwissenschaftliches Zeitalter, so ist das andere, nach seinem eignen Verständnis, emphatischer Inbegriff des wissenschaftlichen Zeitalters und, auf der Ebene gesellschaftlicher Praxis, bewußter, selbstgemachter Geschichte.[4]

Beim Vergleich der Spielpläne der unmittelbaren Nachkriegszeit in der SBZ bzw. in der DDR und derjenigen im Westen Deutschlands ergeben sich konsequenterweise deutliche Unterschiede. Während in den Westzonen bzw. in der Bundesrepublik eine Dominanz von Antikebearbeitungen vornehmlich ausländischer Autoren festzustellen ist, sind entsprechende Inszenierungen in der sozialistischen Hemisphäre ebenso wenig zu verzeichnen wie entsprechende Eigenproduktionen. Eine Wende in der Auseinandersetzung mit antiken Mythen ist erst Mitte der sechziger Jahre für die DDR-Theater zu notieren. Es war ohne öffentliche Diskussion „unter den besten kritischen Köpfen"[5] Übereinstim-

2 Hein (1978) 51.
3 Marx, zitiert nach: Emmerich (1996) 341 (ohne Quellenangabe).
4 Emmerich (1987) 223.
5 Emmerich (1987) 233.

mung erreicht, dass die Mythen eben nicht als irrationale bzw. vor-rationale Deutungen einer übermächtig erfahrenen Natur aufzufassen sind, sondern dass durch den „Mythos selbst (...) ein Stück hochkarätiger Arbeit des Logos“[6] geleistet wird, dessen Potenziale auch für die realsozialistische Gesellschaft von Bedeutung sind. Dass der Mythos nicht nur ernst genommen, sondern darüber hinaus zum Zweck der Erkenntnis gegenwärtiger Verhältnisse herangezogen wird, steht in engem Zusammenhang mit einer kritischen Haltung dem so genannten „real existierenden Sozialismus“ gegenüber: Erkannt wird „die Wiederkehr des Gleichen (...) unter ganz anderen Umständen (...) und dadurch auch die Wiederkehr des Gleichen als eines Anderen.“[7]

Nicht nur Kontinuitäten – der Konflikte, der Machtkonstellationen, aber auch der Utopien – werden begriffen, sondern ebenso Ursachen und Wirkungen. In bestimmten antik-griechischen Mythen und ihren „Helden“ sind demnach Problemstellungen beschrieben, die gleichermaßen noch die bürgerliche wie die sich so definierende sozialistische Gesellschaft charakterisieren, die die Merkmale der alten Ordnung bis dahin keineswegs abgelegt hat. Gültige Vorstellungen von Rationalität und Identität stammen aus jenen Entwicklungsphasen, die in den Mythen dargestellt werden; die Widersprüche, die ihre Formulierung provozierten, sind bis heute erhalten geblieben.

Die Wendung zum Mythos (alle literarischen Gattungen betreffend) ist in den produktivsten Ansätzen (vor allem bei Heiner Müller, weniger bei Peter Hacks) nicht Fluchtbewegung, im Gegenteil, sie formuliert bereits eine kritische Position, die die nicht geleistete Überwindung althergebrachter Strukturen und die ausgebliebene Einlösung gegebener Versprechen anmahnt.

Thomas Brasch (Jahrgang 1945), häufig und sicher nicht zu Unrecht als „Müller-Schüler“ tituliert, scheint auf einen ersten Blick hin wenig Anteil zu haben an der intensiven Auseinandersetzung mit den Traditionen abendländischer Kultur (einer Auseinandersetzung, die sich als Fortschreibung definiert), wie sie das Werk Heiner Müllers kennzeichnet. Nur wenige Texte aus dem Werkzusammenhang des Nachgeborenen sind diesem Bereich zuzuordnen, obwohl auch er eine Revision der Vergangenheit zur Erhellung gegenwärtiger Verhältnisse leistet. *Rotter. Ein Märchen aus Deutschland* (1976/77) präsentiert eine Figur, die allen politischen Systemen, vor deren Hintergrund sich ihre Biographie realisiert, vom Nationalsozialismus bis zum „Arbeiter- und Bauernstaat“, zum „Helden“ gerät; Rotter ist einer, der sich anpasst, aber dies nicht aus Op-

6 Blumenberg (1979) 18.
7 Müller (1985) 1210.

portunismus, sondern aus ungehemmtem Einsatzwillen. Das Ideal eines „neuen Menschen“, der das Leistungs- und Unterordnungsprinzip im Sinne der „guten Sache“ verinnerlicht hat, wird mittels seiner perfekten Verkörperung in allen Systemen (auch dem „falschen“) ad absurdum geführt. Verwandtschaftsbeziehungen Rotters sind offensichtlich: zu den „anarchischen Selbsthelfern“ (wie sie etwa Volker Braun zeichnet), zu Brechts Baal und Fatzer, zu Galy Gay.

1980 entsteht *Lieber Georg*, ein Theaterstück, das in einer Reihe literarischer Entwürfe von DDR-Autoren steht, die sich, ohnmächtig angesichts „gestockter Widersprüche“, an die Arbeits- und Lebensbedingungen von Vorgängern erinnern, Ähnlichkeiten vorfinden und Kontinuitäten formulieren. Man denke etwa an Christa Wolfs Erzählung *Kein Ort. Nirgends*, in der die Autorin eine – fiktive, aber nicht unmögliche – Begegnung zwischen der Günderrode und Kleist herbeiführt. Gleichzeitig sind diese Autoren angesichts ihrer Ohnmacht nicht bereit, alle Hoffnungen aufzugeben, sondern lediglich, sie aufzuheben. Brasch bezieht sich nicht auf Schriftsteller der Romantik, er zitiert den Expressionisten Georg Heym, mit dem ihn das Bewusstsein verbindet, in einer Vorkriegszeit zu leben.

Explizit benennt die Erzählung *Fliegen im Gesicht* aus dem ersten Prosaband *Vor den Vätern sterben die Söhne* (1977) die Reibungspunkte zwischen Vergangenheit und Gegenwart, die Konfrontation einer nachfolgenden, desillusionierten Generation mit den Träumen der Alten, die Fragwürdigkeit einer Geschichte (im doppelten Sinne) gewordenen Vergangenheit.

Im selben Band, dessen ungenehmigte Veröffentlichung im Rotbuch-Verlag zur Übersiedlung des Autors (Ende 1976) nach Westberlin führte, findet sich eine Adaption des Apoll-Marsyas-Stoffes.[8] Das Thema des Bandes – Väter und Söhne – wird hier in modifizierter Form nicht als Generationenkonflikt, sondern als Auseinandersetzung mit einem repressiven Herrschaftssystem aufgegriffen. Wie durch den Mythos überliefert, verkörpert Apoll den Machthaber, Marsyas tritt auf als der Untergeordnete. Brasch lässt ihn gegen die etablierte Herrschaft rebellieren (seine Herausforderung des Apoll zum musikalischen Wettstreit), ihre Strategien offen legen und den Kontext der Machtkonstellation (zur Macht gehört konstitutiv die Ohnmacht) vorübergehend aufbrechen. Im Zentrum steht aber nicht nur diese Systemkritik, in Frage gestellt wird auch die Vorherrschaft des Logos. „Vorherrschaft des Logos“ – die Formulierung verweist auf die Verknüpfung von Rationalismus und Unterdrückung. Marsyas ist der Unterlegene, da die Entscheidung im Wettstreit auf Seiten des Apoll liegt –

8 Brasch (1977a) 21-26.

die Musen funktionieren als seine Vasallen. Unterlegen sind in Gestalt des Marsyas auch die Sinnlichkeit, Spontaneität, die ungehemmte Triebhaftigkeit, alle ungezügelten Affekte. Ausschließlich solche Kriterien werden zur Urteilsfindung herangezogen, die keine Wertschätzung jenseits der Kategorien des Logos zulassen. Apoll spielt die Leier, ein von beiden Seiten nutzbares Instrument, das ihm außerdem den simultanen Textvortrag erlaubt. Marsyas' Flöte erscheint gemäß dem angewendeten technischen Kriterium als minderwertiges Instrument (es wird also nicht auf dessen Eigen-Art eingegangen), das die verbale (!) Vermittlung eines Inhalts nicht zulässt.

Auch im Text Thomas Braschs kommt Marsyas schließlich zu Tode, obwohl er sich – und das ist neu – dem Wettbewerb verweigert. Sein Sterben reiht ihn ein in die Phalanx der Opfer, die die Erzählungen des Bandes auf Seiten der „Söhne" (der Nachgeborenen, aber auch der Abhängigen und Machtlosen) verzeichnet. Zugleich erweitert der Rückgriff auf Vorgaben des Mythos das Thema im Sinne einer Kritik der europäischen Zivilisation, die Brasch als eine Zivilisation der Arbeit erkennt:

> Ein Mann weigert sich, eine ganz bestimmte Arbeit zu verrichten und sie mit einer anderen zu vergleichen. (…) Ob das eine künstlerische Arbeit ist, die verrichtet wird, oder eine Trauerarbeit, oder die Arbeit an der Maschine, das ist mir dabei relativ uninteressant. Es sind Geschichten über Arbeitsprozesse. Und deshalb brauchen die Geschichten einander. Die Marsyas-Geschichte beschreibt, was die Literatur Europas zum Hintergrund hat, die Antike. Im Grunde sind da ja alle Formen schon da. (…) Diese Leistungsgesellschaft hat in Griechenland begonnen, und eine Anekdote aus diesem Prozeß erzählt die Marsyas-Geschichte.[9]

Zwei Traditionslinien werden angesprochen, die literarhistorische und die zivilisationsgeschichtliche; dass beide Linien nicht voneinander getrennt vorzustellen sind (schon aus prinzipiellen Gründen, schließlich gehört die Literatur zur Zivilisation) beweist zuletzt der vorliegende Text. Die literarische Form, von Brasch für mindestens so revolutionär erachtet wie gesellschaftskritische und politische Inhalte, ist seiner Einschätzung nach nie so originell, dass sie ihren Ursprung in der antiken Literaturproduktion verleugnen könnte. Schon diese Feststellung legitimiert den Rückgriff, im Zusammenhang einer Reflexion formaler Möglichkeiten; er erlangt analytische Funktion, indem er – im Kontext zeitkritischer Arbeiten – Kontinuitäten und Ursprünge offen legt.

Die Figur des Apoll, wie Brasch sie zeichnet, erscheint mehr als ambivalent. Man mag durchaus bezweifeln, ob er ein Bewusstsein seiner Schuld angesichts

---

9 Brasch (1977c) 509.

des auf seinen Befehl hin zu Tode Gefolterten entwickelt; vielmehr bleibt er auch am Ende Despot, der auf brutalste Weise hinrichten lässt, um sich dann von den Vollstreckern abzuwenden. Aber der Text liefert eine differenzierte psychologische Studie der Macht. Nicht die Herausforderung, die Verweigerung des Wettkampfes (also der Spielregeln der Macht) durch individuelle Entscheidung führt den nun Ohnmächtigen in eine tiefe Krise, in der er sich bloßstellt. Die Häutung des Marsyas durch die dienstbaren, wenn auch nicht uneigennützigen Musen – immerhin wurden auch sie beleidigt und gedemütigt – ist die Antwort auf Apolls Entblößung in einem psychischen Zusammenbruch, der ihn schwach und verletzbar zeigt: Der Herrscher weint. Apoll ist in seiner Existenz in Frage gestellt, er greift zum Mittel physischer, roher Gewalt, er, der Sachwalter des Logos. Die andere Seite der Vernunftherrschaft, nicht ihr Gegenteil, ist offengelegt: Barbarei.

Das Sterben des Gefolterten wird von den Figuren vor Ort wie vom Leser nachvollzogen im Anhören seines Schreis. Neben der Musik (dem kunstvollen Spiel auf der Leier, dem begleitenden Gesang und dem – ausgebliebenen – Flötenspiel) ist der Todesschrei ein weiteres Element aus dem Bereich des Akustischen; Brasch stellt ihn in eine Linie mit den künstlerischen Verlautbarungen, mächtiger sogar als der artifizielle Vortrag des Göttersohnes. Dessen Zynismus bestätigt diesen Befund noch: „So gut wie jetzt kann er auf der Flöte nicht gewesen sein, sagte Apoll."[10]

Das Ende erlaubt unterschiedliche Interpretationen. Bernhard Greiner sieht in der Flucht Apolls, der die Musen lästert, einen Hinweis darauf, dass er seine moralische Niederlage begriffen habe.[11] Zugelassen wird vom Text auch eine Deutung, die am Schluss einen Herrscher sieht, der alle Verantwortung den Vollstreckern seines Befehls überlässt, um sich schließlich von ihnen und damit von der Schuld zu distanzieren.

In jedem Fall geht Apoll in den Augen des Lesers als Verlierer aus einem ungleichen „Zweikampf" hervor, und mit ihm ist das Prinzip des Logos, die rationale Grundlage der Leistungsgesellschaft antiker Prägung, diskreditiert. Die Erzählung bringt die Opfer des Zivilisationsprozesses zu Gehör, indem sie die Kritikpotenziale, die bereits in seinen Anfängen literarisch aufgehoben wurden, aktiviert und verschärft.

Ödipus ist den Zeitgenossen des 20. bzw. 21. Jahrhunderts ein guter Bekannter. Vertraut durch die Verallgemeinerung, auch Vulgarisierung psychoa-

10 Brasch (1977a) 25.

11 Greiner (1981) 250f.

nalytischer Einsichten und Erklärungsmodelle ist vielen eher die Analyse Sigmund Freuds bekannt (allerdings in populärwissenschaftlichen Verkürzungen), denn der antike Text selbst, den Freud als exemplarische Formulierung einer konstitutiven seelischen Krise des Heranwachsenden verstand. Ödipus begegnet uns daher häufiger als Liebhaber seiner Mutter, selten dagegen als tragischer Held in des Wortes ursprünglicher Bedeutung.

Im zweiten Prosaband Thomas Braschs (*Kargo. 32. Versuch auf einem untergehenden Schiff aus der eigenen Haut zu kommen*, 1977) trifft der Leser auf einen Werktätigen, der „Ödipus" genannt bzw. mit der Figur des Ödipus identifizierend in Verbindung gebracht wird.[12] Wenn der Eingangstext des Bandes noch Zweifel an der Identität zulässt (schließlich nennt nur der Titel den Namen ohne jeden Zusatz), stellt der Schlusstext Eindeutigkeit her. Die Sammlung wird formal zur Komposition gefügt durch den Rahmen einander spiegelbildlich zugeordneter Paralleltexte. Der letzte Text des Bandes kehrt die Reihenfolge der Sätze des ersten im Wesentlichen (Sinneinheiten bleiben gewahrt) um; wo dieser mit *Ödipus* betitelt ist, endet jener mit einer Offenbarung. Der, von dem hier die Rede war, heißt: Ödipus. Dass das Prinzip konsequenter Umkehrung ohne Verlust des Sinnzusammenhangs funktioniert, hat seinen Grund in der Autonomie der Einzelaussagen – etabliert wird kein Kausalkontext, sondern eine Reihe von Propositionen, deren Beziehungsgefüge der Rezipient weitgehend selbstständig erkunden muss. Allerdings lässt der erste Text des Bandes eine Erzählung erkennen, die traditionell als Wiedergabe eines Geschehens bzw. einer chronologischen Handlung definiert wird. Die Chronologie eines Feierabends ist in der Sukzession des Schlusstextes nicht nachvollziehbar, stattdessen können hier die einzelnen Sätze umso größere Bedeutung gewinnen, da ein „Film", dessen Bilder bereits bekannt sind, noch einmal rückwärts abläuft.

Die Bindung der Erzählung an den Mythos wird aber nicht nur durch Überschrift bzw. Schlusswort geleistet, sondern auch durch die Parallelisierung von Aussagen innerhalb der Textkonstruktion:

> Auf diesen Füßen marschiert die Zukunft, steht auf dem Plakat über dem Warenhaus. Auf diesen Füßen kam Lajos' Schicksal über die Berge, sagt Sophokles.[13]

Ist auch der Leser „mit Blindheit geschlagen", wenn er die Identität der Figuren und der Entwicklungen nicht erkennt? Der Sohn, ausgesetzt am Fuße des

12 Brasch (1977b) 8.
13 Brasch (1977b) 8.

Berges, um der Prophezeiung zu entgehen, tötet in Unkenntnis den Vater, „blind" geworden für dessen Identität eben durch den Versuch der Rettung: Darin bestimmt sich die Tragik des Geschehens. Werktätige in einer Leistungsgesellschaft, deren „Unterbau" – entgegen aller Propaganda der Konsum ist (das Plakat *über* dem Warenhaus) werden die Väter der Revolution nicht schonen und sich von ihren Idealen, die ihnen durch Leistung und Erwerbstätigkeit im doppelten Sinne ersetzt worden sind, abwenden, um genau das zu begehren, das ihnen vorenthalten wird: westlichen Standard. Eine Assoziation zwischen antikem Stoff und (prognostizierter) Zeitgeschichte, die, vom Ende der DDR her gelesen, die Dimension der Diagnose gewinnt.

Nicht nur den antiken Mythos zitiert der Text, er bemüht auch Mythen der Gegenwart, fremd den Heutigen nicht durch ihren historischen Abstand, sondern durch die Exotik der Herkunft. Thomas Brasch zitiert dem Begriff nach die in der Südsee (Melanesien) beheimateten „Kargo"-Kulte. Im Kontext der Erzählung formulieren sie ein Bild der weißen Rasse im Hinblick auf die europäische Zivilisation, die Referenz ist jedoch nicht exklusiv für die Gesellschaft des „real existierenden Sozialismus" zu reklamieren. Mit dem Begriff „Kargo" (Cargo) sind zunächst Waren einer fremden Welt identifiziert, Insignien und Errungenschaften des Kapitalismus, die Reichtum, Fortschritt und Erfolg versprechen. Während die Südsee-Insulaner die Flugzeugbesatzungen der Europäer und Amerikaner als begnadete Fremde bewunderten, denen die Ahnen zu solch unermesslichem Wohlstand verhalfen, und deren Waren zu begehrenswerten Objekten erklärten, verkehrt Brasch den Mythos in sein Gegenteil, um ihn als kritisches Potenzial neu zu erfinden und zu zitieren:

> Er sitzt vor dem Bildschirm und hört die Stimme des Sprechers: „Der Stamm, den wir hier vorfanden, huldigt dem Kargo-Kult, der besagt: Männer mit weißer Haut sind Geister von Toten, die ihr Ende nicht finden, leben nicht mehr und sind noch nicht tot."[14]

Eine End-Zeit wird beschrieben, wenn Un-Tote (von Eingeborenen als vom Himmel gefallene Wesen vorstellbar, die den Cargo-Flugzeugen entsteigen) als Bewohner Europas ausgemacht werden, die Fehldeutung avanciert zur signifikanten Analyse. Für den Prosaband gibt der Begriff ein Titelelement ab. „Auf einem untergehenden Schiff" namens Europa wird von Bewusstseinslagen und Befindlichkeiten gehandelt, die der Autor als seine „eigene Haut" erkennen muss. Das Schreiben dieser Texte ist der Versuch eines Befreiungsschlages, den er in seinem 32. Lebensjahr unternimmt.

14 Brasch (1977b) 8.

Spät ist es, die „vergessene Klasse“ schläft und nimmt die Botschaft nicht wahr. Auf die fortgeschrittene Tageszeit verweist das suggestive Bild der letzten Straßenbahn in einer Allee (eine modifizierte Rilke-Assoziation?), nebenan scheint „die Nachbarin“ Zweisamkeit zu leben, oder ist sie so einsam wie der neue, alte Ödipus (ihr Stöhnen gibt zu mancher Deutung Anlass)? Nacht wird es in jedem Falle.

Eine Fernsehansagerin mit – im medialen Kontext – belanglosem Text avanciert zur Prophetin des Unglücks, des Untergangs sogar. Der Weg der textexternen Interpretation führt von der Figur zur Aussage, dagegen verfährt die vorgeführte textinterne Deutung in umgekehrter Richtung: Ihre Aussage (sofort in einen übertragenen Sinn umgesetzt) qualifiziert die Sprecherin zur Prophetin künftigen Unheils:

> „Wir beenden unser Programm“, sagt die Ansagerin, „ein letzter Blick auf die Uhr: Es ist 23 Uhr 5 mitteleuropäischer Zeit. Gute Nacht.“ Halts Maul, Kassandra.[15]

Der Überraschungseffekt, mit dem der Leser entlassen wird und der ihn zurückschauen lässt auf die letzte Textpassage, ergibt sich aus dem Umstand, dass ihm Figur respektive Erzähler voraus sind in ihrer Erkenntnis. (Eine Unterscheidung zwischen Erzählerrede und Figurenrede fällt an dieser Stelle nicht leicht. Allerdings würde ein Kommentar des Fernsehzuschauers einen Grad an Reflexion der eigenen und gesellschaftlichen Lage voraussetzen, der ihm ansonsten eher abgesprochen wird.)

Für Mitteleuropa hat die entscheidende Stunde geschlagen. Der Hinweis leistet mehr als eine Ortsbestimmung; er evoziert eine zivilisationsgeschichtliche Konstellation, die systemübergreifende Problemstellungen bezeichnet und den Text aus einer Verengung auf eine Lesart (die Kinder der Revolution vernichten ihre Väter) löst zugunsten einer Kritik der Leistungsgesellschaften.

Auf sehr unterschiedliche Mythen wird Bezug genommen – namentlich auf die antiken von Ödipus und Kassandra und auf zeitgenössische, aber fremdartige Kulte. Die Funktion einer Kombination konkreter, aktueller Zeitgeschichte mit Assoziationen mythischer Stoffe unterscheidet sich prinzipiell von einer Bearbeitung des Mythos. Beziehungen muss der Rezipient herstellen, er kann der Frage nach der Aktualität des Mythischen nicht ausweichen. Solche Beziehungen können sich in der Bestätigung einer Bestandsaufnahme der Gegenwart durch die tradierten Themen, Inhalte und Formen realisieren. Das Gegenteil ist ebenso denkbar: Die Korrektur und Relativierung des Aktuellen durch das Überkommene, das so in Frage gestellt wird.

---

15 Brasch (1977b) 8.

Eine Reibungsfläche ergibt sich dabei immer; Fremdheit stellt sich ein. Der Rezipient ist gefordert, diese Fremdheit sinnvoll zu überwinden, sein Befremden produktiv zu nutzen. Jener unauffällige Zeitgenosse ist dem westlichen Leser zunächst allenfalls bemerkenswert als Bewohner eines offensichtlich sozialistisch etikettierten Systems, zeigt sich in seinen Lebensgewohnheiten ihm aber zum Verwechseln ähnlich. Seine Identifikation als Ödipus (der Vater-Mörder und Mutter-Liebhaber) gibt Rätsel auf, die nur zu lösen sind in kritischer Distanz zur Tradition des Stoffs und zu dem, was Mitteleuropa, was Industriegesellschaft bedeuten. Ödipus wäre heute einer am Fließband, der am Fließband kann Ödipus sein: Die brüskierende Behauptung von Kontinuitäten ist in der Lage, Verfremdungseffekte hervorzurufen, die zu den Wurzeln zurückführen: im Fragen.

Von Kassandra ist später noch einmal die Rede: Thomas Brasch betitelt einen Prosatext im *Kargo*-Band mit dem Namen der Mahnerin und Warnerin, einen Text, der sich als Collage heterogenen Materials präsentiert. Aber Kassandra wird im Zusammenhang des Textes nicht mehr namentlich bezeichnet; jene weibliche Figur, die immer wieder auf der Bildfläche erscheint, heißt „Lucie"; der erste und letzte von acht Teiltexten handeln von einer Frau, die namenlos bleibt, vielleicht aber wiederum identisch mit jener „Lucie" sein kann. Allein ein Blick auf die Inhalte und Aussagen erlaubt also eine Auffindung der Kassandra, wie sie der Titel ankündigt. Es handelt sich um Bewusstseinsfragen, um Fragen individuellen Überlebens der Städtebewohner, aber immer um Befindlichkeiten, die das politische Gefüge einer Epoche nicht nur spiegeln, sondern es auch bestimmen. Eine Außenseiterin ist die Namenlose, eine Trinkerin, eine Obdachlose vermutlich, nicht bei geregeltem Verstand. Umstände, die ihre Warnrufe („Wie Steine werdet ihr auf den Grund sinken, / mit euren Aktentaschen werdet ihr alle ertrinken."[16]) unglaubwürdig machen in den Ohren jener, die sie betreffen, zweifelhaft auch im Ansehen des Textrezipienten. Die neue Kassandra ist ihrer Erhabenheit, mit der sie unsere traditionelle Vorstellung ausgestattet hat, entledigt. Wieder ist der Leser aufgefordert, in seiner Umgebung nach den Spuren zu suchen: Was die Verhältnisse betrifft, was die Warnungen angeht.

„Arbeit am Mythos" ist im Bereich der Literatur immer Produktion vor dem Hintergrund von Literatur. Traditionen werden aufgegriffen, die nicht nur die ursprüngliche Fassung des Stoffes berücksichtigen, sondern ihrerseits einen Arbeitsprozess darstellen. *Die Trachinierinnen des Sophokles* nennt Thomas Brasch

16 Brasch (1977b) 120.

sein bislang jüngstes (bislang nicht in Buchform veröffentlichtes) Theaterstück und notiert darunter: „nach Ezra Pound" und: „Die Deutsche Bearbeitung verwendet die Übersetzung von Eva Hesse". Schon der Haupttitel deklariert das Stück zum Produkt einer Auseinandersetzung mit der Auffassung eines Anderen. Es gäbe alternative Existenzmöglichkeiten für die Trachinierinnen als diejenigen, die Sophokles ihnen vorschreibt, sie sind sein Produkt. Arbeitsprozesse werden benannt: derjenige von Ezra Pound, der den Stoff in eine amerikanische Umgangssprache der 50er Jahre überführt, derjenige Eva Hesses, die ihn noch einmal ins Deutsche überträgt. Viel Neues steht also nicht zu erwarten? Nuancen vielleicht, Kommentare, Ergänzungen, geringfügige Korrekturen?

Dem äußeren Anschein nach bleibt vieles beim Alten, Thema und Inhalt, unschwer lässt sich das Handlungsgerüst wiedererkennen. Worin besteht also die Notwendigkeit dieser, erneuten, Bearbeitung, oder vorsichtiger gefragt: Wie legitimiert sie sich? Indem Pound das antike Stück übersetzte in einen Jargon, der es zumindest der äußeren Form nach aktualisierte, schuf er zugleich das Bedürfnis späterer Revisionen. Denn die Produktivkraft einer solchen sprachlichen Anpassung geht verloren, wenn die einst neue Form altmodisch wirkt, wenn der Eindruck eines antiquierten, oder gar der eines schon wieder historischen Dramas entstehen kann. Brasch handelt also im Sinne Pounds konsequent, wenn er den Jargon des 50er-Jahre-Amerikas durch denjenigen eines 80er/90er-Jahre-Deutschlands ersetzt. Es zielt diese neueste Fassung jedoch nicht auf zeitkritische Sprengkraft oder auf die offensichtliche Analyse gegenwärtiger Verhältnisse. Brasch riskiert den Eindruck einer oberflächlichen Anpassung und einer bisweilen geradezu gewaltsamen formalen Strukturierung.

Eine Auffassung, die das Stück, dessen Premiere am Deutschen Theater Berlin 1999 als „Uraufführung" deklariert wurde, nur als Rebellion des Dichters gegen den von ihm bewunderten Dichter-Vater sieht, bis Pound „vernichtet" ist, greift zu kurz. Selbstverständlich ist diese Theaterarbeit auch Auseinandersetzung mit Pounds Entwurf als Vor-Bild (und mit der Übersetzung durch Eva Hesse) im Rahmen des Tradition benannten Arbeitsprozesses, aber ein genauer Blick auf Einzeldialoge lässt die produktive Spannung zwischen Jargon und Tragik erkennen, die zum Prinzip einer Aktualisierung geworden ist, die nicht auf Aktualität aus ist. Brasch passt seinen Text lediglich sprachlich den Gegebenheiten an, behält die inhaltlichen Konstanten aber bei. Auch hier ist der Effekt eine Verfremdung, das Befremden wird jedoch nicht nutzbar gemacht zum Zweck der Übertragung (wie in der *Ödipus*-Erzählung), sondern kann dazu führen, sich der so respektlos formulierten Tragödie neu zu stellen. Aufmerksam machen den Zuschauer die sprachlichen Brüche in den einzelnen Redepassagen, besonders bemerkenswert in den Partien des Sohnes Hyllos, der einen Erkenntnisweg zurücklegen muss, der ihm den Tod der Mutter wie das Sterben des Vaters verständlich werden lässt, der alleine neben Erkenntnisarbeit und Trauerarbeit aber auch zur Bestimmung einer eigenen Position führt.

Alle Fragen nach vordergründiger Aktualität und unmittelbarer Anwendbarkeit des Dramas werden, paradoxerweise eben durch jene einseitige sprachliche Anpassung, die auf Veränderungen des Inhalts verzichtet, unwichtig. Weder Weiterentwicklung noch Korrektur eines Mythos leistet dieses Theaterstück – es findet zum Mythos zurück, ihn seines erworbenen Pathos' beraubend. Man mag das Verfahren eine Distanzierung nennen, sein Ergebnis eine ironische Respektlosigkeit, es negativ bewerten als Verstümmelung sprachlicher Perfektion, vielleicht sogar als Anbiederung; immer wird der Bruch spürbar sein: „Die Ordnung. Und der Riß, der sie zerbricht."[17] Noch der Zweifel, ob dieser Stoff in einer solchen Form gefasst werden kann oder darf, setzt beim Rezipienten produktive Energien frei – weil er sich mit dem Stoff auseinandersetzen muss, um seine Zweifel zu nähren, weil er gezwungen wird zu überlegen, was sich von „einmal" bis „heute" geändert hat.

Am Ende stehen die Fragen nach den Gesetzmäßigkeiten des Lebens und nach den Bedingungen menschlichen Wollens, die besonders für die Frauen „in einer so geteilten zweimal halben Welt" (noch immer) engere Grenzen ziehen (allein die Selbsttötung der Deianeira ist eigenmächtig, tatsächlich ein Freitod) – und diese Fragen sind weder alt noch neu.

Würde man den Stellenwert der Auseinandersetzung Braschs mit mythologischen Texten ausschließlich in quantitativer Hinsicht bestimmen, so käme ihr nur eine vergleichsweise geringe Bedeutung im Kontext des Gesamtwerks zu. Die entsprechenden Arbeiten sind von der Kritik außerdem nicht als so genannte „Schlüsseltexte" anerkannt (wobei die Bedeutung der zuletzt besprochenen dramatischen Arbeit für den künstlerischen Produktionsprozess noch nicht abzuschätzen ist).

Man mag, im Blick auf diejenigen Texte, deren Entstehung noch in der ehemaligen DDR zu situieren ist, den weitgehenden Verzicht auf die Teilhabe am Projekt „Arbeit am Mythos" mit dem Verzicht auf den Gebrauch einer „Sklavensprache" gleichsetzen: Braschs Texte aus jener Zeit sind in der Mehrzahl offensichtlich gegenwartsbezogen und gelten daher, oft eindeutig, als systemkritisch.

Gerade die Selbstverständlichkeit, mit der der Autor seinen Beitrag zur „Arbeit am Mythos" in den eigenen Werkzusammenhang integriert, ist Hinweis

17 Brasch (1983) 43.

auf die andauernde Bedeutung der antiken Texte, immer noch, immer wieder – ihre Bearbeitungen reihen sich ein als Gegenwartstexte.

Bereits im Aufgreifen des Apoll-Marsyas-Stoffes, den Brasch nicht in die „Gegenwart" transponiert, ihn also nicht vordergründig aktualisiert, behauptet er die „Gegenwärtigkeit" der überkommenen Konflikte zwischen Machthabern und Abhängigen, die er noch zuspitzt: Auch Verweigerung ist keine Möglichkeit, die eigene Haut zu retten, also keine zeitgemäße Alternative, weil die Zeiten sich eben nicht gewandelt haben.

Die Gestalten des Ödipus und der Kassandra weisen, im Gegensatz zu denjenigen von Apoll und Marsyas, einen weit höheren Bekanntheitsgrad auf. Diese Vertrautheit nutzt der Autor, indem er das Bekannte verfremdet, zu neuer, zeitkritischer Aussage. Auch sein Theaterstück „nach Sophokles" macht den Mythos populär. Antikerezeption und Fortschreibung des Mythos finden bei Thomas Brasch selbstverständlich Platz neben vielfältigen anderen Formen gegenwartsbezogener Produktion. Die Zuwendung zum Mythos ist ihm nicht Flucht oder Camouflage, nicht Bequemlichkeit und Rückzug, sondern Verfremdung wie Aussage; eine kreative Möglichkeit, die aktuelle Wirklichkeit als Aktualität hergebrachter Problemstellungen zu beschreiben.

Literaturverzeichnis

Brasch, Thomas: Der Zweikampf, in: ders. Vor den Vätern sterben die Söhne, Berlin 1977(a), 21-26.

Brasch, Thomas: Eulenspiegel, in: ders., Kargo. 32. Versuch auf einem untergehenden Schiff aus der eigenen Haut zu kommen, Frankfurt am Main 1977(b), 61.

Brasch, Thomas: Kassandra, in: ders., Kargo. 32. Versuch auf einem untergehenden Schiff aus der eigenen Haut zu kommen, Frankfurt am Main 1977(b), 120.

Brasch, Thomas: [Ödipus], in: ders., Kargo 32. Versuch auf einem untergehenden Schiff aus der eigenen Haut zu kommen, Frankfurt am Main 1977(b), 8.

Brasch, Thomas: [Interview von Karl Corino], Deutschland-Archiv. Zeitschrift für Fragen der DDR und der Deutschlandpolitik 10 (1977[c]) 506-11.

Brasch, Thomas: Hamlet gegen Shakespeare, in: ders., Der schöne 27. September. Gedichte, Frankfurt am Main 1983, 43.

Blumenberg, Hans: Arbeit am Mythos, Frankfurt am Main 1979.

Emmerich, Wolfgang: Antike Mythen auf dem Theater der DDR. Geschichte und Poesie, Vernunft und Terror, in: Ulrich Profitlich (Hrsg.), Dramatik der DDR, Frankfurt am Main 1987, 223-265.

Emmerich, Wolfgang: Kleine Literaturgeschichte der DDR. Erweiterte Neuausgabe, Leipzig 1996.

Greiner, Bernhard: „Sentimentaler Stoff und phantastische Form." Zur Erneuerung frühromantischer Tradition im Roman der DDR (Christa Wolf, Fritz Rudolf Fries, Johannes

Bobrowski), in: Jos Hoogeveen/Gerd Labroisse (Hrsg.), DDR-Roman und Literaturgesellschaft, Amsterdam 1981 (Amsterdamer Beiträge zur Neueren Germanistik, 11/12) 249-328.

Häßel, Margarete/Weber, Richard (Hrsg.): Arbeitsbuch Thomas Brasch, Frankfurt am Main 1987.

Hein, Christoph: [Interview], Theater der Zeit 7 (1978) 51-52.

Müller, Heiner: Gespräch mit Ulrich Dietzel, Sinn und Form 37 (1985) Heft 6, 1193-1217.

Volker Braun

Aus: Interview mit Silvia Schlenstedt (1972).
In: Volker Braun, Texte in zeitlicher Folge, Band 4, Halle/Leipzig 1990, 288-290 und 291-292.

Braun: Um uns herum sind nicht nur die heutigen Beziehungen, mit denen wir uns auseinandersetzen, sondern wir sind durch sie mit der ganzen Vergangenheit als Geschichte konfrontiert. Das ist alles zunächst einfach vorhanden, ist in unseren Köpfen. Das sind gewisse Maße, an denen wir uns messen, und es sind Erfahrungen. Es ist aber etwas geschehen, das uns das Überlieferte auf eine besondre Weise fremd und fragwürdig macht, das uns ihm zugleich aber freier und ungezwungener, heiterer gegenübertreten läßt: wir haben uns aus der Epoche der Unterdrückung einer Klasse durch die andere herausgearbeitet, für uns ist das tatsächlich alles Vorgeschichte. Daraus ergibt sich eine Zäsur, die für die Literatur von ungeheurer Konsequenz ist. Ich habe ein großes Mißtrauen gegen die bei uns gängige Methode, antike Stories zu benutzen, um Probleme unserer Revolution abzuhandeln, ein Verfahren der Sklavensprache, die die Literatur bis heute fließend beherrscht. Es ist aber im Grunde nicht legitim, heutige Inhalte mit den Vorgängen der Klassengesellschaft zu transportieren, das ist unfair. (Ich meine nicht die radikalen Bearbeitungen, die Peter Hacks mit *Omphale* und Heiner Müller mit *Philoktet* unternahmen.) Also wenn ein Stück hindurch auf unsere Verfehlungen angespielt wird, und am Stückschluß wird die Ausbeutergesellschaft zerschlagen, und es beginnt erst unsere Epoche, von der die ganze Zeit eigentlich die Rede war. Freilich kann man alte Stoffe mit dem polemischen Vorsatz aufbügeln, bestimmte begrenzte Verhältnisse als noch archaisch zu kennzeichnen. Mit der Bitterkeit, die in dem Fakt liegt. Da werden nur Erscheinungen gefaßt, und nur vergleichsweise. Um aber die Gesellschaft ganz zu fassen, bedarf es, bei ihrer neuen Struktur, eines viel radikaleren Umgangs mit diesen Archetypen; weil, wie Maurer sagte, was sechstausend Jahre stimmte bei uns nicht mehr stimmen muß. Das geschieht in der Weise, daß große Vorgänge, die zu ihrer Zeit bewegende Geschichten waren, *aufgehoben* werden, nicht sie sind als Vorgang zu geben, sie scheinen nur durch, es wird an sie erinnert, um etwas ganz anderes zu zeigen, das dadurch deutlicher wird. Man muß zunächst diese Geschichten preisgeben, um zu zeigen, wieviel von ihnen sich erhalten und wieviel sich verkehrt hat. Im Gedicht *Prometheus* geht es nicht darum, diesen Mythos zu bemühen, sondern die Sache selbst erinnert ihn: wir tragen das Feuer in den Himmel, und es wird uns nicht vom Himmel gebracht. Diese Art der Benutzung ist keine Adaption, eher ihr erklärtes Gegenteil. Die Umkehrung ist kein zufälliges literarisches Mittel, sondern sie drückt den gesellschaftlichen Vorgang aus, daß die Verhältnisse vom Kopf auf die Füße gestellt werden. [...]

Man muß auch die einzelnen Figuren in sich selbst sprengen, also daß Sisyphos den Stein wegwirft, die unnütze Last: der Prometheus kann für uns nicht ein abtrünniger Halbgott sein, der den Menschen etwas bringt, das sie sich zu ihrem Wesen machen, sondern im Prometheus selbst muß das menschliche Wesen entdeckt werden.

Heinz-Peter Preußer

Die Iphigenien
Zur Metamorphose der ‚unerhörten Tat'
Euripides – Goethe – Berg – Braun

I Mythos als Allegorie und Symbol: Volker Braun

In seinem kurzen szenischen Text *Iphigenie in Freiheit* beschreibt Volker Braun den historischen Prozeß der Wende im mythologischen Gewand.[1] Das ist um so auffälliger, als man bei diesem Autor nicht von einem primären Interesse am antiken Stoff selbst ausgehen kann. Zwar hat sich Braun immer wieder als Lyriker mit den Motiven und der Gedankenwelt der Antike auseinandergesetzt; aber diese Gedichte behandelten das Vorgegebene wie eine Chiffre, die nur dazu dient, die neue Zeit in den vertrauten Begriffen zu spiegeln. Der griechische Mythos wird dabei bis zum Versatzstück reduziert. Freilich ist der Begriff der Tat – die Notwendigkeit wie die Fragwürdigkeit politisch-geschichtlichen Handelns –, der uns in Brauns *Iphigenie*-Variante interessieren wird, in diesen frühen Texten bereits Gegenstand der Reflexion.

So meint etwa das Gedicht *Prometheus* weniger die Vorgabe des Aischylos, die Adaptationen Goethes oder gar Spittelers, als vielmehr die Differenz, ja Antithese, mit der die sozialistische Gesellschaft sich abhebt von der Geschichte der Klassengegensätze. Braun kann sich für deren emphatischen Aufbruch zunächst begeistern: „Woher auf andre Art / So große Hoffnung?", fragt das lyrische Ich; „Wenn wir unser Feuer tragen / In den Himmel".[2] Ähnlich sagt sich der „Adonis der Atomzeit" los von den Bindungen früherer Epochen: „Das war Gott, was du nicht warst, und nun bist du alles."[3]

Diese euphorischen Selbstentgrenzungen und Allmachtsphantasien erleiden mit den Jahren – naturgemäß – empfindliche Dämpfer. Das Handeln muß den

1 Braun (1992a), im folgenden als Sigle VB, Seite.

2 Braun *Texte* 2, 94f.

3 Braun *Texte* 1, 53; vgl. 71f.

politischen Umständen mehr und mehr abgetrotzt werden. Nun positioniert sich das Ich als ein Zerrissenes zwischen die Schichtungen der Geschichte: „Über den Gräbern, die auf Gräbern ruhn“;[4] „Ich Römer/Bourgeois/Arbeiterundbauer / *Der Zukunft zugewandt*, in meinem Text“. Alt und Neu verbinden sich „in fester Umarmung“,[5] was den Fortschritt notwendigerweise torpediert. Deshalb kann auch der Bezug auf Hadrian nicht recht den Sinn stiften, der aus der Historie abgezogen werden sollte: „Das ist so lange her, daß es beinahe wahr ist.“[6] Die Antike gibt den Bezug zum jetzigen Stand der Dinge; aber das Neue Rom spiegelt nicht einfach die Hoffnungen des Heute, wie zur Zeit der Französischen Revolution.[7] Noch in den siebziger Jahren rechnet Volker Braun mit dem notwendigen, wenngleich unwahrscheinlicher werdenden qualitativen Sprung, der endlich die Geschichte aus der Vorgeschichte befreit. In der Travestie des Platonischen *Höhlengleichnisses* braucht die Menschheit 5000 Jahre, um zu erkennen, daß die Höhle, in der sie sich wähnte, keine Höhle ist; doch „bei den ersten Versuchen, uns eilig und entschlossen hochzureißen, fühlten wir uns alsbald wie mit Ketten an den schleimigen Schutt gebunden und zurückgerissen“.[8] Immer wieder ist es nur ein Anfang, der konstatiert werden darf und der das Neue bringen soll. Man muß sich den Kopf einrennen an den „Verhältnissen“, statt in der „Hocke“ zu leben: „in dieser Zeit begann ein neues, härteres Training, des schmerzhaften und wunderbaren aufrechten Gangs“.[9]

Die Antike ist in diesen letztgenannten Textbeispielen nur eine Folie zur Illustration des (jetzt abgeschwächten) Geschichtsoptimismus. Dort erklärt sich Macht und Ohnmacht des Handelnden aus der historischen Konstellation, in die das Selbst eingebettet ist. Anders der Umgang Brauns mit dem Mythos als narrativem Programm und als stofflichem Reservoir: Hier (wie schon bei Prometheus und Adonis) wird an und in den Figuren gezeigt, wie die Tat die Handelnden verändert. Weil der Mythos bei Braun zunächst nur als verweisendes Zeichen vorkommt, kann er die *Schwester des Prometheus* in China ausmachen, zur Zeit der Tang-Dynastie: „Kuan Yin, den Fuß schon halb (...) im süßen Nichts / Hörte den Schrei der Welt und stürzte / Zurück in die Menge“.[10] Die Besinnung auf den Mangel der anderen verwandelt Nihilismus in

4 Braun *Texte* 5, 74, *Der Teutoburger Wald.* Vgl. Braun *Texte* 8, 76, *Die Trümmer der Akademie.*

5 Braun *Texte* 5, 77, *Das Forum.*

6 Braun *Texte* 5, 78, *Neuer Zweck der Armee Hadrians.*

7 Braun *Texte* 5, 76f., *Das Forum.*

8 Braun *Texte* 5, 101, *Höhlengleichnis.*

9 Braun *Texte* 5, 102.

10 Braun *Texte* 5, 71.

Engagement. Ein Tatheros wie Gilgamesch indes, der Urvater aller Heldenepen aus Uruk, ringt sich das Handeln nicht ab aus dem Unrecht der Verhältnisse, sondern verfolgt sein eigenes Ziel. Der – männliche – Zivilisationspionier tötet den „Geist des Waldes“, um seine Sterblichkeit in den „Annalen“ zu kompensieren. Fremdopfer wie Selbstopfer bringt er, um sich im Gedächtnis der Nachgeborenen zu erhalten.[11]

Philemon and Baucis bieten das Gegenmodell zu jedwedem Tatoptimismus. Als „streetpeople“ reißen sie „mit Preßluftrammen“ den Beton in Manhattan auf „Bis in die nackte Erde“. „Wollen sie einwurzeln mit den Zehen wie grünliche Bäume“? Doch sie schaufeln sich nur ihr Grab, ihre eigene „frische (…) Grube“.[12] Die beiden Alten, arm, aber glücklich und gastfreundlich zu Göttern wie Menschen, waren bei Ovid die letzten Überlebenden einer Sintflut. Nach ihrem gemeinsamen Tod verwandelten sie sich in eine Eiche und in eine Linde. So überführt in die Dauer, wurden sie kultisch verehrt.[13] Aus der Zerstörung folgt Erneuerung. Und diese vitalistische Platitüde reproduziert Volker Braun noch einmal, in seinem Text *Antikensaal*, dem letzten Teil der *Iphigenie in Freiheit*, seiner ersten eigenständigen, umfänglichen Arbeit mit einem antiken Stoff. Wie Heiner Müller malt Braun den Übergang in eine demokratisch verfaßte, kapitalistische Gesellschaftsform als Niedergang einer Epoche; die Antike soll den Verfall illustrieren wie die Stagnation zuvor.[14] Nicht zufällig spannt sich der Bogen der späten Gedichte Brauns, darauf folgend, über das goldene Zeitalter der römischen Cäsaren; vom Gallischen Krieg des Gaius Julius bis zu Commodus und Septimius Severus – gewaltsame Architektur und Beginn einer Endzeit des Weltreiches.[15]

Braun greift mit seiner *Iphigenie in Freiheit* die zivilisationskritischen, das Patriarchat entlarvenden Topoi der Zeit um 1983 auf. Hatten bereits Christa Wolf, Heiner Müller und Stefan Schütz immer im Westen und meistens im Bild der antiken Griechen das Vernichtungspotential geortet, den Gang in die Katastrophe in seiner Beschleunigung dort angesiedelt, so verlängert Braun die

---

11 Braun *Texte* 9, 44.

12 Braun *Texte* 10, 51.

13 Ovid *Metamorphosen* 13, 620-724, insb. 713-720. Braun verknüpft hier Ovid mit Goethes *Faust II*, V, insb. 11273-11275, 11360-11369, 11497f., 11557f. Faust, der die beiden Alten seinem Kolonisierungswerk geopfert hat, erblindet durch die Sorge, erkennt nicht, wie die tätigen Handwerker ihm sein eigenes Grab schaufeln.

14 Vgl. Preußer (2000a) passim.

15 Braun (1999) 16, 39ff. Der Gedanke der Endzeit bleibt in den früheren römischen Gedichten ausgeklammert. Hier sucht das lyrische Ich eher den Glanzpunkt vergangener Epochen, nicht deren Niedergang. Vgl. *Das Forum, Neuer Zweck der Armee Hadrians*; beide in Braun *Texte* 5, 75-79.

Kette von Ressentiment und Apokalyptik, häuft und staut das gängige Bildmaterial an.[16]

„GESCHAFFEN / ZUM HANDELN IST DER MENSCH. / ZUMAL DER GRIECHE", sagt Pylades dem Thoas. Und Orest ergänzt: „EIN GRIECHE BIN ICH VOM GESCHLECHT DER HÄNDLER". Die gewollte Allegorisierung ist denkbar einfach, deutlicher noch als in Christa Wolfs Erzählung *Kassandra* oder in ihrem Roman *Medea. Stimmen*. Thoas, der Skythe, verkörpert die Sowjetunion unter Gorbatschow, Iphigenie die ihm zugehörige DDR. Von der Krim aus gesehen liegt Griechenland im Westen. Orest und Pylades sind „die Fluchthelfer" der alten Bundesrepublik. (VB 18, 14) Sie stehen für den Handel mit Waren und Menschen, für Kasse statt Herz und holen die Schwester „Heim ins Reich" – mit ihren Mitteln. Gekauft wird Iphigenie käuflich: „Iphigenie im Supermarkt. / Schaufensterpuppe Iphigenie"; das alles für „ein Spottgeld".

Und was ich Thoas weigerte, pünktlich
Gewähr ich es. Nimm es dir, Pylades
Mein Eigentum. Entwaffnet von der Werbung
Geht Iphigenie handeln mit der Lust
Und mit der Liebe

sagt die Dame DDR. (VB 18-20)[17] Das private Schicksal wird nicht nur allegorisch angebunden ans Allgemeine, es trägt den Weltbezug in sich.

Die vier ‚Akte' von *Iphigenie in Freiheit* verteilen sich auf locker gesetzte 27 Seiten Text nebst einer Anmerkung von rund einer Seite. Die erste Szene trägt den Titel *Spiegelzelt*, rekurriert auf die *Elektra* des Sophokles (oder aber, weil die Bearbeitung des Stoffes keine eindeutige Zuordnung erlaubt, auf den *Orestes* oder die *Elektra* des Euripides) und schildert die Umbruchstimmung der Wendezeit. Der Hauptteil, die zweite Szene, heißt wie der Gesamttitel *Iphigenie in Freiheit* und bezieht sich auf Euripides' Tragödie *Iphigenie bei den Taurern* und Goethes klassizistisches Schauspiel *Iphigenie auf Tauris*. Während die Auseinandersetzung mit dem Weimarer sich in mehreren Zitaten, in Anspielungen auf biographische Hintergründe Goethes und sogar in wörtlicher Anrede (VB 18) manifestiert, bleibt die Rezeption des Euripides indirekt. Allegorischer Gegenstand der neuen *taurischen Iphigenie* ist die oben geschilderte ‚Entlassung'

16 Wolf (1983a), (1983b); Müller (1983); Schütz (1983). Vgl. hierzu Preußer (2000b) passim; auch Grauert (1995) 181. Zur *Iphigenie in Freiheit* gibt es Vorstufen; so etwa das Gedicht *Ausgang der Welt*, Braun *Texte* 9, 50.

17 Vgl. Emmerich (1996) 502-505 sowie Grauert (1995) 173. Gegen die vordergründige Ideologisierung wendet sich Visser (1993) 131, 133, 154.

der DDR in die Einheit Deutschlands. Die dritte Szene verzichtet bereits völlig auf die Dialogform. *Geländespiel* betitelt, macht sie Anleihen bei Sophokles' *Antigone* und meint die Zeit nach der Währungsunion, genauer: das Gelände des ehemaligen KZ Ravensbrück, auf dem – tatsächlich – ein Supermarkt errichtet werden sollte. Die vierte Szene, *Antikensaal*, ist nicht szenisch aufgebaut, sondern ein prosaischer zivilisationskritischer Kommentar, die beigefügte Anmerkung des Autors schließlich ein politischer.

Unter der Allegorie erzählt Braun das Drama der Zivilisation. Der symbolische Bildhintergrund kann sich nicht emanzipieren vom politischen Schlüsselstück, auf dem er transportiert wird; aber er hat seine eigene Logik, sein eigentümliches Verweisungssystem. Symbolisch bildet der Text noch einmal – und anders, komplexer – ab, was die vordergründige Allegorie offen sagt. Neben der politischen gibt es also eine mythologische Lektüre von *Iphigenie in Freiheit*. Um die zu zeigen, greife ich zurück in die Stoffgeschichte der Iphigenien, frage nach den Konstruktionen des Fremden und Eigenen, des Selbst und des Anderen, nach dem Bild der Frau und der Natur – vor allem bei Euripides und Goethe. Denn beide Autoren entwerfen bereits das Drama der Zivilisation, das Volker Braun – und vor ihm schon Jochen Berg – als Folie seines politisch-allegorischen Kommentars zum Zeitgeschehen braucht.

II Ein ratloser *poeta doctus* – Euripides

Der *Agamemnon* des Aischylos schildert die Grundkonstellation für die Iphigenie-Handlung. Dort wird berichtet, wie der Anführer der Griechen, um günstige Winde für die Überfahrt nach Troia zu erlangen, der Göttin Artemis die eigene Tochter zu opfern bereit war; der Seher Kalchas hatte diesen Schritt als unabdingbare Notwendigkeit gedeutet. Aber Artemis – so korrigiert nun Euripides – verzichtet auf das Menschenopfer, ersetzt es unbemerkt durch eine Hirschkuh und entrückt die Tochter Agamemnons ungesehen nach Tauris, der heutigen Krim.

Als Priesterin hat sie hier der Göttin zu dienen und unter der Verantwortung des Taurerkönigs Thoas ihrerseits jeden Griechen, der das Land betritt, als Menschenopfer darzubringen. Ihr Bruder Orest landet mit dem Freund Pylades auf Tauris, um das hölzerne Bildnis der Artemis zu rauben und nach Attika zu bringen. So verlangt es Apollon; der Raub gilt als Voraussetzung, um Orest von der Blutschuld des Muttermordes zu entsühnen und von der Verfolgung durch die Erinnyen zu befreien. Die Geschwister – Opfer und priesterliche Vollstreckerin – verkennen einander zunächst, bis sie sich wechselseitig wiedererkennen und gemeinsam die Intrige gegen den Barbaren Thoas schmieden.

Mit List und Gewalt soll Iphigenie entführt und die geweihte Statue der Artemis gestohlen werden. In ihrem Handeln also, auch wenn Gewalt letztlich vermieden werden kann, reproduzieren die Atriden das Verhängnis ihres Geschlechts, dem die Tat der Geschwister doch gerade ein Ende bereiten sollte. Die Flüchtigen aber werden mit ihrem Schiff durch die Ungunst der Winde wieder an den Strand von Tauris geworfen und entgehen der Rache des Königs nur durch die Intervention Athenes als *dea ex machina.* Sie schließt mit dieser Volte wieder an den Richterspruch in Aischylos' *Eumeniden* an und bekräftigt damit das Urteil des Areopags.[18] Die Entsühnung des Orest verschiebt sich so auf ein Außerhalb der Handlung.

Das Mythologem der *Iphigenie in Aulis* wird bei Euripides unblutig gelöst, um (für die Chronologie der Handlung) in Tauris fortgesetzt und aufgehoben zu werden. Die später entstandene *Iphigenie in Aulis* liefert den Grund nach für den Text der Tragödie von Tauris. Schließlich ermöglicht die Korrektur – bei Aischylos stirbt Iphigenie als Opfer – sogar die spätere Begegnung von Iphigenie und Orest mit Elektra in Delphi, die wahrscheinlich ein nicht erhaltenes Drama des Sophokles dargestellt und uns die 122. Fabel des Hyginus überliefert hat.[19] Als rationalistischer Mythenerzähler stiftet Euripides zugleich die Genealogie für den Iphigeneia-Kult nahe dem Tempel der brauronischen Artemis Tauropolos, in Halai Araphenides. Das Fremde, also Barbarische, wird durch göttlichen Befehl heimgeholt nach Attika.

Am Schluß geht deshalb alles auf. Das Kalkül bestätigt das Drama der Wiedererkennung wie die List der Intrige – den eher tragischen und den eher komischen Teil des Stückes – durch den Richterspruch der Artemis-Schwester. „So führe deine Schwester aus dem Lande nun, / Sohn Agamemnons. Du, o Thoas, zürne nicht!" (E 1473f.) Dies gebietet Athene; und der Barbar unterwirft sich, senkt seine „Lanze vor den Fremdlingen / (...) Göttin, weil du's also willst". (E 1484f.)

Für manche ist diese glückliche Wendung zu glatt. Hatte nicht Iphigenie vom Taurerland als einer „uneinladende[n] Wildnis" gesprochen, „wo / Barbarenhorden ein Barbar Gesetze schreibt"? (E 219, 30f.) Und nun fügt sich ihr König demutsvoll dem göttlichen Befehl. Außerdem hatte Orestes zuvor „die Götter, die der Mensch allweise nennt," für „lügenhaft" erklärt, „beschwingten Traumgebilden gleich". (E 570f.) Am Schluß aber, als *dea ex machina*, soll die Gottheit wieder die unverbrüchliche Autorität darstellen? War nicht der ganze

18 Euripides *Iphigenie bei den Taurern*, Vers 1472. Im folgenden als Sigle E, Vers.

19 Vgl. *Der Kleine Pauly*, Band 2, Sp. 1447f.; Lesky (1971) 439f. Siehe auch Goethe (1786), HA Band 11, 107f. Dort ein Handlungsabriß.

Stoff der *taurischen Iphigenie*, nachdem die Geschwister sich erkannt, nur noch auf Täuschung des Thoas aus, sogar auf Mord am König der Taurer, der tölpelhaft wie nur je ein von Griechen ersonnener Barbar die List verkennt, mit der die Gefangenen sich davonstehlen? (E 828f., 996, 1020f., 1212)

In der Altphilologie ist inzwischen die Ansicht weit verbreitet, daß die offensichtliche Diskrepanz zwischen „der klaren Handlungsführung und der formalen Geschlossenheit" einerseits[20] und der unvermittelten Lösung durch das Gottesurteil[21] andererseits in den Tragödien des Euripides einem Konzept geschuldet ist, das man – mit einigen Abstrichen, versteht sich – modern nennen kann. Walter Jens meint,

> Euripides *wollte* (...) den Knoten (...) nicht lösen. Im Gegenteil (...). Gerade die Scheinlösung sollte (...) die Unwirklichkeit des Endes bezeichnen. (...) Im euripideischen Drama wäre die Auflösung eine *contradictio in adiecto*.[22]

Der „tragischste unter den Dichtern" – so sieht ihn Aristoteles[23] – zeigt bereits den Zerfall des klassischen Kosmos, ein zerbrochenes Fundament, eine fragwürdig gewordene Wahrheit.[24] Joachim Latacz nennt ihn einen „Zweifler und Ironiker aus Leidenschaft".[25]

Das Ungenügen, das Euripides empfand und das ihn zur gewagten Konstruktion eines nur formelhaft geschlossenen, im Richterspruch der Maschinengöttin aber indirekt problematisch offenen Schlusses bewogen haben mag, liegt in der Rollenverteilung zwischen Griechen und Barbaren begründet. Zwar wird man in Euripides keinen frühen Vorgriff auf Lukians „kosmopolitische (...) Gesinnung" ausmachen können, die für Gastfreundschaft, ja Freundschaft zwischen den ‚barbarischen' Skythen und den Hellenen plädiert.[26] Aber die Grobheit, mit der Euripides in der *taurischen Iphigenie* die Hellenen agieren läßt und so die alte Kluft zwischen Eigenem und Fremdem illustriert, spricht nicht dafür, daß der Tragiker ein selbstzufriedenes Griechentum prämiert, dem jedes Mittel für seine Zwecke recht sein darf.[27]

---

20 Matthiessen (1979) 130.

21 Vgl. Aristoteles *Poetik* 15; auch Horaz *Ars Poetica* 191f.

22 Jens (1978) 53-55.

23 Aristoteles *Poetik* 13.

24 Jens (1978) 69.

25 Latacz (1992) z. B. 136.

26 Dazu Nestle (1944) 518. Die Figur des weisen Skythen Anacharsis, den Lukian einen Dialog mit Solon führen läßt, hebt Herodot bereits „wegen seiner Klugheit" hervor. 4, 46, vgl. 4, 76.

27 Euripides macht dagegen „keinen Unterschied zwischen dem Menschenopfer der Barbaren und dem der Griechen"; Melchinger (1980) 198. Dihle (1991) 146, weist auf die Parallelen zur Philosophie

Im Satyrspiel *Der Kyklop* akzentuiert Euripides die Geschichte von Odysseus und Polyphem – ganz im Sinne seiner *Iphigenie* – als Problem der Gewaltanwendung des zivilisierten Griechen einerseits und des Barbaren andererseits. Fast liebevoll zeichnet Euripides den Polyphem, während sein Odysseus falsch, rachsüchtig und hinterlistig ausfällt und auf keine Sympathien bei den Zuschauern rechnen kann;[28] so auch in der *Hekabe*.[29] Wenn man auch den Odysseus des *Kyklops* nicht mit den Figuren Orestes und Pylades in der *taurischen Iphigenie* gleichsetzen kann, so wirft der Exkurs zum Meister des rationalen Kalküls doch ein Licht auf die problematische Bruchstelle der um 412 entstandenen *Iphigenie*-Tragödie.

III Die ideale Weiblichkeit, Wahrheit und Betrug bei Goethe

Goethes Intention, den antiken Mythos ins Humane zu wenden, läßt sich beschreiben als Versuch einer Lösung der Euripideischen Problemkonstellation. Damit geht Goethe einen entscheidenden Schritt weiter als Racine. Der Weimarer antwortet mit seiner *taurischen Iphigenie* auch auf die *aulische* seines französischen Vorgängers.[30] Anders als Racine, gelingt Goethe die Einhegung des Gewaltsamen und des schicksalhaft Tragischen in der Version des Euripides. Das zerbrochene Fundament des leidenschaftlichen Zweiflers soll befestigt – teils gekittet, teils neu gegründet –, die fragwürdig gewordene Wahrheit wieder möglich werden.

Die Situation Iphigenies ist vertraut: Bereits die ersten Verse exponieren die Tochter des Agamemnon in einer unentschiedenen Mitte zwischen dem Eigenen und dem Anderen. Hier steht sie seufzend am Meeresufer – „Das Land

der Zeit hin, die von natürlicher Gleichheit aller ausgeht und Differenzen zwischen Fremdem und Eigenem lediglich auf Konvention zurückführt. Hauser (1974) 231, meint, man könne „von der ganzen klassischen Literatur behaupten (…), daß Euripides ihr einziger progressiv gesinnter Vertreter war".

28 Die Inszenierung von Friedo Solter im Deutschen Theater Berlin, Premiere am 22.1.1994, betont diesen Gegensatz zu Lasten des Griechenfürsten. Der Kyklop gerät zu einem edlen Wilden mit naiv-treuherzigem Gemüt und buntem, überdimensioniertem Feder-Kopfschmuck; der Ithaker erscheint reduziert auf seine metallene Maske, ein ausdrucksloser, verhärteter Stratege. Dramaturgische Grundlage für diese Akzentuierung ist – nach dem Auszug des Programmheftes – der Text von Arrowsmith (1989), *Introduction to Cyclops*. Anders Seidensticker (1979) 221, 224, dort Anm. 84 und 94.

29 Euripides *Hekabe* 299-331. Generell erfährt der Charakter des Odysseus „bei den Dichtern nach Homer (…) einen bemerkenswerten Wandel zum Schlechten", schreibt Rose (1982) 230.

30 Vgl. Jauß (1982) 713-718.

der Griechen mit der Seele suchend" –, dort weiß sie sich Thoas verbunden, einem „edle[n] Mann", wie sie stets beteuert, dem sie das Leben zu verdanken hat und der um sie als seine künftige Gattin wirbt.[31] „[D]ieses Ufer ward dir hold und freundlich", sagt Arkas, doch Iphigenie empfindet das Werben des Taurerkönigs zugleich als Drohung. (G 101, 172f.)

Noch bevor die beiden Griechen in die Handlung eingreifen, ist „Wahrheit" gegenüber Thoas das Grundproblem der Diana/Artemis-Priesterin. Iphigenie will „dem Mächtigen" sagen, was „ihm gefällt", ohne zur Lüge greifen zu müssen. (G 218f.) Pylades denkt da pragmatischer: „Mir scheinet List und Klugheit nicht den Mann / Zu schänden, der sich kühnen Taten weiht." (G 766f.) Darum verstellen sich die beiden auch vor Iphigenie, die sie freilich nicht als Schwester des Orest erkennen. Erst als sich das ferne Fremde als das Vertraute, die barbarische Priesterin als Griechin erweist, die – mehr gibt sie nicht zu erkennen – um das Geschick des Hauses Agamemnon Sorge trägt, offenbart sich Orest:

> Ich kann nicht leiden daß du große Seele
> Mit einem falschen Wort betrogen werdest.
> Ein lügenhaft Gewebe knüpf ein Fremder
> Dem Fremden sinnreich und der List gewohnt
> Zur Falle vor die Füße, zwischen uns
> Sei Wahrheit! (G 1076-1081)

Orests Wahrhaftigkeit ist strikt partikular, wenngleich nicht so instrumentell wie die seines Vertrauten Pylades. Human – also gattungsumfassend – wird Wahrheit erst in der idealisierten Repräsentation des weiblichen Geschlechts, in Iphigenie. Ihre Bezugsgröße ist ungeteilt: die Seele, der getreue Abdruck ihres Empfindens.[32] Diese Idealität der Goetheschen Iphigenie erkennt sogar der Pragmatiker Pylades und ontologisiert das Geschlechterverhältnis bereits im Sinne des Zivilisationsdramas:

> (…) ein Mann,
> Der beste selbst, gewöhnet seinen Geist
> An Grausamkeit und macht sich auch zuletzt
> Aus dem was er verabscheut ein Gesetz,
> Wird aus Gewohnheit hart und fast unkenntlich.
> Allein ein Weib bleibt stet auf einem Sinn,
> Den sie gefaßt. (…) (G 786-792)

---

31 Goethe *Iphigenie auf Tauris*, HA Band 5, Verse 12, 33. Im folgenden Sigle G, Vers. Vgl. das Gemälde Feuerbachs, *Iphigenie* (1862), zur ersten Szene.

32 In ihrer Radikalität hat Goethes Iphigenie deshalb, wie George Steiner zu Recht betont, viel von der Antigone des Sophokles. Steiner (1984) 66.

Im „Guten wie im Bösen“ (G 793) ist die Ganzheit des Weibes verläßlich, meint der Mann Goethe durch die Stimme des Pylades. Diese Idealität betont der Klassizist gegen die Alten. Der von der Macht der Männer durchgesetzte Ausschluß der Frauen aus dem öffentlichen Leben der *pólis* und ihre Bindung an den *oíkos* wird umgedeutet in den Gewinn des rein Menschlichen, des Wahrhaftigen durch *das Weib*. Der Mann trägt die Bürde politischen Handelns – Orest erkennt es selbst (G 749) –, verantwortet sein Tun und frißt die Demütigung in sich hinein, wenn zum Machterhalt oder für die Interessen des Staates ein Opfer gefordert wird – wie das Iphigenies durch Agamemnon oder Antigones durch Kreon. Die Gewöhnung an die Grausamkeit, die der Handelnde am anderen verübt, richtet sich schließlich gegen sein Selbst. Die Maske der Gewalt läßt den Täter verhärten, reduziert seine Physiognomie zur Fratze blanker Funktionalität. *Die Frau* hingegen verklärt Goethe zur göttergleichen Überwinderin dieser männlichen Zurichtung.[33] Das wahre Wort ist allein dem vom Modernisierungsdruck ausgeschlossenen Geschlecht möglich.

Was Euripides mit einer göttlich befohlenen Lösung scheitern läßt, wird bei Goethe eingeholt durch die Vergöttlichung seiner Heldin,[34] d. h. durch Remythisierung ihres rein kommunikativen Handelns, das doch auf Vernunft und Aufklärung hat setzen müssen: Iphigenies *unerhörte Tat*.[35] Goethe ist sich dieser remythisierenden Projektion wenigstens halb bewußt. Das Weibliche, so befindet er apodiktisch, sei „das einzige Gefäß, was uns Neueren noch geblieben ist, um unsere Idealität hineinzugießen. Mit den Männern ist nichts zu tun.“[36]

Goethes *Iphigenie* ist ein programmatischer Gegenentwurf zu allem Faustischen; ein Anti-Prometheus.[37] Sie überbietet alle Handlung in ihrer „unerhörten Tat“ (G 1892)[38]: aber nur durch Wendung nach innen, die sie vor allen anderen Figuren auszeichnet. Thoas treibt ein wilder Sinn um, die Griechen zu töten, (G 784) Orest verfällt dem Wahnsinn, Pylades schmiedet seine Ränke, und Arkas arbeitet stets im Sinne seines Herrn. Nur Iphigenie handelt nicht, bestenfalls erleidet sie Handlung; oder sie mildert ab: „O daß ich nur / Ein

33 Iphigenie präfiguriert das Göttliche. Vgl. HA Band 5, 434 sowie Band 1, 147-149.

34 Jauß (1982) 729, 734.

35 Jauß (1982) 730f. Vgl. Bovenschen (1979) 24-43.

36 Eckermann (1836, 1848), Band 1, 201.

37 Vgl. Goethe, HA Band 10, 50.

38 Schulte-Sasse (1980) 496f., sieht in der Wiederverwendung der Formel von der „unerhörten Tat“, mit der zuvor von der Knabenschlachtung des Atreus berichtet wurde, (G 377) eine „Umwertung des ‚Tat‘-Begriffes“. „Die eigentlich mutige Tat ist nun nicht mehr physische Gewalt, sondern offener Dialog“.

ruhig Wort von dir vernehmen könnte", sagt sie dem wirren Orest, und dem kampfentschlossenen Thoas ruft sie zu: „o König! Laß die Hand / Vom Schwerte!" (G 1180f., 2065f.)

Goethes Iphigenie-Figur regiert der Irrealis. Sie ist ein Kronjuwel der *imaginierten Weiblichkeit*: Der Mann leidet unter der eigenen Defizienz, sich im rein Partikularen zu erschöpfen, als Funktiv in einer Funktion, von außen determiniert, aufzugehen. Und aus dem Neidkomplex dem hypostasierten Ganzen gegenüber schafft er sich die Einheit neu im Bild der idealisierten Frau: eine Einheit wie die der Natur, wie die der Kunst; die Trias romantischer Versöhnung.[39] Orest, den Goethe in der Weimarer Erstaufführung der prosaischen *Iphigenie* selbst verkörperte, darf es, zum Ausgang des Stückes, bündig formulieren:

Gewalt und List, der Männer höchster Ruhm,
Wird durch die Wahrheit dieser hohen Seele
Beschämt und reines kindliches Vertrauen
Zu einem edeln Manne wird belohnt. (G 2142-2145)

Der Zweifel, das Bedenken sind ihrer fühlenden Unmittelbarkeit wesensfremd. Das skeptische Zersetzungswerk wandelt Gutes zum Bösen; die ungeteilte Stimme Iphigenies hingegen besänftigt – selbst den Thoas. (G 1991f., 1986) Programmatisch verkündet Iphigenie: „Ich untersuche nicht, ich fühle nur." (G 650) Weil ihr Empfinden nicht in der Analyse zerrissen wird, ist Goethes göttliche Protagonistin zur Wahrhaftigkeit fähig und gleichsam verurteilt. Körperlich-naturhaft wirkt ihre Moralität; kindlich die Scheu vor der taktischen Lüge: „Es schlägt mein Herz, es trübt sich meine Seele, / Da ich des Mannes Angesicht erblicke / Dem ich mit falschem Wort begegnen soll." (G 1418-1420) Man denkt sich zu dieser Szene fast unwillkürlich einen treuen Kinderblick, der von unten nach oben geht.

Ich muß mich leiten lassen wie ein Kind.
Ich habe nicht gelernt zu hinterhalten,
Noch jemand etwas abzulisten. Weh!
O weh der Lüge! Sie befreiet nicht
Wie jedes andre wahrgesprochne Wort
Die Brust, sie macht uns nicht getrost, sie ängstet
(G 1402-1407)

Natürlich hat Goethes persönliche Situation ihn zu dieser Idealisierung getrieben. Das Leiden an der Partikularität, das Iphigenie kompensieren soll, hat er

---

39 Bovenschen (1979) 32, 37f.

selbst erfahren.[40] Dafür wird das Weib zur zivilisatorischen Exterritorialität und zur vorscheinenden Utopie des wahrhaft Humanen. Deshalb verlagert sich die Handlung des Stückes in ein reines Innen der Akteure, wird die *Iphigenie* zum Seelendrama. Goethe wollte Euripides „sanfte endigen" lassen;[41] doch scheitert letztlich auch er an der versuchten Harmonie, erst in der Prosa, dann in geschnittenen Versen. „Man merkt es den Jamben an. Die Jamben zittern. Die Glätte ist keine wirkliche Glätte. Es gibt Pulsschläge unter dieser glatten Oberfläche", bemerkt Heiner Müller.[42]

Goethes Dilemma ist jene fundamentale Ungerechtigkeit, mit der das Stück nun endet: Thoas, der Barbar, der Iphigenie liebt und halten will, läßt sie schließlich einvernehmlich ziehen, trotz aller vorigen Täuschungen. Das gekränkte Abschiedswort des Königs – „So geht!", sagt er – muß die Protagonistin noch in einer letzten monologischen Anstrengung in ein „Lebt wohl!" aus seinem Munde abmildern, um ihr humanes Werk als vollendet anzusehen. (G 2151, 2174) Aber Thoas gibt mehr, meint Adorno, „als die Griechen, die ihm, mit Einverständnis der Dichtung, human überlegen sich dünken". Als Schatten auf der Humanität der Goetheschen Iphigenie bleibt, „daß der Skythenkönig, der real weit edler sich verhält als seine edlen Gäste, allein, verlassen übrig ist".[43] Bei Goethe schlägt Humanität um in eine Verletzung, die kaum zu sehen ist.

IV Fürstenaufklärung als Oppositionskitsch – Jochen Berg: *Im Taurerland*

Goethes *Iphigenie* zwingt den Thoas in ihr humanes Kalkül, ohne ihm Recht widerfahren zu lassen. Die gewollte Versöhnung zeigt um so schmerzlicher den Bruch, der bei Euripides in aller Offenheit zur Schau gestellt wird. Jochen Bergs Bearbeitung *Im Taurerland* macht im Titel bereits deutlich, worin die neuerliche Korrektur bestehen soll, die – wie bei Braun – mehr auf Goethe denn auf den attischen Tragiker bezogen ist. Die Titelheldin aus beiden Vorlagen wird dem *Land* der Taurer unterstellt. Personell tauscht Berg den Arkas des Weimarer Dramatikers gegen die in der Stofftradition nicht verbürgte Figur des Bar-

40 Vgl. HA Band 5, 418, 403; Bürger (1977) 177f., 180 sowie die Zeichnung Goethes (1779), die Rekrutenaushebung darstellend (Abb. ebda.). Siehe auch Henkel (1965) 4.

41 HA Band 5, 405. Vgl. Miller (1988) 345.

42 Kluge/Müller (1995) 101.

43 Adorno (1967) 508f.

bas aus. Der steht als Einzelperson für die Barbaroi,[44] die Nichthellenen, und explizit für das Volk der Taurer, in dessen Namen er spricht. Nicht die Masse kommt zu Wort – hier setzt Berg die französisch-klassizistische Dramaturgie Goethes fort[45] –, aber ihr Fürsprecher. Durch eine geringfügige Konsonantenverschiebung markiert, wechselt der Vertraute des Fürsten die Lager; die Person hohen Standes, Arkas, wird zum *primus inter pares* der Gemeinen, zum Barbas. Und über Barbas vermittelt, löst das Barbarenvolk selbst den gordischen Knoten, in den sich die Hoheiten verstrickt hatten, so gespenstisch einfach, sicher und gewaltlos, wie dies Goethes *Iphigenie* vorexerzierte.

Das erste Bild bleibt stumm und klärt – vor jeder Frage – die Konstellation der Hauptakteure. Iphigenie und Thoas schlafen miteinander, gelagert in eine Erdvertiefung, dann dämmert der Morgen.[46] Später wird deutlich, daß die rein körperliche Szene[47] zugleich als *Hierogamos* aufgefaßt werden soll: „hier ist der ort, / wo man die sterne zählt, ins all sich sinnt, / die lieder mit dem wind verbreitet, zurück / zum urzustand der natur hinwächst". Iphigenie macht die Körperlust maßlos: „mit trichtern / könnt ich alles in mich füllen, was der / planet an leben zeugt". (JB 69, 67) So sehnt sie sich nicht, wie ihre klassizistische Vorgängerin, nach Griechenland, das jene mit der Seele suchte, und nennt statt dessen „verlust / gewinn, denn alles, was aus dieser erde / wächst, hat einen ursprung, einen kern, / und nichts, niemand ist ohne heimat". Genau besehen, gibt sich Iphigenie nicht dem Thoas hin, sondern „der schönheit dieser bucht". Die Sinnlichkeit ist am Ort ihrer Erfüllung, alles besitzt seinen vorbestimmten Platz, gehört zusammen: „die erde hat den abdruck meines körpers", weiß Iphigenie. (JB 68, 72, vgl. 67)

Berg treibt die Mystifikation der Naturnahen über alles Maß und weit über die Goetheschen Stilisierungen hinaus.[48] Selbstverständlich gehört zur Ausstattung dieses Bildinventars das vernunftkritische Ressentiment. Iphigenie ist sich gewiß: „der geist / betrügt, der körper kann nicht lügen". Welche Verkehrung zeigt sich hier gegenüber der kommunikativen Humanität in Goethes *Iphigenie*, dessen Protagonistin doch auch, aber eben anders, naturnah, kindlich sein sollte. Körper und Traum erschließen der Heldin in Bergs Stück die Welt; „im

---

44 Der Name könnte auch eine Zusammenziehung von Barnabas oder Barabbas sein, Figuren des Neuen Testaments.

45 Berg beachtet sogar die Norm des Horaz, nach der nicht mehr als drei Personen in einer Szene agieren sollten, fast durchgängig. *Ars poetica* 192.

46 Berg (1985) 67. Im folgenden Sigle JB, Seite.

47 Vgl. Emmerich (1987) 252.

48 Vgl. Klages (1930) und Maffesoli (1982).

traum nur", sagt sie dem Thoas, „sind wir (...) wirklich wahr". (JB 71, vgl. 70) Tat, Entscheidung, Gesetz gehen – als Wesensbestimmungen einer entleerten männlichen Rationalität – den Ahnungen der Diana-Priesterin ab. Die grämt sich: „fade männerlaunen / störten den genuß des hohen traums". Dann aber wird sie wieder eins mit der *Magna Mater*: „die erde wärmt gekühltes fleisch". (JB 74)

Durch Ahnungen ausgezeichnet ist neben ihr nur der wahnsinnige Bruder Orest. Pylades hingegen bleibt praktisch, männlich, griechisch oder was das Klischee, das der Text ihm zubilligt, dafür hält. „der träumt sich in den tod", meint der Vertraute und Freund des Orest nicht ohne Realitätssinn, aber mit beißendem Spott. „ich will leben", sagt sich hingegen Pylades. (JB 85) Orest ist ganz gefangen in seinem Regreß, ein „stück naturgewordnes wesen (...) / in fleisch gebannter wahn, zurückgefalln / in den großen stumpfsinn aller sinne"; (JB 90) „für seine heilung sorgt allein die tat", weiß Pylades, und auf *die* versteht er sich. Der Freund des Wahnsinnigen trägt die Schuld des instrumentellen Rationalisten und versucht, sie pragmatisch zu kompensieren: „schnelles / handeln führt allein zum guten ziel". (JB 93)[49] Sogar ein Mord an Thoas soll als Mittel zum Zweck fungieren – wenn Flucht nicht möglich ist: „sein tod hält uns am leben". (JB 96)

Deutlicher als bei Goethe wird Pylades zum eigentlichen Gegenpol Iphigenies. Weil sein Geist umnachtet bleibt, rückt Orest näher an den Intuitionismus, den Traum- und Körperkult der Schwester. Thoas ist Barbar nicht aus Kalkül – ein Vorwurf, der statt dessen Pylades genauso wie Agamemnon, den Vater, trifft. In Bergs Stück erscheint „griechenland als land des mordes". (JB 89)[50] Auf Agamemnon, nicht auf Atreus, wie bei Goethe, (G 1936-1939) ist denn auch die Antwort des Thoas gemünzt, nachdem sich Iphigenie, allein auf die Kraft der Wahrheit vertrauend, dem König ausgeliefert hat: „du meinst, ich, der rohe / skythe, der barbar, hört die stimme / der wahrheit und der menschlichkeit, die / der grieche sich weigerte zu hören." (JB 98, 102)[51]

49 Dagegen erkennt Orest in einem lichten Augenblick: „mein vergehen / war zu handeln. die tat allein / macht schuldig". (JB 95) Das ist ein expliziter Gegenentwurf zur Freiheitsentscheidung des Orest in Sartres *Les mouches* – und zur revolutionär-marxistischen Theorie und Praxis ohnedies. Später heißt es noch einmal – und resignativ: „jede tat macht einsamer". (JB 99)

50 Sehnsucht artikuliert Iphigenie bei Berg nur in der Vergangenheitsform. Dem Orest seufzt sie zu: „könnte ich mit dir träumen, zurück in unsre / unbeschwerte kindheit, als griechenland / noch war, was es schon lange nicht mehr ist". (JB 92)

51 Es handelt sich hier um ein fast wörtliches Goethezitat von Berg. Für Pylades spielt Iphigenie – hier mokiert sich Bergs Figur über den Idealismus Goethes – nur „unbedacht mit unsrem leben"; „wir warn anlaß, / daß sie selbst sich wiederfinden konnte. / (...) / ihr wahrheitssinn bewirkt nun unsren tod". (JB 104)

Berg redet mit Absicht nicht von der Vorgeschichte der Tantaliden, nicht von den unfaßlichen Greueltaten des Atreus-Mythos,[52] sondern vom Opfer Iphigenies, das Goethe so offensichtlich marginalisiert. (G 906-913, 964)[53] Es geht nicht, wie bei Goethe, um eine Allegorie auf das zerstörerische und gewalttätige Handeln der Menschen, für die stellvertretend die Tantaliden stehen,[54] oder allgemein um den Ausweg aus der schicksalhaften Unfreiheit im Schrecken, sondern konkret um die Tat des Vaters an der Tochter. Bei Aischylos blieb der Schatten des tatsächlichen Mordes, ungeschmälert durch die Entrückung der Göttin, zurück: ein schwarzer Fleck auf dem lichten Weihespiel der ‚Geburt der Demokratie', als das die *Orestie* gelten kann.[55] Weil das Menschenopfer überwunden schien, rührt das Opfer der Iphigenie an die Fundamente der Verfaßtheit. Es ist, schlicht gesagt, Unrecht, das aber von Berg nicht als Skandalon der Unvernunft in einer gefügten Ordnung erkannt, sondern als unmittelbarer Ausfluß der Rationalisierung selbst perhorresziert wird. Es sind geschichtsphilosophische Vorentscheidungen, die das Denken – gerade das aufklärungskritische – blockieren.

Den Goetheschen Idealismus mag verwerfen, wer will. Gründe dazu gibt es genug. Aber um welchen Preis wird die Demontage erkauft? Die Stimme der Wahrheit und der Menschlichkeit, so sagt es jetzt die Bergsche Iphigenie, hört jeder, „der sich nicht verhärtet". (JB 103; vgl. G 1939-1942) Doch die zivilisationskritisch gemeinte Rede vom lebensoffenen, unverpanzerten Dasein verfängt nicht beim Adressaten; das Pathos geht ins Leere. Thoas, den Iphigenie seiner Offenheit wegen über den Griechen Pylades stellte, (JB 97) beharrt auf seiner Entscheidung: „das gesetz, es gilt, das urteil bleibt". (JB 104, vgl. 97) Berg folgt Goethe, um dessen Scheitern vorzuführen. Aber statt die Geschichte zur bitteren Neige, zur Hinrichtung der Griechen zu treiben oder die Problemkonstellation offen zu halten wie bei Euripides, verrennt sich Berg in eine Lösung, die ihn als naiven Moralisten auszeichnet und sein Stück diskreditiert. Am Schluß erst zeigt sich, weshalb es eine Figur Barbas geben muß.

Der Repräsentant des Volkes klärt den Regenten auf und stellt den freischwebenden Idealismus Iphigenies auf einen ‚bürgerbewegten' Grund. Das dem Schein nach barbarische Volk ist – so lernt Thoas – aufgeklärter als sein Herrscher und bedarf des mythischen Opfers nicht.[56] Barbas übernimmt die

52 Vgl. den ironischen Katalog bei Hacks (1977) 106.

53 Vgl. Melchinger (1980) 192.

54 Entsprechend Klingmann (1995) 19.

55 Meier (1988) 117, 125-128, 132. Vgl. Hegel (1817-1829) Band 2, 569.

56 Viehhirten, so schildert Barbas, wollten die Griechen zunächst vor dem Gesetz ihres Landes warnen, das jene mit dem Tode bedroht, mußten aber mit ansehen, wie Orest in einem Wahnsinnsan-

Worte Iphigenies und vollendet ihr Versöhnungswerk, legitimiert durch die Autorität des Volkes. Fürstenaufklärung wird bei Berg zum Oppositionskitsch: „dem gast / soll gastlich man begegnen. was sich öffnet, blüht. / was sich schließt, verkümmert. stimmst du mit uns nicht / überein, suche dir ein andres volk." (JB 105) In die Prosa allegorischer Lektüre überführt, heißt das: Die Mauer fällt, und alle bleiben da. Selbst der Sarkasmus aus Brechts *Buckower Elegien*, den Berg hier zitiert,[57] wird bis zur Unerträglichkeit verzärtelt.

Haben sich kritisch-loyale Intellektuelle so die Führung ihres Landes gewünscht? Wird das Vertrauen auf die Macht des rein menschlichen Wortes realistischer, wenn es nicht das idealisierte Individuum, sondern die bewegte Masse formuliert? Das Volk der DDR als *deus ex machina*: „wohl dem herrscher, der solch mutig volk sein eigen / nennen darf." (JB 106)

V Opfer, Tat und Tatheroen – Volker Brauns *Iphigenie in Freiheit*

Goethe hatte mit dem Konflikt von Natur und Zivilisation gerungen und ist gescheitert am stillen Opfer des Thoas. Der kosmisch-vitalistische Körperdiskurs bei Jochen Berg nahm diese Kränkung des Thoas und ihre dramaturgischen Möglichkeiten gar nicht wahr. Braun aber diskreditiert den Stoff und läßt der Zivilisation keine Chance. Vom Schluß des Stückes hallt es wider und übertönt den ganzen Text: „ZUVIELISATION! MÖRDER!" (VB 32)[58]

Volker Braun greift in *Iphigenie in Freiheit* auf die Symbolbedeutungen der asiatischen Steppe und der antiken Skythen zurück. Damit reichert er die Konflikte zwischen Fremdem und Eigenem, Zivilisation und Barbarei, Mann und Frau, Verstand und Gefühl, Zweckorientierung und Unmittelbarkeit an. Der Osten, Asien, Mythos und Naturraum wandeln sich in dieser Dichotomie zu einem elementaren und positiv konnotierten Potential gegen das aufgeklärte Europa. Als er Iphigenie in die Freiheit entlassen soll, resigniert der Taurerkö-

fall, der offensichtlich dem Sophokleischen *Aias* nachgebildet ist, wild metzelnd auf die Rinderherde einsticht, bis ihn die aufgebrachten Hirten, zusammen mit seinem Freund, fesseln und zum Landesherrn bringen. (JB 78) Die Stelle kommt früh, kurios, unmotiviert und erklärt sich nur aus der Schlußszene, auch wenn sie ihre Entsprechung in Euripides hat (E 235-339, insb. 284-300); vgl. Melchinger (1980) 195. Thoas muß annehmen können, daß die Hinrichtung vom Volk verlangt wird.

57 Brecht (1953) 9, *Die Lösung*.

58 Braun (1992a) wieder als Sigle VB, fortlaufend im Text.

nig und droht zugleich. Thoas, selbst aufgeklärt in Brauns Text, (VB 16) ahnt und fürchtet den Aufstand der Barbaren, die er regiert:

ICH WEISS, DASS ICH VERLOREN BIN, IHR GRIECHEN.
MEIN HUNGERVOLK SAMMELT SICH IN DER STEPPE
ZUM HUNGERMARSCH IN EURE METROPOLEN
SEIN HUNGER NAGELT MICH IN MEINEN KREML
UND AUS DEM HUNGER SPEIST SICH UNSRE MACHT. (VB 24)

Der Widerspruch ist nur scheinbar. Brauns Thoas bleibt – viel stärker als in der Allegorie Jochen Bergs – willenloser Erfüllungsgehilfe einer hinter ihm stehenden Masse.[59] Der Spielraum für seine Entscheidungen ist eng begrenzt: Der Hunger des Steppenvolkes „nagelt" ihn in seinen „Kreml" und zugleich sichert er die eigene Machtbastion. Das Oxymoron ist gewollt – „AUS DEM HUNGER *SPEIST* SICH UNSRE MACHT".[60] Thoas, alias Gorbatschow, der als einzelner nicht mehr handeln kann, wird durch den elementaren Mangel seines Volkes wieder einer von ihnen. Die noch mögliche Gewalt, die er ausüben könnte, ist eine gemeinschaftliche.

Für die Figur des Thoas in Volker Brauns *Iphigenie in Freiheit* hat Attila das historische Muster geliefert. Der Autor selbst führt in einem Kommentar den griechischen und den deutschen Mythos zusammen. Beide, der historisch verbürgte, quasi reale, wie der fiktive Führer eines Steppenvolkes seien, meint Braun, aufgeklärt und dem „römischen Fortschritt[..]" nicht gänzlich verschlossen. Also fragt er sich:

> Und wenn sie gesiegt hätten, die Hunnen auf dem Katalaunischen Feld? Grauenhafter Gedanke für den Eurozentristen, aber war Attila nicht ein umgänglicher, aufgeklärter Herr?[61]

Nicht die Anführer, nicht Thoas, nicht Etzel (oder Attila), sondern die namenlosen Skythen und Hunnen sind bei Braun machtvoll: als Kollektive. Ihr Zerstörungspotential entspricht dem nichtendenwollenden Raum, dem sie entstammen. Als vitale Kraft transformiert diese erdig-organologische Gemeinschaft das Utopische – das, was einmal historisches Subjekt hieß – in die Weiten fernab von Europa.

---

59 Vgl. Braun (1999) 39, über Septimius Severus, den „Afrikaner": „Ein Barbar / Imperator An seinen Fersen der Rest der Welt". Ebenfalls eine Parallele zur Allegorie auf Gorbatschow in Braun (1998) 77: „Der Genosse als Gentleman, das edle Extrem in der Zentrale, der Hauptreferent als philosophischer Aufklärer".

60 Kursive Hervorhebung hier von mir, H.-P. P.

61 Braun (1988) 145.

Während die mythische Europa von Phönizien nach Kreta, also von (Klein-) Asien nach Europa entführt wird, verschlägt es Iphigenie umgekehrt von Griechenland an die Schwarzmeerküste, an die Grenze zwischen den beiden Kontinenten, die seit Herodot durch den Fluß Tanaïs, den heutigen Don, markiert wird.[62] „Wie im Fluge" gelangt Brauns Iphigenie „in die bessere Welt / Aus dem Weltkrieg in den Weltfrieden", (VB 15) ganz ohne eigenes Zutun. An Iphigenie, der Allegorie des besseren Deutschland, haftet deshalb das Mal der Entscheidungslosigkeit. Die Götter haben sie in Thoas' Reich entrückt, noch ehe sie in der Fremde das ihr Eigentliche und Wesensmäßige erkannt hätte. Iphigenie versteht nicht die russische Seele als irrationale Ergänzung ihrer selbst, also des Deutschtums, sondern muß entführt werden in ihr Glück.

Nach dem Ersten Weltkrieg war Deutschland auf dem Sprung zu sich selbst, glaubte Bloch.[63] Nach dem Zweiten ist diese Chance vertan. Man muß den Epilog zu *Simplex Deutsch*, einer Szenenfolge über Unmündigkeit und Deutsche Misere nach dem Kaiserreich,[64] in diesem Zusammenhang verstehen. Braun läßt dort alle „Spieler, ihre Maske abnehmend" sagen:

IMMER DER AUGENBLICK. DIE STERNE STEHN
GÜNSTIG ÜBER DEM FELD TRÜMMER KORN DIE MÖGLICHKEITEN
DU KANNST ALLES ENTSCHEIDEN

DANN FALLEN DIE TAGE WIEDER EIN EWIGER SCHNEE.[65]

Die allegorische Iphigenie hat den Augenblick verfehlt, die Gunst der Stunde über dem Trümmerfeld verkannt und das Korn der Möglichkeiten verkommen lassen. Weil sie nichts entschieden hat, muß Iphigenie alles Gute erleiden, als wäre es reine Qual, und wird schließlich – allegorisch gesehen mit dem Ende der Nachkriegszeit – degradiert zum Objekt ökonomischer Interessen und Opfer neuzeitlicher Tatheroen.

Wie in der Prosa *Das Nichtgelebte,* hätte es bei diesem neuerlichen Wechsel der Verhältnisse allein des Willens bedurft, sich aus dem Zustand der Unfreiheit zu lösen. Braun bestätigt den Dezisionismus in der Trauer um die abermals verpaßte Gelegenheit. Die Geschichtsmächtigkeit lag im Vermögen des einzelnen; aber am Willen zur Entscheidung eben mangelte es. „Das ist das Drama", notiert der Autor in dem Gedicht *Lagerfeld*: „es gibt keine Handlung / Wir

62 Herodot 4, 45.
63 Bloch (1918) 295-316, insb. 298f.
64 Vgl. Rosellini (1983) 184.
65 Braun (1980) 55.

wissen es anders und handeln nicht Nein / Wir können nicht anders".[66] In Brauns Texten seit der Wende koexistiert der Verlustgedanke – „man entsorgt die zerschlissene Geschichte"[67] – mit einer radikalen Kritik des handelnden Subjekts. Und in Iphigenie schon manifestiert sich diese Dichotomie. Sie, die hätte handeln sollen, verdammt nun ihrerseits jedwedes Handeln. In ihrer Passivität wird auch sie zum „Sieger der Geschichte, die verschwunden ist, und ihre Hoffnung ein Hohn".[68]

Iphigenie war zuvor „immer bereit zu dienen" an der „Kyrillische[n] Küste", und sie ertrug die „wahnsinnige / Liebe" des Thoas so wie das „Würgemal", das diese Liebe hinterließ. „EIN WENIG ABGESCHABT VON DEN BARBAREN" finden „Orest und Pylades die Fluchthelfer" sie deshalb vor: „WAR ES EIN HARTES BETT. EIN HARTES BROT"?, (VB 14f.) fragen die beiden, bringen dem „SCHWESTERCHEN" die „FREIHEIT", „UND THOAS DULDETS". Orest braucht die Schwester, denn er „hat die Fallsucht seit dem Mord an Mutter / Erde". Iphigenie soll ihn heilen, (VB 18) dann will Orest sie dem Pylades geben: „Zwei fette Makler, Gangster auf dem Markt", erkennt die Schwester, die sich verraten und verkauft fühlt.[69] „Will ich befreit sein so von einem Bruder", fragt die emanzipierte DDR, die sich weder zur sexuellen Käuflichkeit erniedrigen, noch an den Herd abkommandieren lassen will. (VB 19) „HELLAS", der Westen, die Bundesrepublik, reißt sich „dies mein Ländchen untern Nagel". (VB 20) Frauenkörper und Naturraum sind für Iphigenie und ihren Autor eins – auch in der politischen Allegorie.

Goethes Idealismus – „Zwischen uns sei Wahrheit!" – zitiert *Iphigenie in Freiheit* ohne Hohn, fast selbstkritisch, denn ihre ungewollte Liebe zu Thoas war eine „Lösung nur für mich und nicht für alle. / Ich Iphigenie frei der Saal geleimt": (VB 21)[70] eine Metapher für die Aussöhnung von Geist und Macht, mit verheerenden Folgen. Die Protagonistin sieht sich retrospektiv als Freie, die

---

66 Braun (1999) 41. Braun gehörte zu den Erstunterzeichnern des Aufrufs *Für unser Land*, der eine selbständige, sozialistische Alternative zur BRD propagierte. Siehe Bahrmann/Links (1999) 100, 194f.

67 Braun (1998) 161.

68 Braun (1998) 118; vgl. 33f., 115.

69 In *Das Nichtgelebte* reproduziert Braun das Bild der ökonomischen Besatzung, gleich zu Eingang der Narration. Mit wenig filigraner Ironie und unbemänteltem Zorn sieht er, wie „alles veräußer[t]" wird: „und diese Belebung rings! diese neue Lust! Die Kaufhäuser und Läden waren von einer fremden, ausschweifenden Macht erobert, deren Fahnen an den Fronten wehten und Leuchtreklamen die Häuserfirne okkupierten." Braun (1995) 7.

70 Vgl. Braun (1998) 83, 87f.

ihre Privilegien nutzt, ohne zur Freiheit aller beizutragen.[71] Die jetzt angebotene Freiheit aber ist eine ‚grölender' „Parolen", von „Bierzelt" und „Marschmusik". (VB 19) Sie reduziert sich in dieser Optik auf einen „Menschenhandel. Oder Warenhandel", auf „ein Geschäft", (VB 18) an dem sich auch Thoas beteiligt. In einer Szenerie, die von kahlen Bäumen,[72] dem stinkenden Flüßchen Lethe und wachsenden Wüsten geprägt ist, (VB 21) wird der Friede, der Handel zwischen Thoas und Orest, zum Verrat an der Natur und dem namenlosen Steppenvolk: „Mein Thoas mein Orest mein Pylades / Griechen Barbaren eine wüste Welt". (VB 23)[73]

Der einzige Ausweg, den Brauns Stück zuläßt, ist eine Subjektdissoziation. In der Auslöschung des Selbst wird Iphigenie, die Allegorie des anderen Deutschland, der Steppe und den Skythen ähnlich. Sie tritt aus dem Katastrophenzusammenhang der Geschichte aus – rein voluntaristisch. Iphigenie imaginiert: „Ich Dreckgestalt / Vermählt mit meiner Landschaft". (VB 22) Brauns Heroine bemüht das Mythologem von Isis und Osiris:

> schneidet mich in Stücke
> Und wirbelt mich wie Köder vor die Fische
> Vögel pickt mich auf, Winde zerstreut mich
> O Freude, in der Welt sein
> Alles schmecken Tod und Leben. (VB 23)

Das vierte Bild aus *Iphigenie in Freiheit*, *Antikensaal*, nimmt die Entgrenzung des Selbst in die Landschaft wieder auf und radikalisiert sie. Es zeigt eine Pinie auf dem Flughafenrollfeld, umgeben von Beton: „der Wipfel zerspellt im teigigen Licht, störrischer Schopf, der die Gegebenheiten nicht wahrhaben will". Neben der Startbahn wohnt ein Mann, der den Beton bereitet (VB 29):[74] „um ihn her Spuren heroischer Tätigkeit,[75] Halden, Schrotthaufen, die DURCH-

---

71 Ich will hier nicht umstandslos von der Figur Iphigenie auf ihren Autor rückschließen, wenngleich viele Selbstanspielungen – „mein Eigentum" (VB 20; Braun 1992b, 84) etc. – diese Deutung nahelegen. Vgl. Grauert (1995) 183, 194f.; siehe auch Kirchner/Preußer (1998) passim.

72 Vgl. Braun (1999) 14.

73 Vgl. Braun (1998) 88.

74 Vgl. Braun (1998) 40; (1999) 14: „Die Bäume dürre Wipfel im Beton". Siehe auch Braun *Texte* 9, 75.

75 Der Held verharrt, auf seine Schaufel gestützt: „ist er eingeschlafen oder einfach arbeitslos und steht, sein eigenes Denkmal, Erinnerung großer Zeiten, an dem gewohnten Arbeitsplatz"? (VB 30) fragt der Text und zitiert damit ironisch den berühmten Herakles Farnese. Der Szenentitel *Antikensaal* ist zudem vermutlich eine Allusion auf Schillers *Der Antikensaal zu Mannheim* (Untertitel zum *Brief eines reisenden Dänen* von 1785). Vgl. Leistner (1993) 159 und Reid (1994) 193, 197.

GEARBEITETE LANDSCHAFT,[76] die HAT ES HINTER SICH". Der Mann hat sie und sich zugerichtet. Und dieser Rationalist emanzipiert sich nur dadurch von der Zweckgebundenheit seines Handelns, daß er die Zerstörungsgewalt gegen sich selbst wendet. In der nachfolgend beschriebenen Verzweiflungstat des Startbahn-Mannes bewahrt Volker Braun ein residuales utopisches Moment, ein Zerrbild aller Hoffnungsfiguren, wie zum Trotz gesetzt:

> [A]uffahrend aus seiner antikischen Haltung, sticht [er] das Blatt der Schaufel in sein nutzloses Geschlecht, die Hoden glitschen blutig auf den Zementsack, er kippt (...), Geburt und Tod die eine Sekunde des Schmerzes der Freiheit, die Umkehr im Urschleim, (...) und fällt wie ein Stein in den Schatten der Pinie (...), selber er jetzt ein Schatten, und sein Samen mischt sich mit den Atomen des Staubs, verzweifelte Hochzeit, Materie die lieben lernt im Winter, auferstehendes Mehl, Sprengsatz der Strukturen, Stoff für den Hunger der Welt, der in die Türen tritt, ein Kinderleib. (VB 32f.)

Die Grenze zwischen Subjekt und Objekt, von Selbst und Natur, schwindet beim Rezipienten wie beim vorgestellten und zu betrachtenden *Fall* des ‚Helden'. Aufgehoben wird das Individuationsprinzip, aber es geschieht zum Wohl der Gattung. Der Tod zeigt die Rückkehr zum gärenden Leben an. Das Ich zerfließt in seine Säfte; es zersetzt sich. Aber aus dem Selbstverlust pflanzt sich das Leben fort. Die Vernichtung, die Verwesung wird für das Subjekt vollkommen sein und Widerwille, Abscheu, bei jedem Selbst erregen – und sie ist dennoch nur die Gegenseite einer neuerlichen Geburt, welche die Grenzen des Ichs sprengt und zurückführt zur *vis vitalis*.[77] Braun verklärt hier nicht mehr den *Hierogamos*, wie in vielen Textpassagen zuvor;[78] er entwirft eine „verzweifelte Hochzeit". Mythisch gesprochen, beschreibt er die Kastration des Uranos.

Die Parallelen sind deutlich, die Differenz ist schlagend. Hier wie dort wird eine Genealogie der Herrschaft und ihr patriarchaler Machtanspruch vernichtet an ihrer biologischen Wurzel, zerstört in seiner Potenz. Aber während Uranos durch seinen Sohn zu Fall kommt, wendet der Mann neben der Startbahn sich gegen sein Selbst. Brauns Figur bildet hier Uranos und Kronos in einer Person ab. Damit zielt die Entmannung gegen die männliche Erbfolge an sich und gegen die Fortsetzung der Gewalt;[79] eine neue ‚unerhörte Tat'. Und im

---

76 Ein Selbstzitat Volker Brauns, das, nach Schlenstedt (1993) 81f., 85f., einen Wendepunkt in seiner Imagologie von Natur und Technik kennzeichnet. Das Gedicht von 1971 trägt den Titel *Durchgearbeitete Landschaft*.

77 Vgl. entsprechend Bataille (1957) 52f.

78 So z. B. Braun (1975) 92f.; (1979a) 180, 144; (1979b) 85f.; (1985) 196-198; (1990) 71.

79 Die erste Szene, Spiegelzelt, hat diese Deutung vorbereitet. Der Muttermord findet nicht statt: „Kampf Elektraorest. Lachen Klytämnestras." (VB 12) Der Verzicht auf Gewalt – „Ich steige aus,

Durchgang durch Verzweiflung, Ekel und Entselbstung scheint die Auferstehung wieder möglich. Hinter aller Negation vertraut Braun auf die elementare Sprengkraft des Vitalen, so wie der Mangel, der Hunger der Welt, frei nach Bloch, immer wieder das Neue gebiert.[80]

Alle Hoffnung liegt im Naturraum. Gegen den prometheisch gesteigerten Tatendrang der Zivilisation hülfe allein der Rückzug auf die Urkraft des Lebens, meint der Autor. Tod und Geburt, Schmerz und Urschleim, Samen und Erde sind die letzten bewegenden Kräfte, nachdem die Geschichte sich, so scheint es, verabschiedet hat. Über der symbolischen Betrachtung aber liegt bei Braun die politische Allegorie, die vordergründige Verarbeitung der Wendezeit; eine letzte Legitimationsanstrengung für den gescheiterten Sozialismus, der sich der Verwertungslogik der Tatheroen zumindest partiell hat entziehen können. Die gebremste Dynamik, der konsumptive Mangel werden verklärt gegenüber dem zerstörerischen Handelsgeist und Tatendrang des Kapitalismus.[81] So entsteht hinter den ausgestellten Fragmenten, mit denen Braun in *Iphigenie in Freiheit* sein intertextuelles Spiel treibt,[82] eine holistische, gleichsam mythische Geschichtskonstruktion aus dem Ursprungsdenken. Der offene Bruch des Euripides, den Goethe versöhnen wollte und den Berg überspielte, verschwindet bei Braun unter dem Kleister des gebrochenen Materials, mit dem er nur das Eine sagt.

Literaturverzeichnis

Adorno, Theodor W.: Zum Klassizismus von Goethes *Iphigenie* [1967], in: ders., Noten zur Literatur, hrsg. von Rolf Tiedemann, Frankfurt am Main 1981, 495-514.

Arrowsmith, William: Introduction to *Cyclops*, in: Bernd Seidensticker (Hrsg.), Das Satyrspiel, Darmstadt 1989. In der Übers. von Daniel Fiedler teilweise abgedruckt in: Deutsches Theater, Euripides *Der Kyklop* [Programmheft], Berlin, o. J. [Premiere 22.1.1994; Insz. Friedo Solter], ohne Paginierung [14-17].

Bahrmann, Hannes/Links, Christoph: Chronik der Wende. Die Ereignisse in der DDR zwischen 7. Oktober 1989 und 18. März 1990, Berlin 1999.

---

mein Junge. Ohne mich", sagt der Elektra-Anteil von Elektraorest (VB 10) – führt aber gleichzeitig zur Bestätigung der bestehenden Verhältnisse: „Und so wie es bleibt ist es." (VB 11) Das Lachen Klytaimnestras ist ambivalent. Mythisch markiert es den Triumph der Mutter über den Abkömmling der Tatheroen, über ihren Sohn Orest, politisch-allegorisch bedeutet es Stillstand: „Der Fortschritt krebst ans Ende des Jahrtausends". (VB 13)

80 Bloch (1959) 74, 77f., 83f. und passim; vgl. 1308-1312 und VB 33.

81 Vgl. Preußer (2000b) 393-399.

82 Dazu Visser (1993), Reid (1994) und Grauert (1995), alle passim.

Bataille, Georges: Der heilige Eros [L' Érotisme, Paris 1957], mit einem Entwurf zu einem Schlußkapitel, übers. von Max Hölzer, bearb. von Erika Höhnisch, Frankfurt am Main/ Berlin/Wien 1984.

Berg, Jochen: Im Taurerland, in: ders., Tetralogie. Eine dramatische Dichtung. Niobe – Klytaimnestra – Im Taurerland – Niobe am Sipylos, Düsseldorf 1985, 65–108.

Bloch, Ernst: Geist der Utopie. Erste Fassung, Faksimile der Ausg. 1918, Gesamtausgabe Band 16, Frankfurt am Main 1971.

Bloch, Ernst: Das Prinzip Hoffnung [1959], in fünf Teilen, 2 Bände, Gesamtausgabe Band 5, Frankfurt am Main 1979.

Bovenschen, Silvia: Die imaginierte Weiblichkeit. Exemplarische Untersuchungen zu kulturgeschichtlichen und literarischen Präsentationsformen des Weiblichen, Frankfurt am Main 1979.

Braun, Volker: Unvollendete Geschichte [1975], Frankfurt am Main 1977.

Braun, Volker: Das ungezwungene Leben Kasts. Der Schlamm – Der Hörsaal – Die Bühne – Die Tribüne, Berlin/Weimar ^{3}1984 [^{1}1979(a); ohne die Erzählung *Die Tribüne,* ^{1}1971].

Braun, Volker: Gedichte, Frankfurt am Main 1979(b).

Braun, Volker: Simplex Deutsch [1980], in: ders., Gesammelte Stücke, Band 2, Frankfurt am Main 1989, 7-55.

Braun, Volker: Hinze-Kunze-Roman, Frankfurt am Main 1985.

Braun, Volker: Verheerende Folgen mangelnden Anscheins innerbetrieblicher Demokratie, Frankfurt am Main 1988.

Braun, Volker: Der Stoff zum Leben 1-3, Frankfurt am Main 1990.

Braun, Volker: Texte in zeitlicher Folge, Bände 1-10, Halle an der Saale, Band 1 ^{2}1992, Band 2 ^{2}1993 [beide unverändert], Bände 3-10, ^{1}1990-1993.

Braun, Volker: Iphigenie in Freiheit, Frankfurt am Main 1992(a).

Braun, Volker: Die Zickzackbrücke. Ein Abrißkalender, Halle an der Saale 1992(b).

Braun, Volker: Das Nichtgelebte. Eine Erzählung, Leipzig 1995.

Braun, Volker: Wir befinden uns soweit wohl. Wir sind erst einmal am Ende. Äußerungen, Frankfurt am Main 1998.

Braun, Volker: Tumulus, Frankfurt am Main 1999.

Brecht, Bertolt: Buckower Elegien [1953], in: ders., Gedichte VII, Frankfurt am Main 1964.

Bürger, Christa: Der Ursprung der bürgerlichen Institution Kunst im höfischen Weimar. Literatursoziologische Untersuchungen zum klassischen Goethe, Frankfurt am Main 1977.

Dihle, Albrecht: Griechische Literaturgeschichte, München ^{2}1991.

Eckermann, Johann Peter: Gespräche mit Goethe in den letzten Jahren seines Lebens 1823-1832 [1836, 1848], hrsg. u. eingel. von Eduard Castle, Berlin 1916.

Emmerich, Wolfgang: Antike Mythen auf dem Theater der DDR. Geschichte und Poesie, Vernunft und Terror, in: Ulrich Profitlich (Hrsg.), Dramatik der DDR, Frankfurt am Main 1987, 233-265.

Emmerich, Wolfgang: Kleine Literaturgeschichte der DDR. Erweiterte Neuausgabe, Leipzig 1996.

Goethe, Johann Wolfgang von: Werke. Hamburger Ausgabe in 14 Bänden (HA), hrsg. von Erich Trunz, darin insb. Bände 3, *Faust I* und *II*, 5, *Iphigenie auf Tauris*, 10, 11, *Autobiographische Schriften*, München 1998 (Sonderausgabe).

Grauert, Wilfried: Ästhetische Modernisierung bei Volker Braun. Studien zu Texten aus den achtziger Jahren, Würzburg 1995.

Hacks, Peter: Die Maßgaben der Kunst. Gesammelte Aufsätze, Düsseldorf 1977, hier insb. *Iphigenie, oder: Über die Wiederverwendung von Mythen*, 104-106.

Hauser, Arnold: Soziologie der Kunst, München 1974.

Hegel, Georg Wilhelm Friedrich: Ästhetik (1817-1829), Bände I u. II, hrsg. von Friedrich Bassenge. Nach d. Ausg. Heinrich Gustav Hothos ^{2}1842, Berlin 1985.

Henkel, Arthur: Die „verteufelt humane" Iphigenie. Ein Vortrag, Euphorion 59 (1965) Heft 1/2, 1-17.

Jauß, Hans Robert: Ästhetische Erfahrung und literarische Hermeneutik, Frankfurt am Main 1982.

Jens, Walter: Zur Antike, darin insb. Euripides, München 1978, 46-77.

Kirchner, Verena/Preußer, Heinz-Peter: Volker Braun, in: Heinz Ludwig Arnold (Hrsg.), Kritisches Lexikon der deutschsprachigen Gegenwartsliteratur, München, 59. Neulieferung 1998, 1-18.

Klages, Ludwig: Vom kosmogonischen Eros [^{3}1930], Bonn ^{9}1988.

Klingmann, Ulrich: Arbeit am Mythos: Goethes *Iphigenie auf Tauris*, The German Quarterly 68 (1995) 19-31.

Kluge, Alexander/Müller, Heiner: „Ich schulde der Welt einen Toten". Gespräche, Berlin 1995.

Latacz, Joachim: Der große Zweifler und Ironiker aus Leidenschaft: Euripides, in: Bernhard Kytzler/Joachim Latacz/Klaus Sallmann, Klassische Autoren der Antike. Literarische Porträts von Homer bis Boethius, hrsg. von Bernhard Kytzler, Frankfurt am Main/Leipzig 1992, 135-145.

Leistner, Bernd: Laudatio auf Volker Braun. Schiller-Gedächtnispreis 1992, Neue deutsche Literatur 41 (1993) 154-159.

Lesky, Albin: Geschichte der griechischen Literatur, 3., neu bearb. u. erw. Aufl., Bern 1971.

Maffesoli, Michel: Der Schatten des Dionysos. Zu einer Soziologie des Orgiasmus [L'ombre de Dionysos – Contribution à une sociologie de l'orgie, Paris 1982], übers. von Martin Weinmann, Frankfurt am Main 1986.

Matthiessen, Kjeld: Euripides. Die Tragödien, in: Gustav Adolf Seeck (Hrsg.), Das Griechische Drama, Darmstadt 1979, 105-154.

Meier, Christian: Die politische Kunst der griechischen Tragödie, München 1988.

Melchinger, Siegfried: Die Welt als Tragödie, Band 2, Euripides, München 1980.

Miller, Norbert: Europäischer Philhellenismus zwischen Winckelmann und Byron, in: Erika Wischer (Hrsg.), Propyläen Geschichte der Literatur. Literatur und Gesellschaft der westlichen Welt, Band 4, Frankfurt am Main/Berlin 1988, 315-366.

Müller, Heiner: Verkommenes Ufer Medeamaterial Landschaft mit Argonauten, in: ders., Herzstück, Berlin 1983, 91-101.

Nestle, Wilhelm: Griechische Geistesgeschichte von Homer bis Lukian, Stuttgart ^{2}1944.

Pauly, Der kleine. Lexikon der Antike in fünf Bänden. Auf der Grundlage von Pauly's Realencyclopädie der classischen Altertumswissenschaft unter Mitwirkung zahlreicher Fachgelehrter bearb. und hrsg. von Konrat Ziegler und Walther Sontheimer, München 1964-75.

Preußer, Heinz-Peter: Die Rache der Erinys. Landschaft als Ende und Anfang bei Heiner Müller und Volker Braun, in: Ian Wallace/Dennis Tate/Gerd Labroisse (Hrsg.), Heiner Müller: Probleme und Perspektiven. Das Bath-Symposion 1998, Amsterdam/Atlanta 2000(a), 277-305.

Preußer, Heinz-Peter: Mythos als Sinnkonstruktion. Die Antikenprojekte von Christa Wolf, Heiner Müller, Stefan Schütz und Volker Braun, Köln/Weimar/Wien 2000(b).

Reid, James Henderson: Elektra, Iphigenie, Antigone: Volker Braun's Women and the ‚Wende', in: Elizabeth Boa/Janet Wharton (Hrsg.), Women and the ‚Wende'. Social Effects and Cultural Reflections of the Unification Process. Proceedings of a Conference held by Women in German Studies, 9-11 September 1993 at the University of Nottingham, German Monitor 31 (1994) 189-199.

Rose, Herbert Jennings: Griechische Mythologie. Ein Handbuch [A Handbook of Greek Mythology, London ^{5}1953], übers. von Anna Elisabeth Berve-Glauning, München ^{6}1982.

Rosellini, Jay: Volker Braun, München 1983.

Schlenstedt, Dieter: Durchgearbeitete Landschaften Volker Brauns, in: Elrud Ibsch/Ferdinand van Ingen (Hrsg.), Literatur und Politische Aktualität, Amsterdamer Beiträge zur Neueren Germanistik, Band 36, Amsterdam/Atlanta 1993, 81-100.

Schulte-Sasse, Jochen: Drama, in: Rolf Grimminger (Hrsg.), Hansers Sozialgeschichte der deutschen Literatur, Band 3, Zweiter Teilband, München/Wien 1980, 423-499.

Schütz, Stefan: Spectacle Cressida [1983], in: ders., Die Seidels (Groß & Gross); Spectacle Cressida, 2 Theaterstücke, Frankfurt am Main 1984, 81-118.

Seidensticker, Bernd: Das Satyrspiel, in: Gustav Adolf Seeck (Hrsg.), Das griechische Drama, Darmstadt 1979.

Steiner, George: Die Antigonen. Geschichte und Gegenwart eines Mythos [Antigones, Oxford 1984], übers. von Martin Pfeiffer, München 1990.

Visser, Anthonya: „Und so wie es bleibt ist es". Volker Brauns *Iphigenie in Freiheit*: eine Dekonstruktion des deutschen Einigungsprozesses?, in: Elrud Ibsch/Ferdinand van Ingen (Hrsg.), Literatur und Politische Aktualität, Amsterdamer Beiträge zur Neueren Germanistik, Band 36, Amsterdam/Atlanta 1993, 131-154.

Wolf, Christa: Kassandra. Erzählung, Darmstadt/Neuwied 1983(a).

Wolf, Christa: Voraussetzungen einer Erzählung: *Kassandra*, Darmstadt/Neuwied 1983(b).

Hubert Fichte

Aus: Forschungsbericht, Frankfurt am Main 1989, 92-97.

Jäcki versuchte nun, was er auch auf Haiti und in Dahomey versucht hatte: Er fragte nach amerikanischen Riten in der Alten Welt und nach afrikanischen in der Neuen.
– Muß die Kranke den Namen des Toten nennen, der sie quält?
– Die Gesten bleiben die gleichen, dachte Jäcki: Nur die Orte, die Zeiten verschieben sich.
– Nein, sagte Frank: Den Namen des Toten, der die Kranke quält, kennt man. Er muß sagen, wie er versöhnt werden will.
– Gibt es noch andre Riten für die Toten?
– Ja. Die Totenwachen.
– Zwei?
– Ja. Eine gleich nach dem Einschlafen. Die zweite später... ein Jahr später... später. Neun Tage lang. Am neunten die große Totenwache.
– Als ich mir die Hacken gebrochen hatte, sagte Frank: Mußte ich drei Bäder nehmen.
– Ich hatte drei Monate im Krankenhaus gelegen, und meine Füße heilten nicht.
– Ich krauchte an Krücken dahin.
– Meine Nichte träumte den Grund.
– Ich bin sehr stark, sagte Frank.
– Ich selbst sollte Buje sein.
– Meine Familie ist eine Bujefamilie.
– Ich bin so stark, daß ich nie träume.
– Die Toten können mich nicht zum Träumen zwingen.
– Meine Nichte träumte für mich.
– Die Buje sagte, die Nichte soll weiße Unterwäsche in den Tempel bringen. Die Buje gab ihr eine Tasse mit Strong Rum. Damit wusch ich mir die gebrochenen Hacken, und in drei Tagen konnte ich wieder gehen. Sind die Toten einmal gebändigt, dürfen sie uns nie wieder quälen.
– Veranstaltet einer aus der Bujefamilie ein Dugu, müssen wir alle in Trance...

– Trance.
– ...tanzen, und die Toten steigen herunter.
– Mein Dugu dauerte neun Tage.
– Es handelte sich ja nicht nur um meine tote Mutter, die mich fünf Minuten in der Luft hielt und auf die Leiter warf.
– Es handelte sich um meinen toten Vater!
– Da!
– Lajos! dachte Jäcki:
– Io! Nachtwolke mein.

Jäcki hatte komische Einfälle, die er ethnologisch nicht rechtfertigen konnte: Sophokles und Herodot kamen von Dangriga her und setzten sich neben das Holzhaus.
Antonio lockte sie in das Mangrovendickicht, und die beiden Reisenden gaben ihm wertvolle attische und karische Münzen.
Antonio hatte es eilig und nahm die falsche Toga vom Boden auf. Und Sophokles kam mit einer viel zu kurzen, mit Antonios Toga aus dem Gebüsch zurück.
Herodot erzählte Sophokles die Geschichte von Frank:
- In einer matrifokalen Gesellschaft befeinden sich zwei Priesterfamilien. Die Mutter in der einen bestimmt ihren Sohn zum Buje. Der Vater arbeitet in den Orangenhainen der Pomonakompagnie oder in New York als Fahrstuhlführer, und als er stirbt, hinterläßt er dem Sohn seinen Namen, sonst nichts. Auch die Mutter stirbt. Auch sie hat ihr Ziel nicht erreicht. Der Sohn ist Hilfsarbeiter in einem Hotel. Eine Frau aus dem feindlichen Klan wurde Priesterin und flog in der Weltgeschichte herum. Der Sohn, Frank, versucht es auch. Er springt vom Dach durch die Luft, die von der feindlichen Schamanin und vom Vater beherrscht wird. Die tote Mutter hält ihn und schleudert ihn auf die Sprosse der Leiter.
Sophokles fand das einen interessanten Vorwurf.
– Glaubst du, daß er flog? fragte der Forscher den Dramatiker.
– Quatsch, sagte Sophokles.
– Warum behauptet er es?
– Wie lange dauert so ein Sprung vom Dach?
– Drei Sekunden? Fünf? schätzte Herodot.
– Springt man vom Hoteldach?
– Auf Haiti sitzt Claviers Mutter im Schaukelstuhl neben dem Auto.
Herodot mußte jedesmal an ihr vorbei und sie begrüßen, wenn er kam, um den Vaudoupriester auszufragen.
Sie schaukelte vor und wieder zurück.

– Bis zum Schluß sitzt die Mutter im Schaukelstuhl, und erst nach dem dritten Mord dreht der Kommissar die Mutter um, sagte Sophokles:
– Es ist ein Totenschädel mit einer Perücke.
Herodot:
– Der Sohn der Besitzerin des Bagshol-House auf Trinidad erklärte mir den Film: Der Sohn hatte die Mutter ausgestopft. Als ich den Film sah, überkam mich ein hysterisches Schluchzen. Clavier behauptet, er hätte unter Wasser gelebt, Monate, Jahre. Die Wassermutter gab ihm zum Abschied einen Fisch. Mit dem Fisch in der Hand tauchte er wieder auf, und alle Bewohner von Port-au-Prince waren alt geworden.
– Medea reiste durch die Luft!
– Ja. Schrecklich, sagte Herodot: Quirinus Kuhlmann auch. Frank behauptet, Herr Borggrave hat es gesehen. Ich hätte Lust, den Besitzer zu fragen.
– Du machst dich lächerlich: Guten Morgen, Herr Borggrave, mein Name ist Herodot. Darf ich bitte einmal nachfragen, ob Frank, Ihr Mann für alles, am 19. August 1977 fünf Minuten in der Luft schwebte?
– Warum sagt Frank sowas?
– Weil er weiß, daß du Herrn Borggrave nie fragen wirst.
– Dann weiß er auch, daß ich an seinen Levitationen ebenso zweifle wie an denen des Heiligen Ignatius.
– Es ist eine rhetorische Figur, die trotz der Unglaubwürdigkeit ihres Inhalts aufgestellt wird.
– Du trennst Sinn und Form? sagte Herodot: Frank glaubt also selbst nicht an seinen Flug. Die Verkrüppelungen der Füße habe ich gesehen.
– Du hast, sagte Sophokles, unter dem sauberen gestopften Strumpf etwas gesehen, das wie Spangen oder Brocken aussah. Vielleicht hat er einen Fahrradunfall erlitten, oder es gibt eine Zeremonie der Schwarzen Kariben, zu der sie sich Lederriemen, Keile, Silberblätter umbinden. Den aufständischen Schwarzen wurde die Wahl gelassen: Entweder schnitt man ihnen das Schamglied ab, oder man kappte ihnen den halben Fuß. Du hast es selbst recherchiert. Vielleicht gedenken sie dieser Verstümmelung mit einer Fußmaske.
– Die makellosen Aithiopen, sagte Herodot: Ist es kein Theaterstück?
– Ich hätte schon einen Titel.
– Und?
– Oidipos Tyrannos.
– Cocteau ließ seinen Text von einem Studenten ins Lateinische zurückübersetzen. Soll ich Peter Stein anrufen?
– Nie! schrie Sophokles:
– Man kann von Dangriga gar nicht nach Westberlin telefonieren. Peter Stein hat Äschylos gespielt! Eher noch Boy Gobert. Das ist wenigstens kein Heuch-

ler. Peter Stein .. Schon der Name ist eine Tautologie: Pierre Pierre. .. hat behauptet, bei Apollon fiele ihm eine Eisdiele ein. Das ist eine Lüge.
– Du mußt dich nur vor einem hüten, sagte Herodot zu Sophokles:
– Hüte dich vor dem Ödipuskomplex!
– Ich will nicht noch einmal die Geschichte der eigenen Psyche an Franks Erzählung aufhängen, dachte Jäcki.
Er weigerte sich, an das Heim für schwererziehbare Kinder zu denken, an die Anthroposophen hoch im Norden, dreißig Grad unter Null.
Er lieh sich Freuds Sämtliches aus der Dorfbibliothek von Järna. Ödipus der Tyrann studierte er mit Köchinnen und Schreinern ein.
- Das nicht noch einmal aufarbeiten!
Am Abend der Aufführung lasen Ödipusse und Jokasten vor hundert Ödipussen und Jokasten, die vergeblich von Sprachgestalterinnen, Eurythmisten gebändigt und gebadet wurden, Sophokles', Hölderlins Wortschorf.
– Nein!
– Nicht die zweite Irrenanstalt.
Die Schwarze.
Dakar.
Sophokles und Herodot werden von Lohenstein auf die Türme des World Trade Center von Montparnasse hingeführt.
Herodot soll aus seinem Forschungsbericht lesen.
Oben, von den Wolken verdeckt, sitzen Freud, Sartre, Lacan, Cortazar auf den Stühlen von Prousts Eltern.
Man sieht sie nur gelegentlich, wenn das Wetter aufreißt.
Über Lautsprecher hallen ihre Klagen:
– Der Paß ist uns in Panama gestohlen worden.
– Il n'y a plus de brie!
Unten, dreihundert Meter tief, Rue de Rennes, werden die Schwarzen Ödipusse vorgeführt.
Lévi-Strauss und Collomb reiten hindurch.
Die Schwarzen zeigen ihr Schamglied vor, ihre Füße, die nassen Laken, die Matratzen.
Oben singen Freud, Sartre, Lacan, Cortazar:
– Oedipus Rex, Oedipus, Oedipus Rex.
– Tropenzulage.
– Alliance Française.
– Effortil.
– Largactil.
– Nosinan.
– Privatflugzeug.

– Der Phallos der Großmutter ist der Penis der Tante.
– Es ist klar, es ist der Todestrieb.
– Experimentierzulage.
– Aufwandsentschädigung.
Die Schwarzen bekotzen ihre Matratzen, zu Tausenden winden sie sich auf den nassen Laken, aus den Häusern der Rue de Rennes werden die Kabel gezogen, auf dem Trottoir der Elektroschock: Die Schwarzen reißen die Beine hoch, rütteln an den Kabeln um ihren Kopf und beruhigen sich, schlafen, schlafen.
Herodot fragt Sophokles:
– Tritt Lajos auf?
– Wo ist Lajos?
– Was ist mit dem Vater, dachte Jäcki.
Yobi kam und zog Frank von Jäckis Liegestuhl weg zum Bootssteg zurück.

Manfred Weinberg

„Plaudertasche" und „archaischer Neckermann"
Hubert Fichte und sein Freund Herodot

Seine *Ketzerischen Bemerkungen für eine neue Wissenschaft vom Menschen* beginnt Hubert Fichte mit den Sätzen:

> Anthropologie, Ethnologie, Ethologie und die ihnen verwandten Wissenschaften behandeln, unterschiedlich, Verhaltensweisen des Menschen.
> Unter „Logos" versteht man vor allem „Das Wort".
> Worte sind Verhaltensweisen.
> Schon hier ergibt sich eine Antinomie: Der Typus der Beschreibung und der Typus des Beschriebenen gehen unkritisch ineinander auf.
> Antinomien können nur poetisch ausgedrückt werden.[1]

Diese concettistische Zuspitzung des Programms einer poetischen Anthropologie ist in der Fichte-Forschung immer wieder kommentiert worden.[2] Um es zu wiederholen: Jener *lógos* der die Wissenschaftlichkeit anthropologischer Rede garantieren soll, meint für Fichte nichts anderes als Sprache. Worte sind Verhaltensweisen, wie nach Fichtes Verständnis auch alle Verhaltensweisen wörtlich, sprachlich strukturiert sind. Noch „das entfernteste menschliche Verhalten", heißt es an anderer Stelle, unterliegt „verbalen und damit poetischen Ritualisierungen".[3] So aber gehen der Gegenstand der wissenschaftlichen Rede und die Rede selbst ineinander auf. Der hergebrachten Ethnographie wirft Fichte in den *Ketzerischen Bemerkungen* vor, daß sie sich zu eben dieser Dekkungsgleichheit aufgrund einer „Verachtung des Sprachlichen" nicht verhalten könne; der „wissenschaftliche Jargon" werde so „zur Ausdrucksweise des blanken Neokolonialismus",[4] der seine Zusammenhänge verhüllt, anstatt sie auf-

1 Fichte (1980) 359-365, hier: 359.
2 Vgl. zuletzt: Weinberg (1999).
3 Über die Ewe-Stämme von Jakob Spieth, in: Fichte (1987) 287-317, hier: 287.
4 Fichte (1980) 360.

zudecken. Die Aufdeckung der Zusammenhänge aber und damit das immerhin *kritische* Ineinander-Aufgehen von Gegenstand und Rede über ihn gelinge nur der Poesie. Solche kritische – und von daher auch wissenschaftsfähige – Poesie aber sieht Fichte schon früh in der abendländischen Geschichte verwirklicht, wie ein seiner Polemik eingeschriebenes Gegenbild verdeutlicht:

> Hält man dagegen die Sprache der frühen Theoretiker, Verhaltensforscher und Ethnographen – *Hesiods*, der Vorsokratiker, *Herodots* – ihren Zauber, ihre Disziplin, ihre Leichtigkeit, ihre Fantasie, ihre Freiheit, ihre Knäppe, kurz: ihre Schönheit, dann begreift man, wie heruntergekommen unsere Auseinandersetzung mit der Welt ist, wie heruntergekommen das fade Paukerrokoko unserer Hochschulen und Magazine.[5]

Den Einwand, die Welt sei inzwischen differenzierter geworden, nur noch Fachsprachen und Sonderzeichen vermöchten gegenwärtige Komplexität zu fassen, läßt Fichte nicht gelten; mit diesem Argument werde nur die „Entmündigung durch eine Sprache der Wissenschaft“[6] bezweckt.

Während das hier nur skizzierte Programm einer poetischen Anthropologie in der Forschung immer wieder thematisiert worden ist, war von der Selbstverständlichkeit, mit der sich Fichte schon im zweiten Satz der *Ketzerischen Bemerkungen* auf die altgriechische Bedeutung des *lógos*-Begriffs bezieht, bisher selten die Rede. Doch handelt es sich nicht um einen Einzelfall. Denn etwa auch sein besonderes Verständnis des Poetischen hat Fichte an dessen spezifisch antike Bedeutung zurückgebunden: „Poetik kommt von *poieín,* machen.“[7] Die Poesie macht somit nach, was die Welt vorgibt – oder: Sie „erschaff[t] (...) die Welt“, wie es schon im *Versuch über die Pubertät*, Fichtes viertem Roman, heißt, „ein zweites Mal“.[8] Dies ist nicht Nachahmung im üblichen Begriffsverständnis; es ist, wenn schon, Mimesis im Sinne der pythagoräischen Ausdrucksphilosophie:[9] die sprachliche Hervorbringung von Welt, in der sich die wissenschaftlich intendierte *adaequatio* von Aussage und Gegenstand zu einer po(i)etischen *correspondance* wandelt.

Hubert Fichte wußte im übrigen, wovon er sprach, wenn er die antiken Bedeutungen von *lógos* und *poieín* zur Herleitung seiner Vorstellungen einer angemesseneren Erforschung und Beschreibung der Welt heranzog: Er hatte sich das Altgriechische im Selbststudium angeeignet. Im Roman *Forschungsbericht*, Band XV des auf neunzehn Bände angelegten ‚Spätwerks‘ *Geschichte der Empfind-*

5 Fichte (1980) 360.
6 Fichte (1980) 360.
7 *Hubert Fichte warnt vor sich*, in: Fichte (1987) 7-8, hier: 8.
8 Fichte (1982b) 53.
9 Vgl. dazu: Koller (1954) und weiterführend: Weinberg (1993) 347ff.

lichkeit, liest man über Fichtes *alter ego* Jäcki, daß dieser schon sehr früh „Gelegenheit gehabt [hatte], Griechisch zu lernen". Mit seiner ersten Griechischlehrerin Dulu, die auch nicht „hatte (...) studieren können und sich Aristoteles von ihrem ersten Lohn als Porzellanarbeiterin gekauft"[10] hatte, gelangt er jedoch nur bis zu einem Vers des Empedokles, den Fichte in einer idiosynkratischen Umschrift anführt:

> Ädä gar pott genommen Kuhross te Korä te Thamnos, der Baum, der Strauch, das Gebüsch, t'Euonos te kai ex Halos ellopos Ichthüs. (...)
> Schon irgendeinmal nämlich war ich Knabe und Mädchen und Baum und Raubvogel und auch aus Salzwasser (...) ein stummer Fisch.[11]

Die Bedeutsamkeit dieses Verses für Fichte zeigt im übrigen die Tatsache, daß er in altgriechischer Sprache auf seinem Grabstein angebracht wurde. Wie so oft in seinen Texten rollt Fichte auch vom Erlernen des Altgriechischen her seine ganze Lebensgeschichte auf. Vor „romanischen Kirchen und im Landwirtschaftspraktikum" habe er es „zweimal zum Erlernen des Gewürms, wie er die Unzialen nannte", gebracht; in „Schweden, bei den schwererziehbaren Jugendlichen schritt er zu zwei Versen Ödipus im Urtext vor". Doch er sah ein, „daß man Griechisch acht Stunden am Tag treiben mußte, wie er Französisch gelernt hatte – und gab es wieder auf, denn nach Freud, anthroposophischer Düngung und Verhaltensstörungen war er für den Starken Aorist zu müde."[12]

Entscheidend aber ist der Zeitpunkt, an dem Jäcki sich zuletzt doch noch zu einem gründlichen Studium der altgriechischen Sprache entschließt:

> [A]ls die Bank die Schulden für seine Forschungen mit einer Vier bezeichnete, der vier gräßliche Nullen folgten, als er haitianische Malerei in Bremen und in Klagenfurt Lo-

10 Fichte (1989) 33.

11 Fichte (1989) 65f.

12 Fichte (1989) 33. Über seinen Aufenthalt in einem anthroposophischen Heim für schwererziehbare Jungen berichten schon Fichtes frühe Erzählungen im 1963 veröffentlichten Band *Der Aufbruch nach Turku* (Fichte 1985b). Von seinen Versuchen, mit den dortigen „Köchinnen und Schreinern" (Fichte 1989, 96) Sophokles' *Oidipus Tyrannos* einzustudieren, handelt Fichtes erstes, 1960/61 entstandenes Drama *Ödipus auf Håknäss* (Fichte 1992b). Im *Forschungsbericht* liest man dazu: „Am Abend der Aufführung lasen Ödipusse und Jokasten vor hundert Ödipussen und Jokasten, die vergeblich von Sprachgestalterinnen, Eurhythmisten gebändigt und gebadet wurden, Sophokles', Hölderlins Wortschorf." (Fichte 1989, 96) Die sich durch Fichtes gesamtes Werk ziehende Auseinandersetzung mit dem Ödipus-Komplex kann, da es dabei stets um einen konfrontierenden Rückbezug des Freudschen Konzepts auf das – als allemal angemessener bewertete – Drama des Sophokles geht, als weiteres Feld der Auseinandersetzung Hubert Fichtes mit der griechischen Antike verstanden werden.

henstein zu lesen hatte, als er die zwei Kompendien zur Afroamerikanischen Kultur in Satz gab,[13] (...) entschloß er sich jäh zum Altgriechischen.[14]

Die hier zunächst scheinbar beliebig erscheinenden Anlässe bezeichnen, wenn man das gesamte Fichtesche Werk kennt, einen präzisen Zusammenhang. Denn sowohl die afroamerikanische Kultur wie die deutschsprachige Literatur des Barock (vor allem: Daniel Casper von Lohenstein) stehen für Fichtes Ideal einer „wesentlich andre[n] Sprache"[15] einer poetischen Welterfahrung,[16] denen nun eben das Altgriechische hinzugefügt wird.

Man liest weiter: „Seit Jäcki Vorlesungen hielt, lernte er Griechisch".[17] Auch dies ist mehr als eine bloß zeitliche Koinzidenz, wie sich zeigt, wenn es kurz darauf heißt: „Jäcki glaubte, daß er sich selbst vom Beginn aller materialistischen Wissenschaftlichkeit her überprüfen müßte, und das hieß für ihn nicht Fichte, sondern Herodot."[18] Damit ist das eigentliche Interesse Fichtes am Altgriechischen benannt – sein Wunsch, Herodot im Original zu lesen:

Jäcki ertrug keine Übersetzungen.
– Sie sind sowieso alle falsch.
– Unsere Bildung beruht auf Übersetzungsfehlern.[19]

Das „Herodotische", fährt Fichte später fort,

ergab sich (...) als eine Sprache, die Jäcki verwandt war, kurze Kapitel, manchmal nur eine Bemerkung, concetti, wie Jäcki sie selbst für den Funk verfaßte, Völkerwanderungen auf einen Hauptsatz reduzierend.
Jäckis Sprachbedürfnis, das vor der Realität bis auf einen Kümmerrest dem Verschweigen erlegen war, begann mit dem Ionischen, dem Karischen des Türken Herodot neu zu entstehen.
Jäcki glaubte zu erkennen, daß die Gier, mit der er diese Sprache trieb, die Gier war, sprechend zu überleben.[20]

---

13 Gemeint sind die unter dem Titel *Xango* 1976 publizierten ersten beiden Bände seiner ethnographischen Studien zu den afroamerikanischen synkretistischen Religionen. Dabei handelt es sich einesteils um einen reinen Textband von Hubert Fichte, andernteils um einen Fotoband mit Bildern seiner Lebensgefährtin Leonore Mau und einigen kurzen Essays Fichtes.

14 Fichte (1989) 33.

15 Fichte (1976) 119.

16 Vgl. zu diesem Konzept: Weinberg (1993).

17 Fichte (1989) 32.

18 Fichte (1989) 32.

19 Fichte (1989) 32.

20 Fichte (1989) 35.

Schließlich liest man:

> Jäcki versteifte sich darauf, daß er überhaupt nur noch Deutsch schreiben könnte, wenn er Griechisch lernte. Am Griechischen wollte er sich beweisen, daß er nicht das Vermögen eingebüßt hatte, einen Bericht zu verfassen, daß ihm alle Wörter der Welt noch einmal zur Verfügung stünden.[21]

Man wird wohl, so läßt sich zumindest unterstellen, keinen anderen deutschsprachigen Schriftsteller finden, dessen Rückbezug auf die Antike sich so ungebrochen vollzieht. Es geht hier nicht um kanonisiertes Bildungsgut und somit nicht um eine Vorbildlichkeit der griechischen Antike, wie sie das „Paukerrokoko" der, so nennt sie Fichte, „historio-zentrische[n] Altertumswissenschaft"[22] nicht erst seit Winckelmanns These von der edlen Einfalt und stillen Größe immer wieder ins Feld geführt hat; es geht vielmehr um eine ‚wesentlich andere' Antike, der Fichte am Forscher *und* Schriftsteller Herodot auf die Spur gekommen war, und auf die er sich, abgesehen von einem Essay zu Homers *Ilias*[23] und einem zu Sappho,[24] auch immer wieder in der Auseinandersetzung

---

21 Fichte (1989) 35.

22 *Mein Freund Herodot*, in: Fichte (1987) 388.

23 *Patroklos und Achilleus. Anmerkungen zur Ilias*, in: Fichte (1988) 143-181. Auch dieser Autor und sein Epos werden für Fichte dabei zum Anlaß zur thesenhaften Formulierung weit in die abendländische Geschichte ausgreifender *correspondances*: „Wie die Bibel ist die *Ilias* ein psychoanalytisches Protokoll von kaum vorstellbarer Offenheit; wie de Sade reproduziert Homer als Schriftsteller die Massenmorde seiner Zeit." (Fichte 1988, 145) Oder: „Homer beklagt die hingemeuchelte Schönheit der Männer. / Und auch damit beginnt die *Ilias* eine Tradition, eine inoffizielle Tradition der Sinnlichkeit, die Sappho berühren wird, Herodot, Sophokles und Martial, bei Charles d'Orléans klingt sie auf und bei Cocteau und Colette. / Es sind seltene Töne einer abendländischen Zärtlichkeit. / Ein Buch der Liebe ist die Ilias nicht." (Fichte 1988, 146f.) Man wird Fichte bei solch weit ausholenden Beziehungsstiftungen sicher eine unangemessene Generalisierung vorwerfen können; allerdings unterstehen solche ‚Panoramen' immer dem Versuch, eine Gegengeschichte zum Hauptstrang der abendländischen Tradition freizulegen: eine (untergründige) ‚Geschichte der Zärtlichkeit', wie einer der zunächst vorgesehenen Titel seines ‚Spätwerks' lautete.

24 *Männerlust – Frauenlob. Anmerkungen zur Sapphorezeption und zum Orgasmusproblem*, in: Fichte (1988) 75-105. Auch hier geht es um eine „wesentlich andre Sprache", diesmal der Möglichkeit, Erotisches, Sexuelles auszudrücken. Man liest: „Sappho sagt es in fast schülerhafter Genauigkeit: Der Mond ist untergegangen. / Es ist mitten in der Nacht. / Ich liege allein. / Unauffällig schiebt sie zwei Feststellungen dazu: / Und die Pleiaden. / Die Stunde vergeht. / – *pára d'érchet' ōra* / hat man herausgefunden, bedeutet nicht: Die Wache geht vorüber; es bedeutet: / Die günstige Stunde ist da und geht vorüber. / Die Stunde, in der ich so bereit bin. / In der ich so bereit sein kann. / Ich werde älter. / Dieses winzige: / Die geneigte Stunde geht vorüber – / verbindet pubertäre Empfindungen, Klimax und Klimakterium, mit dem Lauf der Sterne, über den Mond, der den Monatszyklus, die Mensis mitzitiert. / Die Pleiaden ziehn den hormonalen Augenblick, die private mitternächtliche Einsamkeit in die Mechanik des Weltalls. / Um Sapphos Sehnsucht – I'm the laziest girl in

mit vor allem diesem Autor bezogen hat. Unter solchen Voraussetzungen vollzieht sich auch sein Bezug auf Herodot unvermittelt: als Freundschaftserklärung. *Mein Freund Herodot* überschreibt Fichte seinen den *Historien* geltenden Essay. Solche Freundschaft ist begründet durch eine gelegentlich bis zur Verwechslung reichende Identifikation:

> Ich bin überzeugt davon: Herodot ärgerte sich über Hotels!
> Er resignierte und schrieb die wichtigsten Kapitel, während das Zimmermädchen bohnerte.
> Die Priester in Ägypten brachten ihn zum Auswachsen!
> Er aß gerne Austern und besuchte schwule Bäder! (...)
> Mich stört, daß er seine Reisen dadurch finanzierte, daß er Ersatzteile verhökerte.
> Aber ich höre die Redakteure, wenn er zurückkam, Herrn Doktor Thukydides und Genossen: Das interessiert doch unsere Hörer nicht – Schwarze, Bauernprobleme, die Skythen. Ich bitte Sie.
> Man wußte nicht, was er dachte.
> Gelegentlich entschlüpfte ihm das Wort Schönheit.[25]

‚Ich' ist hier ein anderer: Herodot. Man muß, heißt dies, Fichtes Darstellungen von Herodots Forschen und Schreiben (immer auch) als Auseinandersetzung mit seiner eigenen Existenz als Forscher und Schriftsteller verstehen.

> Herodot, mein Freund.
> Herodots Umgetriebensein, nicht still sitzen können.
> Was ist hinter der Ecke!
> Was ist jenseits der Bergkette!
> Nicht: Wissen ist Macht! – sondern: Reisen ist Wissen.
> Sex.
> Der erste Prosaschriftsteller schrieb die erste Psychopathologia Sexualis – graziöser als Freud legt Herodots Text nahe, daß, da man des Sex' wegen reist, Reisen ein sexuelles Bedürfnis sei – schreiben und aufdecken![26]

---

town, heißt es später bei Marlene – dreht sich der Kosmos, wenn man so kitschige Abstrakta zur Erklärung des konkreten Sprechens bei Sappho bemühen will. / Sappho hat es ganz genau ausgedrückt. / Es braucht kein Wort mehr. / Fränkel bemerkt präzise: / – Sappho meint nicht mehr, als sie sagt. (nach Treu, 179)" (Fichte 1988, 85f.) Fichtes Kritik richtet sich von daher an dieser Stelle gegen die „Graezisten", denen er „eine eigene Art von Hochmut" (wiederum im Sinne der Unfähigkeit, das Gegebene zu benennen, hier also: das ‚Geschriebene' angemessen zu lesen) vorwirft: „Warum müssen wir mit den Schriftgelehrten extrapolieren, wenn keine sexuellen Handlungen beschrieben werden, wenn sie wirklich in der Lyrik Sapphos nicht beschrieben werden, daß es sie nicht gab? / Warum glauben wir nicht, daß es vor 2500 Jahren lindere Sitten gab, welche die Zärtlichkeit – und das ist Sexualität doch wohl – übten, ohne sie zu brandmarken oder zu verspotten." (Fichte 1988, 105).

25 Fichte (1987) 384.

26 Fichte (1987) 383f.

Das „Aufdecken“ hat Fichte kurz zuvor zwar einen „zerstörerische[n] Reflex“ genannt, doch hinzugefügt: „Ohne ihn höre ich auf zu existieren.“[27] Solcher Rückbezug aber führt zu Thesen, die sich in der Herodot-Forschung nicht finden lassen:

> Männerschönheit ist eines der großen Motive, das sich durch die neun Bücher des Riesenwerkes über die Welt zieht, und vielleicht war es überhaupt dies Motiv, das ihn durch die Welt zog und an den Griffel.
> Die Sehnsucht nach dem schönen Schwarzen.[28]

Dabei entspricht dies zunächst einfach wiederum nur Fichtes eigener Forschungsintention, die er in einem Interview so erläutert hat:

> Die ganz spontane [Motivation], über die habe ich ja gehörig und ungehörig immer wieder berichtet, das war eine erotische. Ich steh' auf Neger. Und das scheint mir auch das einzig Legitime daran, denn sonst wäre es ja tatsächlich nur ein Trophäenherstellen und ein Präparatezubereiten. Das ist mein Impetus, daß ich bei diesen Menschen, die ich ungeheuer schön und verführerisch und aufregend empfinde, wissen will, was geht in ihnen vor, what's under their skin.[29]

Klaubt sich also hier ein Schriftsteller ein paar Zitate aus Herodots *Historien* zusammen, die es ihm erlauben, sich und seine (auch sexuellen) Vorlieben in den ‚Vater der Geschichte‘ hineinzuprojizieren? Sagt somit der Essay *Mein Freund Herodot* nichts über Herodot, dafür aber vieles über den, der hier einem antiken Schriftsteller seine Freundschaft erklärt? Hat man es also gar nicht mit einem Bezug auf die (bei Fichte immer nur griechische) Antike zu tun, sondern bloß mit einem weiteren Fichteschen Vorwand der Selbstbespiegelung?

Das „persönliche Interesse“ auch Herodots am „schönen Schwarzen“ muß Fichte auch deshalb voraussetzen, weil er nur so die historischen Unterschiede ignorieren kann:

> Wenn dieses Werk mehr ist, als eine Anhäufung von Beispielen für den Geschichtsunterricht, mehr als ein erster Versuch, Verhalten, Aggressionen zu analysieren, wenn es wirklich eine poetische Dimension, nicht nur im Sinne von „ursprünglich machen“, sondern auch von spätem, städtischem, lyrischem Ich enthält, wo bleibt dann die tragische Umkehr, die Hölderlin – für die Tragödie – fordert, tragische Umkehr, die jedes Dichtwerk im Gegensatz zum Kompendium aufweist, wo sagt Herodot, der Poet, in seinem Sprachwerk „Ich“ zu sich selbst (...)?[30]

---

27 Fichte (1987) 383.

28 *Exkurs: Mittelmeer und Golf von Benin. Die Beschreibung afrikanischer und afroamerikanischer Riten bei Herodot*, in: Fichte (1987) 407-421, hier: 420.

29 Lerch/Bielefeld (1985).

30 Fichte (1987) 395.

Die Antwort lautet:

> Herodot persönlich; nie so persönlich wie im Sex:
> Neugier, Umgetriebensein und gelegentlich Zimperlichkeit.[31]

Die Fragen, die solche Lektüre der ethnographischen Beschreibungen Herodots auch als persönliche Aussagen erlauben, lauten:

> Viel Sex.
> Wenig Zärtlichkeit.
> Warum reist man solcher hard core nach?
> Aus eigenen Zwängen, Zerstörungen?[32]

Und: „Berührten ihn die Riten der Ledermänner peinlich? Lustvoll?"[33]

Der Vorwurf einer bloßen Selbstbespiegelung Fichtes ließe sich mit Zitaten aus der Forschungsliteratur zu Herodot untermauern: Die ausgiebige wissenschaftliche Diskussion etwa um den Wahrheitsgehalt der *Historien* hat Fichte offensichtlich niemals interessiert; daß Herodot die Reisen und Forschungen, von denen er berichtet, tatsächlich unternommen hat, steht für ihn völlig außer Frage.[34] Selbst sein Kommentar zu diesen Vorwürfen gerät dabei aber zur Beschreibung der eigenen Situation:

---

31 Fichte (1987) 396.

32 Fichte (1987) 399.

33 Fichte (1987) 405.

34 Robert Rollinger schreibt im neuesten Forschungsüberblick zu Herodot, daß die „herodoteischen Angaben nicht nur ein wichtiger Grundstein für die Charakterisierung des Arbeitsstils und der Methode, sondern auch für die Biographie des Autors" gewesen seien: „Auf der Annahme ihrer Authentizität fußt die Rekonstruktion einer ausgedehnten Reisetätigkeit, die den Autor einen Großteil der von ihm beschriebenen Regionen selbst betreten läßt. Unter dieser Prämisse werden Herodot mehrere Einzelreisen zugeschrieben, wobei lediglich deren Chronologie als unsicher erachtet wird. Autopsie und eigenes Erleben gelten weitestgehend als erwiesen. (...) In einer extremen Gegenposition werden Herodots Angaben als fiktiv erachtet und dieser als ‚Stubengelehrter' angesehen. Eine vermittelnde Ansicht versucht die oft mit Verve verfochtene Diskussion von der angeblichen Alternative ‚Wahrheit' versus ‚Lüge' abzulenken und Herodots Historien *auch* unter ‚literarischen' Gesichtspunkten zu betrachten." (Bichler/Rollinger 2000, 113) Rollinger weist darauf hin, daß die Frage nach Wahrheit und Lüge des Forschungsberichts Herodots schon in der Antike ein Streitpunkt war: „Im Zentrum der Auseinandersetzung stehen jene Gestaltungselemente der *Historien*, die einen mehr oder weniger starken fiktional-poetischen Charakter aufweisen. Diese geraten in Widerspruch zu den nachherodoteischen Anforderungen an eine pragmatisch-analytische Historie, wie sie in erster Linie Thukydides und Polybios vorgaben. Schon Ciceros Diktum – et apud Herodotum, patrem historiae, sunt innumerabilis fabulae – hielt fest, daß Herodots Werk beides eignet: die Vaterschaft an der literarischen Gattung Historie (...) und ihre verstörend wirkende fiktionale Seite, die durch eine besondere Liebe zu Legendärem und Kuriosem gekennzeichnet ist. / Aus dieser Spannung erwuchs der Streit, ob Herodots ‚Würde' als Historiker nicht unter

> Herodot hat einen schlechten Ruf.
> Griechischer Gelehrtenneid hängt dem ersten Ethnologen und Verhaltensforscher ungenaue Beobachtung und falsche Zitate an, früh schon das Schlimmste, was man einem Intellektuellen zufügen konnte.[35]

Plutarchs Charakterisierung Herodots als „Vater der Lügen"[36] gibt Fichte im *Forschungsbericht* dabei eine überraschende Wendung: „Herodot ist der erste Romancier. Er schrieb, wie er sich Ägypten vorstellte. Wie die Ägypter ihm Ägypten vorlogen."[37] Am Anfang des Romans hatte es geheißen: „Für die Forschung ist Lügen besser als Schweigen."[38]

In einer wiederum programmatischen Aussage, mit der er das Haiti geltende Kapitel seines ersten rein ethnographischen Buches *Xango* einleitet, überzieht Fichte alle möglichen Perspektiven auf das Fremde und alle Möglichkeiten des Berichts darüber mit dem Vorwurf, es handele sich bloß um „Siegeranalysen und Siegersynthesen";[39] dem setzt er eine ‚Poetik der Niederlage' entgegen:

> Ich gehe aus Haiti nicht als Sieger hervor.
> Meine Aufzeichnungen sind die Aufzeichnungen von Irrtümern, Fehlschlüssen und Kurzschlußhandlungen.[40]

Schon im *Versuch über die Pubertät* heißt es als Ausblick auf sein zukünftiges Darstellungsverfahren:

> Allmählich entwickelt sich in mir die Freiheit, das Diskrepante zu schreiben, das ich früher in der Lokstedter Einheitlichkeit sorgsam wegstrich; meine Niederlagen fixieren, Sprünge, Widersprüche, das Unzusammenhängende nicht kitten, sondern Teile unverbunden nebeneinander bestehen lassen, mit zwei falschen, übertriebenen Aussagen die Tatsachen anpeilen.[41]

Wer meint, so lassen sich diese und mehrere gleichgerichtete Stellen resümieren, angemessene – im Sinne einer *adaequatio intellectus ad rem* also: wahre – Aussagen über das Fremde machen zu können, besiegt das zur Rede Stehende;

---

der fragwürdigen Authentizität seiner kuriosen ethnographischen Schilderungen und seiner legendären Geschichtserzählungen leide – der Streit geht bis zum ‚Standardvorwurf' der Lüge." (Bichler/Rollinger 2000, 130).

35 Fichte (1987) 409.

36 In: *De Herodoti malignitate.*

37 Fichte (1989) 150.

38 Fichte (1989) 22.

39 Fichte (1976) 119.

40 Fichte (1976) 119.

41 Fichte (1982b) 294.

nur wer seine Niederlagen protokolliert und collagiert, kommt ‚der Welt' ein Stück näher. Somit gilt: Eine wahre Rede über die Welt kann es nicht geben; in der Zusammenstellung der Lügen und Übertreibungen aber wird eine zweite Welt hervorgebracht, die der zur Rede stehenden ersten immerhin (poietisch) korrespondiert. Wenn Fichte Herodot einen „Romancier" nennt, dann ist dies also keine Absage an die Angemessenheit seines Forschungsberichts über die (damals bekannte) Welt; es ist vielmehr ein weiteres Mal das Wiedererkennen des eigenen Verfahrens: „Wie kaum ein andrer moderner [sic!] Empiriker deckt Herodot seine Quellen auf, läßt einander ergänzende oder widersprechende Versionen schroff in seinem Text bestehen".[42]

Über diesen besonderen Typus der Beschreibung hinaus, auf den zurückzukommen sein wird, ist es vor allem aber das Beschriebene – eine im Verhältnis zum üblichen Bild wesentlich andere Antike –, die Fichte in den *Historien* Herodots entdeckt. Damit aber greift der Vorwurf der bloßen Selbstbespiegelung deutlich zu kurz, da möglicherweise die Empfindlichkeit (sofern man diesen Begriff in der ganzen Komplexität versteht, die Fichtes spätes Romanprojekt einer *Geschichte der Empfindlichkeit* entfaltet) des schwulen Schriftstellers und Forschers Hubert Fichte an Herodot und seinem Forschungsbericht etwas zutage zu fördern weiß, was den Wissenschaftlern entgangen ist, was ihnen auch und vielleicht vor allem angesichts des von ihnen vorausgesetzten Antikebilds entgehen mußte.

Um *dieser* Antike und ihrer Bedeutung für Fichte auf die Spur zu kommen, sei zunächst darauf verwiesen, daß sowohl der Essay *Mein Freund Herodot* wie der dazugehörige Exkurs *Mittelmeer und Golf von Benin* jeweils unter dem Titel Ort und Zeitpunkt ihrer Entstehung verzeichnen: „New York, November 1980".[43] Der Entstehungsort New York rechtfertigt auch, daß beide Texte in der Nachlaßedition der *Geschichte der Empfindlichkeit* gleich doppelt erscheinen: sowohl im ersten Band der unter dem Titel *Homosexualität und Literatur. Polemiken* versammelten literaturkritischen Essays als auch im Band *Die Schwarze Stadt*.[44] Dieser New York geltende Band war ursprünglich als Schlußband der ganzen *Geschichte der Empfindlichkeit* vorgesehen. In einem Interview mit Gisela Lindemann hat Fichte dazu angemerkt, daß er „an großen Wortblöcken, an Gedichten" darstellen sollte, „was eigentlich die Existenz der Schwarzen in dieser Stadt ausmacht."[45] Im Wechsel zwischen Darstellungen von New

42 Fichte (1987) 409.
43 Fichte (1987) 381 und 407.
44 Vgl. Fichte (1990) 327-367.
45 Lindemann (1987) 309.

York und der Darstellung afrikanischer Länder und Situationen sollte der letzte Band ein „ganz poetisches, lyrisches Buch" werden: „New York und das New York, wie es sich aus Afrika hat erstellen können."[46] Die *Schwarze Stadt* New York erscheint dabei als Realisierung einer Utopie, der das ganze Fichtesche Reisen und Forschen galt, die er aber eben nicht nur in der Fremde zu finden glaubte – zunächst und vor allem in den afroamerikanischen synkretistischen Religionen –, sondern auch in der Vergangenheit. Von einer „[s]chwarzen Antike" hat Ralph Poole in diesem Sinne auf der Tagung *Hubert Fichte. Im Feld von Ethnographie und Literatur* gesprochen.[47] Poole hat dabei unter anderem auf Martin Bernals Buch *Schwarze Athene. Die afroasiatischen Wurzeln der griechischen Antike. Wie das klassische Griechenland „erfunden" wurde* verwiesen,[48] dessen These sich in der Unterscheidung eines „arische[n]" und eines „antike[n] Modell[s]"[49] Griechenlands zusammenfassen läßt. Das antike Modell entspreche dabei

> ganz einfach der altüberlieferten Auffassung, welche die Griechen des Altertums in klassischer und hellenistischer Zeit selbst von ihrer Geschichte hatten. Aus ihrer Sicht war die griechische Kultur das Ergebnis einer Kolonisation Griechenlands durch Ägypter und Phöniker, die um 1500 v. Chr. stattgefunden hatte.[50]

Diese Selbstdarstellung der Antike sei später – und zwar viel später – nicht deshalb abgeschafft worden, weil sie „innere Mängel" oder „Schwachstellen" aufgewiesen habe, die sie „zur Erklärung der Geschichte ungeeignet machten", sondern aus „rein äußeren Gründen":

> Für die Romantiker und Rassisten des 18. und 19. Jahrhunderts war der Gedanke einfach unerträglich, daß Griechenland, das für sie ja kein bloßes Anhängsel Europas, son-

---

46 Lindemann (1987) 317.

47 Ich danke Ralph Poole für die Überlassung des Manuskripts seines Vortrags *„Palimpsest und Kassiber". Zu Hubert Fichtes New Yorker Kunst-Ethnographien „Lil's Book" und „Die Schwarze Stadt"*. Die benannte Tagung fand statt vom 1.-3. Juni 2000 im Rahmen des Sonderforschungsbereichs 511 *Literatur und Anthropologie* an der Universität Konstanz; der Tagungsband erscheint in dessen Veröffentlichungsreihe beim Tübinger Gunter Narr-Verlag voraussichtlich 2001.

48 Mit dem Verweis auf Martin Bernal ist keine Abhängigkeit Fichtes von dessen Thesen unterstellt, da Bernals Buch auch im Original erst 1987 erschienen ist. Wie umstritten Bernals Thesen in der Altertumswissenschaft sind, zeigt unter anderem der von Mary R. Lefkowitz herausgegebene Sammelband *Black Athena Revisited*, Chapel Hill 1996. Es bleibt deshalb darauf hinzuweisen, daß ich mich nur auf die (etwas weniger umstrittene) Zentralthese des ersten Bandes von Bernals breit angelegter Untersuchung beziehe, die allerdings einen entscheidenden Punkt auch des Fichteschen Verständnisses der griechischen Antike formuliert.

49 Bernal (1992) 31.

50 Bernal (1992) 31.

dern geradezu die Wiege der europäischen Kultur war, das Ergebnis einer Mischung einer zwar europäischen, aber kulturell unterlegenen Urbevölkerung mit kulturell überlegenen afrikanischen und vorderasiatisch-semitischen Kolonisten gewesen sein soll.[51]

Die Antike, heißt dies, sei ursprünglich schwarz gewesen. Als solche habe sie auch Herodot beschrieben: Die altgriechische Kultur gehe bei ihm wesentlich aus der ägyptischen Kultur hervor; die Ägypter aber würden als ‚Schwarze' vorgestellt. Martin Bernal bringt mit solchen Thesen (überdeutlich) auf den Punkt, was zuvor schon die impliziten Voraussetzungen von Fichtes Verständnis der *Historien* Herodots waren.

Dies führt hinsichtlich der Verortung und Datierung des Essays *Mein Freund Herodot* zu einer komplexen Situation: Im November 1980 schreibt Hubert Fichte in der *Schwarzen Stadt* New York über Herodots *Historien.* Die Ortsangabe verklammert somit die an das schwarze New York gebundene, auf die Zukunft gerichtete Utopie mit einer schwarzen *arché* aller Kultur. (Daß Fichte die von Bernal ebenfalls benannten vorderasiatisch-semitischen Wurzeln der Antike bei seinen benannten ‚Interessen' ignorierte, versteht sich [fast] von selbst.) Im Exkurs *Mittelmeer und Golf von Benin* zum Herodot-Essay schreibt Fichte von der „verführerische[n] Theorie, alle menschliche Existenz, alle religiöse Entwicklung sei schwarzen Ursprungs".[52] Im Ausgriff auf das andere Ende der Geschichte, vor allem seiner eigenen *Geschichte der Empfindlichkeit* – New York 1980 –, beginnt er diesen Exkurs mit den Absätzen:

> Ist afroamerikanische Kultur die Marotte von ein paar Escapisten, die sich in der eigenen Kultur nicht mehr zurechtfinden und deshalb ins Exotische fliehen und ins Pauvre?
> Sind afroamerikanische Riten Flicken, Abfall, Blindes, Taubes an den Rändern der USA – oder tauchen im afroamerikanischen Synkretismus Archai und Ur auf, Konstanten menschlichen Verhaltens und Bewußtseins, wie in der griechischen Tragödie, wie bei Monteverdi, Artaud und Hitchcock?
> Waren Jahwe, der Adam und Eva schuf, und Zeus, aus dessen Kopf die Athene schlüpfte, schwarz?
> Oder wenigstens afroeuropäisch?
> Ödipus ein Vaudou?"[53]

Am Ende des Abschnitts steht die rhetorische Frage nach Indizien „für eine frühe Verbindung von mediterranen Ausprägungen und der Kultur des Golfes von

51 Bernal (1992) 33.
52 Fichte (1987) 409. Fichte verweist an dieser Stelle auf: Richard E. Leakey *Origins*, London/New York 1979.
53 Fichte (1987) 407.

Benin mit, durch Yoruba, Fon, Ewe,[54] dem Synkretismus der Schwarzen Amerikas, der Neuen Welt auf der anderen Seite des Atlantik".[55] Wo er diese Indizien zu finden meint, hat dabei schon der auf den ersten Blick befremdliche Untertitel des Exkurses benannt: „Die Beschreibung afrikanischer und afroamerikanischer Riten bei Herodot." Seiner in den *Ketzerischen Bemerkungen* begründeten Abneigung gegen eine ‚unempfindliche', der Welt europäische Erklärungsmuster überstülpende Ethnographie vermag sich Fichte im übrigen auch an dieser Stelle nicht zu enthalten:

> Man kann sich leicht zu einer unitarischen Schunkelei einfinden, anbiedernd und ausbeuterisch; man sabbert von gleichen Strukturen, klopft dem afrikanischen Ödipus auf die Schultern und zwickt der haitianischen Aphrodite in die Backen.
> So meine ich es nicht.
> Ich möchte an Schilderungen von Herodot im Detail aufweisen, daß einige Riten, die wir heute noch in den afroamerikanischen Religionen beobachten, seit klassischer Zeit einen Platz in europäischer Kultur einnahmen, daß sie weder Verfall noch ein atavistisches Relikt bedeuten.
> Herodot und die Trance.
> Jedoch nicht, um die Überlegenheit abendländischer Tradition vor sogenannten primitiven Völkern einmal mehr zu bestätigen, sondern andersherum: Um den Wechsellauf anzudeuten von nubischen, äthiopischen, libyschen Wellen und ihrem karischen, ionischen, attischen Widerspiel.[56]

Auf diese Weise schreibt Hubert Fichte aber gerade jene Geschichte – genauer: Geschichtsschreibung – um, als deren ‚Vater' Herodot gemeinhin veranschlagt wird. Schon im *Forschungsbericht* heißt es:

> – Der Vater der Geschichte war gar nicht der Vater der Geschichte.
> Sie ist ein uneheliches Kind.
> – Historiä heißt die Forschung und kommt von histämi, feststellen.[57]

Nicht erste Geschichtsschreibung sind also Herodots *Historien* für Fichte, sondern früher Forschungsbericht. Auf die Frage: „Was erbringen die Forschungen des Herodot?", antwortet er im Essay:

> Erdkunde und Geologie, Ethnologie, Psychologie, Sagen, Klatsch, Dialoge, kleine Theaterstücke, Schulfunk, Geschichte, Religion, Kurzgeschichten, Novellen, meinetwegen

54 In besonderem Ausmaß von der Verschleppung nach Amerika betroffene afrikanische Ethnien.

55 Fichte (1987) 408.

56 Fichte (1987) 408. Hierbei handelt es sich allerdings um eine falsche etymologische Erklärung, denn *historía* geht formal von *hístōr* („der Wisser") aus und ist funktionell an *historéō* („Zeuge sein", „erforschen") angeschlossen.

57 Fichte (1989) 32.

„Novellenkränze", Romane, Strukturenanalysen, Biologie, Zoologie, Architektur, Bildende Kunst, Pflanzenkunde, Medizin, Ackerbau, ein Lehrbuch der Diplomatie.[58]

So wird man tatsächlich nicht zum ‚Vater der Geschichte', sondern eher zum Begründer, zumindest ‚Vorfahren' der Ethnologie. Herodot aber erscheint als Erforscher einer afrikanisch inspirierten Antike. Im kritischen Zusammenfall des Beschriebenen und des Beschreibens erhält dabei auch Herodots Text ‚schwarze' Qualitäten: die „Textmassen", so heißt es, „wirken synkopisch gegliedert, außereuropäisch, asianistisch, jazzartig."[59]

Allerdings erlaubt die erklärte Freundschaft gelegentlich auch eine eher frotzelnde Abwertung der Darstellungskünste des anderen. So liest man im *Forschungsbericht*:

„Plaudertasche" schrieb er wütend und erschöpft neben die Partikelfluchten des archaischen Neckermann.
Das war ein Ausrutscher. Er hatte den Tag falsch organisiert, zuviel Zeitung vorher gelesen (...).[60]

Selbst diese Beschreibungen aber haben etwas Identifikatorisches, denn in Parallele zu Herodot als „archaische[m] Neckermann" nennt Fichte sein eigenes Forschen im Moment eines vehementen Selbstzweifels eine „richtige Dr. Tigges-Studienreisen-Ethnologie".[61] Als Anlaß des Ausrutschers „Plaudertasche" aber werden im *Forschungsbericht* die Partikelfluchten Herodots genannt. Der Essay erläutert diesen Begriff:

Sprache ist – mehr als Zahlen, Knochensplitter, Grünspanblättchen – Geschichte, an Sprache kann abgelesen werden, wie Ereignisse gedacht, geplant werden, an Herodot, wie Denken und Handeln vor 2500 Jahren funktionierten. (...)
Die modernen Ausgaben bei Heimeran und Kröner ersparen uns oft die „entweder .. oder", „sowohl .. als auch", „weder .. noch", „zwar .. jedoch" mit denen eine restaurative Geschichtsschreibe ihre Bildungsblähungen beduftete, Wortvogelscheuchen, die mit Denken in deutschen Köpfen ebensowenig zu tun haben wie mit Denken in griechischen.
Sicher!
Aber bei Herodot muß von Partikelflucht gesprochen werden:
men, *mēte* ... *mēte*, te kai, de.. fallen, als wäre es gar nichts.[62]

58 Fichte (1987) 390.
59 Fichte (1987) 389.
60 Fichte (1989) 34.
61 Fichte (1989) 47.
62 Fichte (1987) 385.

Die Partikelfluchten stehen für Fichte vor allem für eine musikalische, eine rhythmische Dimension des Herodotschen Schreibens ein, die ich an anderer Stelle[63] im Rückgriff auf die Ausführungen von Thrasybulos Georgiades zu fassen versucht habe, der vom Rhythmus her dem Altgriechischen – im Vergleich mit griechischer Plastik – eine „rundplastische Wirklichkeit" zuschreibt: Das altgriechische Wort stehe da „als ein mit Händen greifbarer fester Körper. Beim Aufnehmen einer altgriechischen Wortschöpfung werden wir vom Wort gleichsam gesteinigt."[64] Dies setzt die altgriechische Sprache in ein anderes Verhältnis zur Wirklichkeit, die sich in der antiken Vorstellung niederschlägt, „daß nicht der Mensch die Sache benennt, sondern daß die Sache von selbst klingend sich substantiell bekundet."[65] Solche Vorstellung spitzt Hubert Fichte concettistisch zu, wenn er zwei Wörter in zwei Zeilen einfach untereinander setzt: „Wörter. / Wahrheit."[66] Die Wörter sind die Wahrheit, weil eben alle (menschliche) Wirklichkeit sprachlich, wörtlich strukturiert ist. Als Herodot, so Fichte im Exkurs,

> wohl gegen die Mitte des fünften Jahrhunderts, nach Ägypten fuhr und Auskünfte über die *Aithiopes,* die Brandgesichter sammelte, als er, wie Allen Ginsberg in der Berliner Kongreßhalle, auf der Olympiade vorlas, die Welt in Wörtern neu erstellte und verstellte, bewegte er sich, für uns heute kaum vorstellbar, bereits in einer Welt aus Wörtern, zageren, einzelneren.[67]

„Weltverwörterung", schließt Fichte an, sei „so alt wie der Ton, der Ton für den Adler und die Schlange, wie das Höhlenbild, die Hieroglyphe, das Alphabet, so alt wie Litanei, Warenliste, Gesetzestafel."[68] Diese ihrerseits litaneihafte Aufzählung versammelt entscheidende Stichwörter von Fichtes poetischer Anthropologie. Der *Versuch über die Pubertät* beginnt etwa mit dem Satz: „Zu Anfang nur der Ton."[69] Schon am Anfang steht somit zwar die Weltverwörterung, doch eben nicht im Sinne eines Redens *über* die Welt, das sich eher auf den kontrapunktischen Anfang des Johannes-Evangeliums: „Im Anfang war das Wort" berufen kann.

---

63 Vgl. Weinberg (1993) 346ff.

64 Georgiades (1977) 132. Dies heißt auch an dieser Stelle nicht, daß Fichte von Georgiades' Ausführungen beeinflußt wäre oder diese auch nur gekannt hätte; doch pointiert Georgiades gerade jenes Sprachverständnis, das Fichtes in der Antike ‚verorteter' Utopie zugrundeliegt.

65 Georgiades (1977) 133.

66 Fichte (1987) 392.

67 Fichte (1987) 410.

68 Fichte (1987) 410.

69 Fichte (1982b) 11.

Dies aber läßt noch einmal nach dem genauen Verhältnis von Sprache und Musik fragen. Fichte benennt zwei mögliche Theorien zu deren geschichtlichem Verhältnis:

> Erstens: Die Geburt der Tragödie aus dem Geiste der Musik.
> Zweitens: Umgekehrt.
> Musik ist etwas Spätes, aus natürlichen, mimetischen Äußerungen, Grunzen, Schreien entwickeln sich sinntragende Phoneme, die schließlich zu Versen verdichtet werden und musikalische Überhöhung erfahren.
> Oder:
> Differenzierte, gesangsähnliche Partikel werden zu sprachähnlichen Ensembles zusammensäkularisiert, sehr komplizierte musikalische Gebilde vereinfachen sich zum sapphischen Elfsilber, zur Tragödie, und zum Streichquartett, zum Schluß schließlich das Grunzen, Schreien und die Partikelfluchten der Regenbogenpresse.[70]

Es ist hier nicht der Raum, diesen komplexen Ursprungsszenarien Fichtes nachzugehen, die eben keinen einfachen, sondern einen immer schon widersprüchlichen Anfang voraussetzen. Fichte schreibt an anderer Stelle: „[W]enn man an das tuntenhafte Benehmen des Kohlenstoffs denkt, scheint Leben von allem Anfang an etwas Unordentliches gewesen zu sein, Verschmutzung, Abweichung, Lüge."[71] Entscheidend aber ist, daß Herodot im Horizont solcher Widersprüche jeweils in einer Zwischenposition verortet wird:

> Herodot steht zwischen Magie und Naturalismus.
> Die Tragödie seines Freundes Sophokles war nicht mehr reiner Vaudou, wie fast noch bei Äschylos, sie war noch nicht zweifelsgeschütteltes Rührdrama wie bei Euripides.
> Herodots Prosa könnte also – nach den kultischen Gesängen seiner Väter, vor dem naturalistischen Geplaudre seiner Enkel – einen Sprachzustand überliefern, der noch Gesangsartiges, Litaneihaftes in der Prosa bewahrt. (...)
> Das Studium der Partikel bei Herodot würde uns vielleicht etwas vom Zustand Griechenlands zur Zeit der großen Tragöden, zur Zeit der ersten Wissenschaftler erfahren machen, von der Verfassung der Phantasie, vom Contenu Mental einer Zeit, in der die erste, größte uns erhaltene Prosa über die ganze Welt verfaßt wurde.[72]

Herodot verfüge über „zwei gleich stichhaltige Erklärungsmöglichkeiten, eine magisch überpersönliche und eine andre magische, jedoch schon individualistisch, psychopathologisch gefärbte."[73] Bei einem „weniger an Forschung – io-

---

70 Fichte (1987) 385f.

71 Fichte (1992a) 291.

72 Fichte (1987) 386.

73 Fichte (1987) 391f.

nisch heißt das *historíē* und *apódeixis* –, Offenlegung Engagierten" könne dies „Schlieren erzeugen";[74] bei Herodot, dessen Text „nicht durch Poesie poetisch [sei], sondern durch seinen Materialismus",[75] ermögliche „eine solche Zwischenstellung nur eine heftigere Analyse."[76] Herodot: ein „unruhiger Forscher, zwischen Bacchanten, Kaputten, Magie und Aufklärung – nicht der Verfasser von Geschichtskompilationen am Schreibtisch."[77] Diese Zwischenstellung verbindet Herodot im übrigen sowohl mit den afroamerikanischen synkretistischen Religionen, anläßlich derer Fichte im Essay *Über die afrokubanischen Religionen in Miami* von der „stupende[n] und bisher noch wenig reflektierten Idee von Bikontinentalität und Bisexualität der afroamerikanischen Kultur"[78] schreibt, als auch mit Fichte selbst, der in *Explosion. Roman der Ethnologie* anmerkt:

> Jäcki hatte sich angewöhnt zwischen beiden zu leben. (...)
> Bi.
> In Othmarschen über den Candomblé schreiben.
> Über Irma an Mario denken.
> Bikontinentalität.
> Eins ganz?
> Das konnte Jäcki nicht.[79]

Diese Parallelisierungen deuten aber auch an, warum Herodot für den „modernen Leser, der unruhig wird, wenn er Scherben ans Licht heben soll", nicht nur „der erste Schriftsteller" war, sondern seine *Historien* schon für „die ganze Schriftstellerei"[80] einstehen können. Denn die „eine heftigere Analyse" ermöglichende Stellung zwischen Aufklärung und Magie bezieht Fichte nicht nur auf die besondere historische Situation Herodots. Er schreibt im Essay:

> Da Säkularisation (...) erst bei Bewußtwerdung auftritt, bei Gefährdung von Riten und ihrer Verhärtung, überkreuzen sich hier bei Herodot wohl schon – und noch immer – beide intellektuellen Vorgänge.[81]

---

74 Fichte (1987) 409.
75 Fichte (1987) 390.
76 Fichte (1987) 409.
77 Fichte (1987) 391.
78 *Über die afrokubanischen Religionen in Miami*, in: Fichte (1985a) 281-309, hier: 308. Vgl. dazu: Weinberg (1995).
79 Fichte (1993) 336.
80 Fichte (1987) 410.
81 Fichte (1987) 404.

Die Rede von der Säkularisation untersteht gemeinhin einer Fortschrittslogik; mit Wilhelm Nestle zu reden: *Vom Mythos zum Logos.*[82] Fichtes Geschichtsbild ist jedoch ein wesentlich anderes, nicht lineares, sondern geschichtetes. In seinen *Überlegungen zur Maria-Lionza-Religion in Venezuela* liest man zu archäologischen Ausgrabungen:

> Diese ersten Funde bedeuten sehr komplizierte Glaubensformen. Beweisen sie nicht, daß es vor jedem komplizierten Ur immer schon ein früheres kompliziertes Ur gab, daß sich Religion gar nicht aus uranfänglichen einfachen Tatsachen und Ideen entwickelte, sondern daß komplizierte quasi-tierische Verhaltenshülsen mit zunehmendem Bewußtsein und zunehmender Angst umgedeutet wurden, stilisiert und erst sehr spät ausgefüllt mit Inhalten wie Seele, Liebe, Gewissen, Gott und Sinn und Nutzen? Fiele also der Beginn der Säkularisation mit dem Beginn der Religiosität zusammen?[83]

Diesem komplexen Zusammenhang von Magie und Säkularisation kann hier nicht mehr ausführlich nachgegangen werden. Deutlich aber ist, daß Fichte nicht von einer einfachen Abfolge ausgeht. Säkularisation und Religion, Aufklärung und Magie entstehen mit- und bestehen fortan nebeneinander. Sie überkreuzen sich schon und noch immer bei Herodot. Sie überkreuzen sich noch immer und schon wieder in den Texten Lohensteins und in den afroamerikanischen, synkretistischen Religionen. Sie überkreuzen sich schließlich auch bei Hubert Fichte.

> Verwörterung der Welt.
> Magie und Tragödie.
> Zauberspruch und Schriftstellerei.[84]

Die sich daraus herleitende „X-Spältigkeit", schreibt Fichte im Herodot-Essay, mache wohl „Wissen aus und Aufklärung": „Ich finde sie bei allen modernen Schriftstellern, die mir nahestehen. / Bei Proust, Cocteau, Artaud, Genet, Borges, Burroughs und auch bei Henry James."[85] Dieser Reihe wird Herodot im Exkurs als „Uravantgardist"[86] und „moderner Empiriker"[87] eingefügt.

Es bleibe im übrigen „unfaßlich, daß nach einem so neugierigen Beginn ein so unneugieriges Europa entstand, für das Wissen selten etwas andres war als

---

82 Vgl. Nestle (1940).

83 *Der Zauberberg ist leer. Überlegungen zur Maria-Lionza-Religion in Venzuela*, in: Fichte (1985a) 319-343, hier: 319f.

84 Fichte (1987) 419.

85 Fichte (1987) 406.

86 Fichte (1987) 401.

87 Fichte (1987) 409.

Macht, die Kolonialgeschichte Europas bleibt die Geschichte der Unempfindlichkeit, die Philosophie Europas unneugieriger Idealismus, Scholastik, Scheuklappen und Gebetsmühlen, schon Thales fiel vor den Augen der Magd in den Brunnen, die Fehler in der praktischen Anschauung füllen Bände, Bände Aristoteles, Sartre und Lévi-Strauss."[88] Europa, so läßt sich dies übersetzen, wurde nach seinem schwarzen Beginn weiß. Schon in seinem dritten Roman, *Detlevs Imitationen „Grünspan"*, hatte Fichte dem als einzigen Ausweg eine „gigantische weltweite Verschwulung"[89] entgegengesetzt, was weniger auf eine bloß noch mann-männliche Sexualität[90] als auf eine „milde und nicht mehr rückgängig zu machende Zersetzung des Unbewußten"[91] abzielt. Ebenso gut könnte man davon sprechen, daß Europa wieder schwarz werden müßte, so schwarz wie es zu Zeiten Herodots einmal gewesen sein soll, so schwarz wie die „Schwarze Stadt" New York. Auch dies braucht man im übrigen nicht – im modernen Sinn des Wortes – wörtlich zu nehmen; denn von sich selbst schreibt Hubert Fichte schließlich: „ich bin ganz schwarz – das sieht man nur nicht."[92]

Literaturverzeichnis

Bernal, Martin: Schwarze Athene. Die afroasiatischen Wurzeln der griechischen Antike. Wie das klassische Griechenland „erfunden" wurde, München/Leipzig 1992 (Original: Black Athena – The Afroasiatic Roots of Classical Civilization, London 1987).

Bichler, Reinhold/Rollinger, Robert: Herodot, Darmstadt 2000.

Fichte, Hubert: Xango. Die afroamerikanischen Religionen II. Bahia, Haiti, Trinidad, Frankfurt am Main 1976.

Fichte, Hubert: Ketzerische Bemerkungen für eine neue Wissenschaft vom Menschen, in: ders., Petersilie. Die afroamerikanischen Religionen IV. Santo Domingo, Venezuela, Mi-

88 Fichte (1987) 396.

89 Fichte (1982a) 221.

90 Vgl. dazu auch den Schluß des Homer-Essays: „Ein schwules Buch ist die *Ilias* nicht, denn bei allem Lohenstein'schen, Sade'schen, Proust'schen, Genet'schen Rasen der Messer im Gedärm bleibt eine Trauer zurück über die Begegnung der Speere und der schönen Leiber, über das götterartige Ausbrechen des Achill aus der Themis, der menschlichen Ordnung. / Homosexualität stehe nur den Göttern zu, und selbst Achill, der Halbgott, fügt sich zum Schluß seiner göttlichen Mutter Thetis und begattet Briseis, die vom Speer bezwungene Sklavin. / Die *Ilias* zeigt einen Menschen, der wie Gott liebt, trauert, zürnt. / Das erste uns ganz zugängliche Epos der Weltliteratur handelt von Säkularisation. / Es stellt in Achill einen ersten europäischen Individualisten dar. / Säkularisation heißt Bisexualität." (Fichte 1988a, 181).

91 Fichte (1988a) 181.

92 Fichte (1988b) 69.

ami, Grenada, Frankfurt am Main 1980, 359-365.
Fichte, Hubert: Detlevs Imitationen „Grünspan". Roman, Frankfurt am Main 1982(a) (Erstausgabe: Hamburg 1971).
Fichte, Hubert: Versuch über die Pubertät. Roman, Frankfurt am Main 1982(b) (Erstausgabe: Hamburg 1974).
Fichte, Hubert: Lazarus und die Waschmaschine. Kleine Einführung in die afroamerikanische Kultur, Frankfurt am Main 1985(a).
Fichte, Hubert: Der Aufbruch nach Turku und andere Erzählungen, Frankfurt am Main 1985(b) (Erstausgabe: Hamburg 1963).
Fichte, Hubert: Homosexualität und Literatur 1. Polemiken, Frankfurt am Main 1987.
Fichte, Hubert: Homosexualität und Literatur 2. Polemiken, Frankfurt am Main 1988(a).
Fichte, Hubert: Der Kleine Hauptbahnhof oder Lob des Strichs. (Die Geschichte der Empfindlichkeit, Band II), Frankfurt am Main 1988(b).
Fichte, Hubert: Forschungsbericht. Roman, Frankfurt am Main 1989.
Fichte, Hubert: Die schwarze Stadt. Glossen, Frankfurt am Main 1990.
Fichte, Hubert: Alte Welt. Glossen (Die Geschichte der Empfindlichkeit, Band V), Frankfurt am Main 1992(a).
Fichte, Hubert: Ödipus auf Håknäss, Frankfurt am Main 1992(b).
Fichte, Hubert: Explosion. Roman der Ethnologie (Die Geschichte der Empfindlichkeit, Band VII), Frankfurt am Main 1993.
Georgiades, Thrasybulos: Der griechische Rhythmus. Musik – Reigen – Vers und Sprache, Tutzing 1977 (Erstausgabe: Hamburg 1949).
Koller, Hermann: Die Mimesis in der Antike. Nachahmung, Darstellung, Ausdruck, Bern 1954.
Lerch, Gisela/Bielefeld, Claus-Ulrich: Freiheit kann ja nur Ritenlosigkeit heißen. Ein Gespräch mit Hubert Fichte über sein Romanprojekt *Die Geschichte der Empfindlichkeit*, Frankfurter Rundschau (23.3.1985) S. ZB 2.
Lindemann, Gisela: In Grazie das Mörderische verwandeln. Ein Gespräch mit Hubert Fichte zu seinem roman fleuve *Die Geschichte der Empfindlichkeit*, Sprache im technischen Zeitalter 104 (1987) 308-317.
Nestle, Wilhelm: Vom Mythos zum Logos. Die Selbstentfaltung des griechischen Denkens von Homer bis auf die Sophistik und Sokrates, Stuttgart 1940.
Weinberg, Manfred: Akut. Geschichte. Struktur. Hubert Fichtes Suche nach der verlorenen Sprache einer poetischen Welterfahrung, Bielefeld 1993.
Weinberg, Manfred: „Die stupende und bisher noch wenig reflektierte Idee von Bikontinentalität und Bisexualität der afroamerikanischen Kultur". Zu Struktur und Funktion des „Zwischen" bei Hubert Fichte, in: Hartmut Böhme/Nikolaus Tiling (Hrsg.), Medium und Maske. Die Literatur Hubert Fichtes zwischen den Kulturen, Stuttgart 1995, 171-198.
Weinberg, Manfred: Erbrechen Sie sich! Zu Hubert Fichtes *Ketzerischen Bemerkungen für eine neue Wissenschaft vom Menschen*, kea. Zeitschrift für Kulturwissenschaften 12 (1999): ... Der teilnehmende Leser ... Erkundungen zwischen Ethnologie und Literatur, 59-89.

Erich Fried

Zugang durch Übersetzung?
In: *Die Bacchantinnen.* Programmheft zur Premiere
der Euripides-Übersetzung *Die Bacchantinnen*
im Düsseldorfer Schauspielhaus am 19. Januar 1970.

Als Übersetzer lernt man eine Dichtung ziemlich genau kennen. Zugleich lernt man aber auch die Schwierigkeiten kennen, die sie der Vermittlung an das Publikum von heute bietet.

In den letzten Jahren hatte ich vor allem Shakespearedramen übersetzt, zuletzt *Antonius und Cleopatra.* Shakespeare ist, verglichen mit Euripides, fast unser Zeitgenosse. Eine auch uns noch vertraute Religion wird Gegenstand des Glaubens und des Zweifels, und eine ungebrochene Linie führt von seinem London zum London von heute, von seinen Bürgern und Gestalten aus dem Volk zu ihren Nachkommen zehn oder zwölf Generationen später. Unser historisches Einfühlungsvermögen läßt sich zur Not durch quantitative Verschiebungen, durch Akzentverlagerung an Vorgängen und Objekten unterstützen, die wir auch heute noch wahrnehmen können. *Die Bacchantinnen* des Euripides können wir so auch nicht annähernd verstehen. Schon die Probleme der sprachlichen Vermittlung sind andere, ebenso die der gedanklichen und emotionellen Anspielungen.

Beim Übersetzen Shakespeares kann vielleicht noch die Frage aufkommen, in welches Deutsch man sein Englisch übersetzt, in das seiner Zeit (was ist das? das Deutsch des Entstehungsjahres eines Shakespearedramas oder das Deutsch der entsprechenden Kulturepoche, wenn es eine solche Entsprechung gibt?) oder in die Sprache von heute? Auch das ist freilich eine Alternative. Das Deutsch um 1600 wäre zu schwer verständlich, modernes Deutsch wieder hätte zivilisationsgeschichtliche Voraussetzungen, die den Shakespearedramen fremd sind. Eine ideale Lösung gibt es nicht (gibt es beim Übersetzen überhaupt nicht), aber die bestmögliche Annäherung erzielen wir vielleicht, wenn wir Worte und gängige Redensarten, die erst seit Beginn des Industriezeitalters aufgekommen sind, vermeiden, ebenso aber alte Worte, die heute verstaubt wirken, außer wo eine Figur verstaubte Worte gebrauchen soll, etwa als Wahrer veralteter Traditionen.

Beim Übersetzen des Euripides fällt die Frage nach dem Deutsch seiner Zeit natürlich weg. Auch eine grundsätzlich altertümelnde Sprache könnte nur irritieren. Andererseits lassen sich die Überlegungen eines Stadtkönigs von Theben oder eines Apollopriesters Teiresias, der nun auch dem neuen Dionysoskult aufgeschlossen ist, nicht in modernes Deutsch übersetzen, ohne als Parodie zu wirken. Der bestmögliche Ausweg liegt auch hier im Verzicht auf *moderne* Redensarten und Worte, so daß eine klare, von den Inhalten her manchmal als alt – aber nicht veraltet – anmutende Sprache entsteht. Erleichtert wird dem Übersetzer die Aufgabe dadurch, daß Euripides kein naturalistisches Drama, sondern ein stilisiertes Versdrama geschrieben hat. Dennoch gibt es sehr verschiedene Sprachebenen. Die polemischen Dialoge des Pentheus und des Dionysos sind realistischer Spiegelung der Umgangssprache weit näher als das Gespräch des Kadmos mit seiner Tochter Agave oder gar als die Chöre. Dabei müssen nicht immer die Alten die Altmodischen sein. Der junge Pentheus, der sich als Ordnungshüter versteht und empört–lüsterne Vermutungen über das Treiben der Mänaden anstellt, verfällt starren Begriffen von Zucht und Sitte, was sich in seiner Redensweise äußert. Kadmos, der wirklich Alte, ist vergleichsweise moderner.

Man muß sich auch davor hüten, etwas aus der leichten Selbstironie, mit der Teiresias und Kadmos gelegentlich miteinander von ihrem Alter sprechen, zu schließen, die beiden seien von Euripides als Mummelgreise aufgefaßt. Zu seiner Zeit, wie in jeder Epoche, in der nicht rasche Änderungen der Technik die Alten in Gefahr bringen „den Anschluß zu verlieren", ist Alter fast gleichbedeutend mit Weisheit. Athens *Gerusia* ebenso wie Roms *Senat* heißt Rat der Alten. Seine Vitalität beweist Kadmos schon dadurch, daß er, gerade aus den Bergen in die Stadt zurückgekommen, vom Tod seines Enkels hört und sofort in die Berge zurückkehrt, die Teile des zerissenen Leichnams sammelt und mit ihnen wieder nach Theben zurückkommt, fast zugleich mit Agave.

Darüber hinaus freilich enthält der Text Anspielungen, die für uns zunächst oft nicht verständlich sind, von denen sicher auch Fachgelehrte viele gar nicht bemerken, namentlich da sprachliche und inhaltliche Anspielungen ineinandergreifen, und die wir in anderen Fällen nur vermuten, aber nicht mit Sicherheit feststellen können. Ich glaube z.B., daß im Gespräch des Kadmos mit Teiresias, als sie sich eben, Dionysos zu Ehren, in seine Tierfelle hüllen wollen und ein wenig über ihr Alter spotten, die leichte Komik dieser Szene unter anderem als Anspielung auf den grotesken Tanz im Bocksfell zu verstehen ist, der als Teil des Dionysoskults am Anfang der griechischen Tragödie steht und ihr auch den Namen gibt (Tragödie = Bocksgesang oder Bocksopfergesang). Beweisen aber läßt sich diese Anspielung nicht. Daß hingegen Pentheus durch die List des strafenden Gottes buchstäblich zum Opfer*tier* wird, bedarf keines Beweises. Sprachlich interessant ist der Bericht der Agave, die noch in mänadischer Verzückung über den Tod des Tieres – ihres Sohnes – berichtet. Wenn sie auch verblendet sagt „Denn Großes, Großes wurde / weithin sichtbar, durch diese Jagd vollbracht", so sind ihre Worte ihr von Dionysos so eingegeben, daß sie durchaus wahr sind, freilich eine andere, entsetzliche Wahrheit enthalten als die, die Agave auszusprechen glaubt. Ähnlich ist auch des Dionysos Gespräch mit Pentheus, den er schon verblendet hat, voll von Anspielungen und Weissagungen, die wie bei Agaves Worten, zwar nicht Pentheus, wohl aber der Zuschauer versteht.

Timo Günther

‚Fabula docet' oder: Was Rhetorik *nicht* lehrt

Über einige Aspekte von Erich Frieds Antike- und Rhetorikrezeption

Erich Fried gehört vermutlich nicht zu den Autoren, die einem als erste in den Sinn kommen, wenn das Thema „Antikerezeption in der deutschsprachigen Gegenwartsliteratur" behandelt werden soll. Es will nicht recht in das Bild eines Lyrikers passen, der stets ein ausgeprägtes Interesse für das politische Tagesgeschehen zeigte und von sich selbst sagte, er sei „geradezu berüchtigt als Verfasser vieler sogenannter ‚engagierter' Gedichte",[1] daß er sich intensiv und über Jahre hinweg mit Themen der antiken Geschichte oder des antiken Mythos beschäftigt haben könnte, die unter der skizzierten Perspektive bestenfalls als zeitlos, schlimmstenfalls als unaktuell erscheinen müssen.

Im Verhältnis zur gesamten Produktion von etwa zehntausend Gedichten, die Fried in ca. fünfzig Jahren von 1939 bis zu seinem Tod 1988 veröffentlicht hat, mag das rund eine Prozent, das sich mit antiken Stoffen beschäftigt oder einzelne Aspekte, Mythen und Figuren zitiert, zunächst zwar gering erscheinen; absolut betrachtet ist die Zahl von 100 Titeln aber doch beachtlich und gewinnt vor allem dadurch an Gewicht, daß Frieds sichtbare Auseinandersetzung mit der Antike zu den roten Fäden zählt, die sich vom Beginn seiner schriftstellerischen Tätigkeit bis zu seinen letzten Texten durch alle Phasen seiner Entwicklung, auch der Prosa, zieht.[2] Ferner muß daran erinnert werden, daß

1 Fried (1995) 34. Als bekanntestes Beispiel sind hier seine Gedichte gegen den Vietnam-Krieg zu nennen (*und Vietnam und* [1, 361-400]). Frieds Gedichte und Prosa werden, soweit nicht anders vermerkt, nach der Ausgabe Fried (1993) mit Band- und Seitenzahl zitiert.

2 Die Titel können über die Homepage des Projekts „Antikerezeption" eingesehen werden: http://userpage.fu-berlin.de/~antikewa/. Geboren 1921 in Wien, lernte er als Viereinhalbjähriger lesen, schreiben ein gutes Jahr später (Kaukoreit 1991, 23). Im Alter von kaum sieben Jahren verfaßte er Gedichte und besuchte später das humanistische Wiener Wasa-Gymnasium (4, 542; vgl. 4, 553). Er war ein Vorzeigeschüler, von dem einer seiner Lehrer schon 1933 sagte, es sei klar, daß Fried

sich Fried mit der *Lysistrate* des Aristophanes und *Die Bacchantinnen* des Euripides auch an Übertragungen von Dramen wagte. Dehnt man den Begriff „Antikerezeption" über das pagane Griechenland und Rom hinaus auf biblische Stoffe aus, mit denen er sich ebenfalls zeitlebens beschäftigt hat, so vermehrt sich die Zahl nachweislicher Bezüge erheblich. Ein Buch über „Erich Fried und die Antike" muß, wie jüngst Markus Janka feststellte, erst noch geschrieben werden; und nichts verrät die Dringlichkeit dieses Desiderats mehr als der Umstand, daß derselbe Autor meint, Fried habe nur wenige Gedichte geschrieben, die sich mit antiker Mythologie beschäftigen.[3]

Themen und Motive von Frieds Antikerezeption erscheinen zunächst als recht bunt. Auffällig häufig finden sich Gedichte, die Unterweltsmythen zitieren, wie beispielsweise in *Botschaft Charon* (1, 534) den Fährmann, der die Seelen der Toten über den Fluß Lethe geleitet. Unter den mythologischen Figuren ist es Odysseus und seine Abenteuer, die Fried immer wieder verarbeitet (z. B. *Auf der Heimfahrt nach Ithaka* [3, 97]), bei historischen Persönlichkeiten gilt ein starkes Interesse Cäsar und Nero (etwa *Klage um eine Klage* [3, 587ff.], *Antike Großstadtschnauze* [2, 77]). Eine Besonderheit sind Frieds Gedichte, die sich mit Themen der Grammatik oder Etymologie beschäftigen und dabei öfters auf die alten Sprachen zurückgreifen; in *Der Querulant* (1, 434) leitet er den titelgebenden Begriff von dem lateinischen „quaerens" („fragend", von „quaerere") her, um dann mit den Worten zu spielen. Als vermuteter roter Faden durch die scheinbare Beliebigkeit der Themen zieht sich ein Rezeptionsinteresse, das Fried gegenüber anderen deutschsprachigen Autoren unterscheidet und mit den äußeren Umständen seiner Rezeption in Zusammenhang steht. Während einerseits die griechischen und lateinischen Stoffe den unter dem Druck eines totalitären DDR-Staates arbeitenden Schriftstellern oft als Vehikel politischer Inhalte dienten, sahen sich andererseits die Autoren der Bundesrepublik infolge des unter den Nationalsozialisten betriebenen Mißbrauchs des Mythos mit einem „politisch motivierten Mythos-Verbot"[4] konfrontiert. Es ist vermutlich Frieds besonderer biographischer Situation geschuldet, daß er sich weder sonderlich für die politische Instrumentalisierung des Mythos begeistern ließ noch sich mit dem auf ihm lastenden Bannfluch auseinandersetzen muß-

---

Schriftsteller werden würde; in seinem Abgangszeugnis aus dem Jahr 1938 bekam er in den Fächern griechische und lateinische Sprache jeweils die Note „genügend" (Lampe 1989, 16, 62, 60). Frieds Werk ist wenig erschlossen, motivische Kontinuitätsstränge wurden bisher kaum beachtet (Kaukoreit 1991, 17); das gilt im besonderen auch für die Antike-Bezüge.

3 Janka (2000) 581, 598.

4 Bohrer (1983) 10.

te. 1938 floh er im Alter von 17 Jahren nach dem Einmarsch der Nationalsozialisten in Österreich von Wien nach London und machte nach dem Ende des Kriegs das Exil zu seiner Wahlheimat. Im Unterschied zu ost- und westdeutschen Autoren lebte er in Großbritannien in einem geistigen Klima, in dem sich seit der Mitte des 19. Jahrhunderts durch die Arbeiten der Altertumswissenschaftlerin Jane Ellen Harrison und der sogenannten „Cambridge Ritualists" zunehmend ein ethnologisches und anthropologisches Interesse an der Antike durchgesetzt hatte, das vor allem in Deutschland lange Zeit „mit Anathema belegt" war und bis heute nicht wirklich Fuß fassen konnte.[5] Frieds Beschäftigung mit der Antike gilt vorzugsweise eben diesen anthropologischen Aspekten. Der Zugang hierzu eröffnete sich ihm durch die Lektüre der Dichtungen und Studien Robert von Ranke-Graves', die er möglicherweise schon 1947 kennenlernte, ferner, ungefähr ab 1950, durch James George Frazers *The Golden Bough*, der dem Umkreis der Cambridger Schule entstammt.[6] Volker Kaukoreit hat mehrfach auf die Transformationen hingewiesen, die die aus Ranke-Graves und Frazer geschöpften Anregungen bei Fried durchlaufen. So erschließt sich das Verständnis des Gedichts *Fiesta de Toros* (1, 574f.), das von einem Stierkampf handelt und in dem eher beiläufig von „alten Riten" gesprochen wird, in seiner vollen Tragweite erst nach der Lektüre des „Dionysos"-Kapitels aus Frazers *The Golden Bough*, das antike Riten behandelt, die Fried dann in seinem Gedicht verarbeitete. Ein weiteres Beispiel bietet *Mondbann* (1, 535), an dem sich zeigen läßt, „in welchem Maß Fried die Thesen Graves' für sich annahm";[7] auch in diesen Versen ist ein evidenter Bezug zur Antike zunächst kaum erkennbar. Von Ranke-Graves' Buch *The White Goddess* (1948) schreibt Fried im Jahr 1952, daß es „vielleicht der größtangelegte Versuch unserer Zeit [ist], das Wesen der Dichtung zu lehren."[8] Sein Interesse am Mythos geht weit über einen bloß pragmatischen Stoffbezug hinaus und entdeckt „hinter dem ‚alltäglichen' oder ‚problemlosen' Handeln (...) alte Gesetze (...), die das scheinbar Einfache zu einem komplexen Ganzen machen".[9]

Die folgenden Ausführungen widmen sich einem Teilaspekt von Frieds Zugang zur Antike. Am Beispiel einer Fabel und einiger Gedichte soll sein Ver-

---

5 Schlesier (1994) 315f.

6 Kaukoreit (1991) 272f., 211.

7 Kaukoreit (1991) 356.

8 Zitiert nach Kaukoreit (1991) 355.

9 Kaukoreit (1991) 354. Frieds anthropologischer Zugang wurde beispielsweise auch durch seine Bekanntschaft mit Elias Canetti gefördert, dessen *Masse und Macht* selbst zu den großen Entwürfen auf diesem Gebiet zählt.

hältnis zur Rhetorik näher untersucht werden. Schon in den sechziger Jahren wurden die „Eigenarten des ‚Wörtlichnehmens' und der rhetorischen Figuralität in Frieds Lyrik" bemerkt und immer wieder thematisiert, heute ist die Rede von der „Versöhnung von Rhetorik und Poesie" bei Fried gängige Forschungsmeinung.[10] Nicht immer ist mit dieser Charakterisierung ein positives Werturteil verbunden. Der Geniekult der Weimarer Klassik hat die Verbindung von Beredsamkeit und Dichtung bis auf heutige Tage diskreditiert und ihr den pejorativen Beigeschmack des Gewollten und Gekünstelten angehängt. Im Streit der Meinungen über Eigenart und Stellenwert von Frieds Rhetorik soll daher untersucht werden, wie sie sich zu seinem von Anthropologie und Ethnologie geprägten Dichtungsverständnis verhält, um so zu einem differenzierten Verständnis dieses Aspekts seiner Schriften zu führen.

I

„Es gehört zur Rhetorik, daß sie für den klugen Kopf durchschaubar ist, und das vor allem mindert ihr Ansehen bei allen, die einen haben." So Hannelore Schlaffer über Erich Frieds Lyrik.[11] Nicht immer ist der Kopf als Metapher das bevorzugte Organ der Rhetorik. Die Quelle rednerischen Wirkens einer anderen, weniger intellektuell als affektbetonten Rhetorik läßt sich metaphorisch angemessener im „Herzen" lokalisieren, wie sie auch beim Adressaten vornehmlich auf dieses zielt. Das hat Folgen für die Durchschaubarkeit. Während die eher diskursiv orientierte Theorie der Redekunst die Prämissen ihrer Argumentation einsichtig halten will und insofern eine Angelegenheit des „Kopfes", der Überlegung und des Verstandes ist, glaubt die rednerische Praxis des „Herzens" in der Unmittelbarkeit des Gefühls immer schon die Sache selbst zusammen mit dem adäquaten verbalen Ausdruck zu besitzen. So mag zwar, wie Pascal sagt,[12] auch das Herz seine Gründe haben, doch sowohl Neigung als auch, wie vermutet werden darf, Befähigung, diese seinem Gegenüber offenzulegen, steht zur emotiven Gewichtung derselben meist in keinem ausgewogenen Verhältnis. Wie das Herz den eindringlichen Blicken der Mitmenschen weniger ausgesetzt ist als der Kopf, so verbirgt es ihnen auch seine Motive in der Regel beinahe ebenso vollständig, als es im Dunkel der Brust verschlos-

10 Kaukoreit (1991) 18; Bormann (1986); Barner (1994) 436, 449, 849.

11 Schlaffer (1996) 678.

12 Pascal (1978) 141f.

sen liegt. Die Unmittelbarkeit des vom Herzen bezeugten Gefühls soll an sich schon für den Richtigkeits- und Wahrheitsgehalt der artikulierten Sache bürgen. Solch eine Rhetorik bleibt auch für den klugen Kopf in ihren kardiovaskulären Verästelungen oft einigermaßen undurchsichtig, zumal wenn sie sich, wie in den meisten Arbeiten Frieds, nicht in ihrer angestammten Weise, nämlich als Prosa, sondern vorwiegend als Lyrik artikuliert. Zwar besteht Einigkeit darüber, daß Frieds Gedichte „allein aus dem Geist der Redekunst verfaßt und zu bewerten seien";[13] doch wie dieser Geist selbst verfaßt ist und ob er nicht vielleicht engere Verbindungen zum Herzen als zum Kopf unterhält, darüber ist bisher noch wenig gesagt worden.[14]

Die psychagogisch orientierte „Rhetorik des Herzens", wie ich sie fortan nennen will und die, soviel sei vorweg gesagt, diejenige Frieds ist, steht im Gegensatz zu einer Rhetorik, die sich mit den Stichworten „Diskursivität" und „Wohlberatenheit" beschreiben läßt. In einer zwar groben, für den Kern der folgenden Ausführungen aber angemessenen Unterscheidung lassen sich die historischen Ursprünge dieser beiden Formen durch den Gegensatz zwischen der Rhetorik der Sophisten Gorgias und Protagoras charakterisieren.

Erich Fried hat unter dem Titel *Nicht Fisch, nicht Fleisch* (4, 481-485) eine Fabel veröffentlicht, in deren Zentrum Protagoras und der sogenannte „Homomensura-Satz" stehen,[15] demzufolge der Mensch das Maß aller Dinge ist, der seienden, daß sie sind, der nicht seienden, daß sie nicht sind.[16] Die oft vertretene Annahme, Protagoras gehe es mit dieser Aussage darum, einem grenzenlosen Werte- oder Erkenntnisrelativismus Bahn zu brechen, trifft nicht deren Kern, vielmehr liegt dem Sophisten daran, die Aufmerksamkeit wegzuwenden

> von dem, woran wir sowieso nichts ändern können, und statt dessen dem zuzuwenden, was bei uns steht. Solch ein Vorhaben aber schlägt eine doppelt gerichtete Strategie ein, deren erster Zug zur Einsicht in die Unabänderlichkeit der Phänomene führt, während im zweiten die anthropologische Variabilität als alleinige Zielscheibe aller logischen und rednerischen Fähigkeiten um so mehr bewußt gemacht wird.[17]

Während die naturphilosophisch orientierten Denker unter den Vorsokratikern auf der Suche nach den Ursprüngen des Kosmos und des Seienden waren, rich-

---

13 Schlaffer (1996) 676.

14 Die Arbeit von Bormann (1986) betrachtet vornehmlich die im engeren Sinne technisch-kompositorische Seite von Frieds Lyrik, die hier mehr am Rande interessieren soll.

15 Zur Fabel knapp Schmidt-Dengler (1986) 55.

16 Platon *Theaitetos* 152a.

17 Buchheim (2000) 114.

tete Protagoras den Blick von den ontologischen Grundlagen, den sogenannten *archaí*, über die sich keine Gewißheit erlangen läßt, auf das, was in der Verfügungsmacht des Menschen steht: „Das Lehrziel heißt Wohlberatenheit *(euboulía)* in privaten Belangen: wie jemand am besten sein Haus verwaltet, und in solchen des Gemeinwesens: wie er bei politischen Angelegenheiten am mächtigsten sei im Handeln und Reden.“[18] Vom Homo-mensura-Satz, der anstelle der unveränderlichen *archaí* der Natur den variablen *lógos* des Menschen ins Zentrum des Interesses rückt, sowie der auf ihm beruhenden Lehre von der Wohlberatenheit, die ein diskursives, abwägendes Für und Wider des Argumentierens fordert, läßt sich daher zu Recht behaupten, daß er „das anthropologische Fundament der alteuropäischen Rhetorik war.“[19]

Fried entzieht diesem Fundament den Boden. Seine Fabel erzählt, wie Protagoras auf einer Seereise von Athen nach Sizilien, wohin er wegen einer auf Gotteslästerung lautenden Anklage fliehen will, während eines Sturms, der das Schiff zum Kentern bringt, in den Fluten untergeht und ertrinkt. Soweit der vielleicht historische, bei Diogenes Laertios (9, 55) belegte Hintergrund; im Untergehen ruft der Sophist – hier nimmt Fried den Faden auf und spinnt das Faktum zur Fabel –, „als er von den Wogen wie ein Stück Treibholz hin und her geworfen, zum letzten Mal lebend an die Oberfläche kam, die Worte aus: ‚Das Unmaß aller Dinge!‘ Dann schlug ihm eine gischtgekrönte Woge in den Mund, und er sagte nichts mehr.“ (482)

Das, „woran wir sowieso nichts ändern können“, kann oft das für uns Ausschlaggebende, Entscheidende, Lebenswichtige sein. Angesichts der Gewalt der Elemente, denen Protagoras ausgeliefert ist, erfährt der Leitsatz seiner Philosophie eine abschließende und unerwartete Einschränkung: die Grenze nämlich, die ihm mit der körperlichen Unversehrtheit als Bedingung seiner Artikulation gezogen wird. Die Form einer letzten Wahrheit, die der Satz vom Menschen als Maß aller Dinge bei Protagoras hatte, wird bei Fried in der Probe auf ihre Gültigkeit falsifiziert. Mag er auch das Maß aller Dinge sein – die Natur stellt dem Menschen ihr eigenes Maß entgegen, das gegenüber dem menschlichen gleichgültig bleibt, vielmehr dessen anthropozentrische Anmaßung offenbart. Nicht über jedes Ding gibt es, wie Protagoras behauptete, „zwei Reden, die einander zuwiderlaufen“.[20] Gegenüber dem Sophisten behalten die Fluten das letzte, ausschließliche und unwidersprochene Wort. Das Meer ist die These, die keine Antithese zuläßt; es ist die absolute Grenze, die via negativa den Homo-

18 Platon *Protagoras* 318e–319a (Übers. Th. Buchheim).

19 Bornscheuer (2000) 103; vgl. Buchheim (2000) 117; Gomperz (1965) 258.

20 Fr. 74 B 6a; vgl. A 20 Diels-Kranz.

mensura-Satz widerlegt, indem es dem Bereich des Menschlichen ein ihm äußerliches, nicht menschliches Maß auflegt. Protagoras mochte behaupten, er könne den schwächeren Logos zum stärkeren machen;[21] den Menschen macht er damit gegenüber dem, was jenseits dieses Logos steht, nicht stärker. Das letzte Wort, welches das Meer dem Sophisten läßt, ist der Widerruf. Die Gischt raubt ihm die Sprache: das stolze Medium seiner Begabung und Profession.

Frieds Fabel beginnt recht eigentlich erst nach diesem Ende des Sophisten. Er gibt sie als Schilderung aus, die durch Generationen von Delphinen über zweieinhalb Jahrtausende hinweg überliefert und dem Ich-Erzähler durch einen von ihnen mitgeteilt wurde: Der Urahn, der bei dem Untergang zugegen war, verfällt über den Satz des Philosophen in tiefes Nachdenken und ruft augenblicklich seine Artgenossen herbei; diese geraten alsbald in einen lebhaften und tiefsinnigen Meinungsstreit.

> Natürlich wußten sie als Meeresbewohner der großgriechischen Gewässer alle ganz genau, daß Protagoras in Sizilien und Athen verkündet hatte, der Mensch sei das Maß aller Dinge, der seienden, daß sie sind, der nichtseienden, daß sie nicht sind. Unter einigen Delphinen war deshalb sogar schon vor einiger Zeit ein heftiger Disput ausgebrochen, wie denn irgendwer, ob Mensch oder Delphin, das Maß der nichtseienden Dinge sein könne. Sie hatten schließlich diesen Teil des Lehrsatzes als allzumenschlich dahinschwimmen lassen. Nun aber schien den Delphinen zwischen dem ganzen Lehrsatz und den allerneusten Worten des Protagoras ein Abgrund zu klaffen, tiefer als der Abgrund des tobenden Meeres, der den greisen Philosophen soeben mehrmals verschlungen und wieder ausgespien hatte. (482)

Die Bedeutung der letzten Worte des Schiffbrüchigen bleibt den Säugern jedoch unklar; man diskutiert das pro et contra und verliert sich in subtilen Erklärungsversuchen. Während die älteren sprechen, wendet ein junger Delphin ein, ob es nicht sein könne, daß Protagoras,

> „auf das Eindrücklichste konfrontiert von den übermächtigen Elementen, zuletzt doch noch eingesehen hat, daß der Mensch nicht das Maß aller Dinge sei, eine Funktion, die doch viel eher uns Delphinen zusteht?" Er fand aber nicht viel Zustimmung, erstens weil nach Erfahrung der Delphine Menschen, wenn sie erst einmal zu ihrer vollen Länge ausgewachsen sind, durch Erfahrung nicht mehr belehrbar seien, zweitens aber wurde dem jungen Delphin auch seine delphinozentrische Auffassung vom Maß aller Dinge verübelt. Er tue sogar dem Protagoras Unrecht, denn dieser habe nie gemeint, daß wirklich alle Dinge nach dem Maßstab des Menschen geformt seien, sondern einzig und allein, daß der Mensch sie nur nach seinem eigenen Maß begreifen könne. Schon deshalb

21 Fr. 74 A 25 Diels-Kranz.

> könne das Ungestüm der Elemente den Protagoras keinesfalls zu einem Widerruf veranlaßt haben. (483)

Die Diskussion ufert weiter aus, mündet in Spitzfindigkeiten und Spekulationen, bis schließlich einer darauf aufmerksam macht, Protagoras habe doch nur einen fragmentarischen Satz von sich gegeben, seine letzten Worte müßten daher unverständlich bleiben, aber man könne ihn ja selbst fragen, wenn man ihn jetzt rette, was doch „zu den besten Traditionen der Delphinität gezählt werde“. Für diesen Vorschlag erntet er lebhafte Zustimmung, doch als sie bei dem Sophisten angekommen sind, ist dieser bereits ertrunken. Sie machen einander schwere Vorwürfe, „über ihrem Philosophieren die Zeit zum Handeln versäumt“ (484) zu haben, und geraten darüber erneut in Diskussionen, wer denn die Schuld an dem Versäumnis trage.

> Sie übten dann zwar Selbstkritik, fanden aber ihren Fehler leicht verständlich, daher auch verzeihlich: Es sei eben so gewesen, daß die von den letzten Worten des Protagoras in ihnen ausgelösten Gedanken sich auf Grund ihrer wirklichen Wichtigkeit ihrer aller mit solcher Gewalt und Heftigkeit bemächtigt hatten, daß sie dadurch vorübergehend zum Verzicht auf praktische Betätigung verleitet worden seien. Der Ansturm der von Protagoras in ihnen ausgelösten Gedanken sei es gewesen, der sie gehindert habe, ihn rechtzeitig vor dem Ansturm der durch den Meeressturm ausgelösten Fluten zu retten. (...) Im Grunde sei ihnen eben doch nur der Delphin das Maß aller Dinge. (484)

Die Welt auf den Kopf zu stellen, um sie in Umkehrung und Rollentausch auf neue Weise sehen zu lehren, ist das Vorrecht und die Eigentümlichkeit der Fabel. Die Tierfabel lebt von den verschiedenen, einzelnen Gattungen zugeschriebenen Charaktereigenschaften. Delphine gelten allgemein als besonders intelligent, und diese Eigenschaft ist es, auf die sich Frieds Interesse richtet.

Die Delphine in Frieds Erzählung benehmen sich ganz so, als seien sie direkte Schüler des Protagoras. Sie haben eine ausgesprochene Neigung zum Disputieren, wägen Gründe und Gegengründe ab und bezeugen ihre rhetorische Versiertheit, indem sie die Weisheit des Sophisten bis in kleinste Bedeutungsnuancen argumentierend verfolgen. Wie der Homo-mensura-Satz das Fundament zur alteuropäischen Rhetorik legte, so leistet das Axiom vom „Delphin als Maß aller Dinge“ die Grundlegung zur oratorischen Gewandtheit der Säuger. Während die antike Literatur von zahlreichen Sagen weiß, in denen Schiffbrüchige von Delphinen gerettet wurden und die Fabel selbst diese Tatsache erwähnt,[22] verhalten sich Frieds Delphine ganz anders. Ihre instinktmäßige

22 Die wohl bekannteste dieser Geschichten, die Rettung des Lyrikers Arion von Methymna, greift Fried in *Vision im Golf von Bakbo* (1, 381) auf.

Prädisposition ist ihnen abhanden gekommen; an ihre Stelle ist der Trieb zum Wissen getreten. Nicht die Notwendigkeit der Hilfestellung in einer gefährlichen Situation und der spontane Impuls zur Rettung geben hier die Maxime des Handelns vor, sondern das selbstvergessene Eigeninteresse an der drängenden Neugierde, was denn Protagoras mit seinem Satz gemeint haben könnte. Die Delphine zeigen sich in ihrem Disput in gleicher Weise auf sich fixiert, wie es der Mensch selbst gemäß dem Homo-mensura-Satz ist. Nicht daß sie über keine instinktmäßige Ausstattung mehr verfügten, sondern daß diese ersetzt ist durch einen Bildungsimpuls, der das der Situation und ihrer Gattung Angemessene verfehlt, zeigt, wie weit sie sich von ihrer angestammten „Delphinität" entfernt haben. Sie erliegen dem „Ansturm der von Protagoras in ihnen ausgelösten Gedanken" in gleicher Weise als einer naturhaften Übermacht wie dieser den Wellen.

Das Mängelwesen Mensch, das „nicht festgestellte Tier" (Nietzsche), kompensiert das Fehlen einer instinktmäßigen Ausstattung nach antiker Auffassung durch die Kulturtechnik der *Rhetorik*. Seine Begabung zur Sprache, die er den Tieren voraushat, sichert ihm als gemeinschaftstiftendes Merkmal das Überleben in der Natur, die nicht für ihn und für die er nicht eingerichtet ist.[23] Die Fabel zeigt, daß ein Unmaß, ein Übermaß an Rhetorik ihn schließlich der *Natur*, von der er sich immer weiter entfernt hat, als eines Korrektivs menschlicher Selbstvergessenheit und anmaßender Allmachtsphantasien bedürftig macht; sie ist es, die ihm ein anderes als bloß selbstreferentielles Maß an die Hand gibt. Für die Delphine steht diese Lektion noch aus. Intelligenz, Wißbegier, Neigung zum Disput: Das alles erweist sich in der Fabel, überspitzt formuliert, für Fried als Hemmnis lebenspraktischer Daseinsbewältigung. Der Kopf ist den Säugern über das Herz gewachsen.

„Das Unmaß aller Dinge!" Der Sinn dieser letzten Worte des Protagoras bleibt zwar unklar, deutlich wird dagegen die Moral der Fabel. Ob das Unmaß ein „Übermaß" oder ein „Nicht-Maß" bedeutet, ob mit ihm die Gewalt der Natur gemeint ist, ob nicht der Mensch selber als Unmaß angesprochen wird und wie der Genitiv „aller Dinge" zu verstehen ist: Wollte man diese Fragen im einzelnen klären, so ließen sich gewiß neben den von den Delphinen erwogenen Deutungen noch etliche weitere anfügen, ohne daß eine abschließende und eindeutige Interpretation in Aussicht wäre. Entscheidend ist, daß es mit der „Wohlberatenheit" des Protagoras im Augenblick höchster Not nichts ist, und daß die „Wohlberatenheit" der Delphine eine Nichtigkeit ist gemessen an dem Instinktverlust, der den Philosophen um die erwartete Rettung und die

23 So der Prometheus-Mythos in Platons *Protagoras* 320c-322e. Vgl. Cicero *De Inventione* 1, 2, 2.

Tiere selbst um die erhoffte Erläuterung bringt. Die Rhetorik hat auf ganzer Linie versagt. Das ist das „fabula docet". Wohlberaten ist, wer auf *sie*, nicht wer auf „praktische Betätigung" verzichtet.

Ich neige im übrigen zu der schon oben vertretenen Deutung, daß das „Fragment" einen Widerruf formuliert, der dem Philosophen von der Gewalt der Elemente aufgezwungen wird. Dafür spricht, daß diese Ansicht auch von dem jungen, unverbildeten und offenbar einzig instinktsicheren Delphin vertreten wird, der mit seiner „delphinozentrischen" Anschauung der Streitfrage am Ende der Fabel ebenfalls recht behält. Er versteht unmittelbar, was die Älteren nur mittels Erläuterungen begreifen könnten. Die letzten Worte des berühmten Pädagogen waren, wie Fried den Ich-Erzähler sagen läßt, „sicher nicht ad usum Delphini gemeint" (482). Die Phrase ruft, über das offensichtliche Wortspiel hinaus, die Praxis in Erinnerung, Ausgaben antiker Klassikertexte, die zum Unterricht des Dauphins, des französischen Thronfolgers, bestimmt waren, in moralischer und politischer Hinsicht zu reinigen und zu kommentieren. Gerade der Mangel an Kommentierung ist es jedoch, der Protagoras in der Fabel zum Verhängnis wird. Die schlichte Tatsache, daß die Elemente stärker sind als der Philosoph, können und wollen die älteren unter den Delphinen nicht begreifen; die Erfahrungsresistenz ausgewachsener Menschen ebenso wie die älterer Delphine wird vor der spontanen Einsichtsfähigkeit des jungen nur um so deutlicher.[24] Daß „das Ungestüm der Elemente den Protagoras keinesfalls zu einem Widerruf veranlaßt haben" könne, ist, noch bevor diese Einsicht nach dem Ertrinken des Philosophen auch den Senioren offenbar wird, schon hier delphinozentrisch gedacht. Die Naturgewalten des Meeres als das dem Menschen gänzlich Inkommensurable anzusehen, will den Tieren zunächst nicht einleuchten, da doch die See das ihren *eigenen* Lebensbedingungen gemäße Element ist und daher, so meinen sie wohl, auch anderen unmöglich schaden könne. Während in ihren Diskussionen um die Worte des Protagoras alle übrigen Punkte strittig sind, soll ausgerechnet dieser eine jeder Zweideutigkeit enthoben sein! „Wir müssen bemerken", schreibt nüchtern Montaigne, „daß jedem Geschöpf nichts lieber und werter ist als sein Wesen (der Löwe, der Adler, der Delphin schätzen nichts höher als ihre Gattung), und daß ein jedes die Eigenschaft aller andern Dinge nach seiner eigenen mißt."[25] Erst später, als Protagoras bereits ertrunken ist, räumen die Tiere die geringe Widerstandskraft der Menschen gegenüber den Meeresfluten ein, die „ihnen zwar bekannt, aber doch nicht so in Fleisch und Blut übergegangen sei, daß

24 Er „prustete" seine Gedanken heraus (483).

25 Montaigne (1985) 452 (2, 12).

der Anblick eines im Wasser treibenden Menschen augenblicklich eine Reflexreaktion in ihnen ausgelöst hätte". (484) Einen Reflex zur Rettung löst der Anblick nicht aus, wohl aber einen zum Disput.

Nicht Fisch, nicht Fleisch – der Delphin als der „nicht festgestellte Mensch": Wie der Mensch im Prometheus-Mythos des Protagoras zwischen Tier und Gott steht,[26] so der Delphin (als Säugetier) zwischen Fisch und Mensch. Was aus dem „Zwischen-" und „Mängelwesen Delphin" wird, das sich der diskursiven Rhetorik überläßt, zeigt der Anfang der Fabel, der das Ende der Wohlberatenheit markiert: Im Dienst der Amerikaner verdingen sie sich, ihre Sprache wurde „zum militärischen Geheimnis der Vereinigten Staaten erhoben oder herabgewürdigt" (481); erhoben, weil darin die denkbar größte Anerkennung ihrer Intelligenz liegt, herabgewürdigt, weil diese Intelligenz nicht nur nicht mehr zur Rettung, sondern nun sogar zum Schaden anderer dient.

Einzig die Bösen bewahren in der Fabel Instinktsicherheit und bleiben so die Profiteure. Am Ende aller ihrer Diskussionen um die Bedeutung der letzten Worte des Protagoras und der Frage nach der Schuld an seinem Tod werden sich die Delphine einig „und begnügten sich damit, den zwei oder drei Haifischen, die sich mittlerweile ebenfalls eingefunden hatten und nun mit blutigen Mäulern davonschwammen, ihre ernstliche Mißbilligung ob ihrer pietätlosen Gefräßigkeit nachzurufen." (485)

II

Am Beispiel der Fabel zeigt sich, daß Fried gegenüber einer Charakterisierung seiner selbst als „Rhetoriker" und seiner Lyrik als „Redekunst" skeptisch gewesen sein dürfte. Ein großes Mißtrauen an der Sprache wird offenbar, ein Argwohn gegenüber einer Argumentationslust, die vom Wesentlichen abhält und unter Sinnlosigkeitsverdacht gestellt wird. Die Delphine halten ihren Fehler, der zum Tod des Philosophen führt, für verzeihlich, weil er *verständlich* sei, nicht etwa für unverzeihlich, weil ihr Trieb zum Verstehen sie von „praktischer Betätigung", tätiger Nächstenliebe abhielt. Das ist das Signum der „Rhetorik des Kopfes", die es vermag, den schwächeren Logos zum stärkeren zu machen. Die Fabel lehrt, was philosophische Redseligkeit nach Art des Protagoras nicht lehrt: den Blick aufs Wesentliche zu bewahren, das in Taten, nicht in Worten liegt.

Die Protagoreische Rhetorik der „Wohlberatenheit" entwirft ein intellektuelles Konzept im Vertrauen darauf, daß sich im abwägenden Argumentieren das

26 S. o. Anm. 23.

der jeweiligen Situation Angemessene, Richtige finden läßt. Nach Fried scheitert dieses Konzept, weil es dem Handeln das Denken vorschaltet, das sich im Diskutieren des pro et contra verliert und dadurch das Handeln selbst schließlich verhindert. Die Rhetorik des Gorgias, die oben der des Protagoras entgegengestellt wurde, betont gegenüber der rationalen Seite des Logos den sinnlichen Aspekt von Sprache. Für die psychagogische „Rhetorik des Herzens" ist entscheidend, daß sie den Intellekt zugunsten des Affekts abwertet:

„Ihr zufolge [scil. der Rhetorik des Gorgias] ist der *logos* ein bloßes Vehikel für Affekte und Meinungen, durch das diese eine unmittelbare Wirkung auf die Seele eines Hörers entfalten, die selbst wiederum ein (sie zugleich generierender) Komplex aus solchen Affekten und Meinungen ist."[27] Diese Auffassung liegt auf der Linie eines erkenntnistheoretischen Agnostizismus, demzufolge wir nichts wissen können. Gorgias begründet diese Ansicht in der Schrift *Über die Natur oder über das Nichtseiende.* Hierin behauptet er erstens: Nichts existiert, zweitens: Wenn etwas existiert, so ist es für uns nicht erkennbar, und drittens schließlich: Wenn es auch erkennbar wäre, so könnten wir davon doch nichts mitteilen.[28] Konsequent folgt aus diesen Annahmen eine Haltung, für die Intellekt, Rationalität und Argumentieren nur nachgeordnete Phänomene einer primär und essentiell affekt- und gefühlsbetonten Grundkonstitution des Menschen sind.

Fried hat keinen der Protagoras-Fabel vergleichbaren Text über Gorgias geschrieben, und es finden sich, wie es scheint, in seinen Arbeiten auch sonst keine Hinweise auf den Sophisten. Gorgias kann jedoch als historisches Modell für die an ihm orientierten Stilrichtungen dienen, in deren Wirkungskreis auch Fried steht.[29] Die beiden entscheidenden Aspekte der Gorgianischen Beredsamkeit teilt Frieds Dichtung mit ihr: das gänzliche Mißtrauen gegenüber der Leistungsfähigkeit der Vernunft und der Möglichkeit, mit ihrer Hilfe eine „letzte Wahrheit" über das Sein als Maßstab des Handelns zu erlangen, sowie, komplementär dazu, ein nahezu blindes Vertrauen in die instinktmäßige Unfehlbarkeit des „Herzens". Beide Aspekte lassen sich gut anhand von Frieds Antikerezeption dokumentieren.

---

27 Buchheim (2000) 115; vgl. Wardy (1996) 35-49.

28 Gorgias (1989) 41 (Fr. 3).

29 Ein Beispiel soll das belegen. Norden (1958) 64, charakterisiert den Stil des Sophisten folgendermaßen: „Wer nur ein paar Sätzchen des Gorgias nach einander liest, empfindet als das am meisten charakteristische Merkmal die maßlose Zerhacktheit des Satzbaus. (...) Da nun der Rhythmus durch Kola und Pausen entsteht, so (...) sind die Sätze des Gorgias in einem weit über die Grenzen des Zulässigen hinausgehenden Maße rhythmisch." Fried fühlte sich beeinflußt von engli-

In *Nicht Fisch, nicht Fleisch* sinniert einer der Delphine über die Zukunft:

> „Nur den Anfeindungen des Sokrates, der ihn, unterstützt von Plato, als Gottesleugner anschwärzte, hatte Protagoras seine Schwierigkeiten in Athen zu verdanken", meinte ein alter, nachdenklicher Delphin. „Nun, wir werden sehen, ob Sokrates dafür Dank ernten wird. Vielleicht benehmen sich diese unbeständigen fliegenden Fische von Athenern zu ihm eines Tages noch geradeso!" (4, 483)

Es ist bezeichnend für Frieds Mißtrauen gegen die Ratio, daß er Protagoras von Sokrates und Platon angeklagt werden läßt.[30] Sokrates ist der Opponent, der den Sophisten mit eben den Mitteln zu Fall bringt, die ihm selbst schließlich zum Verhängnis werden. Die herzlose, von jeder Moral losgelöste Vernunft ist als solche konfliktuös, weil sie sich für die verschiedensten, einander entgegengesetzten und widersprechenden Interessen instrumentalisieren läßt. Sie ist das allgemeine Mittel, das beliebigen Zwecken dient. In Frieds *Beschwerde des Me-*

---

scher Literatur und deren Art, die Welt aufzufassen, weshalb er bisweilen auch davon sprach, seine Lyrik sei „englische Dichtung in deutscher Sprache" (Kaukoreit 1993, 43; vgl. Fried 1958, 108f.; Kaukoreit 1991, 206). Die elisabethanische Literatur, mit der er durch seine Shakespeare-Übersetzungen wohlvertraut war (zu Frieds thematischer Spezialbibliothek Kaukoreit 1993, 145-154), war überaus stark geprägt durch das stilbildende Muster des Gorgias-Schülers Isokrates (Norden 1958, 795-802). Von enormer Breitenwirkung war etwa John Lylys (1554-1606) Roman *Euphues or the Anatomy of Wit* (1579), nach dem eine ganze Stilrichtung, der Euphuismus, benannt wurde (zum Shakespeare-Bezug z. B. „Lyly and Shakespeare", in: Hunter 1962, 298-349). Eine kurze Gegenüberstellung jeweils einer Passage aus Lylys *Euphues* und Frieds Roman *Ein Soldat und ein Mädchen* kann die stilistische Nähe beider zueinander verdeutlichen und einen Eindruck von der Tradition vermitteln, in der auch Fried steht (4, 44): „Dies ist der neue Bund, sie sind verbunden und verbündet. Beide sind gebogen von dieser Erregung und sind der doppelte Regenbogen. Sie sind das Tor des Himmels, und sie sind die Zeugen. Sie sind es, die zeugen. Und sie haben einander noch viele Länder zu zeigen, die Reiche der Welt und ihre Herrlichkeiten, die Arme der Welt und ihre Fraulichkeiten. Und in der Mitte den Baum des Lebens. Im Baum des Lebens erlaubt das redende Laub, was der Baum der Erkenntnis ihnen verboten hat." Und Lyly (1902, Band 1, 209f.): „Shall I not then hazarde my lyfe to obtaine my loue? and deceiue Philautus to receiue Lucilla? Yes Euphues, where loue beareth sway, friendshippe can haue no shew: As Philautus brought me for his shadowe the last supper, so will I vse him for my shadow til I haue gayned his Saint. And canst thou wretch be false to him that is faithfull to thee? Shall hys curtesie be cause of thy crueltie? Wilt thou violate the league of fayth, to enherite the land of folly? Shal affection be of more force then friendshippe, loue then law, lust then loyaltie? Knowest thou not that he that looseth his honestie hath nothing els to losse?" Fried subsumierte seine literarische Technik, zu deren Kernbestand vor allem Antithesen, Alliterationen, Chiasmen und Paronomasien gehören, unter die Begriffe „Assoziationsreim" und „Sinnassoziation" (Kaukoreit 1993, 41). Nähe zur elisabethanischen Lyrik bemerkt Bormann (1986) 21.

30 Tatsächlich soll es ein gewisser Pythodoros oder Euathlos gewesen sein (Diogogenes Laertios [9, 54]). Sokrates selbst sagt (*Menon* 91e), Protagoras sei bis ins hohe Alter sehr angesehen gewesen.

letos und des Lykon bedienen sich die beiden Ankläger des Sokrates (nach Platons *Apologie*), um ihn vor Gericht zu ziehen, derjenigen dialektischen Argumentationsweise, die dieser selbst gegenüber seinen Mitbürgern auf der Suche nach einem wahrhaft weisen Mann gebrauchte (2, 36):

Er weiß also daß er nichts weiß
außer das eine
daß er nichts weiß
Doch das ist sein sträflicher Irrtum

Denn wenn er sonst nichts weiß
wie will er dann wissen
was *nichts* und was *wissen* heißt
und die Worte die das erklären

Und woher weiß er dann
daß er ein Recht hat zu sagen
daß er nichts weiß
von den Göttern und seinen Pflichten

Solche Lehren können
nicht länger geduldet werden
Er vergiftet die Jugend
Der Schierling heilt sie von ihm

Das Orakel von Delphi hatte Sokrates als den weisesten Mann Athens bezeichnet. Da der Philosoph das nicht verstehen konnte, weil er sich selber nicht für weise und den Spruch der Pythia für rätselhaft hielt, zog er durch die Stadt auf der Suche nach jemandem, der weiser sei als er selbst. Er fand jedoch niemanden und meinte daher, er könne tatsächlich insofern als der weiseste unter seinen Mitbürgern gelten, als er um seine Unwissenheit wisse. In seinem Gedicht legt Fried den Finger auf die „Unwissenheit“ und läßt die Ankläger vorführen, daß Sokrates unter dieser Prämisse ja überhaupt zu gar keiner wie auch immer gearteten Wahrheit kommen kann. Nicht nur macht Sokrates sich damit des Selbstwiderspruchs schuldig; die inkonsistente Argumentation verleitet ihn zu Schlußfolgerungen, die das Gemeinwesen schädigen. Die Vernunft kann sich nicht selbst begründen, sie übersieht das Entscheidende und zieht in anmaßender Selbstüberschätzung, blind gegenüber dem eigenen Irrtum, Konsequenzen aus ihren Überlegungen, die allgemeine Gültigkeit beanspruchen. Es ist die besondere Pointe dieser Überschätzung, daß sie als Selbst*erniedrigung* auftritt. In *Heimweg von Delphi* lehnt das lyrische Ich diese für Sokrates so charakteristische Form der Selbsterkenntnis denn auch ab (1, 333):

Wie groß ich war
meine Kleinheit zu erkennen
Wie stark ich war
meine Schwäche zu gestehen

Wie klug ich bin
nun wieder schnell zu vergessen
wie klein und schwach
und dumm und vergeßlich ich bin

Fried kommt in seinen Texten immer wieder auf die Frage nach der Selbsterkenntnis zurück; in dem *Selbsterfahrung* (2, 546) betitelten Gedicht steht am Ende der Suche nach dem Wesen des Ich der Tod: „Man findet / zuletzt / nur was Caesar / fand / an den Iden des März".[31] Dieser Tod war gewaltsam. Die entfesselte, von jedem äußeren Maßstab losgelöste Vernunft richtet sich selbst, die Eigenbewegung der Reflexion strebt in den Untergang, die Idee einer *List der Vernunft*, so der Titel eines Gedichts nach der bekannten Formulierung Hegels aus den *Vorlesungen über die Philosophie der Geschichte*, verstrickt sich, ihrer immanenten Logik folgend, in sich selbst (2, 345):

Wir wissen
daß sie
die List
der Vernunft ist
Aber weiß *sie* das?

Macht dieses Wissen
uns listiger
oder
vernünftiger
als sie selbst?

Übertreffen wir sie
an Vernunft
oder hat
sie uns
überlistet?

Wie so oft endet Fried in Aporie und rhetorischer Frage. Die unversöhnte und oft wohl auch unversöhnbare Antithese ist eines seiner am häufigsten gebrauchten Stilmittel. Eine Polemik gegen die Vernunft sicher nicht ausschließlich der

31 Vgl. z. B. den kleinen Prosatext *Sich finden* (4, 512f.), wo ebenfalls der Tod am Ende der Selbsterkenntnis steht; ferner auch die Gedichte *Adam allein* (1, 123) und *Rauschen* (1, 558).

Hegelschen Gestalt, doch wiederum von ihr ausgehend, findet sich auch in dem für Frieds Poetik bedeutenden, aus zwölf Teilgedichten bestehenden Zyklus *Die letzte Hand* (1, 231-239); die Metaphern des Herzens und des Kopfes werden hier einander antithetisch gegenübergestellt, wobei die Sympathien des lyrischen Ich für das Gefühl und gegen die Ratio deutlich zutage treten (1, 236):

Weil aber das Wort mir zu leicht war
muß es schwer mir werden
Weil aber das Wort mir ein Spiel war
muß es mein Ernst werden

Das Spiel ist das Spiel
in dem es um Herz oder Kopf geht
Es wirft mich als Münze
von einer Seite zur andern:

Kopf oder Herz:
Athenes Eule und Ölblatt
Aus gespaltenem Kopf
fliegt die Eule hinauf in den Himmel

Während der gespaltene Kopf dazu rät, wie es weiter heißt, auch das Herz zu zerspalten, mahnt das lyrische Ich, den herzlos rasenden Kopf „an einem Herzen" rasten zu lassen (1, 237). Die kopfentsprungene Athene ruft den Mythos ihrer Geburt aus dem Kopf des Zeus in Erinnerung, die Eule als Wappentier Athens und Stempel der Münze evoziert die der Stadt und ihren Bewohnern zugesprochene Weisheit; deren Charakteristikum, nämlich die Suche nach Selbsterkenntnis als Basis einer gültigen Erkenntnis der Wirklichkeit, unterwirft Fried abermals einer anti-sokratischen Wendung.[32] Den bildmächtigsten Ausdruck für den Flug der Eule der Athene hat wiederum Hegel formuliert, und zwar in den *Grundlinien der Philosophie des Rechts*, wo es heißt:

Um noch über das *Belehren*, wie die Welt sein soll, ein Wort zu sagen, so kommt dazu ohnehin die Philosophie immer zu spät. Als der *Gedanke* der Welt erscheint sie erst in der Zeit, nach dem die Wirklichkeit ihren Bildungsprozeß vollendet und sich fertig ge-

32 1, 235 (6): „Zähle nicht / wiege nicht / teile nicht / sondern binde // Quäle nicht / siege nicht / such dich nicht mehr / sondern finde"; das lyrische Ich erhofft, den „Sinn aus dem Irrsinn" zu finden, wobei es Shakespeares King Lear „auf der Heide bei Nacht" evoziert (1, 239 [11]). Fried hat die Hand als Organ der Praxis wiederholt thematisiert und dabei gegen den Kopf als Organ der Theorie gestellt, z. B. *Lösung der Hand* (1, 240-244), *Rede in der Hand* (1, 293), *Erbsenlesen* (1, 180).

> macht hat. (…) Wenn die Philosophie ihr Grau in Grau malt, dann ist eine Gestalt des Lebens alt geworden, und mit Grau in Grau läßt sie sich nicht verjüngen, sondern nur erkennen; die Eule der Minerva beginnt erst mit der einbrechenden Dämmerung ihren Flug.[33]

Die Verspätung der Philosophie gegenüber der Praxis hat Marx, Hegel aufgreifend, in seiner Dissertation als Wendung hin zur Innerlichkeit karikiert.[34] Die Belehrung der Philosophie kommt bei Fried nicht lediglich wie im Fall der Rettung des „Pädagogen" (4, 482) Protagoras durch die ichbezogenen Delphine zu spät, sondern sie ist eigentlich unmöglich, da die Menschen von einem bestimmten Alter an „durch Erfahrung nicht mehr belehrbar seien" (4, 483); so sagt es auch das Gedicht *Unbelehrbar* (1, 333):

> Die Unbelehrbaren
> glauben an ihre Lehren
> und lernen nie glauben daß Menschen
> nicht zu belehren sind
>
> Man müßte die Menschen warnen
> man müßte sie lehren
> die Lehre von der Belehrbarkeit
> nicht mehr zu glauben
>
> Doch die Menschen sind unbelehrbar
> und deshalb haben
> die Unbelehrbaren
> mit ihren Lehren Erfolg

Allein naive Unverbildetheit bewahrt vor den Irrwegen der Vernunft und erhält die Weisheit des Gefühls. Die Warnung, als Zeichen einer Gefahrensituation, appelliert an die reflexhafte Reaktion des Gegenüber, die für Fried die Unmittelbarkeit des Handlungsimpulses verbürgt. Eine ganze Sammlung, die *Warngedichte* (1, 261-340), verdankt dieser Überzeugung ihren Titel. Im Klappentext schreibt Fried (1, 645), es handele sich nicht um „Warnungen im Sinn einer festeingefahrenen Weltanschauung oder einer politischen Partei", auch nicht um „Gedanken und Bilder, die ich anderen aufdrängen will, höchstens solche, die sich mir aufdrängen, wenn mir vor funkelnagelneuen Waffen, veralteten Gedankengängen und uralten Vorurteilen graute." Fried will keine „Ly-

33 Hegel (1986), Band 7, 27f.

34 Marx (1962) 104: „So war z. B. die epikureische, stoische Philosophie das Glück ihrer Zeit; so sucht der Nachtschmetterling, wenn die allgemeine Sonne untergegangen, das Lampenlicht des Privaten."

rik mit erhobenem Zeigefinger" schreiben; er schildert seine Befindlichkeit, erwähnt „das dumpfe Gefühl beim Erwachen und Nichteinschlafenkönnen", „eine nicht genau lokalisierbare Beklemmung". Doch jene Gedanken und Bilder drängen sich dem Leser gerade dadurch auf, daß der Autor sie herunterspielt. Der Artgenosse, dem es schlecht geht, *verkörpert* für alle übrigen die Warnung vor der drohenden Gefahr und läßt sie schwanger von bösen Ahnungen zurück; die *Unbestimmtheit* der Bedrohung ist es, die die instinktive Abwehr heraufbeschwört. Praeteritio, Litotes („höchstens solche") und Klimax („neu – alt – uralt") bilden die Mittel der Psychagogie, mit denen Fried mögliche Zweifel des Lesers bezwingt.

Wenn, wie oft behauptet wird, Frieds Dichtung auch argumentierend verfährt,[35] so sind seine Argumente doch nicht von der Art a priori, geben nicht Gründe an, die einer universalen Vernunft entspringen und damit vermittelbar wären, sondern sie sind von der Art a posteriori, also aus der Erfahrung als erster Instanz genommen. Fried zielt nicht auf intellektuelle Einsichtsfähigkeit seiner Leser, vielmehr soll das exemplum, der beispielgebende Einzelfall, wie ihn *Nicht Fisch, nicht Fleisch* vorstellt, die diskursive Darlegung strikt rational verstandener Argumente erübrigen.[36]

III

Die Unbelehrbarkeit der Menschen hat ihre Ursache darin, daß es nichts zu lehren gibt, weil das, worauf es ankommt, nicht erlernbar ist. Die wie auch immer verstandene „Wahrheit", an die auch Fried als Richtlinie des Handelns

35 Fried selbst hat sie so aufgefaßt, vgl. Fried (1988) *Versuche dichtend zu denken*. Vgl. Hinderer (1994) 214; Hartung (1966) 60; Schmidt (1972) 90. Bei Rothschild (1986) 30, führt die Unterstellung des sachlich-argumentativen Primats zu dem Vorwurf, daß Frieds Lyrik der Wortspielereien wegen häufig „auf Genauigkeit der Aussage" verzichte und schließlich sich die „Technik verselbständigt, die Analyse durch Sprache im wörtlichen Sinne verspielt wird." Daß die Form der Gedichte zuallererst ein Datum ist, das es selbst zu registrieren und zu analysieren gilt, wird gar nicht erst erwogen. Bormann (1986) 5, hat die immer wieder vertretene Ansicht, Frieds Lyrik sei argumentierende, denkende Dichtung einer notwendigen Korrektur unterzogen.

36 Frieds Mißtrauen gegenüber der Ratio wurde offenbar früh genährt; vgl. Lampe (1989) 48: „Jahr um Jahr wird das Kind belesener, es nimmt sich aus den Bücherschränken, was ihm in die Hände fällt (...). An Kants *Kritik der reinen Vernunft* erfährt die Wißbegierde endlich Grenzen. Nach zwei Stunden kommt er darauf, daß er für die Philosophie kein Talent habe. Geweint habe er, weil er darüber entsetzt war, daß er die Texte nicht verstehen konnte." Man fühlt sich an Musils *Die Verwirrungen des Zöglings Törleß* erinnert, worin der Titelheld ähnlich verzweifelt an der Lektüre Kants scheitert.

glaubt, läßt sich sprachlich-didaktisch nur unzulänglich vermitteln; sie stellt sich vielmehr einfach ein (*Das Erkennen* [3, 250]):

> Aber ich kenne den Augenblick des Erkennens
> wenn etwas in einem auf einmal einklinkt, fast hörbar
> mit einem kleinen Ruck, und man weiß genau
> daß man etwas erkannt hat. Man weiß es, weil man es spürt.

Die „Wahrheit", welche vor jeder letztbegründet-philosophischen ausschlaggebend ist, trägt für Fried situativen Charakter. Sie betont das dem Augenblick Gemäße, wie bereits die Protagoras-Fabel zeigen kann; was „wahr" und „richtig" ist, wie folglich zu handeln sei, zeigt sich nach Maßgabe der jeweils konkreten, stets wechselnden Umstände. Hierin offenbart sich der Zugang zum Kern von Frieds „Rhetorik des Herzens". Was Thomas Buchheim von den Grundlagen der Rhetorik des Gorgias sagt, kann bruchlos auf die Rhetorik Frieds übertragen werden:

> der Gehorsam dem Kairos gegenüber meint nicht, daß zuerst eine Situation nach Prinzipien der Erkenntnis diagnostiziert und richtig beurteilt und sodann eine möglichst effektive Handlung konzipiert und in die Tat umgesetzt wird. (...) Was zu tun ist, eröffnet sich dem in der Situation Begriffenen unmittelbar, ohne die vorausgehende, objektive Diagnose der Situation (...).

Und weiter:

> Einen solchen, den Gehorsam fordernden Belang einer Situation selbst zu erspüren und in anderen Menschen zu wecken und so hierdurch seinem Zuhörer die der geweckten Bedrängnis entsprechende Antwort zu entlocken, ist eine der hervorragenden Aufgaben des Rhetors im Rahmen der Politik und praktischen Lebensführung; seine Rede ist insofern engagiert, nicht diagnostisch. In und durch seine Betroffenheit ist der Handelnde also ein Ort, wo das *déon,* das Gebot der Situation, vernommen wird; und sein Gehorsam in das Gebot, so wird man sagen dürfen, entspricht seiner Betroffenheit, d. h. ist Antwort auf sie.[37]

Eben einem solchen, dem Gebot der Situation und der Betroffenheit folgenden Impuls antwortet ein Großteil von Frieds lyrischer Produktion als engagierte Literatur. Das Empfinden für den Kairos, für den rechten Augenblick ist nicht lehrbar, sondern erfordert Instinkt und intuitives Gespür. Als Konsequenz hieraus setzt Gorgias auf „Bekehrung" statt „Belehrung",[38] auf vorbildgebendes Beispiel statt diskursiver Explikation. Frieds Protagoras-Fabel ebenso wie

---

37 Buchheim (1989) XXVIIIf.

38 So übersetzt Buchheim (1989) XIII, Anm. 23, *peíthein* (sowie Ableitungen) und *didaskalía*.

seine Gedichte zeigen einen vergleichbar starken Zug in Richtung einer Mahnung zur Umkehr weg von diskursiver Didaxe.

Die Betonung der Gebundenheit an den Augenblick ist Folge eines essentiellen Mangels zur Einsicht in „Wahrheit an sich". Der Mensch lebt gewissermaßen innerhalb der Wahrheit, ohne sie je als solche in ihrer Gesamtheit in den Blick bekommen zu können, wobei vorausgesetzt ist, derartige Absolutheit oder Ganzheit seien für ihre Erkenntnis und ihren Besitz zu fordern.[39] Es ist diese Kluft zwischen Anspruch und Einlösung, die sich bei Fried immer wieder öffnet (*Lügen zum Thema Wahrheit* [4, 386f.]):

> Um also wirklich etwas zu schreiben, das so gültig sein würde, wie es in unserer Zivilisation überhaupt möglich sei, müsse ich nur alles zu Papier bringen, was ich denke, was mir durch den Kopf gehe; aber auch wirklich *alles*. (...) Ob man sich einer solchen Grübelei aber jemals wieder entziehen kann, ohne durch die Gewalt, die man sich zu diesem Zweck antun müßte, dauernden Schaden zu stiften, da doch keine Erkenntnis einen Rückweg hat, ist zumindest sehr fraglich. Deshalb habe ich nach längerem Nachdenken auf das Schreiben eines gültigen Textes verzichtet und von allen diesen Gedanken über alle diese Gedanken nur einen einzigen Satz, sechs Worte, zu Papier gebracht: „Da bleibe ich lieber ein Lügner".

Der Weg der Erkenntnis ohne Rückweg erweist sich als Reprise des Sündenfalls. Die Vernunft kann nicht ihr eigenes Korrektiv sein, der Stand der Unschuld ist, einmal übertreten, nicht wieder durch Reflexion einzuholen. Erst das Scheitern einer letztgültigen Wahrheit in der Überforderung des Wahrheitsanspruchs, der auf letztbegründeter, unwiderleglicher Evidenz beharrt, öffnet Frieds Poetik schließlich für die sinnliche, nicht-argumentative Seite der Sprache sowie die Betonung der „Lüge", des Scheins und damit der Dichtung.[40]

Wie läßt sich abschließend Frieds Beredsamkeit bewerten?

> Es ist Rhetorik, anderen die Voraussetzung zu suggerieren, es sei nötig, wieder oder überhaupt erst zu denken oder zu handeln. Wenn die Wirklichkeit „realistisch" zu sehen oder zu handhaben wäre, wäre sie schon immer so gesehen oder gehandhabt worden. (...) Jede Rhetorik des Realismus braucht die Verschwörungen, die ihn bisher verhindert haben.[41]

---

39 Buchheim (1989) XXX.

40 Vgl. *Wahre Lüge* (1, 332). Vgl. Buchheim (1989) XVIII-XX; die große Affinität der von Gorgias ausgehenden Rhetorik zur Dichtung, ihre Betonung des Vorrangs von Täuschung und Lüge im Sinne von „Schein" *apátē* erklärt sich aus der Verwerfung von Letztbegründungsversuchen. In der Tragödie ist die Täuschung, die Platon kritisiert, für Gorgias ein Qualitätsmerkmal der Kunst (Fr. 23). An der Tragödie zeigt sich auch, daß Fried den Werterelativismus, der bei dem Sophisten unmittelbar aus dem Erkenntnisrelativismus folgt, nicht teilt (vgl. *Die Tragödie* [4, 394], *„Sieh' da, Sieh' da, Timotheus, ...“* [2, 514f.]).

41 Blumenberg (1993) 133.

Zur Frage nach dem „Realismus" gehört auch, welcher von den beiden beschriebenen, mit den Namen Gorgias und Protagoras verbundenen Zugriffen auf die Wirklichkeit, der intuitive oder der intellektuelle, die „Rhetorik des Herzens" oder die des „Kopfes" ihr näher kommt. Mit der psychagogischen Rhetorik läßt sich schwer diskutieren. Wenn jemand partout die direkte rote Leitung, den heißen Draht vom Herzen zur Hand für sich reklamiert, ohne den Umweg über den Kopf, so läßt sich dem mangels Möglichkeit zum Einblick ins Innerste und womöglich konstitutiver Unerreichbarkeit für Argumente nur schlecht widersprechen. Zwar: Wer schon könnte Gründe, *letzte* Gründe für den Antrieb seiner Handlungen, seiner Gedanken namhaft machen? „Aussi le cœur a ses raisons." Aber das Herz hat auch seine ihm eigene Rhetorik, die es zu erkennen gilt und die für sich keine größere Evidenz beanspruchen kann als jene diskursive. Wo jedenfalls letzte Wahrheiten, metaphysische Gewißheiten, ethische Verbindlichkeiten fehlen und lange nicht mehr in Sicht sind, wird die Sensibilität geschärft für das, was vielleicht als das einzige Axiom der Rhetorik gelten kann: Die Wirklichkeit ist dem Menschen – dem der Antike nicht anders als dem der Gegenwart – überall gleich: nämlich unbekannt. Deshalb auch werden wir weiter darauf angewiesen sein, uns redend über sie zu verständigen. Oder dichtend.

Literaturverzeichnis

Barner, Wilfried (Hrsg.): Geschichte der deutschen Literatur von 1945 bis zur Gegenwart, München 1994.

Blumenberg, Hans: Anthropologische Annäherung an die Aktualität der Rhetorik, in: ders., Wirklichkeiten in denen wir leben. Aufsätze und eine Rede, Stuttgart 1993, 104-136.

Bohrer, Karl Heinz (Hrsg.): Mythos und Moderne. Begriff und Bild einer Rekonstruktion, Frankfurt am Main 1983.

Bormann, Alexander von: „Ein Dichter, den Worte zusammenfügen". Versöhnung von Rhetorik und Poesie bei Erich Fried, Text + Kritik 91 (1986) 5-23.

Buchheim, Thomas: Einleitung zu: Gorgias von Leontinoi. Reden, Fragmente und Testimonien, hrsg. mit Übersetzung und Kommentar von Th. B., Hamburg 1989, VII-XXXIII.

Buchheim, Thomas: Wohlberatenheit und die Rolle des *logos* für die Vortrefflichkeit des Menschen. Zur rhetorischen Anthropologie des „Maßes der Dinge", in: Josef Kopperschmidt (Hrsg.), Rhetorische Anthropologie. Studien zum Homo rhetoricus, München 2000, 113-133.

Bornscheuer, Lothar: Anthropologisches Argumentieren. Kritische Überlegungen zu Hans Blumenbergs *Anthropologische Annäherung an die Aktualität der Rhetorik*, in: Josef Kopperschmidt (Hrsg.), Rhetorische Anthropologie. Studien zum Homo rhetoricus, München 2000, 99-112.

Fried, Erich: Gedichte, Hamburg 1958.

Fried, Erich: Die Bacchantinnen. Programmheft zur Premiere der Euripides-Übersetzung *Die Bacchantinnen* im Düsseldorfer Schauspielhaus am 19.01.1970.

Fried, Erich: Lysistrate. Die Komödie des Aristophanes, neu übersetzt von E. Fried. Kommentiert von B. Sichtermann. Mit einer Materialsammlung von H. Lehmann, Berlin 1985 (Erstdruck der Übersetzung: Recklinghausen 1979 [Ruhrfestspiele 1979, Materialien 1]).

Fried, Erich: Versuche dichtend zu denken, in: Versuche dichtend zu denken. Reden anläßlich der Verleihung der Ehrendoktorwürde an Erich Fried durch den Fachbereich Sprach- und Literaturwissenschaft der Universität Osnabrück am 20.01.1988, Aachen 1988, 39-55.

Fried, Erich: Gesammelte Werke (Bände 1-3: Gedichte; Band 4: Prosa), hrsg. von Volker Kaukoreit/Klaus Wagenbach, Berlin 1993.

Fried, Erich: Die Muse hat Kanten. Aufsätze und Reden zur Literatur, Berlin 1995.

Gomperz, Heinrich: Sophistik und Rhetorik. Das Bildungsideal des *eu légein* in seinem Verhältnis zur Philosophie des 5. Jahrhunderts, Darmstadt 1965 (zuerst 1912).

Gorgias von Leontinoi: Reden, Fragmente und Testimonien, hrsg. mit Übersetzung und Kommentar von Thomas Buchheim, Hamburg 1989.

Hartung, Harald: Die Zeitgedichte Erich Frieds, Frankfurter Hefte 21 (1966) 60-63.

Hegel, Georg Friedrich Wilhelm: Grundlinien der Philosophie des Rechts oder Naturrecht und Staatswissenschaft im Grundrisse, in: G. W. F. Hegel, Werke in 20 Bänden, hrsg. von Eva Moldenhauer/Karl Markus Michel, Frankfurt am Main 1986, Band 7.

Hinderer, Walter: „Zweifel an der Sprache" oder „Die Krise der Hoffnung". Zur Lyrik Erich Frieds, in: ders., Arbeit an der Gegenwart. Zur deutschen Literatur nach 1945, Würzburg 1994, 200-226.

Hunter, George Kirkpatrick: John Lyly. The Humanist as Courtier, London 1962.

Janka, Markus: Der Dichter, der Professor und die „Friedensfrau": Die Lysistrate-Bearbeitungen von Erich Fried (1979/1985) und Walter Jens (1986) in der Tradition der modernen Aristophanesrezeption, in: Manuel Baumbach (Hrsg.), Tradita et Inventa. Beiträge zur Rezeption der Antike, Heidelberg 2000, 575-599.

Kaukoreit, Volker: Vom Exil bis zum Protest gegen den Krieg in Vietnam. Frühe Stationen des Lyrikers Erich Fried. Werk und Biographie 1938-1966, Darmstadt 1991.

Kaukoreit, Volker (Hrsg.): Einblicke. Durchblicke. Fundstücke und Werkstattberichte aus dem Nachlaß von Erich Fried, Wien 1993.

Kaukoreit, Volker/Urbanek, Wilhelm (Hrsg.): Am Alsergrund. Erich Frieds Jugendjahre in Wien (1921-1938). Texte und Dokumente, Wien 1995.

Lampe, Gerhard: „Ich will mich erinnern / an alles was man vergißt". Erich Fried, Biographie und Werk, Köln 1989.

Lyly, John: The Complete Works (3 Bände), hrsg. von R. Warwick Bond, Oxford 1902.

Marx, Karl: Über die Differenz der Demokritischen und Epikureischen Naturphilosophie, in: Karl Marx, Frühe Schriften, hrsg. von Hans-Joachim Lieber/Peter Furth, Darmstadt 1962, Band 1, 18-106.

Montaigne, Michel de: Essais. Auswahl und Übersetzung von Herbert Lüthy, Zürich 1985.

Norden, Eduard: Die antike Kunstprosa. Vom 6. Jahrhundert v. Chr. bis in die Zeit der Renaissance, Darmstadt 1958 (zuerst 1898).

Pascal, Blaise: Pensées. Über die Religion und einige andere Gegenstände, hrsg. und übertragen von Ewald Wasmuth, Heidelberg 1978.

Rothschild, Thomas: Dialektische Denkbewegung in lyrischer Gestalt, Text + Kritik 91 (1986) 24-32.

Schlaffer, Hannelore: Erich Fried und Marc Anton, Merkur 50 (1996) Heft 8, 675-682.

Schlesier, Renate: Kulte, Mythen und Gelehrte. Anthropologie der Antike seit 1800, Frankfurt am Main 1994.

Schmidt, Siegfried J.: Sprache und Politik. Zum Postulat rationalen politischen Handelns in: Annamaria Rucktäschel (Hrsg.), Sprache und Gesellschaft, München 1972, 81-101.

Schmidt-Dengler, Wendelin: Durchgestrichenes. Notizen zu Erich Frieds Prosa, Text + Kritik 91 (1986) 53-60.

Wardy, Robert: The Birth of Rhetoric. Gorgias, Plato and their Successors, London 1996.

Durs Grünbein

Zwischen Antike und X

1.) Um an die Wurzel zu gehen oder *in medias res*: ja, auch ich verdanke die wichtigste Schreiblektion der römischen Literatur. Von dorther kam mir alle Kritik des Ausdrucks entgegen. An ihr ließ sich das Vorstellungsvermögen wie ein Muskel trainieren, das Kräfteverhältnis der Worte studieren. Sie war es, die das Bewußtsein für das Subjektive (die Schönheit) und das Objektive (die Motorik) bestimmter Wortkombinationen weckte. In welcher Epoche, Sprache oder Poesietradition auch immer, die Spur führte noch jedesmal zurück auf den harten Kern römischer Ausdruckskunst. Es war das Straffe und Vorwärtsdrängende lateinischer Verse, das mich in Bann schlug, ihr athletischer Stil, wie er sich aus der festgefügten Grammatik ergab, aus dem Zusammenspiel dieser gleichsam ineinander verzahnten Satzglieder. Perpetuum mobile, – keine andere Sprache war so sehr Maschine; eine Maschine, die alles Psychische und Flüchtige in etwas Präzises und Transitives verwandelte, in ein Produkt von dauerhafter Bedeutung. Die Schubkraft der Syntax, das Spiel der Ausdrucksmuskeln im Griff der Kola bewirkte, daß einem das Dichterwort im Lateinischen als etwas Gegenständliches entgegentrat, als Plastik aus Silben, vokalisches Artefakt. Und so stark war der Eindruck, daß auch die Nachmittagsmüdigkeit während des Volkshochschulkurses ihn nicht hat verwischen können. Das Reale, Natur und Gesellschaft, so schwer domestizierbar, in dieser Sprache nahm es, kommende Zeiten prägend, Gestalt an. Latein, das war das perfekte Gehäuse, in dem die Affekte sich austoben konnten, ein Gedanken-Panzer, den Ideen fest angegossen, nach außenhin unerschütterlich, mit Raum genug für Emphasen im Innern, ein Medium wie geschaffen für Jurisdiktion und Verskunst. Wo sonst waren Zeilen wie diese möglich, – Horaz: „nos numerus sumus et fruges consumere nati?“ (Nullen sind wir, die Früchte der Erde verbrauchend).

Sprache als Codex: ein Vorrat von Signifikanten für den Fremdling auf Erden, den Landvermesser, der sein Utopia sucht, und in sich trägt er die Wüste. Es war die Rhetorik der Anthropologie, die einen immer wieder zurückrief in die Antike. Dem solcherart Angesprochenen wurde die Dichtung der Alten zum Interpretationsmittel der eigenen Existenz. Vom Trauergesang des Ovid bei den Barbaren am Pontos Euxeinos bis zum Großstadtgezänk vor den Toren des Kolosseums im Rom der Satirendichter war in Wort und Bild festgehalten, woran die Körper zuschanden wurden, solange Affekte sie trieben. Die Zensur der Sinnlichkeit schlich sich erst später ein, als Symptom der Moderne, Resultat der Gewöhnung an den einzigen Gott. Antike Dichtung läßt sich nur vielstimmig denken, als physischer Polytheismus. Nichts wurde ausgespart, keiner der Triebe blieb sprachlos. Von den Idiosynkrasien des Einzelnen zu den Infamien der Massen politischer Tiere, von der Wehmut des Eros zur kältesten Grausamkeit war alles Maß genommen in Ode und Epigramm, Epos und Elegie. Zauber der Form, – *ultima ratio* im verbalen Gestöber, den Gleichgesinnten die haltbarste Phantasmagorie. Dies würde erklären, warum das Lateinische die Sprachverliebten bis auf den heutigen Tag fasziniert. Es scheint, als hätten wir hier eine *lingua universalis*, der die lyrischen Metren so inhärent waren, daß sie durch bloße Selbstbesinnung zum Vorschein kamen. Die Versmaße bildeten den beweglichen Schuppenpanzer, der die redegewandten, in die Rede gewandeten Körper mit ihren widerstrebenden Affekten zusammenhielt. Im Lateinischen steckt der Befehl zum aufrechten Gang, das Alphabet zur Charakterbildung: der Buchstabe ist der *character*. Eine Sprache, die Wirklichkeit raffte, so kompakt und begriffsstark wie kaum eine andere seither. So müßte die Schwerkraft sprechen, wären ihr Stimmbänder gegeben. In dieser Sprache war alles Augenmaß, packender Duktus, ein Maximum an Bedeutung auf engstem Raum. Ineinsgefaßt waren hier Physis und Psyche des *homo mortalis*, seine Erinnerung an die Ahnen und Götter, der unerschöpfliche Mythenkosmos und sein kurzes Leben als im Verb konjugierte, in Person, Ding und Begriff deklinierte Zeit. In den Versen ihrer Dichter wurde sie zum Requiem für die *disiecta membra* all der Millionen, denen Latein einst die Muttersprache war, eine virtuose und strenge Begleitmusik für ihren Einzug ins Erdreich. Heute ist sie ganz und gar Literatur, Gegenstand philologischer Eifersucht, nützlich allenfalls noch als Instrumentarium für Pathologen und Altertumsforscher, eine tote Sprache für tote Objekte. Dagegen kann man sich Griechisch seltsamerweise noch immer als Parlando unter Zeitgenossen vorstellen. Das Gemurmel der Sappho klingt so nah und vertraut, als hätte man eben erst ein Ferngespräch mit Lesbos geführt, und der Telephonhörer ist von der Ohrmuschel noch warm. „Gänzlich, wenn du einst stirbst / schwindest du hin. / Niemand wird dein gedenken. / (...) / Und du verlierst dich schon bald / irrenden Fluges / unter den fahlen Toten“.

2.) Um von der Antike sich Rechenschaft zu geben, ihrem unheimlichen Einfluß, gilt es zuallererst, beide Ohren fest zu verstopfen wie die Gefährten des Odysseus. Man kommt nicht sehr weit, lauscht man dem christlichen Sirenengesang, der seit Jahrhunderten ablenkt von den klassischen Texten. Mehr noch, man müßte zuerst die Stimme des eigenen Ichs unterdrücken lernen, denn die Beschwichtigungen kommen von innen, aus dem eigenen Echoraum.

Von antiker Dichtung zu sprechen heißt, wie Nietzsche gezeigt hat, vom Verdrängten zu sprechen. Alles verkümmert zu einer Handvoll Münzen, bleibt man den Evangelien hörig, ihrer subtilen Zensur oder den Reden der Aufklärung, in der das Rätseldickicht zur apollinischen Sage gelichtet ist. „Viel lügen die Dichter", bemerkte Solon, der Dichter als Staatsmann, in der ununterscheidbaren Diktion von Sentenz und Dekret, wie sie den griechischen Vorvätern eigen war. Doch dieses Lügen war voller anthropologischer Einsichten, an denen seit Platon die Welt- und Gewissensverbesserer sich die Zähne ausbeißen sollten. Die Lektüre der Griechen, der Römer hilft uns, den physischen Menschen wiederzuentdecken, dieses sterbliche Wesen, das die Vergänglichkeit mit der Seelenruhe des Stoikers annahm. Von Simonides bis, sagen wir, Boethius herrschte in diesem Punkt Einmütigkeit. Das Gedächtnis für die Dramen der Gattung ist keine Erfindung der Bibel. Es fängt mit der Selbstbewußtwerdung des Menschen an, der sich als Einzelner unter Vielen begreift, und es beginnt im Zeichen der Krise. Boethius' *Trost der Philosophie*, wie spät auch immer verfaßt, weiß soviel davon wie die Fragmente des Heraklit. Ein Politiker sitzt in Einzelhaft, er ist zum Tode verurteilt und schreibt sein philosophisches Testament. Sein letzter Dialogpartner ist eine Frau, ein Wesen wie Diotima, die Priesterin der *philosophia*. Sie fragt ihn: „Du erinnerst dich doch, daß du ein Mensch bist?". Und Boethius entgegnet ihr: „Wie könnte ich das vergessen?". Darauf sie: „Solltest du also bestimmen können, was das ist: ein Mensch?". „Ich weiß es, und ich bekenne mich dazu", erwidert der Todgeweihte. „Und was du sonst noch bist, weißt du nicht?". „Woher denn?". Woraus sie schließt: „So erkenne ich nun auch die andere, größere Ursache deiner Krankheit: Du weißt nicht mehr, was du selbst bist". Ein ganzes Jahrtausend lang hat der antike Mensch versucht, durch Fragen wie diese, Antworten wie diese sich selbst auf die Schliche zu kommen. Der Dialog war das bevorzugte Werkzeug solcher Recherche. In ihm kommt die Kriegslist des Denkens – *techne* sowohl als *mechane* – zum Einsatz. Er ist die unübertroffene Kunstform der Alten, neben Tragödie, Epistel und Ode der Höhepunkt unter den literarischen Techniken. Dem antiken Menschen, über sich selbst hinausgewachsen, ein Kompendium an unlebbarer Lebensklugheit, war ihm jede Gewißheit abhanden gekommen. Er war sich selbst ungeheuer geworden, allein die Sprache gab ihm noch Halt. Wer konnte noch sagen, was er selbst war, wer aufhören, sich im Stillen danach zu fragen? Voller Entsetzen und Neugier betrachtete er sich im Spiegel der Sprache. Was er sah, waren die Schrecken der Auflösung, das Zerrbild der eigenen Züge. Philosophieren hieß nunmehr, das Mißtrauen schüren, die Skepsis ins Unerträgliche steigern. Um und um gewühlt hat die Antike diesen nervösen

Zellhaufen Mensch, bis hinein in die Erbanlagen, auf der Suche nach einem Funken Selbstgewißheit, nachdem ihn die Götter verließen. Hier und da hat sie sich ihm gezeigt, immer nur flüchtig, die *humanitas*, dieses Trugbild aus Menschlichkeit, Güte, Geistes- wie Herzensbildung und Zivilisiertsein. Kaum erahnt hat sie noch jedesmal sich den Blicken entzogen. Geblieben sind das Bewußtsein der Sterblichkeit, der Mut zur relativen Vernunft, ein brüchiges Fundament, auf dem die folgenden Zeitalter aufbauen konnten.

3.) Wem könnte daran gelegen sein, das griechische Denken von der Praxis der Römer zu trennen? Was soll das heißen: „man lernt nicht von den Griechen", wie Nietzsche, der Ungezogene, dekretierte? Gerade im Flüssigen, in der seelischen Beweglichkeit und Wendigkeit, kann der Imperativ liegen. Außerdem: was braucht es Imperative, wo uns Gedanken gegeben sind? Es stimmt, auch das Deutsche hat sich am römischen Stil, an der lateinischen Ausdruckshärte gebildet. Unterm Frosthauch seiner Grammatik hat es sich kristallisiert, genau wie das Romanische, die fragilen Knochengelenke Racines oder das Angelsächsische, Shakespeares instrumentelles Idiom. Von allen europäischen Sprachen ist nur das Russische noch Fleisch vom griechischen Fleische, mit den bekannten Folgen für Geschichte und Poesie: die Mitgift einer flexibleren Psyche.

Das artistische Element in der modernen Literatur aber setzt sich aus beiden Komponenten zusammen, den Griechen verdankt es ebensoviel wie den Römern. Anders gesagt, die antike Literatur steht insgesamt für das Nichttriviale, das Nichtbanale sprachlicher Reflexion. Nur so läßt die enorme Nachwirkung auf alle späteren Geistesrichtungen sich verstehen. Sie ist das Kompendium all der unlösbaren Fragen, der Quell aller Aporien, die uns bis heute in Atem halten. Sie ist der etymologische Nährboden unserer Sprachen, die ursprüngliche Kategoriensammlung, der Gründungsakt hinter den kulturellen Routinen. Auf dem Boden der menippeischen Schüssel mit ihrem ganzen Form- und Motivsalat zeigt sich in zarter Zeichnung der Grundriß. Es ist, wohlgemerkt, nicht der eines einzelnen zufälligen Hauses, sondern der einer ganzen Stadt, in der wir bis heute zuhause sind, eines Gesellschaftstypus, der uns als soziale Wesen immer noch definiert. Das Griechische war der Auftakt zum logischen Denken, der Beginn aller Dialoge des Menschen (mit sich selbst und den andern), während das Römische unser Denken in ein alphanumerisches Koordinatensystem zwang. Domestiziert haben beide uns, in gegenstrebiger Fügung, wie es bei Heraklit heißt: das Lateinische als Schule der Disziplin, das Altgriechische als Zusichkommen der Inspiration. In ihm lag das Alpha, das die Sehnsucht zum Omega mit sich bringt, das Verlangen der Physis nach Schönheit und Metaphysik.

April 2001 Durs Grünbein

Michael von Albrecht

Nach den Satiren
Durs Grünbein und die Antike

Buchstäbliche Auferweckung der Antike?

Dem Umgang Durs Grünbeins mit antiken Gestalten, Themen und Literaturgattungen haftet nichts Museales an.[1] Eine Wiedererweckung der Antike in ihrer ursprünglichen Gestalt wird von ihm nicht erstrebt. Treffend in dieser Beziehung das Gedicht *Ein Betrunkener nachts an der Via Appia*. Der Betrunkene fordert die dort begrabenen Römer auf, sich wie Lazarus aus den Gräbern zu erheben. Fast als wäre er einer von uns verzweifelten Verfechtern der humanistischen Bildung, ruft er (17):

Lazarus hat es euch vorgemacht, ihr ungläubige Bande.
Nehmt euch ein Beispiel an ihm, der schon tot war und stank.
Ein Wort seines Herrn, und er wankte gelenkig aus kalter
Gruft.
(...)
Macht, daß ihr wiederkehrt, lauft, sonst war alles umsonst.
Kein Hahn kräht nach euch, wenn ihr liegenbleibt, wo ihr liegt
In marmornen Schachteln, zwischen Fresken, zerfressene Leiber.
Büßen werdet ihr, hoch auf den Sockeln, mit euren Büsten,

---

1 Die Anwesenheit der Antike im Werk Durs Grünbeins ist ein vielschichtiges Thema, das sich auf begrenztem Raum nicht umfassend behandeln läßt. Hier sollen an Hand seines Buches *Nach den Satiren* (Frankfurt am Main 1999, im folgenden nur mit Seitenzahl zitiert) einige Grundzüge seines Zugangs zur Antike angedeutet werden. Das hier aus seinem lyrischen Werk entwickelte Bild wird durch seine Aufsätze (*Galilei vermißt Dantes Hölle und bleibt an den Maßen hängen. Aufsätze 1989-1995*, Frankfurt am Main 1996) mehrfach bestätigt (Hinweise dazu in den Anmerkungen, im folgenden nur mit Seitenzahl zitiert). Seine Kunst des Übersetzens sei hier nur gelegentlich gestreift, im ganzen aber einer gesonderten Untersuchung vorbehalten. Zum Grundgedanken unseres ersten Absatzes vgl. *Galilei* (191): „daß man nicht fürs humanistische Refugium lernt".

Wenn das Gebein[2] unauffindbar ist und der Schädel, die taube
Nuß
(...)
Mit dem guten Gewissen der nächste Christ
Schlägt euch den Arm ab, das Bein, löscht eure Namen,
Elende Torsi. (Ich hoffe, ihr wißt, was das ist).

Entlarvend der Kontrast zwischen dem reizvoll überzeichneten Bildungsdünkel in der letzten Zeile und dem vorausgehenden Appell an das fehlende Gehirn! Man wird den Gedanken weiterführen dürfen: Eine hirnlose, unreflektierte Antikerezeption ist von vornherein zum Scheitern verurteilt,[3] und eine buchstäbliche Wiederherstellung der Antike ist nicht Grünbeins Sache. Wer dem Vergangenen über Gebühr nachtrauert, fällt unter folgendes Verdikt (194): „Wer den Kopf verliert, / Dem sind die nächsten Schritte ungewiß. So sucht er Stützen, / In dem, was war". Wenn diese Stützen tragfähig sein sollen, so muß der Aneignung eine intellektuelle Anstrengung vorausgehen. Die Antike interessiert Grünbein nicht qua Vergangenes (in ihren historisch einmaligen Besonderheiten), sondern im Rahmen einer eigenständigen Sicht der Welt. Für diese Sicht ist im Prinzip alles (194) „gleich entfernt". Um zum Verstehen zu kommen, muß man (194) „lesen lern[en]". Dieser Prozeß sei zunächst an Grünbeins Umgang mit der Gattungsvorstellung der *satura* illustriert.

2 Vgl. Juvenal 14, 57-58: vacuumque cerebro / iam pridem caput hoc ventosa cucurbita quaerat? („Und der windige Schröpfkopf / Hat dein hirnloses Haupt sich zum würdigen Ziele erkoren?" Übers. W. Plankl, München 1958).

3 Wer viele Spuren legt, ist bekanntlich schwer zu fassen. Die Wahl der heidnischen Spätantike als Perspektive in zahlreichen Gedichten impliziert an vielen Stellen eine kritische Haltung gegenüber dem Christentum. Andererseits erscheint auch bei Durs Grünbein der Christ sogar in dem oben zitierten Gedicht nicht nur als Zerstörer der Antike (ein überholtes Geschichtsbild älterer von Grünbein benutzter sekundärer Quellen berücksichtigt nur die fanatischen und bilderstürmerischen Tendenzen einiger Christen). Vielmehr bezeugt Grünbeins Auseinandersetzung mit Augustinus hinsichtlich der Philosophie der Zeit die intellektuelle und wissenschaftliche Aufgeschlossenheit der führenden Köpfe der Spätantike (*Aporie Augustinus [Über die Zeit]* [33-36]): Man weiß heute, daß dem Christentum historisch gesehen die Vollendung und Erhaltung der Antike zu verdanken ist. Auch Grünbein selbst bleibt nicht bei der Antithese stehen, sondern die Formulierung „mit dem guten Gewissen" läßt durchblicken, daß eine stumpfsinnige Antikerezeption keine Zukunft hat. Das Christentum ist eben auch in Grünbeins Sicht der historisch legitime Nachfolger des heidnischen Rom.

Von der *satura* zur Meta-Satire

Zur römischen Antike, vor allem zu ihren späteren Phasen, hat Durs Grünbein eine besondere Affinität. Dies gilt nicht nur in inhaltlicher Beziehung (etwa für historische Analogien wie die Kriegs- und Verfallsthematik), sondern auch hinsichtlich der Literaturgattungen. Die Satire ist ein typisch römisches Genos.[4] Für Juvenal, der zum Vater der europäischen Satire geworden ist (und auch bei Durs Grünbein eine herausragende Rolle spielt), ist „alles, was Menschen treiben", Gegenstand der satura: quidquid agunt homines, votum timor ira voluptas / gaudia discursus nostri farrago libelli est („Was die Menschheit bewegt, ihre Wünsche sowie ihre Sorgen, / Zorn und Lust, ihre Freuden, ihr Streben ist Stoff für mein Büchlein", Juvenal 1, 85-86). In diesem Sinne ist für ihn die Satire „Weltdichtung". Vor Juvenal hat das Epos als die Gattung, die dem Anspruch, „Weltdichtung" zu sein, in besonderem Maße genügen wollte, diese Forderung zuletzt unter Domitian zu erfüllen versucht. Die Epiker dieser Zeit nutzen und modifizieren in unterschiedlicher Weise die Optik der *Aeneis* zur Erschließung neuer Dimensionen für das römische Selbstverständnis: So erobert Statius für das römische Epos den Kampf um Theben als eine Art „Altes Testament" im Rückblick neu, während Silius Italicus für den Kampf der römischen Republik gegen Hannibal Entsprechendes leistet. Schon mit Persius und erst recht mit Juvenal wird die römische Poesie an dieser Art der Weltdeutung irre. Der Mythos wird jetzt (wie z. B. der Prolog des Persius und die erste Satire Juvenals programmatisch zeigen) als etwas Hohles und innerlich Unwahres erfahren und durch ein stofflich stärker am Alltag orientiertes Dichten ersetzt. Juvenal ist sich dabei der Konkurrenz mit der hohen Poesie – Epos und Tragödie – durchaus bewußt. Er spricht vom „Kothurn" und *Sophocleus hiatus* (6, 635; 637). Daher auch die Ernsthaftigkeit seines Tonfalls.

Grünbein steht – bei all seiner Ironie – an Ernsthaftigkeit nicht hinter Juvenal zurück: Mehrfach spielen seine Gedichte auf Tragödienstoffe an, und es überrascht nicht, daß er sich jüngst (mit seiner Nachgestaltung der *Perser* des Aischylos) der griechischen Tragödie zugewandt hat. Zwar fehlt es nicht an Gedichten, die eine gelöste Stimmung aufkommen lassen (die leichte Grazie vieler *Veneziana* [164-183] verdient hier Erwähnung, besonders die „Springprozession auf Planken und Stegen" [182]); doch waltet in seinem Werk insgesamt ein tödlicher Ernst, der sogar denjenigen Juvenals in den Schatten stellt: Beschränkt sich doch Durs Grünbein in seiner Analyse der modernen Welt nicht

4 Satura quidem tota nostra est („Die Satire ist ganz unser Eigentum", Quintilian *Institutio Oratoria* 10, 1, 93).

auf die uns aus Juvenal sattsam bekannte moralische Kritik (obwohl auch hier die Ausbeute reich ist);[5] der moderne Autor blickt tiefer. Zwar schaut er nicht (wie Lichtenberg über Tacitus sagt) in jedem Ding bis auf den Teufel hinab,[6] aber (was mehr ist) bis auf den Tod.

Besonders tiefsinnig in dieser Beziehung ist Durs Grünbeins Auseinandersetzung mit dem physischen Leib[7] des Menschen. Seine Dichtung kreist vielfach um das Problem, vom Körper im ganzen (*Grauer Sebastian* [196]; *Unbekümmert, anderntags, Verse* [202-203]) wie in seinen Teilen (z. B. Hände 195; Fuß 204-208, Auge 209-210, Gesicht 211, Kopf 212, Schädel 199, Kinn und Kiefer 201) eine möglichst zutreffende, illusionsfreie Vorstellung zu gewinnen.

Insofern stellt sein Werk eine Stufe der Poesie dar, die nicht nur zeitlich „nach den Satiren" anzusiedeln ist, sondern auch in bezug auf ihre geistige Durchdringung. Durs Grünbein erklärt in einer Anmerkung das Wort *satura* (und darauf aufbauend seinen Werktitel) folgendermaßen (223):

> Gesang der Satten.[8] Karl Kerényi zufolge war *satura* ein Kunstwort, das die Römer erfunden hatten zur Bezeichnung eines neuen Genres. Die Satire (im Namen verbirgt sich die Völle, die Sattheit, das Bild der gefüllten Schüssel) war sozusagen der Gesang der satten Leute [freilich für philologische Leser eine etwas kühne Deutung; M. v. A.]. Wohl deshalb trugen sie ihn so gern während der Mahlzeiten vor. *Nach den Satiren*, das war, wenn alles gesagt und durchgekaut war, der Heimweg, der Katzenjammer, die Zeit der Gedankenspiele und der Verdauung. Während der Magen arbeitete, kehrten die mit vol-

5 Es fehlt nicht an typischen Elementen der Satire: Kritik an der Oberflächlichkeit der Wert- und Glücksvorstellungen der Menschen, besonders in Amerika, am Unrat in den Städten, an der Gewaltbereitschaft und mangelnden Humanität daselbst, an der Reiselust (85), an der Selbstgerechtigkeit (44), am Ersatz geistiger Kompetenz durch irdische Macht (45): „Wie klug einer sein muß, / Der dreißig Legionen im Rücken hat". Gelegentlich (besonders im Falle Amerikas und Rußlands [154-158]) bleibt die Satire etwas im Klischee stecken. Auch das Bild des Christentums (Christus als „der Tote", die Christen als Zerstörer der Antike und blinde, ungebildete Fanatiker) leidet auf den ersten Blick an mangelnder Differenziertheit. Bei genauerem Zusehen ist jedoch eine subtile Präsenz und differenzierte Verwendung auch christlicher Traditionen und Symbole festzustellen. Was die Form betrifft, so finden wir bei Grünbein wie in der antiken Satire zum Beispiel kurze Erzählungen, Dialoge, ethische Reflexion (die zuweilen, wie schon von Horaz, persifliert wird).

6 Zuweilen auch dies, wenn er Europa als Hexe und den Stier als Besen verfremdet (106).

7 Zur Körperlichkeit als wichtiger Kategorie auch bei Grünbeins älteren Zeitgenossen vgl. den Beitrag von Barner im vorliegenden Band. Vgl. auch Grünbeins *Schädelbasislektion* und dazu in seiner Aufsatzsammlung (*Galilei*, zit. hier Anm.1), bes. die Seiten 46; 250-252.

8 Siehe 107: „Wie im Gesang der Satten / Die Speicheldrüse mitsingt und die Furcht". Bekanntlich dürfte satura eher mit Ausdrücken wie lanx satura („gemischte Opferschüssel") oder legem per saturam ferre („ein Gesetz einbringen, das weitere Gesetze einschließt") zusammenhängen; das Wort zielt also auf die stoffliche Buntheit (vgl. auch frz. *farce*).

lem Munde verspotteten Dämonen[9] langsam zurück. Die meisten Todesfälle unter den reichen Römern traten während der Nacht oder am Morgen nach solcher fetten Mahlzeit ein.

Der Ton dieses Passus erinnert wohl nicht zufällig an das Gleichnis vom reichen Mann aus dem *Lukas-Evangelium* (12, 16-21), der nach einer üppigen Ernte neue Scheunen bauen und glücklich leben will, ohne zu ahnen, daß er in der nächsten Nacht sterben wird: „Du Narr, diese Nacht wird man deine Seele von dir foddern (sic!), und wes wird's sein, das du bereitet hast?" (Luther). Entscheidend Grünbeins abschließende Feststellung: „Nach den Satiren,-kamen die üblen Schatten zurück, die Sarkasmen, Grund für die Schlaflosigkeit. Überall Knochen[10] und Rülpser, und die schöne Zeit war vorbei".[11] Hier liegt es mehr als nahe, an C. F. Meyers Gedicht *Das Ende des Festes* zu erinnern. Dort wird das Erscheinen des Alkibiades gegen Ende des Gastmahls in Platons *Symposion* symbolisch als Eintreten des Todes gedeutet.[12] Das Reflektieren über die Todesnähe führt bei Durs Grünbein bald zu einer Verfremdung (man denke an die Fremdheit in der eigenen Stadt[13] in dem erschütternden Dresden-Zyklus *Europa nach dem letzten Regen*, Nr. X [152]), bald zu einer

9 Bei den „Dämonen" denkt man (angesichts der Assoziationen aus der neueren Geschichte) an den gleichnamigen Roman von Dostojewski und an die im Motto dieses Romans zitierten Verse Puschkins (über die Klagelaute der Dämonen); besonders auffällig, daß Grünbein wie Puschkin von „Gesängen" dieser Dämonen spricht, siehe die übernächste Anmerkung.

10 Man denke an den Satz Volker Brauns „Wenn die Ideen begraben sind, kommen die Knochen heraus".

11 Siehe ferner 109: „... *Die Toten kreischten in den Straßen Roms* ... [vgl. dazu die Sammlung *Galilei* (46)] / War eine Zeile, über die wir lachten (wenn auch leise). / Denn diese Stadt war unser Kopf, und durch den Kopf ging, / Was in ihr lärmte als Idee". Hier kreuzt sich die Symbolik des menschlichen Körpers mit derjenigen der Stadt (als defizienter Form menschlicher Gemeinschaft). Zu Berlin als „Hades" und „Todeslandschaft" vgl. den Beitrag von W. Maaz im vorliegenden Band. Kunert spricht vom „Winseln" der Gespenster; bei ihm dient Troja als typologischer Hintergrund für Berlin, bei Grünbein ist es Rom (97): „Sind dann Gesänge hörbar, die schönsten Arien / Der lange Vermißten, lange für tot Erklärten / Unter der Erde in ihrem ewigen Rom".

12 „Da mit Sokrates die Freunde tranken, / Und die Häupter auf die Polster sanken, / Kam ein Jüngling, kann ich mich entsinnen, / Mit zwei schlanken Flötenbläserinnen. // Aus den Kelchen schütten wir die Neigen. / Die gesprächesmüden Lippen schweigen, / Um die welken Kränze zieht ein Singen ... / Still! Des Todes Schlummerflöten klingen!"

13 Man vergleiche die imaginierte Wiederkehr des verbannten Ovid bzw. seines Buches nach Rom (besonders eindrücklich die Ich-Rede seines Briefes: *Tristia* 3, 1). Der biblische Verlorene Sohn bildet einen ausdrücklich erwähnten archetypischen Hintergrund zu demselben Gedicht Grünbeins (152). Eine sprechende Parallele aus dem historischen Bereich ist die Rückkehr des römischen Soldaten vom Germanenfeldzug zu seiner Frau, die inzwischen von einem Germanen ein Kind hat (*Klage eines Legionärs aus dem Feldzug des Germanicus an die Elbe* [14-15]).

Intensivierung des Lebensgefühls, wie wir sie aus Darstellungen des menschlichen Skeletts auf römischen Mosaiken kennen. In der Literatur findet sich das Motiv z. B. bei Petron, in der Barockdichtung und später bei Puschkin,[14] dessen Werke Petron viel verdanken und Durs Grünbein wohl nicht unbekannt geblieben sind. Bei Grünbein kommt es auf die Abfolge von Sattheit und Tod an: so etwa auch in dem Gedicht über die Ermordung des orientalisch schwelgenden Kaisers Heliogabal (Elagabal) (26-29) und in seiner Umsetzung von Hadrians *Animula vagula blandula* (siehe unten). Auf die poetologischen Aspekte des Buches *Nach den Satiren* werden wir im Zusammenhang mit der Gattungsproblematik zurückkommen.

Schlaflosigkeit und Selbsterkenntnis

Für das Motiv „Schlaflosigkeit" beruft sich Durs Grünbein (220) auf Juvenal 3, 235-236 (magnis opibus dormitur in urbe [„in Rom zu schlafen kostet ein Vermögen"]) und bemerkt dazu: „Daß man viel Geld braucht, um nur ruhig schlafen zu können, deutet die Paradoxie urbanen Lebens radikal als Teufelskreis". Zwar stellt unser Autor fest: „Noch ist das christliche Gewissen, Motor der Schlaflosigkeit, nicht erfunden" (220), doch weiß auch er, daß Gewissensqualen schon lange vor der christlichen Zeit bekannt waren und als schwere Belastung erfahren wurden. Wie die aus Deutschland emigrierte und nach dem Krieg hierher zurückgekehrte Philosophiehistorikerin Gred Ibscher in ihrer neuen Reclam-Ausgabe der ethischen Fragmente Demokrits (Stuttgart 1996) nachgewiesen hat, ist das Gewissen eine der epochemachenden Entdeckungen dieses Philosophen, dessen Ethik leider immer noch zu wenig gewürdigt wird. Demokrits bedeutendster geistiger Nachfolger, Epikur, sieht in den sonst unvermeidlichen Gewissensqualen eine Hauptempfehlung für ein tugendhaftes Leben. Der von Durs Grünbein gründlich gelesene Heide Juvenal hat den Gewissensqualen eine ganze Satire (Nr. 13) gewidmet.[15]

14 Vgl. v. Albrecht (1998) 241-242.

15 Siehe besonders Juvenal 13, 2-3: die erste Strafe sei, daß keiner vor sich selbst als Richter bestehen könne (Se / iudice nemo nocens absolvitur); 192-248 folgen die weiteren Strafen, an erster Stelle wieder die Geißelhiebe des Gewissens (quod diri conscia facti / mens habet attonitos et surdo verbere caedit / occultum quatiente animo tortore flagellum [„die der Frevel Bewußtsein / Stets mit Entsetzen erfüllt und zerfleischt mit heimlichen Schlägen, / Da die Geißel stumm als Peiniger foltert die Seele", Juvenal 13, 193-195]); Tag und Nacht trägt man seinen Zeugen in der eigenen Brust (198); schon der Gedanke ist eine böse Tat (209-210).

Durs Grünbein selbst sieht in der Rückkehr der Schatten und Dämonen einen Grundzug der Zeit „nach den Satiren“. Als ein vorchristliches Beispiel für Schlaflosigkeit führt er in einer Anmerkung zu *Nach den Satiren II* (222) Orest an:

> Weil er die Krankheitskeime, Mißtrauen und Mutterhaß, in sich trug wie die Zweifel des Täters, wurde ihm jeder Ort zum Exil.[16]
> Ein Überforderter (von den Pflichten der Rache wie von ihren Folgen), war er auf keiner griechischen Insel zu Hause, in keinem Hotel. Niemand verstand sein Drama, das in den Lüften spielte. Wann immer er in den Spiegel sah, tanzten hinter ihm andere, Vatergeister und Mutterdämonen. Nachts im Schlaf kämpfte er mit den Ebenbildern Elektras, der kleinen rachsüchtigen Schwester.

Orest verkörpert die Tragödie der Nachgeborenen des Krieges, die von den Geistern der Vergangenheit eingeholt werden. Der Blick dieses Helden in den Spiegel deutet an, worum es geht: nicht um buchstäbliche Auferweckung der Antike, sondern um Selbsterkenntnis.[17]

Präsenz der Antike bedeutet hier: Selbsterkenntnis der Moderne im Spiegel der Antike.

Horizontverschmelzung: Werden und Vergehen

Dabei ist die Antike für Durs Grünbein keineswegs die einzige „Spiegelfläche“, auch die italienische Renaissance und die erste Hälfte des 20. Jh. können diese Funktion erfüllen. Die historische Dimension läßt sich in die Vergangenheit, aber auch in die Zukunft erweitern: Aufschlußreich in dieser Beziehung ist die doppelte Deutung der Zerstörung Dresdens: einerseits als äußere Folgeerscheinung eines lange schon eingetretenen kulturellen Substanzverlustes,[18] andererseits als symbolische Präfiguration von Europas künftigem Untergang.[19]

Eine Vielfalt von Räumen, Zeiten und Weltanschauungen vermittelt die Erfahrung der Koexistenz unterschiedlicher Horizonte und unter Umständen ihrer wechselseitigen Durchdringung. Solche Horizontverschmelzung führt

---

16 Vgl. 46: „ein jeder sei von Geburt an ein Emigrant“ (der Gebrauch der Fremdwörter unterstreicht die Aktualität).

17 Selbsterkenntnis ist auch bei Juvenal ein Thema (11, 27); radikaler ist Grünbein, z. B. 102: „Hundert Mal tot im Traum, mit geweiteten Augen / Dir selbst beim Ertrinken begegnend, entsetzt / Vom eigenen Beileid“.

18 „Und daß die Würfel lange schon gefallen waren, / Jahrzehnte früher“ (103).

19 Vgl. außerdem 106: „Das war Europa, – und der Stier ein Hexenbesen“.

einerseits zur Erfahrung der Fremdheit in der eigenen Stadt (152), andererseits kann eine in Venedig unterm Regen imaginierte Sintflut-Vision („Aqua[20] alta" [180]), die in ihrer Paradoxie ovidische Assoziationen weckt (*Metamorphosen* 1, 295-308), über sich hinausdeutend als Erinnerung an die Fruchtwasserzeit (181) des Embryos gedeutet werden: Wasser als Leben gewährendes wie Leben zerstörendes Element! So ist die wechselseitige Bedingtheit (und daher letztendliche Untrennbarkeit) von Werden und Vergehen, Geburt und Tod durch Verwendung des gleichen Bildes (Wasser) zur Evidenz erhoben. Ständig setzt das Verschmelzen der Horizonte fesselnde sprachliche Prozesse in Gang. Mit Recht räumt Durs Grünbein nicht nur praktisch, sondern auch theoretisch z. B. der Metapher[21] einen hohen Stellenwert ein.

Stilistische Mittel wie das Oxymoron oder Paradoxon weisen in dieselbe Richtung und lassen Jahrzehnte im Zeitraffer zusammenschrumpfen: In jeder Ankunft ist das Abschiednehmen schon inbegriffen. Hier wird ein (bereits von Aristophanes parodierter) Grundgedanke des Euripides (Frg. 638,1) fortentwickelt: „Wer weiß, ob Leben nicht ein Sterben ist?" (vgl. *Kleine Litanei* [213]: „Denn von allein versteht sich, daß wir sterben, / Das ganze Leben lang"). Rilkes „Sei allem Abschied voran" weist in ähnliche Richtung. Grünbeins neuntes Sonett gibt dem Gedanken eine originelle Wendung, indem es die in unserer Anschauung des Sternenhimmels implizierte Gleichzeitigkeit von Ungleichzeitigem thematisiert – wir sehen Sterne gleichzeitig, deren Licht aus ganz unterschiedlichen Entfernungen (und damit ganz unterschiedlichen Zeiten) zu uns kommt – (192): „Hat denn das Abschiednehmen schon begonnen / Am Tag der Ankunft? War der Stern dort kalt, / Bevor Ovid[22] ihn sah?" Die Gleichzeitigkeit des Ungleichzeitigen ist als Illusion erfaßt, ebenso wie die nur scheinbare Nähe des Fernen ironisiert wird in der Vorstellung von einem „familiären All", erzeugt durch die Lichter einer Stadt. Der Zeitraffer-Effekt wird auch auf anderen Ebenen wahrgenommen:

---

20 Grünbein wählt die lateinische Schreibung (*aqua*), obwohl der Leser hier die italienische erwartet (*acqua*).

21 Zur Metapher vgl. 176: „Nur die Metapher findet von selbst hier zum nächsten, entferntesten Ziel" über Venedig; aber die Einschränkung bleibt nicht aus: „Die tausend Facetten ergeben kein Bild mehr" (ebda.). Andererseits heißt es zwei Seiten weiter, daß ein einsamer Besucher der Stadt „jäh vor der nächsten Zisterne mitten im Quattrocento steht" (als Brücken dienen hier außer der Permanenz des Alltäglichen – etwa der Rezepte der Speisen (ein unsterbliches Thema der Konversation im antiken wie modernen Italien) – auch Namen („noch die ältesten klingen frisch"). Hier wird die zeitliche Distanz durch Sinneswahrnehmung, aber auch mit sprachlichen Mitteln (Name, Metapher) aufgehoben. Der Sprache wird Lebendigkeit und Frische zugetraut.

22 Ein Autorenname als Datierungsmittel auch 96: „Hunderte Leben seit Iuvenalis".

Im Fahrstuhlschacht
Summiert die Münze ein Jahrzehnt, der Hosenknopf
Ein ganzes Leben zwischen ein, zwei Kriegen.
In Marmor (bald nach Christus) kann man sehn,
Wie auch Skelette noch umschlungen liegen
Vom Beischlaf, – wie der Totenkopf
Im Kuß ein Lächeln zeigt und ein Verstehn.

Hier erscheinen Objekte aus anderen Zeiten als Spuren und Boten ihrer Epochen, die durch sie in die Gegenwart hereinragen.[23] Das Motiv des Kusses und des Beischlafs suggeriert nicht nur die enge Wechselbeziehung von Werden und Vergehen, Liebe und Tod, sondern – dank der Erhaltung der Mumien – auch die Vorstellung von Dauer. Insofern ist die Nennung Ovids am Anfang des Sonetts mehr als nur eine Zeitangabe. Er war der Lehrer der Liebe, der lächelnd für wechselseitiges Verstehen warb und zu dessen Zielen es ja nach seiner eigenen Aussage gehörte, der Liebe Dauer zu verleihen. Durs Grünbein gibt seinem Weltbild kosmische Weite in Raum und Zeit, wie man unter anderem aus dem neunten und zehnten Sonett erkennen kann. Spielerisch deutet sich die Analogie zwischen Mikro- und Makrokosmos im zehnten Sonett an, wo ironisch eine (Nicht-) Beziehung zwischen unserem Ohrensausen und der Sphärenmusik hergestellt wird – in der Tradition Ciceros (*De re publica* 6, 18-19).

Andere Gattungen: Elegie und Sonett

Nach den Satiren: Bei Durs Grünbein besteht eine Vielfalt der Töne und Gattungen wie bei Lucilius, aber auch der Vergleich mit Horaz drängt sich auf. Horaz hatte in einem ersten Arbeitsgang die hexametrischen *Satiren* von den iambischen *Epoden* geschieden. Nach den *Epoden* kamen bei ihm die (subtileren) *Oden*, nach den *Satiren* die (stärker sublimierten) *Episteln*. Bei Durs Grünbein beobachten wir eine Parallelerscheinung: Der Zyklus *Nach den Satiren* (93-114) ist reflektierend und daktylisch[24] wie Rilkes *Duineser Elegien*,[25] Grünbeins

23 Ähnliche Erfahrungen macht er auch in Venedig: „Hier werden Szenen gemacht, die Goldoni schon sah. Wer allein / Geht, vielleicht stockt sein Schritt auf verschlafenen Plätzen, / Wenn er jäh vor der nächsten Zisterne mitten im Quattrocento steht". Treffend in *Galilei* (19): „Zeit, in der sich die Palimpseste entrollen".

24 Es wäre zwar verlockend, den „Hexametern", die nicht ganz selten entstehen, nachzugehen, doch versucht Grünbein im Prinzip, den daktylischen Rhythmus ohne Pedanterie durchzuführen.

25 Ausdrücklich z. B. 206 (in: *Denkmal für einen Fuß*).

unmittelbar daran anschließender Sonettzyklus *Nachbilder. Sonette* (184-194) ist lyrisch. In diesen beiden in Deutschland von Rilke geprägten Gattungen ist der Dialog mit dem Tod ein zentrales Thema – einmal wird Rilkes *Madame Lamort* von Grünbein ausdrücklich heraufbeschworen (175). Von den antiken Formen der Elegie ist besonders die elegische Epistel (z. B. bei Ovid in *Heroiden*,[26] *Tristia* und *Pontusbriefen* und auch bei Properz) zu nennen. Grünbein schreibt einen denkwürdigen Brief (61-63) an einen toten Dichter (ähnlich wie Ovid in *Amores* 3, 9 seinen Vorgänger in der Elegie, Tibull, verewigt).

Dialog mit dem Dämon

Der dialogische Ansatz ist freilich auch ein Erbstück der *satura*.[27] In dieser Beziehung ist Durs Grünbein tiefsinniger als Juvenal und Horaz. Während Horaz in seiner „Schwätzersatire"(1, 9) einen Karrieremacher als Gegentyp zu sich selbst aufstellt, führt Durs Grünbein Dialoge bald mit seinem eigenen Doppelgänger (109-114), bald mit seinem Dämon:[28] Das Thema „Selbsterkenntnis" wird hier in ungeahnte Höhen geführt; es ist ein Grundmotiv nicht nur des vorliegenden Gedichtbandes, sondern der römischen Satire und darüber hinaus der antiken Literatur. Der Grünbein wohlbekannte Augustinus ist dabei nur die Spitze des Eisbergs; der große Augustinus-Forscher Pierre Courcelle hat mit Recht dem Thema *Connais-toi-même dans la littérature latine* eine ganze Vorlesungsreihe gewidmet. Die römische *satura* achtet dabei weniger auf die „delphische" Selbsterkenntnis („Erkenne im Angesicht der Gottheit, daß du nur ein Mensch bist") als auf die Erkenntnis der eigenen spezifischen Fähigkeiten (im Sinne des Panaitios), um sich dann entsprechende Ziele für die eigene sittliche Entwicklung zu stecken. Selbsterkenntnis wird bei Durs Grün-

26 Zu den *Heroiden* vgl. auch *Hero und Leander* (37). An Ovids Elegie auf den toten Papagei (*Amores* 2, 6) erinnern die Verse auf die elegische Nachtigall (56), die freilich eher durch Andersens Märchen angeregt sein mögen. Ovidisch auch die Figur des Midas (210). Fast ein Ovidzitat ist „nichts verliert sich wirklich" (172; vgl. Ovid *Metamorphosen* 15, 165); daß Grünbein die Stelle kennt, ergibt sich aus *Galilei* (107): omnia mutantur, nihil interit.

27 Voraus geht unter anderem die Diatribe, eine im einzelnen freilich recht umstrittene Gattung popularphilosophischer Predigt.

28 Grünbein spricht in einem Aufsatz von „dem Diktat eines persönlichen Dämon vom Typ des Sokratischen" (*Galilei* [18]). Anderwärts ist bei ihm Einfluß auch der russischen Literatur möglich; man denkt insbesondere an Lermontovs berühmtes Werk *Dämon.* Zur Einwirkung Mandelstams vgl. *Galilei* (26).

bein, wie wir gesehen haben, insbesondere als Erkenntnis des physischen Körpers geübt. Damit kehrt unser Autor in gewissem Sinne, wenn auch weitgehend ohne theologischen Überbau, zu dem delphischen Ernstnehmen der *condition humaine* zurück.

Das „genaue Wort"

Horaz hatte das Thema Selbsterkenntnis unter anderem auch mit der schriftstellerischen Tätigkeit in Verbindung gebracht, vor allem im Zusammenhang mit der Wahl des zu behandelnden Gegenstandes (*Ars poetica* 39-40: „Wägt erst lange ab, was eure Schultern tragen können und was nicht" [quid ferre recusent, / quid valeant umeri]). Durs Grünbein übt als Schriftsteller diese Art der Selbsterkenntnis auf verschiedenen Gebieten: Ein wichtiger Aspekt ist die „Genauigkeit" der Sprache. Unser Autor spricht treffend von dem „genaue[n] Wort" (*Kosmopolit* [85]). „Exaktheit" in diesem Sinne ist kein Privileg der Naturwissenschaften, gerade bei einem Dichter, der ja ein Analytiker seiner Zeit ist, bildet diese Eigenschaft der Sprachbehandlung ein hohes Qualitätskriterium. Die Vorliebe für „Genauigkeit" im Ausdruck verbindet Grünbein übrigens mit Puschkin,[29] in dessen literaturtheoretischen Äußerungen sie ein Hauptbegriff ist; und mit Baudelaire, dessen Hetzjagd auf die „Phrase" (das journalistische und politische Zerrbild eines verantwortlichen Umgangs mit der Sprache) Durs Grünbein ausdrücklich erwähnt (*Daguerreotypie Baudelaire* [87] und *Memorandum* [86]). Daß auch große Worte, wenn sie gedankenlos nachgeplappert werden, zu Inflationsgeld verkommen, zeigt entlarvend die Collage antiker Kernsprüche bei Grünbein. Seneca (*Epistulae morales* 108, 35-38) hat zitierwütige Moralprediger ohne Moral mit Steuermännern verglichen, die im Ernstfall seekrank werden.

Genauigkeit muß man übrigens auch seinem Umgang mit fremden Texten attestieren. Davon zeugen seine Übersetzungen (die hier nicht im Detail be-

29 In einem Aufsatz spricht Grünbein „von plötzlicher und genauer Leuchtkraft im Wort" (*Galilei* [16]); geistreich nennt er die Stimme des Gedichts „präzise, doch ungenau", ebda. 268. Zu Puschkin siehe v. Albrecht (1998) 220. Für unseren Zusammenhang entscheidend freilich *Galilei* (92): „Beim Rezitieren lateinischer Klassiker entdeckte er seine Vorlieben (sic) für den nüchternen, klaren Ausdruck". Und ebda.: „Seine Neigung zum Klassischen, zu einer organischen Klarheit selbst noch der Schatten, macht ihn zum scharfen Beobachter". So würdigt Grünbein besonders Lukrez (den er in der Übersetzung von Hermann Diels liest: *Galilei* [112]) als Beobachter (z. B. *Galilei* [106]).

sprochen werden können),[30] aber auch z. B. seine freie Umgestaltung von Hadrians *Animula vagula blandula* (60).

Man vergleiche seine dem Original[31] recht nahe Übersetzung mit der eigenen Variation:

Nach Hadrian

Du schweifendes schmeichelndes Seelchen
Gast meines Körpers, Begleiter
In welche Fernen zieht es dich jetzt
So nackt und so blaß und schon steif
Und die fröhliche Zeit ist vorbei.

---

30 Seine Übersetzung von Leopardis *L'infinito* ist geradezu wörtlich, wenn auch durch einige absichtliche Verstöße gegen die deutsche Grammatik zur Parodie verfremdet. Will der Verfasser dadurch andeuten, daß der Sprecher des Gedichts sich angesichts des Unendlichen in einer ihm fremden Umgebung befindet? Das würde gut mit der Situation des unmittelbar vorausgehenden Gedichts *Chamäleon im Spiegel* (140-141) übereinstimmen, einer Situation des Entfremdetseins: „Doch dem einen mißlingt, ihm allein, was selbst Einzellern glückt. / Er sitzt auf dem Sprung bis zuletzt, ihn beirrt, was ihn anblickt. / Und er fragt sich, er fragt sich. Warum bin ich nur hier zerstückt?" (141). Der Sprecher des hierauf folgenden Gedichts *Uomo finito* (etwa: „Mensch am Ende") stammelt in einer Sprache, die noch nicht (oder nicht mehr) die seine ist (das „Noch nicht" würde dem Text eine Note kindlich rührender Unbeholfenheit verleihen, das „Nicht mehr" aber würde zu dem ins Gegenteil veränderten Titel [statt „*L'infinito*" jetzt „*Uomo finito*"] passen. Der Verlust der Grammatik wäre dann ein Symptom des Verfalls zerebraler Funktionen [„und so ersäuft / Gedanke mir"]. Dennoch ist die Wiedergabe recht wortgetreu.). Ab und zu freilich gewinnt die Suche nach Untertönen die Oberhand über das Prinzip der Genauigkeit. So etwa, wenn von „profunder Ruhe" die Rede ist, um das italienische profondissima wiederzugeben. Dabei hat (außer den Vokalen O und U) der Wunsch, das Gefühl der „Fremdheit" zu erzeugen, offenbar den Ausschlag gegeben. Hinzu kommt jedoch (wohl nicht ganz unfreiwillig) die im Deutschen vorherrschende semantische Assoziation (profund = „tiefsinnig, gründlich", übrigens in engem Bezug zur Intention Leopardis, der, wie aus dem Zusammenhang seines Lebenswerkes zu vermuten, die wissenschaftliche Kontemplation des Alls im Sinne hatte, also das Gegenteil des von Durs Grünbein vermutlich karikierten intellektuellen Verfalls). Vom Original und von der deutschen Sprache her läge freilich „die tiefste Ruhe" viel näher. Hier strebt Grünbein nach starkem Oberflächenreiz, um den Leser zum Nachdenken anzuregen. Eine ähnliche Funktion der Denkbelebung des Lesers haben sonst ungewöhnlich farbige Ausdrücke (in demselben Gedicht „ersäuft" für *s'annega*) sowie Anachronismen, die er in anderen Fällen bewußt einstreut. So, wenn er Kaiser Tiberius „die römischen Flugzeugträger" in Marsch setzen läßt (219). Auch in den *Persern* verwendet Grünbein diese interessante Technik (s. den Schluß des vorliegenden Aufsatzes).

31 Den lateinischen Text zitiert Grünbein in seinen *Anmerkungen* (220): Animula vagula blandula / Hospes comesque corporis / Quae nunc abibis in loca / Pallidula rigida nudula / Nec ut soles dabis iocos.

Und nun Durs Grünbeins freie Nachgestaltung:

Die erste Nacht kalt auf dem Friedhof,
Umgeben von Lemuren, Toter,
Wie fühlt man sich im Erdreich und allein
Im engen Sarg nachdem die Trauergäste
Zurückgekehrt sind in ihr Leben,
Wie fühlt man sich so jung im Tod.

Zuerst gibt Durs Grünbein eine zugleich treue und schöne Übersetzung (die freilich bezeichnenderweise die „Orte", an welche die Seele *gehen wird*, subjektiviert: „in welche Fernen *zieht es dich* jetzt" und in der Schlußzeile den Ton verschärft, um die Endgültigkeit des Todes fühlen zu lassen). Daneben setzt er stolz-bescheiden seine eigene Variation, in der trotz der Nähe zur Vorlage die Perspektive radikal verändert ist: Hadrian befaßt sich mit dem Schicksal der Seele nach dem Tode, Durs Grünbein bleibt seiner Konzentration auf den menschlichen Körper treu:[32] „Wie fühlt man sich im Erdreich und allein / Im engen Sarg". Darüber hinaus wird die Radikalität der Veränderung im Tod durch nicht alltägliche sprachliche Mittel fühlbar gemacht: Was die Trauergäste (und wir) „Leben" nennen, wird abwertend „ihr Leben" genannt; besonders kühn und von starker poetischer Wirkung ist die Umkehrung tradierter Vorstellungen in den Worten: „so jung im Tod". In der Weise der Renaissancedichter dokumentiert Durs Grünbein seine Originalität, indem er seinem Text die Vorlage beigibt, also deren genaue Kenntnis voraussetzt. Damit gewinnt er den Originalitätsbegriff der Antike und der Renaissance zurück: Die Selbständigkeit des modernen Autors wird dann am deutlichsten ablesbar, wenn er sich mit einem dem Leser bekannten Text Wort für Wort auseinandersetzt.

Der beabsichtigte Kontrast zwischen solch sublimem Dialog über die Zeiten hinweg und dem brutalen Alltag unserer Großstädte, wo „ein Messer die Worte abfängt" (96), läßt indirekt den hohen Wert des Wortes als Humanum erkennen: Ist es doch die einzig menschenwürdige Waffe.

„Sammlertum" des Dichters

In den Zusammenhang des „präzisen" Sprechens gehört insbesondere auch das „Sammeln" als Tätigkeit des Dichters. Es ist dies kein beliebiges Sammeln, sondern eine ständige Schulung des Blicks für das sprechende Detail. Genau ge-

32 *Heiner Müller, auf dann … Drei Blätter*, Nr. III (60).

nommen – und man muß in solchen Dingen genau sein – ist sein Sammlertum kein Zeichen der Unselbständigkeit, sondern geradezu das Gegenteil des Epigonentums. Übernimmt doch der Epigone fertige Ausdrücke und Klischees vom Vorgänger. Der Sammler im Sinne Grünbeins hingegen faßt einen Gegenstand in den Blick und versucht, dessen Sprache zu verstehen und dessen Botschaft zu lesen (wenn auch oft ohne abschließenden Erfolg: eine mystische Hypostasierung der „Dinge" liegt Durs Grünbein ja fern).[33] Doch immerhin wird der Gegenstand zum Zeugen einer früheren Epoche in unserer Gegenwart. Das Erstaunliche an der Welt, in der wir leben, ist die gleichzeitige Anwesenheit von Zeugnissen ganz verschiedener Zeiten in unserer Wahrnehmung, nicht die keimfreie Rekonstruktion eines Ausschnitts (etwa der „Antike"). Was zählt, ist die Zusammenschau in der Perspektive des Individuums. (Daß das lyrische Ich sich dabei vervielfacht, ist ein anderes Problem. Durs Grünbein geht darauf in einer erhellenden Anmerkung ein, die das Herz moderner Literaturwissenschaftler höher schlagen läßt).[34]

Die Antike ist in diese umfassende Präsenz unterschiedlicher Zeiten, Räume, Kulturen eingebunden, sie kommt zur Sprache und zum Sprechen, indem sie im Bewußtsein des Sprechers präsent wird. Ist dies etwa weniger als die phantasmagorische Auferstehung der alten Römer, wie sie der Betrunkene in dem eingangs zitierten Gedicht erträumt? Nein, es ist mehr, weil diese Präsenz Bestandteil eines eigenen Universums ist, in dessen Mitte das Bewußtsein des dichterischen Individuums steht. Gewiß, es ist ein erweitertes und über das Private hinausgehendes Bewußtsein, aber eben doch in einem bestimmten Dichterindividuum verankert, das seinen Horizont erweitert, um unterschiedliche Räume und Zeiten in einer jeweils einmaligen Synopse zu überschauen.

---

33 Er wendet sich (überzeugend) gegen *lacrimae rerum* (Vergil *Aeneis* 1, 462) in einem aktiven Sinne (210); doch geht es in dem Vergilzitat nicht um Gegenstände; es ist wohl zu verstehen: „Die (menschlichen) Dinge finden ihre Beweinung". Vielleicht denkt Durs Grünbein auch an C. F. Meyers Deutung „daß man die menschlichen Dinge nicht zu stark pressen soll; denn sie sind innerhalb voller Tränen" (*Der Heilige*, Kap. 8, hist.-krit. Ausgabe, Band 13, 86). Ganz vergilisch hingegen beobachtet Durs Grünbein (ebda.) die Präsenz der Dinge (Gegenstände) in dramatischen Situationen (ausgewertet von den antiken Dramatikern und Vergil: Dido tötet sich mit dem Schwert des Aeneas; ein Helm oder ein Wehrgeschenk verraten ihre Träger usw.): Gegenstände als „Erinnerungs-Mittel" (*monu-menta*). (Übrigens setzt sich Durs Grünbein auch mit Ciceros Mnemotechnik auseinander (*Galilei* [23], Cicero *De Oratore* [dort zitiert als *„über die Redner"*] 2, 331-357). Nach dem Prinzip *res, non verba* (209) geht für Durs Grünbein die Inspiration für seine auf Antikes bezogenen Gedichte vielfach von Gegenständen aus (*Ostrakon Dresden 1284* [217]). Ähnliches beobachtet Ernst Zinn zu Rilke (Zinn 1994, 340).

34 „Apropos Ich" … „Was aber, wenn sich, wie so oft im Gedicht, jedesmal ein Anderer dahinter verbirgt? Ein altes Ich, ein neuer Ton, was weiß die Stimme schon davon?"

Lebendige Sprache: gegen Phrase und Ignoranz

Von hier aus fällt auch Licht auf das Problem, ob Dichtung in unserer Zeit noch eine Daseinsberechtigung hat, ja überhaupt noch möglich ist. Juvenal sah einerseits ein Übel, das die Literatur von innen bedrohte: die Lügenhaftigkeit der traditionellen mythologischen Kunstpoesie. Zum anderen sah er eine äußere Gefahr: Das Schwinden des kaiserlichen Mäzenatentums gefährdete die Existenzgrundlage der Dichter. Das innere Übel glaubte er durch seine dem Alltagsleben zugewandte Weltdichtung noch einmal bannen zu können; was aber die materielle Not betraf, erwies sich sein Pessimismus als zutreffend, und sein Ruf verhallte letztlich ungehört. Später kämpfte Baudelaire gegen die mit dem Aufschwung der Presse hereinbrechende Allmacht der Phrase. Grünbein (86 und 87) beobachtet und würdigt diesen Kampf des französischen Dichters, der letztendlich selbst in Aphasie verfiel, und symbolisiert in seiner Leopardi-Nachbildung mit ihrem Bröckeln der Grammatik vielleicht auch das Stoßen an diese Grenze (142). Dennoch ist Grünbein von der Lebenskraft der Poesie auch in unserer Gegenwart überzeugt. Seine Dichtungen bekunden den Sieg der lebendigen Sprache über die hohle Phrase. Präsenz der Antike heißt für ihn nicht tote museale Bildung, sondern Lebendigkeit des Sprechens, frei von den Symptomen sprachlicher Vergreisung, wie sie in den gedankenlosen Klischees der Politik und der Werbung allenthalben um sich greift. Sein Wort stützt sich auf ein genaues Sehen und Hören der simultan in unserem Bewußtsein präsenten Zeugen unterschiedlicher Räume, Zeiten und Kulturen. Beobachtet mit den feinen Sinnesorganen des Dichters, der gerne von „Fühlern" spricht, und wahrgenommen mit einem eindringenden Verstehen, dem es trotz seiner Luzidität nicht an menschlicher Wärme[35] fehlt, werden sie zum Bestandteil eines sprachlich-musikalischen Universums, das sich im wachen Bewußtsein des Individuums ständig neu konfiguriert. Dabei ist es die Aktualität der Sprache, die zwischen einander scheinbar fernliegenden Epochen innere Beziehungen herstellt – dies der Sinn der sogenannten Anachronismen, etwa wenn in den *Persern* von der „großen Armee" oder dem „Kabinett", in dem Buch *Nach den Satiren* im Zusammenhang mit Antikem von „Hotels" oder „Flugzeugträgern" die Rede ist oder umgekehrt im modernen Venedig von aufgehängten Strümp-

35 Positiv besetzte Vokabeln sind z. B.: das Warme, Weiche (105; vgl. Juvenal 15, 132), Grazie (163; 164), das intime Wort (68), Psyches Stimme (187), stilles Begreifen (195), Traum (101; 141; 158; 165; 191; vgl. Schlaf, der das feinste ist 193); Fühler (93; 194); Entzücken (185). Solche Wörter wirken kostbar, da sie höchst sparsam verwendet sind.

fen „aufgeklärter Nymphen“ (168).[36] Fließend sind die Grenzen zwischen der Niederlage des Xerxes in Griechenland (*Die Perser*), den römischen Mißerfolgen in Germanien (14-15), Napoleons und Hitlers Scheitern in Rußland (*Transpolonaise* [154-158]: „Vielleicht ist es wieder September. Ein frischer Weltkriegstag macht sich / Über wehrlose Landschaften her“), der Zerstörung Dresdens durch alliierte Bomber und dem künftigen Untergang eines allzu langsam lernenden Europa (143-153). Einen noch weiteren zeitlichen Rahmen als die historische Überlieferung bilden die größeren Zeiträume der Geologie, Astronomie (192) und der Abstammungslehre.[37] Und doch: Wie weit sind wir von den übrigen Primaten entfernt?

Das ständige Ringen des Dichters um Selbsterkenntnis (wohltuend frei von Programmatik) umfaßt die Analyse der Physis, aber auch der geschichtlichen Erfahrungen. In Durs Grünbeins poetischer Welt bilden Griechenland und vor allem Rom eine Facette innerhalb der generellen Präsenz von Vergangenheit, Gegenwart und Zukunft im individuellen Bewußtsein (*Aporie Augustinus [Über die Zeit]* [33-36]). Der spezifische Beitrag der Antike in diesem Zusammenhang ist ein intellektueller[38] und emanzipatorischer,[39] und unser Autor (dem plattes Moralisieren fern liegt) weiß, warum er auf diese Komponenten unserer Zivilisation sein Vertrauen setzt.

Literaturverzeichnis

Albrecht, Michael von: Rom: Spiegel Europas, Tübingen ^{2}1998.

Grünbein, Durs: Galilei vermißt Dantes Hölle und bleibt an den Maßen hängen. Aufsätze 1989-1995, Frankfurt am Main 1996.

Grünbein, Durs: Nach den Satiren, Frankfurt am Main 1999.

Grünbein, Durs: Schädelbasislektion, Frankfurt am Main 1991.

Meyer, Conrad Ferdinand: Sämtliche Werke, Historisch-Kritische Ausgabe, Band 13, Bern 1958-1996.

Zinn, Ernst: Viva Vox. Römische Klassik und deutsche Dichtung, Frankfurt am Main 1994.

---

36 Dem Kranken erscheint die Ärztin als „Athene“, die Operationsschwester als „Nausikaa mit dem Silberbesteck“ (69); Reisen als „Vorgeschmack der Hölle“ (85) ist ein altehrwürdiges Thema, für das Horaz in *Satiren* 1, 5 Belege liefert, im Vergleich mit denen die von Grünbein beklagten modernen Formen des Reisens geradezu paradiesisch erscheinen. Zur Verurteilung unsteten Reisens s. z. B. Seneca *Epistulae morales* 2. Der Ursprung des Sprichworts wird in den „Bars von Atlantis“ (85) lokalisiert. Falls mit „Atlantis“ Amerika gemeint ist, liegt hier der umgekehrte Typus der Übertragung vor wie bei den altrömischen „Flugzeugträgern“.

37 110-111.

38 „Nichts war so schmerzhaft / Wie Ignoranz“ (102).

39 „Wenn alles zuwächst, / … / Ist es der Vers, der ins Freie zeigt“ (63).

Peter Hacks

Iphigenie, oder: Über die Wiederverwendung von Mythen (1963).
In: Die Maßgabe der Kunst, Düsseldorf 1977, 104-106.

1

Der Witz ist, daß Klytemnestra Recht hatte. Agamemnon hatte ihr den ersten Mann erschlagen, das neugeborene Kind von der Brust weg umgebracht und sie zur Heirat gezwungen. Hiernach hatte er ihre Tochter Iphigenie anläßlich irgendeines albernen Wetterzaubers zerstückelt und war, angeblich aus Gründen der Ehre, zehn Jahre lang verreist; zurück endlich kam er mit einer Geliebten namens Kassandra und einem Paar Zwillinge, die er derselben schon gemacht hatte. Es ist ziemlich folgerichtig, daß Klytemnestra sich mit einem Cousin Agamemnons, der ohnehin mit ihm in Erbstreitigkeiten lag, zusammentat und die unerquickliche Ehe, den Gepflogenheiten der Zeit entsprechend, auflöste. Die Zeitgenossen standen auf ihrer Seite und nicht auf der Seite ihres Sohnes Orest, der sie tötete. Der originale Mythos endet billigerweise mit der Schlachtung des Orest durch seine wieder ins Leben gebrachte Schwester Iphigenie.

2

Die auf uns gekommene Version, der zufolge Orest der Ehebrecherin den verdienten Lohn erteilt und dann mit Iphigeniens Hilfe davon kommt, ist eine Propagandafassung, in die Welt gesetzt von Ideologen der Männerherrschaft. Für sie war der Muttermörder eine Art patriarchalischer Revolutionär.

3

Goethes Fabel hält sich an diese jüngste Fassung. Der von den Erinyen gejagte Orest trifft seine zu den Tauriern verschlagene Schwester, wird durch sie entschuldigt und nach Griechenland gerettet. (Dem alten Barbarenkönig Thoas, dessen Altar stets blutig ist, spielt Goethe glimpflicher mit als die Vorlage. Er wird von den Geschwistern nicht mehr bestohlen und erschlagen, sondern durch den kühnen Vorschlag abstrakt ethischen Verhaltens dupiert und, wie es den Anschein hat, gebessert).

4

So benutzt Goethe zur Demonstration seiner Meinung, daß die Weiber menschenähnlicher seien als die Männer, die weiberfeindliche Spielart der Mythe. Das ist erwähnenswert: nicht, weil es kurios ist, sondern weil es über die Rolle von Mythen in nachmythischer Zeit Auskunft gibt. Der dauernde Wert einer Mythe hängt nicht ab von ihrer ursprünglichen Bedeutung.

5

Alle Geschichten über das Haus Tantalos sind ursprünglich Geschichten über die Durchsetzung des Vaterrechts. Die patriarchalischen Griechen hatten mit der matriarchalischen Urbevölkerung einen religiösen (also juristischen) Kompromiß schließen müssen, den sie erst mit Tricks, später mit Gewalt zugunsten der Männer aufhoben. Vom Sonnentitanen Tantalos und dem Pferdekönig Pelops bis zum freigesprochenen Muttermörder Orest dreht es sich immer um dieselbe Sache, die Emanzipation des Mannes. Wir haben das vergessen. Schon die antiken Kommentatoren hatten es vergessen.

6

Aus den Mythen wurden Legenden, aus den Legenden Gedichte. Dennoch unterscheiden sich Anekdoten, die im Mythos wurzeln, von Anekdoten zufälligerer Herkunft. Sie sind kollektiv geschrieben, von Leuten mit rauhen, harmlosen Seelen. Sie sind stabil, bis zur Formel gemeißelt und inhaltlich kompromißlos. Man kann sie nicht individualisieren und schon gar nicht psychologisieren. Sie wollen immer auf Großes hinaus.

7

Tantalos zeugte den Pelops. Pelops zeugte den Atreus und den Thyestes. Atreus zeugte den Agamemnon, Agamemnon den Orest. In den unmittelbaren Begebenheiten dieser fünf Herren ereigneten sich die Schlachtung und Verspeisung von 6 Knaben, der Diebstahl 1 goldenen Hundes und 1 goldenen Lammes, 2 der klassischen und beispielgebenden Fälle von Homosexualität, 2 Schändungen von Töchtern durch ihre Väter, 1 Vatermord, 1 Muttermord, 1 Gattenmord, 1 Tochtermord, nicht zu rechnen Selbstmorde, Ehebrüche und minder intime Bluttaten unter Verwandten zweiten oder noch entfernteren Grades. Solche Vorfälle heimeln auch den modernen Leser an und gewähren ihm Befriedigung.

8

Nämlich, und das ist der Punkt, auf den die Überlegung hinaussoll, begreifen wir die Bilder der magischen Epoche nicht historisch, sondern poetisch. Das

Abgebildete ist vergangen, die Abbildungen blieben; und wir erkennen uns, obgleich sie nicht von uns gemacht sind, in ihnen wieder. Ein so heftiges wie privates Interesse beispielsweise nahm Goethe an der Figur des Tantalos. In seinem Schicksal sah er das Schicksal des Genies am Hof der Mächtigen: es wird rascher als alle erhoben und gründlicher als alle vernichtet.

9

Das Haus des Tantalos, das ist die Menschheit. Seine Greuel, das sind die Greuel der Klassengesellschaft. Ihr angeerbter Fluch ist das Eigentum, das sich, wie bekanntlich die böse Tat, ständig reproduziert.

10

Große Widersprüche verlangen große Lösungen, den Sozialismus etwa. Goethes Lösung, die Wahrheitsliebe der Iphigenie, mag, konkret genommen, nicht sonderlich geschickt erscheinen. Symbolisch verstanden aber entspricht sie der Höhe und Würde des Gegenstandes; sie meint ja nicht weniger als die menschlich aktive Utopie, den utopischen Akt der Menschlichkeit.

Frank Stucke

Antikerezeption bei Peter Hacks oder:
Erinnerung an die Zukunft

Der Rückgriff auf die Antike in Form von Adaptionen antiker Dramenvorlagen und der Verarbeitung mythologischer oder literarischer Stoffe ist schon rein quantitativ ein auffälliges Phänomen, sowohl im dramatischen Werk von Peter Hacks,[1] wie in der DDR-Dramatik überhaupt.

Am Anfang dieser Entwicklung steht Hacks' Bearbeitung von Aristophanes' Komödie *Der Frieden*. Der außerordentliche Erfolg, den dieses 1962 von Benno Besson am Deutschen Theater in Berlin uraufgeführte Stück hatte, dürfte der Antikerezeption auf dem DDR-Theater zumindest erheblichen Auftrieb gegeben haben, sofern er ihr nicht überhaupt zum Durchbruch verholfen hat.

Dabei ist Hacks' Umgang mit antiken Vorlagen nicht unbedingt repräsentativ; sein Interesse an den antiken Stoffen und Gestaltungsmitteln deckt sich nur partiell mit dem anderer Autoren wie etwa Heiner Müller, Volker Braun, Joachim Knauth, Hartmut Lange, Karl Mickel oder Stefan Schütz, um nur einige der wichtigsten zu nennen. Wenn man das Spektrum der Antikerezeption in der DDR-Dramatik ausmißt, stellt Hacks einen Pol dar; der Gegenpol wäre Heiner Müller. Volker Braun hat diese beiden Pole einmal folgendermaßen charakterisiert:

1 Den Schwerpunkt in Hacks' dramatischer Antikerezeption bildet die griechische Antike mit den Stücken *Der Frieden. Komödie nach Aristophanes* (1962), *Die schöne Helena. Operette für Schauspieler, nach Meilhac und Halévy* (1964), *Amphitryon* (1967), *Omphale* (1969), *Die Vögel. Komödie nach Aristophanes* (1973), *Pandora. Drama nach J. W. Goethe* (1979), *Der Geldgott. Komödie nach Aristophanes* (1992) und *Orpheus in der Unterwelt. Operette für Schauspieler, nach Calzabigi, Crémieux und Halévy* (1995). Einen Stoff aus der römischen Antike greift Hacks in *Senecas Tod* (1977) auf. Daneben finden sich antike Motive auch in zahlreichen Gedichten von Hacks. Die Auseinandersetzung mit der Antike und ihrer Rezeption beschäftigt Hacks auch in seinen theoretischen Essays, wobei sich dies nicht auf die eigene Arbeit beschränkt, sondern beispielsweise auch eine ausführliche *Kritik zu Käthe Hamburgers Buch „Von Sophokles zu Sartre"* oder Überlegungen zur Übersetzung griechischer Chorlieder im *Arion*-Essay einschließt.

> Freilich ist es möglich, so weit vorzugreifen, daß einem die Realität nicht mehr dazwischenkommt, und ich sehe diesen anmutigen Weg jetzt von dem glänzenden Hacks beschritten. (...) Oder es ist möglich, zurückzugreifen in die schneidenden Fesseln der Vorgeschichte und ziemlich in ihr die Realität zu sehn, und das ist der harte Gang des großartigen Müller.[2]

Was aber hat das bei Hacks konstatierte weite Vorgreifen mit dem Rückgriff auf die Antike zu tun? Bevor ich darauf am Beispiel der dramatischen Praxis eingehe, möchte ich zunächst referieren, welches Antike-Bild Hacks in seinen theoretischen Essays vermittelt, und wie er den Rückgriff auf antike Stoffe ästhetisch-programmatisch begründet.

In Hacks' theoretischen Äußerungen finden sich durchaus Passagen, die eine historisch-kritische Sicht auf die Antike und die Funktion der überlieferten Mythen zeigen. So schreibt er in dem Essay *Iphigenie, oder: Über die Wiederverwendung von Mythen* (1963): „Alle Geschichten über das Haus Tantalos sind ursprünglich Geschichten über die Durchsetzung des Vaterrechts",[3] und interpretiert entsprechend die „auf uns gekommene Version" des Mythos ideologiekritisch als „Propagandafassung, in die Welt gesetzt von Ideologen der Männerherrschaft".[4] Auch der dunklen, blutrünstigen und gewalttätigen Seite der Mythen, der in sie eingeschriebenen barbarischen Vorgeschichte der abendländischen Zivilisation, ist sich Hacks wohl bewußt, wenn er den Tantaliden-Mythos ironisch pointiert als beachtliche Anhäufung von Verbrechen unter nahen Verwandten bilanziert:

> Tantalos zeugte den Pelops. Pelops zeugte den Atreus und den Thyestes. Atreus zeugte den Agamemnon, Agamemnon den Orest In den unmittelbaren Begebenheiten dieser fünf Herren ereigneten sich die Schlachtung und Verspeisung von 6 Knaben, der Diebstahl 1 goldenen Hundes und 1 goldenen Lammes, 2 der klassischen und beispielgebenden Fälle von Homosexualität, 2 Schändungen von Töchtern durch ihre Väter, 1 Vatermord, 1 Muttermord, 1 Gattenmord, 1 Tochtermord, nicht zu rechnen Selbstmorde, Ehebrüche und minder intime Bluttaten unter Verwandten zweiten oder noch entfernteren Grades.[5]

Hacks, der in seinen frühen, an Brecht geschulten Stücken, historische Vorlagen in aufklärerischer Absicht kritisch umfunktionierte, hätte also auch seiner Bearbeitung antiker Stoffe einen historisch-kritischen Standpunkt zugrunde

---

2 Braun (1979) 38f.
3 Hacks (1977) 105.
4 Hacks (1977) 104.
5 Hacks (1977) 106.

legen können. Ein mögliches Vorbild wäre dann Brechts *Antigone*-Bearbeitung gewesen. Doch „Durchrationalisierung", die Entmythologisierung durch Eliminierung des Schicksalsgedankens oder des Wirkens göttlicher Kräfte zugunsten der Herausarbeitung der in den Mythen enthaltenen sozialen und politischen Konstellationen, interessiert Hacks ebensowenig wie die in Brechts Gedicht *Fragen eines lesenden Arbeiters* angesprochene Lage der unteren Schichten in der antiken Sklavenhaltergesellschaft. Auch das Problem möglicher historischer Kontinuitäten spielt in Hacks' Antikerezeption keine Rolle. Ob und wie jene Konflikte und Widersprüche weiterwirken, die mit Entstehen der abendländischen Zivilisation und Rationalität und mit dem Eintritt in die Klassengesellschaft aufbrechen, – etwa im Sinne der *Dialektik der Aufklärung* – ist eine Frage, die Hacks ganz und gar Heiner Müller und anderen überläßt. Hacks' Interesse an der antiken Literatur gilt etwas als zeitlos gültig angesehenem: ihrem poetischen und utopischen Gehalt. Entsprechend heißt es gegen Ende des *Iphigenie*-Essays:

> Nämlich, und das ist der Punkt, auf den die Überlegung hinaussoll, begreifen wir die Bilder der magischen Epoche nicht historisch, sondern poetisch. Das Abgebildete ist vergangen, die Abbildungen blieben; und wir erkennen uns, obgleich sie nicht von uns gemacht sind, in ihnen wieder.[6]

Klingen hier deutlich Bezüge zum Antike-Bild der Weimarer Klassik an, so wird an anderer Stelle, in dem Aufsatz *Über den Fortschritt in der Kunst* (1976), auf Marx' ähnlich positives Bild der griechischen Antike verwiesen, um deren andauernde Bedeutung für die Gegenwart zu rechtfertigen:

> Die ästhetisch ausgedrückten Hoffnungen der Alten gehen uns in dreierlei Hinsicht an. Sie bestätigen unsere Hoffnungen, sofern sie ihnen ähneln. Sie ergänzen unsere Hoffnungen, wo sie ihnen nicht ähneln. Sie ermuntern uns allein schon vermöge der Kraft zur ästhetischen Fertigkeit: als Utopie des Gutgemachten. Wir benutzen das Wort ‚Erinnern' hier im Sinn von ‚Im-Kopf-Lebendighalten' der Zukunft, aber zugleich auch im gebräuchlicheren Sinn: wenn wir uns, wie Marx, gern an die Griechen erinnern, erinnern wir uns an eine verlorene Hoffnung, also an eine – vielleicht in erhöhter Form – wiederzufindende.[7]

Hacks bezieht sich damit auf jene Passage der *Einleitung zur Kritik der politischen Ökonomie*, in der Marx das antike Griechenland zur „geschichtliche[n] Kindheit der Menschheit, wo sie am schönsten entfaltet"[8] sei, erklärt. Daran

6 Hacks (1977) 106.
7 Hacks (1977) 248.
8 Marx (1971) 642.

anknüpfend stellt Hacks eine Verbindung zwischen Antike und Gegenwart her, die gleichsam nicht durch die Geschichte erfolgt, sondern über die Geschichte hinweg, wobei er mit Geschichte die Geschichte der Klassenkämpfe meint. Als deren Anfangs- und Endpunkte bestimmt er die Antike und den für die DDR-Gegenwart reklamierten Sozialismus. Gemeinsam sei beiden das Fehlen antagonistischer, „mörderischer" Klassengegensätze. So heißt es in *Götter, welch ein Held!* (1964), dem Kommentar zum *Frieden*:

> Die Griechen haben schon das Oben und Unten der Klassen; sie stellen schon Fragen, die wir noch stellen, und wie alle, die einer Frage zum erstenmal begegnen, stellen sie sie besonders frisch und eindringlich. Aber ihre Klassenverhältnisse sind noch wenig entwickelt, gemütlich, überschaubar. (...) Die Welt Athens ist zerrissen genug für die Tragödie, harmonisch genug für die Komödie, zerrissen und harmonisch genug für äußerste Kunst. (...) Aristophanes, der nicht wiederholbare, bewegt unser Herz zum äußersten Entzücken. Wir, die wir ein heiteres Ende herbeizuführen bemüht sind, zehren von der Kraft und Fröhlichkeit des Dichters für den ein heiteres Ende vorstellbar war. In den Anfängen spüren wir den Hauch der Zukunft, in der beschränkten Idylle die Vorwegnahme der unendlichen Utopie.[9]

Abgesehen davon, daß Hacks' Akzentuierung des heiteren Endes auch seine Vorliebe für die Verarbeitung antiker Stoffe als Komödien erklärt, ist es kein Zufall, daß er die hier konstruierte Analogie des ‚noch möglich' und ‚wieder möglich' auf die beiden Punkte ‚große Kunst' und ‚Utopie' bezieht, denn diese haben zentralen Stellenwert in seinem um 1960 entwickelten Programm einer „sozialistischen Klassik".[10]

Zur Prämisse dieser ästhetischen Neuorientierung machte Hacks die Annahme, in der DDR sei nunmehr der „postrevolutionäre" Zustand einer sozialistischen Gesellschaft ohne antagonistische Widersprüche erreicht. Er verabschiedet sich damit von den eigenen früheren Positionen – und auch von seinem Vorbild Brecht –, indem er die Aufgabe der Kunst im Sozialismus nicht mehr darin sieht, kritisch über die Negativität der Verhältnisse aufzuklären, sondern zur Humanisierung der Gesellschaft durch Darstellung positiver Möglichkeiten beizutragen. Die Kunst solle als „Vorschlag eines unentfremdeten, produktiven, freien, bewältigten, durch gegenwirkende Interessen nicht mehr entzweiten Lebens"[11] verstanden werden. Als Gegenstand der Kunst im Sozialismus

9 Hacks (1977) 343f.

10 Dieses Programm entwickelt Hacks vor allem in den theoretischen Äußerungen der Jahre 1959 bis 1966, die 1972 in dem Essay-Band *Das Poetische* gesammelt vorgelegt wurden. Wiederabgedruckt in: Hacks (1977) 45-161.

11 Hacks (1977) 45.

bestimmt Hacks „das Verhältnis der Utopie zur Realität“[12] und nennt als Gestaltungsmöglichkeit dafür vor allem die Beschreibung von Sinnlichkeit „in ihrem dreifachen Wesen als statthabendes Glück, Störung der Ordnung und Vorwegnahme der Utopie“[13].

Für den Dramatiker gelte es daher, an der „Auffindung großer Stoffe und an den artistischen Mitteln großer Darstellung“[14] zu arbeiten. Als solche Mittel nennt Hacks „Artistik, Glanz, Phantasie“[15] und die Verwendung des dramatischen Verses.

Die Absicht, den Glauben an die Humanisierbarkeit der Welt durch den Gebrauch „schöner, großer Formen“[16] zum Ausdruck zu bringen, bleibt allerdings nicht ohne Konsequenzen für die Wahl der Stoffe. Gegenwartsstoffe seien ungeeignet, erklärt Hacks, denn sie erforderten eine wissenschaftliche Behandlung und seien nicht ergiebig für poetische Metaphern. Geeignete Stoffe könne man dagegen in der Vergangenheit finden, nicht zuletzt in der griechischen Literatur und Mythologie.

Hacks zieht damit auch die Konsequenz aus den Schwierigkeiten, die er mit dem Versuch bekam, in den Stücken *Die Sorgen und die Macht* (1958-1962) und *Moritz Tassow* (1961 geschrieben, aber erst 1965 uraufgeführt) Stoffe aus der Gegenwart bzw. der jüngsten Vergangenheit poetisch zu gestalten. Wobei er es allerdings vorzog, nicht die kulturpolitischen Querelen, die diese Stücke hervorriefen, sondern ästhetische Probleme als Grund für die Abkehr von Gegenwartsstoffen und die Hinwendung zu mythischen Stoffen oder zur Bearbeitung älterer Vorlagen anzugeben. Vor allem von westlichen Kritikern wurde dies jedoch häufig bezweifelt und als eskapistisches Ausweichmanöver gewertet.

Im folgenden möchte ich untersuchen, wie Hacks' Rückgriff auf die Antike praktisch erfolgt, und ob ihm „die Realität“ dabei tatsächlich, wie Volker Braun es formulierte, „nicht mehr dazwischenkommt“. Ich werde mich dabei auf den *Frieden* und die beiden weiteren Aristophanes-Bearbeitungen *Die Vögel* (1973) und *Der Geldgott* (1992, nach dem *Plutos* bearbeitet) konzentrieren.[17] Denn

---

12 Hacks (1977) 48.

13 Hacks (1977) 49.

14 Hacks (1977) 59.

15 Hacks (1977) 66.

16 Hacks (1977) 69.

17 Da Hacks, wie er in dem Essay *Arion* erklärt, das Griechische nicht beherrscht (Hacks 1984, 181), ging er bei seinen Aristophanes-Bearbeitungen nicht vom griechischen Originaltext aus, sondern zog mehrere deutsche Übersetzungen dazu heran. Bevor seit den siebziger Jahren des 20. Jahrhunderts eine Reihe von neuen Übersetzungen Aristophanischer Komödien ins Deutsche erschienen (neben der Neubearbeitung des Gesamtwerks auf der Grundlage der Seegerschen Fassung durch

mit drei Bearbeitungen wird Aristophanes schon rein quantitativ neben Goethe zum wichtigsten Bezugspunkt im dramatischen Werk von Peter Hacks, und die im Verlauf von 30 Jahren entstandenen Bearbeitungen Aristophanischer Komödien erlauben es, Entwicklungslinien und Wendepunkte in seinem Umgang mit den antiken Vorlagen aufzuzeigen.

Hacks folgt mit seinen Bearbeitungen der Chronologie der Aristophanischen Vorlagen, und es lassen sich Parallelen hinsichtlich der gesellschaftlichen Entwicklung ausmachen, auf die Aristophanes wie Hacks jeweils Bezug nehmen: Beide begleiten mit ihren Komödien Aufstieg und Fall der Gemeinwesen, in denen sie leben und auf deren politische Entwicklung sie mit ihren Stükken reagieren.

Die Bearbeitung des *Friedens* (1961/62) erfolgt in der von Hacks als Konsolidierung der DDR begrüßten Phase des Mauerbaus und markiert den Bruch mit dem für die frühen Stücke von Hacks maßgeblichen Theaterkonzept Brechts schon insofern, als es Hacks hier statt um eine kritische Umfunktionierung der Vorlage um „bewahrende Erbeaneignung" geht. Er wählt dazu Bearbeitungstechniken, die es ihm ermöglichen, die Rezeptionsschwierigkeiten, die die Aristophanische Komödie einem modernen Publikum bereitet, auszuräumen und dennoch ihre inhaltlichen und formalen Besonderheiten zu erhalten.

Auf eine Aktualisierung durch Verlegung der Handlung in die Gegenwart verzichtet Hacks. Die phantastische Geschichte vom Weinbauern Trygaios, der auf einem Mistkäfer zum Olymp fliegt, um dort die Friedensgöttin aus den Fängen des Kriegsgottes zu befreien und so den Griechen wieder zum Frieden zu verhelfen, wird in der antiken Vergangenheit belassen, und es finden sich auch relativ wenige Anachronismen im Text. Verständnisschwierigkeiten werden durch erläuternde Hinzufügungen, die Streichung unverständlicher Anspielungen, vor allem aber durch verallgemeinernde Ersetzungen ausgeräumt.

Hans-Joachim Newiger und Peter Rau gab es Übertragungen einzelner Stücke, u. a. von Wolfgang Schadewaldt, Manfred Fuhrmann, Christian Voigt, Erich Fried und Christoph Jungck), handelte es sich auch bei allen neu publizierten Ausgaben um ältere Übersetzungen, vorwiegend aus dem 19. Jahrhundert. Als die beiden bedeutendsten Aristophanes-Übertragungen dieser Zeit gelten die um die Jahrhundertmitte erschienenen Ausgaben von Johann Gustav Droysen und Ludwig Seeger. Der Unterschied zwischen diesen beiden, in ihrer Qualität und philologischen Zuverlässigkeit als gleichwertig angesehenen Übertragungen besteht darin, daß Droysen sich genauer an die metrischen Versformen der Vorlage hält, dafür aber dem Original fremde Reime einführt, während Seeger die griechischen Versformen durch Blankverse ersetzt und vor allem die lyrischen Partien freier gestaltet. Hacks greift, wie ein Vergleich seiner Bearbeitungen mit beiden Übertragungen zeigt, im wesentlichen auf Seegers Übersetzung zurück.

Nicht reproduzierbare formale Besonderheiten der antiken Vorlage versucht Hacks wenigstens ihrem Wesen nach zu erhalten; so wird etwa der metrische Reichtum der antiken Vorlage trotz des weitgehenden Verzichts auf antikisierende Verse durch den Wechsel von Prosa, Blankvers und einer Vielzahl anderer Versformen kompensiert. Ähnliches gilt für die Einbindung von Musik und Tanz durch die Beibehaltung des Chores. Selbst die Parabase, unter modernen dramaturgischen Gesichtspunkten ein Fremdkörper im Stück, wird von Hacks beibehalten – wohl nicht zuletzt deshalb, weil sie es ihm erlaubt, die Auseinandersetzung mit kulturpolitischen Institutionen, die sich in zahlreichen Anspielungen durch seine Bearbeitung zieht, um programmatische Äußerungen zu ergänzen. Diese lassen sich unschwer auf seine Ablehnung der als „Tendenznaturalisten" verspotteten Vertreter einer engstirnigen Auffassung von sozialistischem Realismus und das von ihm dagegen gesetzte Konzept der „sozialistischen Klassik" beziehen. Ansonsten nimmt er einige dramaturgische Straffungen vor, durch die vor allem der zweite Teil mit seinen ‚Abfertigungsepisoden'[18] verdichtet und enger mit dem ersten Teil verknüpft wird. Die sinnlichen und derben Züge der Vorlage aber werden nur geringfügig den heutigen Konventionen angepaßt, so daß die dionysische Ausgelassenheit der antiken Komödie unvermindert zur Geltung kommt. Sie unterstützt das im Stück vorgeführte Bild des Friedens als utopischen Zustand der Erfüllung erotischen und sinnlichen Genusses, den Hacks' Bearbeitung nicht nur als erstrebenswertes, sondern auch erreichbares Ziel darstellt.

Problematischer verhält es sich mit der Aktualisierung des kritischen Gehalts der Aristophanischen Vorlage. Der griechische Dichter wirbt 421 v. Chr. mit seinem Stück für die Annahme des unmittelbar bevorstehenden Nikias-Friedens und spricht dazu mit der Darstellung der vom Frieden erhofften glücklicheren Lebensumstände vor allem jene Bevölkerungsschichten Athens an, die unter dem Krieg leiden, während er andererseits mit den Befürwortern und Nutznießern des Krieges abrechnet.

18 Es gehört zu den Eigenarten der Aristophanischen Komödien, daß das eigentliche Handlungsziel in der Regel schon mit dem Ende des ersten Teils erreicht wird (im *Frieden* etwa die Befreiung der Friedensgöttin, in den *Vögeln* die Errichtung des Vogelreiches, im *Plutos* die Heilung des Geldgottes), während im zweiten Teil eine Reihe lose gefügter Szenen unterschiedliche Reaktionen auf den nunmehr erreichten Zustand vorführen, die diesen aber nicht mehr ernstlich in Frage stellen können. Die dabei auftretenden Figuren werden vom Helden ‚abgefertigt', was vor allem, sofern es sich um ablehnende Reaktionen handelt (im *Frieden* beispielsweise durch Waffenhändler und andere Nutznießer des Krieges), nicht ohne derben Spott und mitunter Prügel nach Art des Kasperletheaters vonstatten geht. Nach den Maßstäben neuzeitlicher Dramaturgie wurden diese Episoden häufig als ‚angehängte' satirische Revue kritisiert, durch die der Handlungszusammenhang und der Spannungsbogen des Stückes zerfalle.

Hacks verallgemeinert zwar den Krieg aktualisierend zur Gefahr des Weltkriegs und zur atomaren Bedrohung, kann aber das politische Fehlverhalten und die ökonomischen Interessen, die als Kriegsursachen dargestellt werden, nicht mehr innerhalb der gesellschaftlichen Realität der DDR lokalisieren. Er verlagert daher den Schwerpunkt vom Kampf gegen den Krieg auf den Appell zur Arbeit für den mit dem Frieden verbundenen Lebensgenuß. Anspielungen auf die konkrete wirtschaftliche Situation in der DDR legen es nahe, nicht im Krieg, sondern in einer falschen Haltung zu produktiver Arbeit und selbständigem Engagement das eigentliche Hindernis bei der Verwirklichung eines sinnlich erfüllten Lebens in der DDR-Gesellschaft zu sehen.

Nun ist der Appell zur Arbeit in der DDR-Dramatik jener Zeit nicht ungewöhnlich, neu ist aber, daß er hier nicht auf selbstlose Aufopferung zielt, sondern daß der Akzent auf den in Aussicht gestellten umfassenden sinnlichen Lebensgenuß gesetzt wird. Daß das auch vom Publikum so verstanden wurde und einer der Gründe für den Erfolg des *Friedens* war, bestätigt Hacks in einem Interview aus dem Jahr 1974, in dem er die Auseinandersetzung um Krieg und Frieden für nebensächlich erklärt:

> Alles das war für die Leute nicht wichtig. Mit dem Stück begann etwas Neues bei uns. Die Leute begriffen, jetzt war es so weit, daß bestimmte Dinge wieder zu ihrem Leben gehörten, daß Saufen, Fressen und so weiter als Teil ihres Lebens seine Berechtigung hatte. Das war die Botschaft, die die Leute im Stück fanden.[19]

Die Bedeutung dieser Bearbeitung liegt also weniger in der Aktualisierung des gesellschaftskritischen Potentials der Aristophanischen Vorlage als vielmehr in der Aktualisierung ihres utopischen Gehalts und ihrer ästhetischen Mittel. Hacks nutzt den *Frieden* zur Auseinandersetzung um kulturpolitische Fragen, verabschiedet sich – gedeckt durch den Anspruch der Aneignung des klassischen Erbes – vom ‚sozialistischen Realismus' und gibt – gemäß der im Stück geäußerten Devise „Ein gutes Beispiel ist der beste Rat"[20] – mit seiner Bearbeitung ein Beispiel für das von ihm propagierte Konzept einer „sozialistischen Klassik".

Der außerordentliche Erfolg des *Friedens* ermöglicht es Hacks, dieses Konzept mit seinen folgenden Stücken weiterzuentwickeln und einen grundsätzlichen Perspektivenwechsel vorzunehmen. An die Stelle der affirmativen Darstellung von Gegenwartsproblemen als leicht auszuräumenden Mißverständnissen, wie sie für die übrige DDR-Komödienproduktion dieser Zeit charakteristisch

---

19 Durzak (1974) o. S.

20 Hacks (1963) 33.

ist, tritt bei Hacks, im *Frieden* wie danach auch in weiteren Bearbeitungen antiker Stoffe in *Amphitryon* (1968) und *Omphale* (1970), die als ‚machbar' vorgeführte Utopie.

Für die Gestaltung der Protagonisten und die Funktion des Komischen ergeben sich daraus gleichfalls signifikante Verschiebungen: Die Protagonisten werden nicht mehr als Träger überholter Haltungen dem kritischen Verlachen preisgegeben, sondern so gezeichnet, daß das Publikum sich mit ihnen identifizieren – und also auch mit ihnen lachen und am Ende triumphieren – kann.

Obwohl mit den von Hacks bei der Bearbeitung des *Friedens* entwickelten Techniken vermutlich jede Aristophanische Komödie erfolgreich aktualisierbar wäre, setzt er diesen Weg mit der Bearbeitung der *Vögel* (1973) nicht fort.

Die im *Frieden* vorgenommene Akzentuierung des utopischen und ästhetischen Potentials der Aristophanischen Komödie erfolgte zu einem Zeitpunkt, als Hacks die weitere Entwicklung in der DDR optimistisch einschätzte. Dies gilt für die Bearbeitung der *Vögel* offenkundig nicht mehr in gleichem Maß. Zwar behält Hacks hier ästhetisch die „große Form" bei, zumal es sich ursprünglich um das Libretto für eine Oper handelt,[21] eine Gattung, die die „große Form" erfordere,[22] doch im übrigen verändern sich in den *Vögeln* Hacks' Intentionen. An die Stelle der Feier künftig möglichen Genusses tritt die Kritik von unrealistischen Schlaraffenland-Träumen, und damit hinsichtlich des auch im *Frieden* thematisierten Verhältnisses von Arbeit und Genuß eine Verlagerung des Akzents vom Genuß auf die Notwendigkeit der Arbeit. Die Absicht, vor verkürzten, letztlich den Fortschritt hemmenden, Utopievorstellungen zu warnen, führt aber zu stärkeren Eingriffen in die Vorlage. Aristophanes spielt in seinen *Vögeln* mit verschiedenen Elementen literarischer Utopie und nutzt dieses Spiel, um sowohl eudaimonistische Wunschbilder wachzurufen, als auch durch die Darstellung einer von den Mängeln der Wirklichkeit gereinigten Gegenwelt kritisch auf die Realität Athens zu verweisen.

---

21 Die erste Veröffentlichung des Textes in dem Band *Oper* (1975) nennt als Untertitel noch *Komische Oper nach Aristophanes*. Erst in dem 1985 publizierten Band *Stücke nach Stücken 2* wird das Element „Komische Oper" aus dem Untertitel gestrichen und das Libretto zum Stück erklärt, allerdings ohne daß der Text dafür stärker geändert worden wäre. Im wesentlichen beschränkt sich die Änderung auf die Ersetzung einer Zwischenszene. Diese – als variabel vorgesehene – Szene ist in dem Band *Oper* als ein Gespräch zwischen Hacks und dem ursprünglich als Komponisten für *Die Vögel* vorgesehenen Siegfried Matthus gestaltet, in dem sich beide über Fragen einer gemeinsam zu erarbeitenden Oper unterhalten. In der *Stücke*-Fassung wird diese Szene durch eine Mythentravestie ersetzt, so daß hier die direkte Thematisierung der Oper getilgt ist. Sonst aber sind beide Textfassungen identisch.

22 Vgl. dazu die Abhandlung *Versuch über das Libretto* in Hacks (1975) 199-306.

Darüber hinaus greift er aber auch mit dem Bild der verkehrten Welt die Problematik utopischer Vorstellungen auf und setzt schließlich mit dem hybriden Triumph seines Helden warnende Signale gegen den möglichen Mißbrauch von Utopien. Die Reflexion und Entscheidung über die verschiedenen in der Komödie gegeneinander gehaltenen Aspekte von Utopie überläßt Aristophanes aber dem Zuschauer.

Hacks dagegen geht es darum, den naiv-utopischen Traum vom Schlaraffenland als realitätsfremd und kontraproduktiv zu kritisieren und ihm in Gestalt des doppelten Herakles einen an die Realisierbarkeit gebundenen, dynamischen Utopie-Begriff entgegenzuhalten. Anders als Aristophanes mag er sich nicht darauf verlassen, daß der Zuschauer die richtige Entscheidung über die dargebotenen Varianten utopischen Denkens fällt, und reduziert dementsprechend das freie Spiel der Vorlage mit den verschiedenen Utopie-Vorstellungen zugunsten einer eindeutigen Botschaft.

Dies aber hat weitreichende Konsequenzen auch für die Struktur der Komödie. Hacks kommt nicht umhin, seinen Helden wieder kritisch zu zeichnen, weshalb der Zuschauer nicht mehr – wie im *Frieden* – mit ihm, sondern allenfalls über ihn lachen kann. Damit ist es Hacks aber auch nicht mehr möglich, seinen Helden im Happy-End triumphieren zu lassen. An die Stelle des Aristophanischen Komödienschlusses der erfolgreichen Verwirklichung des Wunschtraums vom Wolkenkuckucksheim tritt daher dessen Auflösung durch den zum *deus ex machina* umfunktionierten Herakles. Statt zur fröhlichen Feier möglichen Genusses gerät das Ende der Komödie zur ernsten Belehrung über das dialektische Verhältnis von Utopie und Wirklichkeit. Hacks nimmt also den im *Frieden* vorgenommenen Perspektivenwechsel wieder zurück und entläßt sein Publikum nicht mehr mit einem ausgelassenen Vorgriff auf die Zukunft, sondern lenkt den Blick zurück auf die Notwendigkeiten der Realität. Ähnliches gilt für die auf die *Vögel* folgenden Bearbeitungen antiker Stoffe in *Senecas Tod* (1978) und *Pandora* (1979).

Im *Geldgott* schließlich, der Bearbeitung des Aristophanischen *Plutos* aus dem Jahr 1992, ist eine drastische Verschärfung der kritischen Tendenz erkennbar. Dies hat seinen Grund nicht zuletzt darin, daß die veränderten gesellschaftlichen Rahmenbedingungen die Prämisse von Hacks' ästhetischem Konzept eingeholt haben.

Hacks wandelt die Vorlage stark ab und läßt seinen bescheiden, aber nicht unglücklich lebenden und unschwer als ‚Ossi' identifizierbaren Protagonisten Chremylos aus dem Wunsch nach einem bequemen Leben in Reichtum die Heilung des Plutos betreiben. Dieser erweist sich aber, sobald er von seiner Blindheit kuriert ist, als kapitalistischer Geldgott, der sich auf die Seite der Reichen schlägt, weshalb sich die Lage des Chremylos drastisch verschlechtert.

Das ganze Geschehen wird dadurch in die Gegenwart verlegt, daß es als Theater im Theater vor einem zwar ausverkauften, weil von einem Sponsor für die Firmen-Belegschaft gebuchten, tatsächlich aber leeren Saal gespielt wird. Bis auf einen erkälteten Zuschauer, der die negativ verkehrte Rolle des Chors übernimmt, haben es nämlich alle Mitarbeiter vorgezogen, ein Fußballspiel zu besuchen. Wie im *Frieden* verknüpft Hacks auch im *Geldgott* die Kritik an gesellschaftlichen Mißständen mit einer Kritik an aktuellen Kulturphänomenen, in diesem Fall richtet sie sich gegen ein Publikum bzw. eine Rezeptionshaltung, die in der Kunst nur Zerstreuung sucht, und gegen die Kommerzialisierung der Kultur. Ansonsten werden vor allem solche Haltungen kritisiert, die entweder die Ausbeutungsverhältnisse verkennen und der falschen Verheißung eines kapitalistischen Schlaraffenlandes Glauben schenken oder sich aus Bequemlichkeit mit den negativen Erscheinungen abfinden, sich also in den gegebenen Verhältnissen einzurichten suchen. Exemplarisch veranschaulicht wird der Utopieverzicht in der Figur des abgeklärten, „hartgesottenen Arbeitnehmers" Kohr, der Züge eines korrumpierten Gewerkschaftlers und Betriebsrats trägt. Hacks' Kritik zeigt – anders als in den früheren Aristophanes-Bearbeitungen – deutliche Züge von Desillusionierung: Ein utopischer Zustand wird nicht mehr vorgeführt, sondern nur noch als Möglichkeit beschworen. In Ansätzen sind allenfalls Momente einer rückwärtsgewandten Utopie erkennbar, wird doch auf die sozialistischen Verhältnisse in der ehemaligen DDR als positive Kontrastfolie verwiesen. Auch wenn diese nicht als ‚goldenes Zeitalter' idealisiert werden, läßt Hacks keinen Zweifel aufkommen, daß sie dennoch eine bessere Alternative darstellen als der Kapitalismus.

Die Verschärfung der Kritik und die Abnahme des utopischen Gehalts zeugen davon, daß Hacks sein Programm einer „sozialistischen Klassik" nicht mehr weiterführen kann. Eine nicht mehr zu beschönigende Wirklichkeit hat die diesem Programm zugrundeliegende Prämisse widerlegt. Die formale Konsequenz ist, daß Hacks unter den „prosaischen" Verhältnissen des Kapitalismus auf den Gebrauch jener ästhetischen Mittel und der „großen Form" verzichtet, die er für die Kunst im Sozialismus propagiert hatte. Die inhaltliche Konsequenz ist, daß er bei der Bearbeitung des Aristophanischen *Plutos* starke Aktualisierungen vornimmt und auf jene an Brecht geschulten Verfahren zurückgreift, die schon seine frühen Bearbeitungen fremder Vorlagen prägten und von denen er sich mit dem Programm einer „sozialistischen Klassik" glaubte verabschieden zu können. So liest er, wie es Brecht bereits in seiner – Fragment gebliebenen – Bearbeitung des *Plutos* getan hatte, das Stück gegen den Strich, verlagert den thematischen Schwerpunkt von moralischen zu ökonomischen Fragen und funktioniert es zu einer Kritik am Kapitalismus um. Dabei greift Hacks auch direkt Ideen Brechts auf. Denn schon in dessen Fragment gebliebener *Pluto-Revue* (1939) erscheint Plutos nach der Heilung seiner Blindheit als kapitalistischer Geldgott, der nur den Reichen nützt. Als geblendet erweisen sich daher die Armen, die sich von einer Heilung des Geldgotts eine Verbesserung ihrer Lage versprochen hatten.

Für die Struktur der Komödie bedeutet dies – ähnlich wie bei den *Vögeln* –, daß Hacks seinen Helden negativ zeichnet, also zu kritischem Verlachen und nicht mehr zu freudigem Mitlachen auffordert, und aus der Handlung heraus kein Happy-End mehr entwickeln kann. Einmal mehr muß Hacks daher zum Mittel des *deus ex machina* greifen, um doch noch zu einem guten Ende zu kommen. Dieses Ende ist allerdings im *Geldgott* nur mehr in einem sehr eingeschränkten Sinne ‚gut', es handelt sich eher um ein verzweifeltes Festhalten an der Möglichkeit von Utopie, die hier – wie auch in den früheren Bearbeitungen – an das dialektische Verhältnis von Arbeit und Genuß geknüpft wird.

Trotz des Festhaltens am utopischen Anspruch stellt die Bearbeitung des *Geldgotts* damit inhaltlich wie formal Hacks' Kommentar zum Ende der DDR-Gesellschaft dar.

Damit zeigt sich in den Aristophanes-Bearbeitungen von Hacks eine Tendenz des Utopieverlusts und der Desillusionierung, die als Reaktion auf die gesellschaftlichen Veränderungen zu verstehen ist. Inhaltlich äußert sich dies als Rücknahme der mit dem Sozialismus in der DDR verknüpften Hoffnungen, formal als Aufgabe des darauf basierenden Konzepts einer „sozialistischen Klassik".

Der Vorwurf, Hacks' Antikerezeption sei Ausdruck eskapistischen Ausweichens in den ‚Elfenbeinturm' und völligen Abhebens von den gesellschaftlichen Gegebenheiten, läßt sich daher nicht aufrechterhalten. Gerade die Akzentverschiebungen in den Aristophanes-Bearbeitungen machen deutlich, daß Hacks trotz des scheinbaren Rückzugs aus der Gegenwart in die Antike mit seinen Stücken sehr wohl auf die jeweilige gesellschaftliche Situation Bezug nimmt. Ähnliches gilt auch für die übrigen Stücke von Hacks. Während die im Anschluß an den *Frieden* entstandenen Stücke dessen optimistische Grundstimmung teilen, zeigt sich bei den auf die *Vögel* folgenden Dramen eine Verstärkung der in dieser Komödie zum Ausdruck gebrachten Skepsis hinsichtlich der gesellschaftlichen Entwicklung. Zwar findet die Realität meist keinen unmittelbaren Eingang in diese Texte, doch kommt sie Hacks – um Volker Brauns eingangs zitierte Charakterisierung wieder aufzugreifen – dennoch „dazwischen".

Literaturverzeichnis

Braun, Volker: Es genügt nicht die einfache Wahrheit. Notate, Leipzig ^{2}1979.

Brecht, Bertolt: Pluto, in: ders., Werke, hrsg. von Werner Hecht (u. a.). Stücke 10: Stückfragmente und Stückprojekte. Teil 2, (= Große kommentierte Berliner und Frankfurter Ausgabe, Band 10) Berlin/Weimar/Frankfurt am Main 1997, 824-831.

Brecht, Bertolt: Vorwort zum Antigonemodell, in: ders., Gesammelte Werke in 20 Bänden, Band 17, Frankfurt am Main 1967, 1211-1220.

Durzak, Manfred: Zwischen Aristophanes und Brecht. Gespräch mit dem Dramatiker Peter Hacks in Ost-Berlin, Frankfurter Allgemeine Zeitung (16.2.1974).

Goldsmith, Ulrich K.: Aristophanes in East Germany: Peter Hacks's adaptation of *Peace*, in: William M. Calder (u. a.) (Hrsg.), Hypatia. Essays in Classics, Comparative Literature, and Philosophy. Presented to Hazel E. Barnes on her Seventieth Birthday, Boulder/Colorado 1985, 105-123.

Hacks, Peter: Der Frieden nach Aristophanes, in: ders., Zwei Bearbeitungen, Frankfurt am Main 1963.

Hacks, Peter: Das Poetische. Ansätze zu einer postrevolutionären Dramaturgie, Frankfurt am Main 1972.

Hacks, Peter: Versuch über das Libretto, in: ders., Oper, Berlin/Weimar 1975, 199-306.

Hacks, Peter: Die Vögel. Komische Oper nach Aristophanes, in: ders., Oper, Berlin/Weimar 1975.

Hacks, Peter: Die Maßgaben der Kunst. Gesammelte Aufsätze, Düsseldorf 1977.

Hacks, Peter: Arion, in: ders., Essais, Leipzig 1984, 178-196.

Hacks, Peter: Die Vögel. Nach Aristophanes, in: ders., Stücke nach Stücken 2, Berlin/Weimar 1985.

Hacks, Peter: Der Geldgott. Komödie in drei Akten. Nach Aristophanes, Neue deutsche Literatur 40 (1992) Heft 1, 14-61.

Marx, Karl: Einleitung zur Kritik der politischen Ökonomie, in: Karl Marx/Friedrich Engels, Werke, Band 13, Berlin ^{7}1971, 615-641.

Mittenzwei, Werner: Die Antikerezeption des DDR-Theaters. Zu den Antikestücken von Peter Hacks und Heiner Müller, in: ders., Kampf der Richtungen. Strömungen und Tendenzen der internationalen Dramatik, Leipzig 1978, 524-556.

Schleyer, Winfried: Die Stücke von Peter Hacks. Tendenzen – Themen – Theorien (Literaturwissenschaft – Gesellschaftswissenschaft 20), Stuttgart 1976.

Schütze, Peter: Peter Hacks. Ein Beitrag zur Ästhetik des Dramas – Antike und Mythenaneignung (Literatur im historischen Prozeß 6), Kronberg im Taunus 1976.

Tracy, Gordon: Adaptations of Dramas and Myths of Antiquity in GDR Drama, in: Margy Gerber (u. a.) (Hrsg.), Studies in GDR Culture and Society 2. Proceedings of the Seventh International Symposium on the German Democratic Republic, Washington D. C. 1982, 139-152.

Trilse, Christoph: Antike und Theater heute. Betrachtungen über Mythologie und Realismus, Tradition und Gegenwart, Funktion und Methode, Stücke und Inszenierungen, 2. bearb. u. erw. Aufl., Berlin 1979.

Trilse, Christoph: Das Werk des Peter Hacks (Schriftsteller der Gegenwart 5), Berlin ^{2}1981.

Gisbert Haefs

Scheinbare Nähe

„I have been here before"
D. G. Rosetti

Es gibt Landschaften, bei deren Betrachtung sich das Unterbewußtsein des durchschnittlich konditionierten Mitteleuropäers regt: Hinter dem nächsten Gebüsch macht Rumpelstilzchen gerade sein Feuer, da drüben sagen Hänsel und Gretel Brüderchen und Schwesterchen Gute Nacht, und ob man dabei von Archetypen redet, von Reaktion auf archetypische Reize oder von genetisch eingebauten Zwängen, ist austauschbar. Auch wenn man diese besondere Gegend in Thüringen oder Wallonien noch nie gesehen hat, irgendwie ist man schon einmal da gewesen.

Es gibt historische Panoramen, bei denen ist es für den durch Bildung durchschnittlich konditionierten Europäer ganz ähnlich. Zustände wie im alten Rom, gordische Knoten, gefallene Würfel, nicht zu vergessen homerisches Gelächter und die von Asterix geschneuzte Nase der Kleopatra: Irgendwie sind wir alle schon einmal da gewesen, in Arkadien und Umgebung, haben die stille Größe edler Einfalt verinnerlicht und sind bereit, geflügelten Worten zu lauschen, die die Muse im Gehege ihrer Zähne birgt. So ungefähr.

Oder vielleicht ganz anders. Mit den römischen Zuständen könnten ein umfassendes Straßennetz und gesicherte Versorgung mit Wasser und Lebensmitteln gemeint sein, mit den Würfeln die Feststellung, daß die Alten nicht nur auf hohem Kothurn über Bühnen und den Rubicon wandelten, sondern gezockt (und gefressen und geflucht) haben, und Kleopatra war in 300 Jahren ptolemäischer Herrschaft erster makedonischer Souverän Ägyptens, der/die es für sinnvoll hielt, die Landessprache zu erlernen. Wahrscheinlich hat jeder seine eigene Antike; für den einen endet sie mit der größten aller Menschheitskatastrophen, dem Ausbruch des Monotheismus, der sie für andere vollendet: als Fundament des christlichen Abendlands. Jeder kann mit dem ungeheuren Spielmaterial, das die Antike bietet, seine eigene Antikenvariante basteln, und vermutlich sind alle sowohl richtig als auch falsch.

Weil wir zuviel und zu wenig wissen. Wir wissen genug, um uns irgendwie heimisch fühlen und komplizierte Zusammenhänge erklären zu können, aber zu wenig, um die einfachen Dinge zu erfassen, die viel komplizierter sind: das Leben. Da lassen sich oft nur Analogschlüsse ziehen, die Plausibilität, aber keine Gewißheit erzeugen. Griechischen Musikern sei die Verwendung der Instrumente vorgeschrieben gewesen, nur bestimmte Instrumente in bestimmten Tonarten zu bestimmten Zwecken – nenne mir, Muse, den Musiker, der sein Instrument beherrscht und sich fünfhundert Jahre lang befehlen oder verbieten läßt, wie damit umzugehen ist. Karthago sei eine finstere Theokratie gewesen, freudlos und ohne bedeutende Zerstreuungen – theokratische Pfeffersäcke, die Luxusgüter importieren, um sich bei deren Anblick zu beknirschen? Und alle Römer fanden den Tod fürs Vaterland *dulce et decorum*, und auch zu Beginn der Kaiserzeit war die catonische Moral noch intakt (außer bei Catull)...

Erstaunlich ist nicht, daß derlei sich bei jenen hält, denen man in der Schule Cicero und Plato verabreichte, aber Aristophanes, Lukian oder Petron verschwieg; erstaunlich ist, daß sich so etwas noch immer in halbwegs wissenschaftlichen Werken findet. Als ob keinerlei Skepsis angebracht wäre gegenüber amtlichen Verlautbarungen (und viele Originalquellen sind genau das: doktrinäre Mitteilungen darüber, wie die Ansichten der herrschenden Schichten sein *sollten*), als ob wir nicht alle wüßten, daß alles immer schon anders war, als »man« es gern hätte. Mit dem »amtlichen« Wissen der antiken Kartographen wäre kein antiker Händler (oder Stratege) je irgendwo angekommen; andererseits erweisen Grabungen oft genug, daß Orts- und Größenangaben antiker Autoren korrekter waren als Mutmaßungen skeptischer Historiker. Ach ja, wenn man nur wüßte. Aber dann könnte man sich ja nicht mehr seine eigene Antike basteln. Zum Beispiel mit Hilfe all dessen, was die Realienforschung ergibt, und mit Hilfe plausibler Analogien, mit Personen, die plausibel in die Epoche passen und für ihre Zeit plausibel reden und handeln. Plausibilität, nicht (unauffindbare) Wahrheit, dazu ein bißchen Staunen – dies zu leisten ist das ehrlose Gewerbe des historischen Romanciers. Möglicherweise ist es aber auch ein Aspekt des ehrbaren Handwerks des Historikers.

Nero hat immer ein bißchen Ähnlichkeit mit Peter Ustinov, Ludwig XIV war so etwas wie Augustus, Napoleon und Caesar waren beide klein und früh kahl, überall treibt sich Charlton Heston herum, und da man ganz allgemein ein paar Namen und Anekdoten kennt, hat man irgendwie das Gefühl, schon mal da gewesen zu sein. Wie bei Rumpelstilzchen in Wallonien. Das ist ja auch nicht ganz falsch; immerhin ist es die eigene Familien- beziehungsweise Ahnengeschichte, da wird man ja wohl ein bißchen spielen dürfen. Diese scheinbare Nähe, die bei genauem Hinschauen immer wieder zu komplexer Fremdartigkeit wird, macht vielleicht den Reiz der Antike aus.

Februar 2001 Gisbert Haefs

Peter Habermehl

„Ach, Tiggo ...“
Gisbert Haefs' *Hannibal* (1989), kursorisch gelesen*

Gisbert Haefs ist mit Gewißheit einer der emsigsten Autoren seiner Generation. Man muß sich ihn offenbar wie den älteren Plinius vorstellen: allezeit einen Bogen Papier zur Hand, immer schreibend. Anders läßt sich sein jährlicher Ausstoß an Büchern nicht erklären, deren Zahl (die Übersetzungen aus dem Englischen, Französischen und Spanischen eingerechnet) inzwischen das halbe Hundert erreichen dürfte.

Bis in die achtziger Jahre hinein war er vornehmlich als Verfasser exzentrischer Kriminal- und Science-Fiction-Romane bekannt, daneben als Übersetzer und als rühriger Herausgeber u. a. der maßgeblichen deutschen Borges-Ausgabe. In den Blick des literarischen Feuilletons (jedoch nicht der germanistischen Feldforschung) geriet er mit seinen historischen Romanen, deren ersten, *Hannibal*, der damals 39jährige im Jahr der Wende vorlegte.[1] Inzwischen sind fünf weitere gefolgt, *Alexander* (in zwei Bänden, 1992/93), *Troja* (1997), *Der Raja* (1999) und, angesiedelt auf dem Schauplatz *Hannibals*, der ‚Historienkrimi' *Hamilkars Garten* (1999). Wie schon die Titel verraten, spielen sie, den *Raja* ausgenommen, sämtlich im vorchristlichen Altertum.

Warum Haefs sich seit einer guten Weile stets aufs neue mit der antiken Mittelmeerwelt befaßt, ist nur in Umrissen dokumentiert.[2] Aber zweierlei mag

---

* Für seine aufmerksame Lektüre dieser Seiten bin ich Bernd Seidensticker verpflichtet.

1 An Rezensionen sind zu nennen: *Weltwoche* 23.3.1989 (anon.), *Frankfurter Allgemeine Zeitung* 20.5.1989 (R. Vollmann), *Der Spiegel* 12.6.1989 (anon.), *Die Presse* 17./18.6.1989 (F. Weissensteiner), *Süddeutsche Zeitung* 21.6.1989 (J. Drews), *Falter* 7.7.1989 (M. Horvath), *Die Zeit* 14.7.1989 (W. Winkler), *Frankfurter Rundschau* 1.8.1989 (M. Halter). – Die Texte verdanke ich dem „Innsbrucker Zeitungsarchiv“ und der freundlichen Vermittlung von Karlheinz Töchterle.

2 Ein Interview im *Standard* (12.12.1997) gibt spärliche Auskunft: „Warum Haefs, der Anglist und Hispanist (...), ausgerechnet auf die (bzw. der) Antike verfallen ist? So recht weiß er es selbst nicht. Neun Jahre Latein, viel historische Lektüre.“ Haefs selbst: „Ich glaube, daß die Leute allem Gerede der Professoren und Kritiker zum Trotz einfach nach wie vor gern gute Geschichten lesen (...) Die

man festhalten: In den letzten Jahren erlebt der historische Roman, auch und gerade der antike Roman, eine veritable Renaissance – und zwar international. Und in seinem neuen Metier zeigt Haefs sich ausgesprochen erfolgreich. Zielsicher setzt er bei der Wahl seiner Stoffe auf die großen Namen. Troja, Alexander, Hannibal verbürgen spannende Unterhaltung, die den Leser aus seinem farblosen Alltag entführt und in das heilsame Bad von *éleos* und *phóbos* taucht.

Gerade am *Hannibal* lassen sich die Qualitäten von Haefs' antikem Œuvre exemplarisch belegen. Mit seinem Erstling hat der Autor sich keine geringe Aufgabe gestellt. Denn wie der Untertitel – „Der Roman Karthagos" – verrät, geht es nicht allein um den gefürchteten Strategen. Haefs erzählt die entscheidende Phase der karthagischen Geschichte, als der Konflikt mit dem expandierenden Rom seine Krisis erreicht und das Schicksal der südlichen Großmacht sich wendet: die tragische Stunde Hamilkars und Hannibals. Es geht um zwei furchtbare Kriege, den Libyschen oder Söldnerkrieg, vor allem aber den Zweiten Punischen Krieg, einen der blutigsten Konflikte, der die Mittelmeerwelt je heimgesucht hat. Es geht um Blüte und Niedergang der Metropole Karthago, um die Geschicke der Barkiden, und nicht zuletzt um das Leben eines Mannes, das an Abenteuerlichkeit in der abendländischen Geschichte seinesgleichen sucht.[3]

Haefs' Anliegen ist es, Vater und Sohn Gerechtigkeit widerfahren zu lassen und sie gegen die antiken Quellen, die er, teilweise etwas voreilig, für parteiisch erklärt („Polybios und Livius schrieben nicht *über* Karthago, sondern *für* Rom" [647]), zu rehabilitieren. Indem er die Ereignisse konsequent aus punischer Perspektive beleuchtet und Hamilkar und Hannibal an ihren (durch moderne archäologische und historische Forschung besser gesicherten) geschichtlichen Ort stellt, gelingt es ihm, der Sache Karthagos und dem Wirken der Barkiden Gehör zu verschaffen.

Leute würden auch einen farbigen, sinnlichen Roman aus dem Jahr 1990 lesen, wenn es ihn gäbe. Nur geben Alexander oder Odysseus als Erzählstoff einfach mehr her als Oskar Lafontaine oder Helmut Kohl. Außerdem sieht man mit etwas mehr Distanz klarer."

3 Verglichen mit Figuren wie Alexander oder Caesar bleibt das literarische Nachleben Hannibals eher karg. Neben Christian Dietrich Grabbes Drama *Hannibal* (1835) und Franz Grillparzers dramatischem Fragment *Hannibal und Scipio* ist vor allem Mirko Jelusichs Roman *Hannibal* zu nennen (1934) – „ein grauenhaftes Buch" (G. Haefs). Neueren Datums sind die Romane von Elisabeth Heilander *Die Karthagerin* (1992), und Ross Leckie *Hannibal* (Edinburgh 1995). Zur Jugendliteratur rechnen Hans Baumann *Ich zog mit Hannibal* (1960) und Josef Carl Grund *Zwei Leben für Hannibal* (1989). Bekannt ist die Hannibal-Begeisterung des jungen Freud.

Man muß allerdings *präzisieren*. Es ist keine *ungebrochen* punische Perspektive, aus der erzählt wird. Denn Haefs legt das Dokument keinem Punier in den Mund, sondern einem Griechen, der – ein biographischer Glücksfall – als enger Freund und Vertrauter Hamilkars und Hannibals das Leben der Protagonisten oftmals geteilt hat und es in Gänze überschaut: Antigonos von Karchedon (der griechische Name Karthagos, das Haefs im übrigen meist konsequent punisch Qart Hadasht nennt), von seinen Freunden liebevoll ‚Tiggo' genannt.[4]

Mit diesem Kunstgriff schlägt Haefs zwei Fliegen. Die Sicht des Metöken, der in Qart Hadasht zwar Handel treiben darf (er gründet eine im gesamten Mittelmeerraum höchst erfolgreich operierende Bank und verwaltet das gewaltige Vermögen der Barkiden), aber keine Bürgerrechte besitzt, ist, ungetrübt von seiner Liebe zur Vaterstadt, der scharfe, ‚objektive' Blick von außen. Und als Grieche liegt ihm das schwierige Fach der Historiographie gleichsam von Natur aus im Blut.

Entgegen der eigenen Vorgabe, in der Erzählung allenfalls am Rand in Erscheinung zu treten – „denn nicht Antigonos war wichtig (...), sondern andere, größere Männer" (47) –, bildet er den ruhelosen Pol des Buchs. Es ist die Favoritenrolle des Erzählers, die ihn plastischer als die anderen Gestalt gewinnen läßt – und der Umstand, daß unter den Protagonisten des Romans er die einzige fiktive Figur ist. So kann Haefs seinem Geschöpf ein höchst bewegtes Leben zusammenfabulieren, das zuverlässig und stetig die Bahnen der Barkiden und der großen Ereignisse kreuzt – leichtes Spiel bei einem vom Fernweh verzehrten Geschäftsmann.

Von seinem zwanzigsten Lebensjahr an begleiten wir ‚Tiggo' bis an die Schwelle seiner letzten Tage.[5] Er ist ein Mann von angenehmem Äußeren und einnehmendem Wesen. Seinen „schwarzen Witz" lernen wir schätzen, seine Begabung für Sprachen,[6] seine Weitsicht in ökonomischen und politischen

4 Weitaus riskanter wäre es, den Protagonisten selbst zu Wort kommen zu lassen, wie in Hermann Brochs *Der Tod des Vergil* oder Marguerite Yourcenars *Mémoires d'Hadrien* (an einer solchen Autobiographie hat sich Ross Leckie versucht; vgl. Anm. 3). Der allwissende olympische Erzähler wiederum, wie er sich exemplarisch in *Joseph und seine Brüder* studieren läßt, nähme dem Text den Schein des Authentischen.

5 Antigonos' Ende, die letzte Reise südwärts (628, 638f.), erweist Borges Reverenz (*Die letzte Reise des Odysseus*), vor allem aber Arno Schmidt (*Enthymesis oder W. I. E. H.* und *Gadir oder Erkenne dich selbst*; zu Pytheas in *Hannibal* vgl. auch 33, 43, 276f.).

6 Neben seiner Muttersprache Griechisch, deren regionale Färbungen er meistert (212), spricht er Punisch (95), Numidisch (145) und Ägyptisch (95); in etlichen anderen Zungen wie Lateinisch (90), Etruskisch (90) oder diversen iberischen Dialekten (76, 183) kann er sich verständigen; er versteht das feierliche Altägyptisch (97) und das zeremonielle Phönikisch (77).

Angelegenheiten, seine Menschenkenntnis, sein Verhandlungsgeschick, seinen eines Barkiden-Freundes würdigen Kampfgeist.

Wir hören von erstaunlichen Reisen, die ihn bis nach Taprobane (Sri Lanka) und ins Indien des Königs Ashoka führten, in die Urwälder Westafrikas, über die Säulen des Herakles hinaus zu den „Glückseligen Inseln" (Kanarische Inseln) und weiter an die südamerikanische Küste, aber auch (eine dieser Reisen erleben wir mit) bis Britannien und Grönland.[7] Wir begegnen den beiden Frauen, die er liebt, der ägyptischen Sängerin Isis, die nicht nur die Kaschemmen Karthagos und Alexandrias verzaubert, und der Afrikanerin Tsuniro mit ihrer unglaublichen Nase für Parfums.[8] Seine zwei Söhne, die er von den beiden Frauen hat, sehen wir zu Männern heranwachsen und den einen, Memnon, der als Arzt Hannibals Heer begleitet, in einem römischen Hinterhalt sterben, den anderen, Ariston, in der tropischen Heimat seiner Mutter Tsuniro als Stammesfürst glücklich werden.

So wächst der erfundene Antigonos, der uns die Authentizität des Erzählten verbürgt, von Seite zu Seite zu einer Gestalt aus Fleisch und Blut heran, die – stünde sie nicht im Schatten eines Hamilkar und eines Hannibal – durchaus den Neid blasser Schreibtischratten wecken könnte.

Die Fiktion, wie der Text entstanden ist, sei kurz gestreift. Über sechs Dezennien hin hat Antigonos seine Erlebnisse regelmäßig aufgezeichnet und „viele Stückchen" der Geschichte notiert (26). Hannibals Tod[9] wird für den Greis zum Anstoß, die alten Tagebücher zusammenzufügen und zu ergänzen, um „die Asche (s)eines Erinnerns zu Sätzen zu formen" (31) und der Nachwelt das große Abenteuer zu überliefern, dessen Zeuge er geworden ist.[10]

Wir erfahren dies in der Rahmenhandlung, „Prolog" und „Epilog", die in ‚Ich-Form' von Antigonos' späten Jahren in Alexandria erzählen. Wie sein Werk insgesamt auf uns gekommen ist, deutet Antigonos mit einer Verbeugung vor

7 Seit dem 5. Jh., den Zeiten des legendären Hanno, haben punische (und in ihrem Kielwasser griechische) Seefahrer diese Routen befahren – ausgenommen, soweit wir wissen, den Weg nach Südamerika (Himilko erreichte immerhin die Sargasso-See) und in die Arktis.

8 Daß Haefs bei der Beschreibung ihres phänomenalen Geruchssinnes (bes. 175-178) Jean-Baptiste Grenouille aus Patrick Süßkinds *Das Parfum* vor Augen hatte, darf man annehmen. – Im Interesse der Exotik stammen beide Frauen aus ‚mythischen' Regionen.

9 Genaugenommen der (um zwei Jahre verzögerte) Empfang seiner letzten Zeilen und seines Schwerts (627f.).

10 Eine unrealistische Behauptung – nach mehr oder minder überarbeiteten alten Notizen sehen die Seiten nicht aus. Es gibt keinerlei stilistische oder innere Entwicklung; die Weltsicht des Zwanzigjährigen unterscheidet sich in nichts von der des Achtzigjährigen. Die Fiktion alter Tagebücher soll einzig die romanhafte Detailfreudigkeit der Erinnerungen begründen.

einem großen Philologen und einer noch größeren Institution im „Epilog" an: „Aristophanes von Byzantion, Herr der großen Bibliothek, hat die beschriebenen Rollen entgegengenommen und wird sie, nachdem zwei Abschriften gefertigt sind, in die Abteilung Karchedon legen." (628)[11]

In diesen Rahmen eingebettet stehen die fünfzehn Kapitel des Werks, die dem Gang der Ereignisse chronologisch folgen. Antigonos erzählt sie in der dritten Person, die antiker Tradition getreu den historischen Duktus und Anspruch seiner Aufzeichnungen unterstreichen soll. Jedem Kapitel ist zudem ein ‚Originaldokument' angeschlossen, Briefe meist von oder an Antigonos, die Behandeltes kommentieren und vor allem Übergangenes nachtragen.

Was Haefs an historischem Material präsentiert, ist sorgfältig recherchiert und respektiert Quellen wie Sekundärliteratur.[12] Vor allem Polybios und Livius hat er studiert, aber auch etliche andere Klassiker (etwa Herodot und Xenophon, Platon und Aristoteles, oder den hellenistischen Universalgelehrten Eratosthenes), die für so unerwartete wie treffsichere Pointen sorgen.[13]

Seine antiken Gewährsmänner behandelt Haefs dabei mitunter recht respektlos. Der parteiische Livius erlebt in denkwürdiger Maske sogar einen Gastauftritt. Während des Hannibalischen Kriegs ersteht Antigonos einen römischen Kriegsgefangenen namens Septimus Torquatus,

> der ohne viel zu begreifen die Nachrichten und Berichte (vom Kriegsgeschehen) siebte, bearbeitete und dann mit lateinischen Zeichen in einem von lateinischen Namen durchsetzten ungelenken Punisch niederschrieb (...), eine Mischung aus eigensinnig ausgewählten Einzelheiten und undurchschaubaren Großdarstellungen (520).

Dann paraphrasiert er ihn auf etlichen Seiten in einem boshaft hölzernen Deutsch. Einen späteren Livius-Auszug leiten die Worte ein: „Der römische Schreiber gehörte offensichtlich zu jenen, die auch durch langjähriges Üben nicht besser wurden." (550)[14]

---

11 Die Rede ist von dem großen Philologen, Exegeten und Editor, der seit etwa 195 v. Chr. der alexandrinischen Bibliothek vorstand. – Zu fragen, wie „Prolog" und „Epilog" auf uns gekommen sind, wäre kleinlich.

12 In seinem „Anhang" erwähnt er namentlich Werner Huß, „Verfasser der mit großem Abstand besten, reichsten und fundiertesten *Geschichte der Karthager* (München 1985)" (643). Daß er auch Mommsen verwendet hat, zeigt die kritische Bemerkung S. 644. – Versehen oder Mißgriffe bleiben die Ausnahme (welcher hellenistische Grieche hätte z. B. bei männlicher Homoerotik von „zweifelhaften Neigungen" [150] gesprochen?).

13 Ein Beispiel: „Immer ist das Sein ein Messer; wenn Parmenides dies begriffen hätte, wäre ihm und uns viel schroffes Geschwätz erspart geblieben." (32)

14 Daß die griechischen und römischen Historiker ihre Darstellungen nach allen Regeln der Rhetorik würzen, ist Haefs bekannt und gibt ihm Gelegenheit zu mancherlei Scherz (309, 395f., 629f.).

Haefs kann es schon ein Stück besser. Ihm gelingt die schwierige Gratwanderung zwischen Information einerseits – politische und militärische Ereignisse, die Hintergründe und inneren Mechanismen karthagischer, römischer oder griechischer Politik, das Wirtschaftsgefüge der damaligen Oikoumene – und Unterhaltung andererseits. Er vermeidet (fast) alles, was an spröde Historiographie erinnert; nur hin und wieder spürt man zwischen den Zeilen, wie in einem Palimpsest, die Blätter anderer Bücher, etwa zur Organisation des römischen Heeres oder zum Gewürzhandel im östlichen Mittelmeer. Phantasievoll versteht er es, historische Daten und antiquarische Realien mit der Handlung zu verweben.

Nicht zuletzt die atemlosen kriegerischen Auseinandersetzungen, die die blutige Kulisse abgeben: die Kämpfe um Sizilien, der Libysche Krieg, die Eroberung Iberiens, Feldzüge und Schlachten im östlichen Mittelmeer, vor allem aber der Zweite Punische Krieg, werden dank einer variationsfreudigen Erzähltechnik vor dem inneren Auge des Lesers lebendig.

Vereinzelt greift Haefs dabei in die Überlieferung ein und ‚verbessert' die Geschichte zugunsten Karthagos. So stirbt Regulus nicht im karthagischen Folterkeller, sondern von eigener Hand (97-99). In der Schlacht von Zama entfacht Hannibal ein wahres Feuerwerk strategischen Genies und wäre um Haaresbreite Sieger geblieben. Manche Mythen der römischen Historiker korrigiert er. So mildert er mit Polybios den berüchtigten Eid des Knaben Hannibal; der Junge schwört, „Qart Hadasht treu zu sein und niemals ein Freund Roms zu werden" (261). An anderen Mythen, die Hannibals dämonische Größe belegen – etwa dem ans Wunderbare grenzenden Zug über die Alpen[15] –, strickt er jedoch munter fort.

Hannibals in den Quellen nur schattenhaft greifbare politische Ader, sein Weitblick als Staatsmann, seine gemäßigte, bis zuletzt auf Ausgleich bedachte Einstellung gegenüber Rom liegen Haefs besonders am Herzen. Im Roman wird nicht Zama zur großen Katastrophe des Strategen, sondern der Gegenschlag der Partei der ‚Alten', die Hannibals Versuch, in seinen wenigen Monaten als Suffet in Karthago für saubere politische und finanzielle Verhältnisse zu sorgen, mit Roms Hilfe in einem Blutbad ersticken. Die Ära der Barkiden endet jäh; dem 51jährigen Hannibal bleibt das Exil, zwölf deprimierende Jahre an wechselnden Höfen hellenischer Herrscher (bes. 632-638), bis Roms eiserne Hand ihn in den Freitod treibt.

Haefs' strenger Blick *cum ira et studio* schlägt sich vor allem in drei Themen nieder, die sich wie rote Fäden durch den Roman ziehen: (i) die fortwährende

15 Ein realistisches Bild der damaligen Ereignisse zeichnet Seibert (1993) 106-113.

und für das aus Italien drohende Verhängnis blinde Selbstzerfleischung der hellenistischen Diadochen und Duodezfürsten untereinander (u. a. 492f., 528, 632), (ii) Roms imperiale, ja totalitäre Außenpolitik (Haefs' simplistisches Rombild gerät passagenweise fast so einseitig wie Alexanders hellenistischer Nazi-Staat in Arno Schmidts gleichnamiger Erzählung) (u. a. 23, 85, 358f., 540f.), und (iii) die kurzsichtige Politik der punischen ‚Alten', die sich in Parteienhader, politischer Ranküne und Raffgier verzetteln und die einzigartige Gelegenheit verschenken, mit einem Hannibal das Geschick Karthagos und Roms auf Dauer zu wenden (470, 497, 501f., 511ff.) – historisch betrachtet wohl ein Trugschluß.[16]

Werfen wir einen Blick in Haefs' Werkstatt. Seine Erzählung kommt robust und bodenständig einher wie ein lakedämonischer Pankratiast. Selten gönnt er seinen Figuren eine Verschnaufpause. Fortwährend geschieht etwas, und sei es nur eine touristische Wagenfahrt durch die Megara, das mondäne Villenviertel von Qart Hadasht. Eine bewährte Dramaturgie läßt besinnliche Szenen mit stürmischen wechseln, heitere mit finsteren; ein erotischer Zweikampf mündet in einen mit Faust und Dolch, der um Haaresbreite tödlich endet.

Für die notwendige *variatio* sorgt ein ganzes Füllhorn von Stilmitteln wie Botenbericht, Ekphrasis, Exkurs, Tyrannenschelte und Panegyrik, Traumgesicht oder Teichoskopie. Es gibt martialische Gemälde von hoher Dramatik – etwa jene Schlacht im tiefen Hispanien, die mit einem Verrat der Verbündeten beginnt, Hamilkars Tod erlebt und Hannibals Gegenschlag, der das Heer rettet, oder – viele Jahre später – die römische Umkesselung Hasdrubals am umbrischen Metaurus, in der Hannibals Bruder und Karthagos zweites Heer untergehen. Sie lassen ahnen, was für ein Grauen der tausendfache Kampf Mann gegen Mann, Schwert gegen Schwert bedeutet.[17]

Manche Szenen um Antigonos – etwa wenn er mit geschliffener Zunge einem widerspenstigen Wüstenscheich folgenschwere Zugeständnisse abringt (104-106) oder mit dem jungen, edlen Numiderfürsten Naravas, der ihn gefangen hält, Freundschaft und Blutsbrüderschaft schließt und später dessen Bund mit Hamilkar stiftet (227ff.) – lassen den Barkidenfreund als würdigen Enkel Kara Ben Nemsis im wilden Punistan erscheinen und dürften so man-

16 Ein bereits von Flaubert ins Spiel gebrachtes Motiv ist die Angst der ‚Alten' vor der Machtübernahme eines zu erfolgreichen Hamilkars bzw. Hannibals (124, 513f.).

17 Daß nach den furiosen ersten beiden Jahren des Hannibalischen Kriegs und der Hölle von Cannae der Fluß der Erzählung träger fließt und gegen Ende gelegentlich stockt, mag man Haefs angesichts der Materie nachsehen. Merkwürdig blaß gerät ihm der dramatisch so vielversprechende Übergang über die Alpen (396-403).

chen Leser an ein vergangenes Jugendglück erinnern, das sich Karl May nennt.[18]

Daß solche Nostalgie nie allzu lange vorhält, verhindern der profane und mitunter geradezu flapsige Ton („Hellenen? [...] Weißt du, wie meine Ahnen sie nannten? Fürze des Zeus" [74]), eine mehr als periphere Präsenz weiblichen Personals, damit verbunden die einschlägigen erotischen Aktivitäten („Die Libyerin legte eine Hand an seine Hüfte. [...] ‚Das da – große Schlange?' Antigonos grinste. ‚Furchtbare Schlange. Aber nicht giftig.'" [64]), und vor allem ein inflationärer Gebrauch der (gerade gefallenen) Vokabel „grinste".

Die Assoziation mit Karl May kommt nicht von ungefähr. Denn die Charakterisierung der Figuren, physiognomisch wie psychologisch, läuft bei aller Farbigkeit des Personals doch in recht ausgetretenen Pfaden. Anders formuliert: Haefs hat keine Angst vor Klischees, im Bösen wie im Guten.

Die Beschreibung Hannos, des großen, und von Haefs hemmungslos dämonisierten Gegenspielers der Barkiden, ließe uns – wüßten wir nicht ohnehin, wen wir vor uns haben – sogleich den abgründigen Finsterling erkennen: „(...) Die feine gerade Nase und der volle Mund hätten einer attischen Apollon-Skulptur gehören können, nicht aber die Augen, die das Gesicht beherrschten: Schlangenaugen, wie aus äthiopischem Obsidian." (149) „(Antigonos) spürte (...) die düstere Magie des Mannes, die Kraft und Macht, die er ausstrahlte." (324)[19]

Wo leibhaftige Römer die Bühne betreten, scheinen sie mitunter den Heften von Goscinny und Uderzo entstiegen. „Marcus Atilius Regulus hatte einen kantigen Bauernschädel, war fast kahl und glattrasiert." (89) Hamilkars Urteil über ihn darf nur bedingt als Kompliment gelten: „Er ist dumm und stur, aber (...) ein Ehrenmann." (98) Und von Quintus Fabius Maximus bei seiner Kriegserklärung an den Rat von Karthago können wir uns ein Bild machen, wenn Antigonos' Gewährsmann den Römer imitiert:

> Bostar gab eine gute Darstellung, indem er die Halsmuskeln blähte, den Kopf dabei zwischen die Schultern zog und das Kinn vorreckte. Antigonos, der den schweren sturen Römer von den Iberos-Verhandlungen kannte, grinste müde. (365)

Etwas freundlicher wird Hannibals Bezwinger geschildert, Publius Cornelius Scipio.

18 An *Tom Sawyer* gemahnen die Seiten über Tiggos Jugend (34-36).

19 Die Darstellung Hannos (128f., 148f., 324, 326) ist auch zu lesen als Absage an Flauberts Bildnis eines verweichlichten orientalischen Despoten in *Salammbô*.

> Das beinahe hellenische oder etruskische, keineswegs grobe Gesicht des Corneliers war entspannt. (...) Der Römer war gebildet, sprach fließend Hellenisch; er war klug und hatte die beste Ausbildung genossen, die ein Heerführer nur bekommen kann (...). Aber er war auch der Mann, der in Iberien (...) unmenschliche Blutbäder angerichtet hatte, ohne jeglichen strategischen oder auch nur taktischen Sinn. (570)

Heroische Lichtgestalten sind die Barkiden und ihre Freunde. Hünenhaft betritt Hamilkar die Bühne. „Seine mächtige Gestalt überragte alle anderen." (128) „Antigonos sah das Spiel der ungeheuren Armmuskeln." (76) „Die volle tiefe Stimme drang überall hin." (128) Und was für ein Gesicht: „Mit Daumen und Zeigefinger der Rechten strich er sich über die große Hakennase. Die Brauen – schwarzes dickes Gestrüpp – waren zusammengezogen, und der Bart hätte gestutzt und ausrasiert werden können." (76) Karthagos herrlicher Krieger gleicht dem leibhaftigen Ares.

Sein späterer Schwiegersohn Hasdrubal „war einfach zu gewinnend, mit seinem trotz des feinen schwarzen Bartes fast mädchenhaften Gesicht, den anmutigen Bewegungen, dem Knabenkörper" (138) – eine etwas trügerische Fassade, hinter der sich ein begnadeter Organisator, Politiker und Militär verbirgt.

Eine besondere Aura umgibt Hannibal.[20] Als wir dem Knaben das erste Mal leibhaftig begegnen, läßt sich die künftige Bestimmung des Sechsjährigen kaum übersehen. Er zeigt Antigonos Holzfiguren, die er sich geschnitzt hat:

> kleine Krieger, bunt bemalt, mit fantastischen Waffen und Rüstungen, und drei wunderbar genau getroffene Kriegselefanten mit Türmen für die Bogenschützen und verbogenen Nähnadeln als Stoßmesser auf den Zähnen.

Alsbald tobt „eine blutige Schlacht" (170). Später sehen wir ihn draußen:

> Unter den Bäumen tauchte ein dunkelbraunes Pferd auf, in vollem Galopp. Es schien weder Decke noch Zügel zu tragen. Hannibal klebte förmlich auf dem Rücken des Tiers. Er lenkte es nur mit den Beinen; in den Händen hielt er einen Bogen, über der Schulter, stramm festgebunden und unbeweglich, hing der Köcher. Im Galopp richtete der Junge sich halb auf, zog mit einer unfaßlich schnellen Bewegung einen Pfeil heraus, setze ihn auf die Sehne, spannte und schoß. Hundert Schritte weiter durchschlug der Pfeil die Brust der Strohpuppe. (174f.)

Man ist versucht, sich auf dem Buchrücken zu vergewissern, daß man tatsächlich *Hannibal* in Händen hält, und nicht *Winnetou I*.

Den Jüngling, der in Spanien im väterlichen Heer als Reiterführer dient, umspielt bereits der Glanz wahrhafter Größe.

---

20 Immerhin wird seine Geburt, anders als bei Flaubert, nicht von Vorzeichen begleitet (125).

(...) Antigonos, der nie ein Geführter gewesen war, spürte die Kraft und Magie, und obwohl er nicht zu Grübeleien neigte, fragte er sich, was es sein mochte, das Pyrrhos, Alexandros, Hamilkar und diesen kaum achtzehnjährigen Sohn des Barkas über alle anderen hob. (294f.)

Am eindringlichsten tritt Hannibals Charisma in einer nächtlichen Szene zutage, die ihn mit seinen Offizieren und Antigonos zu Beginn des Zweiten Punischen Kriegs im eroberten Zakantha (Sagunt) vereint. Antigonos fragt den Gedankenverlorenen, was die Zukunft bringen werde.

Antigonos betrachtete Hamilkars Sohn. Auch die Augen von Bostar, Muttines und Maharbal hingen an dem Achtundzwanzigjährigen. Der schlanke kraftvolle Körper schien schmächtig; wie verloren in der eisigen Nacht, dem Schweigen und der Einsamkeit. Einen Moment hatte der Hellene die fantastische Eingebung, daß der junge Stratege mit dem uralten Gott der Städte ringe, mit der unfaßlichen Wucht und Würde all dessen, was der Sitzende Melqart barg (...). Dann endete der Kampf; der furchtbare Schatten des Gottes wurde zu schlichter Nacht. Hannibal, der Sieger, blickte auf, und sein Gesicht, seine Augen, sein Lächeln trieben Stollen von Kraft und Wärme durch den erstickenden Berg aus Nacht und Kälte. Mit einer gleitenden, beinahe anmutigen Bewegung kniete Muttines sich plötzlich auf den Boden und berührte mit flach ausgestreckten Händen den Saum von Hannibals Mantel. Als er aufblickte, waren alle Spuren von Müdigkeit aus seinem Gesicht verschwunden. Er sagte nichts; seine Augen glühten. (...) Aber der Bann blieb, wurde eher stärker. Hannibal war die Mitte des Raums. Wenn nun ein Stein aus dem Kamin bräche, dachte Antigonos, fiele er nicht zu Boden, sondern zu Hannibal. Wieder fühlte er sich am Rand eines unermeßlichen Strudels, größer als der Okeanos, unüberschaubar und alles zermalmend. „Erklär mir den Strudel des Morgens, Stratege." Er flüsterte es beinahe. (356f.)[21]

Was hier geschieht, beschreibt die Religionswissenschaft mit dem Begriff ‚Apotheose' (ihr geht voraus das mythische Ringen junger Heros – alter Gott). Und das verstohlene Spiel mit den Christus-Assoziationen, das zwischen den Zeilen anklingt, darf man dem Schlitzohr Haefs getrost zutrauen.

Solche Größe, die in Haefs' Schilderung mit gelassenem Selbstbewußtsein einhergeht und, tief im Innern, der Gewißheit, auf verlorenem Posten zu stehen (wie übrigens auch Antigonos ahnt Hannibal den bösen Ausgang der Geschichte [394f.]), verbindet sich mit einer warmen Herzlichkeit, die unweigerlich die Sympathien des Lesers weckt – auch wenn der gelegentlich ahnt, daß solche Verklärung mit dem historischen Personal nicht allzu viel gemein hat,

21 Eine ähnliche Szene ereignet sich nach der Schlacht von Cannae, wenn die karthagischen Ältesten und seine Heerführer Hannibal mit der Proskynese ehren. (483f.) – Enkomien Hannibals erklingen 374, 399, 404.

und er sich zumindest in solchen Momenten weniger scherenschnitthafte Charaktere herbeiwünscht.[22]

Ein heikler Punkt ist auch das ‚moderne' Innenleben der Protagonisten. Antigonos, Hamilkar, Hannibal, selbst Hanno sind Figuren, die aufgeklärt, pragmatisch-nüchtern, und recht illusionslos in die Welt blicken. Es gibt keine Götter (Antigonos und Hannibal sind erklärte Atheisten); es gibt nur das schwere Rad der Geschichte – so ein dank seiner Indienfahrt buddhistisch angehauchter Antigonos –, das in seinem immerwährenden Rollen alles und alle erdrückt, und dem nur einzelne, charismatische Charaktere einen kurzen Moment in die Speichen greifen können. (30f.) Immerhin dürften diese Porträts der ‚Wirklichkeit' näher kommen als das düstere Selbst- und Menschenbild, jenes Gewirr aus Aberglaube, Dämonie und Grausamkeit, in das Flaubert in *Salammbô* seine Figuren einschlägt wie die Spinne die gefangene Fliege; ob sie historisch gerechtfertigt sind, steht auf einem anderen Blatt.

Das mag auch Haefs gespürt haben. Denn in zwei markanten Punkten gibt er sein erklärtes Ziel preis, Karthago und Hannibal zu entmythologisieren und zu entdämonisieren. So weiß er dem von ihm angeprangerten Mythos von der punischen *crudelitas* wiederholt und höchst effektiv schauerliche Töne zu entlocken.[23] Die Macht der Quellen, die gelegentlich eine unwiderlegliche Sprache sprechen, scheint hier stärker als alle Bedenken und guten Vorsätze. Und als gewiefter Erzähler weiß er natürlich um den Unterhaltungswert einschlägiger Szenarien.

Vom Walten höherer Mächte raunen die drei mystischen Orakel, die dem Antigonos an den drei Weltenden zuteil werden: im Süden in der Oase Amuns, im fernsten Westen am Fuß der Anden, und im Norden im Schatten von Stonehenge (79ff., 205, 208).[24] Sie verzahnen sich ineinander und lassen hinter der Geschichte den Willen einer namenlosen Dreieinigkeit zutage treten. Ihre Botschaft gilt Hamilkar, mehr noch den „drei Löwen", seinen Söhnen; sie taucht die vier gleichsam in ein göttliches Licht und erhöht ihr Werk zur Mission. Es ist ein feiner Zug, daß ausgerechnet der ungläubige ‚Thomas', der es

22 Haefs ist klug genug, solchen Manichäismus ein wenig abzumildern. Mago, Hamilkars jüngster Sohn, zeigt in seinem Wesen einen finsteren Zug, den auszuleben nur zwei übermächtige Brüder und glückliche Umstände ihn hindern.

23 Namentlich bei den Hinrichtungen in Hannos Stadthaus (154ff.), bei Mathos dreitägigem Tod am Marterpfahl (254f.; hier vernachlässigt Haefs die erzählerische Fiktion: wie kann Antigonos eine Seite lang Mathos Folterung schildern, wenn ihn nur „bruchstückhafte Schilderungen" [255] erreichen?) und bei Hannos Gifttod durch Antigonos' Hand (601).

24 Ist es Zufall, daß die heilige Dreizahl in ihrer geometrischen Anordnung ein vertrautes religiöses Symbol evoziert?

(wie wir) ‚besser weiß', das ‚Historische' dieser Verkündigung ebenso bezeugt wie ihre spätere Erfüllung.

An diesem einen Punkt verabschiedet Haefs die rationale Weltordnung und bringt ein Element des Numinosen ins Spiel. Seinem historischen Anliegen, die Barkiden von herrschenden Vorurteilen zu befreien und sie als (letztendlich gescheiterte) erste Diener ihres Staats zu porträtieren, erweist er damit einen Bärendienst. Doch zumindest der in *Middle-Earth* und *Hogwarth's School of Witchcraft and Wizardry* bewanderte Leser dürfte bereit sein, solche Inkonsequenz großzügig zu übersehen und statt dessen den wohligen Schauder auszukosten, den die Ahnung eines ganz ‚Anderen' in empfänglichen Seelen auch heute noch hervorzulocken versteht.

Hier ist der Punkt, an ein ganz ‚Anderes' anzuknüpfen: an Flauberts berühmten Roman *Salammbô* (1862/63). Denn es ist schlechterdings unmöglich, über das Karthago der Barkiden zu schreiben, ohne dem französischen Schriftsteller – wie auch immer – Reverenz zu erweisen.

In seinem „Anhang" findet Haefs denn auch passende Worte zu seinem Vorgänger:

> Wie stark Flaubert mit *Salammbô* das gängige [orientalisch-exotische Karthago-] Bild geprägt hat, läßt sich gar nicht ermessen. Dabei war das vielschichtige Kunstwerk nie als historische Rekonstruktion gedacht. Was vor der Kulisse Karthago geschieht, ist zunächst eine Subversion französischer Mythen des Zweiten Kaiserreichs, vorgeführt von differenzierten Antihelden, angelehnt an Polybios, angereichert mit ägyptischen und biblischen Motiven; es ist äußerste Kunstfertigkeit, erbarmungslose Hinrichtung des allwissenden Erzählers, eisige Objektivität der „Kameraführung"; vor allem ist es ein in sich vollkommenes Werk, aber kein „historischer Roman" über Karthago. (648)

Diese so pointierte wie treffende Charakterisierung läßt zwischen den Zeilen Haefs' Anspruch erkennen, es – was die historische Verläßlichkeit angeht – besser zu machen als Flaubert. Daß ihm dies gelingt, wird man ihm ohne Zögern zugestehen.

In ihrer Darstellung des Libyschen Kriegs halten sich beide, Flaubert wie Haefs[25], in den großen Linien an die Vorgaben des Polybios. Doch Flaubert stellt Etliches auf den Kopf, etwa die anfängliche Rolle des Numiderfürsten Narr'havas oder das Ende Hannos am Kreuz der Söldner. Anderes ist reine Erfindung, wie der Name von Hamilkars Tochter, Mathos rasende Leidenschaft für das Mädchen, der Raub des Zaimph, des heiligen Gewands der Tanit, Salammbôs Hingabe an Matho und ihr Tod – um von der drückenden orientalischen Schwüle der Kulisse, der Gesten und Worte, der Erzählung insgesamt zu

25 Bei Haefs macht der Libysche Krieg ein gutes Siebtel des Romans aus (165-255).

schweigen. Haefs bleibt im Vergleich wohltuend nüchtern und dicht auf den Spuren der Überlieferung. Allenfalls die Rolle Hamilkars rückt er (wenn wir Polybios' Kritik ernst nehmen) in ein etwas zu freundliches Licht, und Mathos letzte Stunde taucht er in abgründige Finsternis.[26]

Doch wer nach der Lektüre von *Hannibal Salammbô* aufschlägt, wird von der ersten Seite an das Gefühl nicht mehr los, Haefs habe bei Flaubert mehr gelernt, als ihm vielleicht selbst bewußt geworden ist. Ob Flaubert nun Hamilkars Gärten beschreibt, das babylonische Menschen- und Sprachengewirr im karthagischen Söldnerheer, oder den Anblick eines Schlachtfelds nach der Schlacht, stets aufs neue finden wir Haefs als seinen gelehrigen Schüler. Auch weniger topische Szenen dürften in *Salammbô* ihr Vorbild haben, etwa – um nur ein Beispiel zu nennen – die Blutsbrüderschaft, die Antigonos mit Naravas schließt (227f.), in dem Bund, den Narr'havas mit Matho blutig besiegelt (Kap. 6 Anf.).

In einer etwas überspitzten These könnte man behaupten, *Hannibal* sei *auch* als Antwort auf *Salammbô* zu lesen (was vielleicht schon die fünfzehn Kapitel andeuten, in die Haefs wie Flaubert seine Handlung keineswegs zwingend gliedert). Mit anderen Worten: Einer Konkurrenz, der er ohnehin nicht entgeht, stellt Haefs sich sehenden Auges. Und niemand weiß besser als er, wie sich der *concours* in künstlerischer Hinsicht entscheidet – nicht von ungefähr beschreibt er *Salammbô* als ein „in sich vollkommenes Werk".[27]

Immerhin schärft der Vergleich zwischen dem Epiker aus Rouen und dem Godesberger Fabulisten den Blick für ein Paradox des historischen Romans. Je eminenter dessen künstlerische Qualität, desto mehr scheint er von der (ohnehin nur annähernd rekonstruierbaren[28]) antiken ‚Wirklichkeit' abzu-

---

26 Daß Flauberts ätherische Titelheldin bei Haefs nicht blutjung stirbt, sondern als feiste Mamma und keifende Matrone endet (461-465, 617), ist einer seiner vergnüglicheren Einfälle. Und aus einer Ungereimtheit der französischen Vorlage, wo gegen Ende des 7. Kapitels Hamilkar aus einer geheimen Kammer ein giftgetränktes Fell holt, das erst als „peau de lama" beschrieben wird, kurz danach aber als „peau d'antilope", zaubert er ein rechtes Märchen (79-83, 303-306).

27 Erste Eindrücke mag die kleine Synopse im Anhang bieten.

28 Bereits an einer pragmatischen Schwierigkeit scheitern im Grund alle Autoren: Über die meisten antiken Epochen und geographischen Räume – das spätrepublikanische und frühkaiserzeitliche Mittelitalien einmal ausgenommen – wissen wir im Grund so wenig, daß jeder Versuch, die Lebensverhältnisse im Detail auszumalen, der damaligen Realität weniger ähneln wird als die aus einer Handvoll Scherben rekonstruierte Schale dem antiken Original. – Gleiches gilt *mutatis mutandis* für den Film, von *Ben Hur* (1959; Regie William Wyler, in der Titelrolle Charlton Heston) über *Spartacus* (1960; Regie Stanley Kubrick, in der Titelrolle Kirk Douglas) zu *Cleopatra* (1963; Regie Joseph L. Mankiewicz, in der Titelrolle Liz Taylor). Eine Renaissance des antiken Films scheint der *Gladiator* (2000; Regie Ridley Scott, in der Titelrolle Russell Crowe) einzuläuten.

rücken. Kaum jemand käme auf den Gedanken, *Die letzten Tage von Pompeji* oder *Ein Kampf um Rom* als getreues Abbild der dargestellten Epoche mißzuverstehen. Um wieviel strenger fällt das Verdikt aus, wenn Pretiosen wie *Der Tod des Vergil*, *Joseph und seine Brüder* oder eben *Salammbô* in den Blick rücken. So markant diese Werke sich auch voneinander unterscheiden – fast nie geht es in ihnen um das Begreifen von längst Vergangenem, nicht selten aber um das Heraufbeschwören neuer Mythen.

Haefs setzt sich bescheidenere Ziele. Was für ihn bleibt, hat er in seinem „Anhang" bereits angedeutet: die Palme der Klio – und die Rolle des vergnüglichen Unterhalters, dem der Sinn nach nichts weniger stünde als nach einem *monumentum aere perennius*.[29]

Literaturverzeichnis

Haefs, Gisbert: Hannibal. Der Roman Karthagos, Zürich 1989.
Huß, Werner: Geschichte der Karthager, München 1985.
Seibert, Jakob: Hannibal, Darmstadt 1993.
Flaubert, Gustav: Salambo, übersetzt von Hugo Lindner, Berlin [Theod. Knaur Nachf.] o. J.
Polybios: Geschichte, übers. von Hans Drexler, Zürich ^{2}1978/79

(*Anhang*)
Polybios – Flaubert – Haefs.
Eine Synopse

Eine kleine und eine größere Szene mögen zeigen, was und wie die beiden modernen Autoren aus ihrer antiken Quelle schöpfen. Die erste erzählt von Naravas' Wechsel ins Lager Hamilkars, eine Episode, die Polybios mit Sorgfalt wiedergibt (zitiert wird aus allen drei Texten nur Hamilkars Eid). Die zweite schildert die tödliche Falle, die Hamilkar gegen Ende des Libyschen Kriegs den Heeren des Autaritos und des Spendios im „Tal der Säge" stellt; hier begnügt Polybios sich mit einem knappen Referat (der Historiker ist – vom Anfang abgesehen – vollständig ausgeschrieben, die epische Ausgestaltung Flauberts und Haefs' aus Platzgründen in sehr sparsamer und nur bedingt ‚deckungsgleicher' Auswahl).

---

29 „Die Halbwertszeit von Unterhaltungsliteratur ist sehr kurz." (G. Haefs im *Standard*, 12.12.1997).

(I) Naravas vor Hamilkar

Als Hamilkar das hörte, freute er sich so sehr über die Kühnheit seines Kommens und über die Schlichtheit und Offenheit des jungen Mannes im Gespräch, daß er nicht nur einwilligte, ihn als Kampfgenossen anzunehmen, sondern ihm auch unter Eid die Hand seiner Tochter versprach, wenn er den Karthagern die Treue bewahre.
Polybios (1, 78; übers. H. Drexler)

Der König der Numider hielt sich taktvoll beiseite; an seiner Stirn hing ein wenig von dem Staub, den er beim Niederwerfen berührt hatte. Endlich schritt der Suffet auf ihn zu und sagte feierlich: „Als Belohnung für die Dienste, die du mir geleistet hast, Narr'havas, gebe ich dir meine Tochter." Er fügte hinzu: „Sei mein Sohn und verteidige deinen Vater!"
Narr'havas machte eine heftige Gebärde des Erstaunens, dann warf er sich auf seine Hände, die er mit Küssen bedeckte.
Salammbô (Kap. 11; übers. nach H. Linder)

Hamilkar legte die Linke auf den Chiton, über seinem Gemächt; mit der Rechten deutete er in den Himmel. „Bei deinen Göttern, Massyler", sagte er, „und bei dem Glied, das Salambua zeugte[30]: Meine Freundschaft und meine Tochter – wenn wir diesen Tag überleben." Er legte die Hände auf Naravas' Schultern.
Der junge Fürst erwiderte die Geste. „Es ist ...", sagte er; dann gellten die Signalhörner im punischen Lager.
„Später", murmelte Hamilkar. „Mein Befehl – Freund?"
„Dein Befehl, Stratege".
Hannibal (230)

(II) Im „Tal der Säge"

Auf Grund der Versprechungen ihrer Führer aber warteten sie immer auf Hilfe aus Tunes und brachten es daher fertig, die abscheulichsten Verbrechen aneinander zu verüben. Nachdem sie also zuerst die Gefangenen, hierauf die Sklaven umgebracht und verzehrt hatten, von Tunes jedoch niemand zu Hilfe kam, entschlossen sich Autaritos, Zarzas und Spendios, denen die Rache der durch die Not aufs Äußerste gebrachten Menge drohte, sich in die Hände der Feinde zu geben und mit Hamilkar über einen Friedensschluß zu verhandeln.
Sie schickten also einen Herold, und nachdem sie die Erlaubnis zu einer Gesandtschaft erhalten hatten, kamen sie, ihrer zehn, zu den Karthagern. Mit diesen schloß Hamilkar einen Vertrag des Inhalts ab: die Karthager sollten sich unter den Feinden zehn, welche

30 Eine aufschlußreiche Antithese.

sie wollten, auswählen dürfen, die übrigen sollten mit weiter nichts als dem Untergewand auf dem Leib freien Abzug erhalten. Als dies geschehen war, erklärte Hamilkar sogleich, er wähle sich dem Vertrag gemäß die Anwesenden aus. Auf diese Weise bekamen die Karthager Autaritos, Spendios und die übrigen angesehensten Führer in ihre Hand. Als die Libyer merkten, daß ihre Anführer festgenommen waren, glaubten sie, da sie den Vertrag nicht kannten, es sei Verrat an ihnen verübt worden, eilten daher zu den Waffen, worauf sie Hamilkar mit den Elefanten und seinem übrigen Heer umstellte und sämtlich vernichtete, mehr als vierzigtausend Mann.
Polybios (1, 84-85; übers. H. Drexler)

Am Abend des neunten Tages starben drei Iberier.
Ihre erschreckten Gefährten verließen die Stelle. Man plünderte sie und ließ die nackten weißen Körper auf dem Sande in der Sonne liegen.
Da fingen einige Garamanten an, langsam um sie herumzuschleichen. Das waren Leute, die an das Leben in der Einöde gewöhnt waren und keinen Gott fürchteten. Endlich gab der Älteste des Haufens ein Zeichen. Sie bückten sich über die Leichen und schnitten mit ihren Messern Streifen ab; dann aßen sie, auf den Fersen hockend. Die anderen sahen von ferne zu. Sie stießen Schreie des Abscheus aus – doch im Grund ihrer Seele beneideten viele sie um ihren Mut.
Um Mitternacht kamen einige von diesen näher. Sie verbargen ihre Begierde und verlangten einen kleinen Bissen davon; nur um einmal zu versuchen, sagten sie.
(...)

Als sie im punischen Lager ankamen, drängte sich die Menge um sie, und sie hörten Flüstern und Lachen. Die Tür eines Zeltes öffnete sich.
Hamilkar saß ganz im Hintergrund auf einer Bank, neben einem niedrigen Tisch, auf dem ein nacktes Schwert glänzte. Hauptleute umgaben ihn stehend.
Als er diese Männer sah, schrak er zurück, dann beugte er sich vor und sah sie prüfend an. Ihre Pupillen waren ungewöhnlich geweitet; um ihre Augen lag ein breiter schwarzer Rand, der bis unter die Ohren reichte. Ihre bläulichen Nasen standen zwischen ihren eingefallenen Wangen hervor, die von tiefen Runzeln gefurcht waren. Die Haut ihres Körpers, zu weit für ihre Muskeln, war von schieferfarbenem Staub bedeckt. Ihre Lippen klebten an ihren gelben Zähnen. Sie atmeten einen widerlichen Geruch aus. Man hätte sie für geöffnete Gräber halten können, für lebendige Grabmäler.
Salammbô (Kap. 14; übers. nach H. Linder)

„Zwanzig Tage. Nur Steine. Kein Baum, kein Strauch, kein Gras. Zuerst haben sie die Vorräte aufgezehrt. Dann haben sie die Tiere geschlachtet. Das war am fünften Tag. Aber außer den Karren haben sie nichts, um Feuer zu machen – sie mußten alles schnell essen, roh, bevor es in der Tageshitze verfault." „Und dann?" Hamilkar winkte ab. „Was wohl?" Antigonos starrte ihn mit aufgerissenen Augen an. „Du meinst ...?" „Ja. Zuerst die Gefangenen.[31] Dann, am dreizehnten Tag, die Sklaven. Tiggo – geschlachtet und

31 Wörtlich aus Polybios (in Drexlers Übersetzung).

gefressen. Roh, ohne Feuer. Und seit zwei Tagen würfeln sie – die einfachen Krieger. Die Führer natürlich nicht. Sie trinken Blut, verdünnt mit dem wenigen Wasser aus dem Brunnen."

(...)

Antigonos konnte nicht einmal Gesichter erkennen, aus dieser Entfernung, aber er bildete sich ein, verkrustetes Blut in Mundwinkeln und auf Kinnspitzen wahrzunehmen. Es war windstill; dennoch schien wie überkochende Milch das Böse aus dem Tal zu schwappen – Kadaver, der Kot und die klebrigen Dünste von Fünfzigtausend. In Gedanken verbesserte er sich: Es waren keine fünfzigtausend Männer mehr. Ein Würgen stieg ihm in die Kehle, ein ätzender Ball aus Schlangengalle (...).

Durch das Klirren seiner Ohren hörte er die Stimme des Barkas. „Dies sind meine Bedingungen. Nehmt sie oder nehmt sie nicht. Zehn Geiseln, die *ich* aussuche. Alle anderen können einzeln die Schlucht verlassen, unbewaffnet, mit erhobenen Händen und nur mit dem Chiton oder einem Untergewand bekleidet." (...)

Sein Gesicht unter dem Kesselhelm zeigte nur zweierlei: Ekel und Müdigkeit. Er bleckte die Zähne in einer Art Grinsen. „Die zehn Geiseln seid ihr." Er deutete auf die Anführer. „Nehmt sie fest." Die Führer, die damit offenbar nicht gerechnet hatten, obwohl sie kaum etwas anderes erwarten durften,[32] standen einen Moment regungslos. Bis sie sich aus der Erstarrung lösten, waren sie bereits von Hamilkars Männern umringt. Sie wurden gefesselt und zwischen den Blöcken hindurchgezerrt.

Das Tal der Säge schien zu bersten. (...) Aus dem Kessel drang Sturm, der weiter anschwoll; ein Geräuschgemenge, für das es keinen Namen gab. Wut, Angst und Tod; Schreie, dumpfes Jaulen, Gekreisch und Gebrüll, Mord und Untergang, durchsetzt von metallischen Fasern des Klirrens: ein hörbarer Teppich aus klumpigem Blut, das schwarze Malmen des Hades.

Hannibal (247, 249f.)

32 Aus Hamilkars ominöser Vorbedingung bei Polybios zieht erst Haefs den offensichtlichen Schluß.

Peter Handke

Aus: Aber ich lebe nur von den Zwischenräumen. Ein Gespräch, geführt von Herbert Gamper, Zürich 1987, 193-197.

Gamper: Aber haben Sie sich nicht auch dann bei *Über die Dörfer* von den griechischen Familientragödien leiten lassen?

Handke: Ja, das ist eine interessante Frage, ja. Freilich – aber der Ausgang war halt immer meine eigene Geschichte (*fast tonlos bis zum Ende des Satzes*) und die Geschichte meines Bruders, meiner Schwester; meiner Eltern, die ja in diesem Fall fast die Leerstelle bilden, von einem Friedhof. Und dann hab ich eben mich schon vertieft in die; aber ich hab das eigentlich nur wiederholt, also vertieft hab ich meine Kenntnis der griechischen Dramen, indem ich die Lektüre wiederholt hab. Und da hab ich schon ... vielleicht ist das ein Fehler von mir, daß ich dann manche Lehren, die ich daraus ziehe, wirklich anwende oder anwenden möchte. Vielleicht ist es auch eine Naivität, aber zu der steh ich. Also zum Beispiel hab ich gelernt – ich hab ja wirklich Probleme mit dem Stückschreiben, ich weiß immer noch nicht, wie geht das ... also die das von vornherein wissen und dann so Dramatiker werden statt am Theater Erfahrungen zu sammeln, das find ich zum Lachen, zum Auslachen alles. Ich weiß nicht, ich hab nur die Bühne immer vor mir, diese leere Fläche oder meinetwegen den leeren Raum, und ich weiß nicht, wie ich dann das Stück erzähle – nie, nie hab ich das gewußt, wie ich die Stücke erzählen soll. Und so war mir bei der Lektüre der griechischen Klassiker schon eine große Hilfe, dann zu merken, daß die die Handlungen, die da auch vorkommen, nie zeigen. Ich konnte nie auf der Bühne Handlungen, sagen wir auch nur Essen oder Trinken – das ist mir schon ... das sind seltsame ... weiß ich auch nicht ... das mag ich nicht – oder Tätlichkeiten oder Küsse: geht nicht, kann ich nicht. Und zu sehen bei den griechischen Dramatikern, daß die das auch nicht gemacht haben – sicher kann da jemand sagen, die haben halt noch nicht dieses Handwerk gehabt der heutigen Dramatiker, aber auf dieses Handwerk pfeif ich – , war mir eine ... die Lehre die, daß ich auch in *Über die Dörfer* – aha – diese zwei Bilder, in denen das Stück abläuft, immer *vor* ... also was an Aktion ist, wenn überhaupt eine geschieht, passiert dann in der Bauhütte oder passiert dann im Friedhof, wo die dann am Schluß hineingehen. Aber die Sprache, die Dialoge oder Monologe und Wechselreden – vielleicht das schönste Wort –, spielen sich *vor* den Gebäuden ab, wo die Aktion ist. – Zum Beispiel war das. – Und auch meine Abneigung, so wie ichs ja eh aufgezeichnet hab in der *Geschichte des Bleistifts*, gegen diese gutgeschneiderten Dialoge da. Mir entspricht es halt, dieses lange Reden und Wechselreden; da so Ansprachen halten, erzählen, das gehört für mich genau so zum Drama, obwohl – es muß nur dann insgesamt wirklich das Drama ergeben. Was man mir vorgehalten hat, das seien alles nur Monologe, stimmt überhaupt nicht; dieses Stück besteht aus langen Wechselreden, wo der eine sehr wohl auf den andern eingeht. In dem Stück gibt es nur zwei Monologe, die kann ich Ihnen zeigen, aber es interessiert ja fast niemanden mehr ...

(*Lücke durch Band-Wechseln.*)

Aus dieser Schwierigkeit, daß das Dialogschreiben, auch das sogenannt gelernte Dialogschreiben mir nicht entspricht, hat mir die Lektüre der griechischen Dramatiker geholfen, indem ich gesehen hab, daß auch sie, und sicher nicht aus Einfalt, und sicher nicht aus Unwissenheit und Unbeholfenheit ... daß auch sie ganz lange, ausführliche Wechselreden bevorzugen, daß nur in kurzen Momenten des Unglücks oder des Aufschreis diese ganz schnellen: gar keine Dialoge sind das, sondern schnelles Entgegenschreien des einen gegen den andern, stattfinden. Ich hab das auf keinen Fall ... das kann jeder nicht nur wissen, sondern studieren, daß ich das nicht nachgeahmt habe, sondern daß es mich nur bestärkt hat in meiner Natur. Also was die Klassiker, was die große wirkende Vergangenheit, erreichen, das ist das beste, was erreicht werden kann, ist, daß es die Natur oder das Wesen oder die Haltung dessen, der jetzt sich an die Arbeit macht, bestärkt. Klassizismus wäre dann das Nachahmen.

Es ist unerhört, was in der Übersetzung der griechischen Dramen im Lauf der Jahrhunderte gemacht wurde. Niemand hat es wirklich überprüft, was die sogenannten Nachdichter da angerichtet haben. Mir ist es erst aufgegangen, als ich Wort für Wort die Übersetzung mir vorgenommen hab, und dann im nachhinein oder auch so parallel jeden Tag nach der Arbeit nachgeschaut hab, wie haben die denn das gemacht?

Bei Ernst Buschor fängt der Aischylos so an:

> Am Rand der Erde sind wir angelangt,
> Wo Skythenfuß durch leere Wüste ...

(*Das letzte Wort war durch Lachen unverständlich*).

Das ist erst einmal total falsch, und zweitens ist es ein schreckliches Deutsch, ein Schillersches.

G.: Bitte lesen Sie es noch einmal.
H.:

Am Rand der Erde sind wir angelangt.
Wo Skythenfuß durch leere Wüste schweift.
Hephaistos, nun vollstrecke das Gebot
Des Vaters, schmiede dieses Frevlers Leib
Am Riff des steilen Felsgebirges fest,
Und keiner breche dieses Stahles Band.
Denn deines Schmiedefeuers stolzes Licht
Nahm er und gab es seinen Sterblichen.
Dafür muß er den Göttern büßen, muß
Sich beugen lernen vor dem Thron des Zeus
Und Abschied nehmen von der Menschlichkeit.

Das ist eine grauenhaft falsche Übersetzung und zugleich ist es ein ganz und gar totes Deutsch. Das ist ja das Paradebeispiel. Alle anderen Übersetzungen – da gibts ein paar redlichere, ein paar genauere – sind im Grund auch nur Nachempfindungen. Und eben keine Nachempfindungen des Aischylos. Wenn schon man übersetzt, muß man *mit*empfinden und darf nicht *nach*empfinden. Das sind nicht einmal Nachempfindungen des Aischylos, sind nicht einmal Empfindungen, sind Nachpausereien von – wirklich überspitzt gesagt – Schillerschen Jamben. Es ist eigentlich frevelhaft, was da gemacht wurde. Na ja.

G.: Und solche Erfahrungen waren dann auch mitverantwortlich dafür, daß Sie keine Metren übersetzt haben.

H.: Genau, ja. Das ist ein schrecklicher Zwang. Ich mein – da könnt man darüber streiten, aber ich würd nie abgehen von meiner Überzeugung, daß die Metren nicht nachgeäfft werden dürfen. Ich hab natürlich Bedenken gehabt und gezögert, so in meine eigenen Schwingungen zu übersetzen, übertragen, und hab dann ein paar Philologen gefragt, die sind ja auch mit der Zeit offen. Einer hat gesagt: „Ja lassen Sie's einfach laufen". Das tat mir irgendwie gut, das hat mir viel gegeben. Aber das war schon als ichs fertig hatte.

G.: Es ist dann beinahe eine Wiederdichtung?

H.: Nnein.

G.: Nicht Neudichtung; eine Wiederdichtung.

H.: Ja so. Aber so hab ichs nie ... mir ist der Ausdruck Nachdichtung schon ganz zuwider.

G.: Nein, ich sag drum nicht ‚Nach' -

H.: Ich versteh schon.

G.: Aus dem Geist heraus, dieser Sprache heraus ...

H.: Ich wollt schon immer aus dem Geist der Sprache, aus dem Geist der Sprache des anderen ...

G.: … und dem jetzt in der deutschen Sprache etwas Paralleles …

H.: ‚Parallel' ist auch richtig, das ist vielleicht schon so. Ich wollt halt, was ich sehe dann, wenn ich die Sprache auf mich wirken lasse, die Sprache des Aischylos: was ich dann empfinde und sehe, und was mir als Form dann vorschwebt. Genau so.

G.: Dann ist doch das Übersetzen eigentlich gar nicht grundsätzlich verschieden vom Dichten.

H.: Richtig. Genau das ist es.

G.: Dort ists parallel zur Natur, hier parallel zum Aischylos.

H.: Das ist genau richtig. Nur ist es beim Übersetzen so – das ist ja auch das nicht so Gefahrvolle, also das mehr Behütete des Übersetzens –, daß Sie den Urtext klar vor sich haben, während beim Schreiben müssen Sie den Urtext – der ist schon da – … den müssen Sie sozusagen erst aus der Natur herausfinden. Aber es ist ein sehr entsprechender Vorgang.

Oswald Panagl

„Auch die Zeit der Orakel ist vorbei, oder?"
Ein Versuch über Peter Handke*

I Peter Handke und die Wiederkehr des Mythos

Seit den späten siebziger und frühen achtziger Jahren, also mit den Werken *Langsame Heimkehr*, *Über die Dörfer*, *Phantasien der Wiederholung*, *Die Lehre der Sainte-Victoire* und *Der Chinese des Schmerzes* registriert die Literaturkritik, vor allem das ‚Großfeuilleton', im Schreiben von Peter Handke eine mythisch-religiöse Wende, die unterschiedlich beurteilt, doch überwiegend mit Befremden betrachtet und negativ bewertet wird. Von „Orgel- und Weihwasserprosa" ist da zu lesen, eine „Grenze vom Erhabenen zum Lächerlichen" scheint überschritten, „Selbstparodie" wird als ästhetische Gefahr beschworen, und *Über die Dörfer* ist nur noch ein „in seinem messianischen Pathos lächerlich wirkendes Stück, dessen Szene einem abstrusen Genrebild gleicht."[1] Immerhin lassen sich daneben auch positivere Stimmen hören: Ein „hoher, antikisierender Ton" wird gebucht, das „Wagnis innerhalb der Gegenwartsliteratur" zumindest anerkannt und der „Abbau historischer Denklizenzen" konstruktiv vermerkt.

---

* Für Adolf Haslinger als Zeichen der Verbundenheit.
Dieser Beitrag fällt aus dem Rahmen des Bandes, in dem er erscheint, in zweierlei Hinsicht heraus. Erstens ist der Autor anders als seine Partner kein Literaturwissenschaftler, weder als Germanist noch als Klassischer Philologe, vielmehr Sprachhistoriker und Linguist und als solcher den vor Jahrzehnten im Studium bei Albin Lesky und Walther Kraus erlernten hermeneutischen Verfahren schon lange entfremdet; und zweitens ist der Schriftsteller Peter Handke mir stärker als durch die philologische Beschäftigung mit seinen Texten durch eine jahrelange persönliche Bekanntschaft vertraut. Das führte zu einer heiklen Gratwanderung zwischen nüchterner Wissenschaftlichkeit und authentischer Zeugenschaft. vielleicht bringt aber die persönliche Nähe – jedenfalls bisweilen – als erwünschte Nebenwirkung auch Einsichten und Deutungselemente zum Vorschein, die dem bloß fremden diagnistischen Blick versagt bleiben müssen.

1 Einen vorzüglichen Überblick mit einem dichten bibliographischen Netzwerk bietet Gottwald (1996) bes. 35ff.

Weite Kreise hat das Verdikt von Fritz J. Raddatz gegen Autoren wie Peter Handke, Botho Strauß und Günter Kunert gezogen, das er in seinem vielzitierten Essay *Die Aufklärung entläßt ihre Kinder* 1984 ausgesprochen hat.[2] Die unverkennbare „Wiederkehr des Mythos“ führe eine „linkshändige Verabschiedung des kritischen (und historischen) Denkens“ herbei und leiste einer „Austreibung der Vernunft“ Vorschub. Schon 1980 hatte W. Martin Lüdke bei denselben Autoren, aber auch bei Hanns-Josef Ortheil und Peter Rosei, „Rückfall in den Mythos“, „Narzißmus“, „regressive Utopie“ und den Versuch, „mit einer nur poetisierten und also schlechten Empfindsamkeit die Sinnlosigkeit gegenwärtigen Lebens zu kaschieren“, heftig angegriffen.[3]

Ungeachtet der eigenen Position in diesem Widerstreit der kritischen Meinungen und ästhetischen Urteile tut m. E. zuallererst eine Sichtung und Bereinigung des Gegenstandsbereiches not. Mit einigen positivistischen Feststellungen läßt sich Peter Handkes poetisches Verfahren unschwer von dem anderer Autoren abheben, mit denen er häufig undifferenziert in eine irrational-antikisierende Nische verwiesen wird.

– Anders als Michael Köhlmeier, Christoph Ransmayr, Botho Strauß oder Christa Wolf arbeitet Peter Handke weniger am Mythos als mit dem Mythos.

– Die Welt der Antike und der griechische Mythos treten bei Handke in Konkurrenz – die sich bisweilen in ein synkretistisches Miteinander auflöst – mit den Diskurswelten des Mittelalters (z. B. *Parzival*), der Bibeltexte (*Altes Testament*, *Apostelgeschichte*), des Fernen Ostens (bes. Japan), aber auch der frühen indianischen Kultur. Als gemeinsamer Nenner dieser zunächst so verschieden anmutenden geistesgeschichtlichen Bezirke bietet sich das Moment der Ursprünglichkeit bzw. Frühe und wohl auch ein inhärentes Bekenntnis zur Langsamkeit an.

– Endlich läßt sich kaum übersehen, daß Handkes Umgang mit mythischen Themen und archaischen Bezügen bevorzugt als Suche, bisweilen als antithetische Pendelbewegung abläuft. In der Prozedur von Behauptung und Widerlegung, die in den Gang der Handlung integriert ist, entwickelt der Autor Positionen, verteilt sie kontrastiv und komplementär auf die handelnden Personen und ironisiert die Standpunkte nicht selten im Verfahren der Widerlegung.

---

2 Raddatz (1984) 9f.

3 Lüdke (1980) 989-1003.

II Merkmale von Peter Handkes Rezeption der Antike

Als ein spezifischer Wesenszug von Handkes Zugang zum klassischen Altertum, zur griechisch-römischen Mythenwelt, aber auch zum Verständnis der Grammatik wie der Realien, darf sein Besuch einer humanistischen, also altsprachlichen Mittelschule gelten, die ihm zuerst im Stiftsgymnasium Tanzenberg, dann in der Kärntner Landeshauptstadt Klagenfurt die beiden alten Sprachen in der Langzeitform darbot.[4] Nach eigener Darstellung empfand Handke die Beherrschung des grammatischen Regelwerks als Verfügen über ein System, das ihm die Gefühle von Sicherheit und Souveränität vermittelte. Livius und Homer als Autoren der Reifeprüfung setzten ihn nicht in Verlegenheit. Als Jusstudent an der Universität Graz verdiente er nicht zuletzt mit Nachhilfestunden aus Latein und Griechisch sein Zubrot. In seinen späteren Jahren als freier Schriftsteller ist ihm das Lesen und Übersetzen von Originaltexten ein Bedürfnis geblieben, ja allmählich zur Selbstverständlichkeit gediehen. Persönliche Vorlieben bei dieser kursorischen, gleichwohl einläßlichen Lektüre sind den Aufzeichnungen[5] zu entnehmen, schlagen sich aber auch immer wieder als Zitate, Anspielungen oder ‚Wiederholungen' im eigentlichen schriftstellerischen Œuvre nieder. So lassen sich periodenweise Vergil (ein besonderer Lieblingsautor), Theokrit, Thukydides, die Vorsokratiker, aber auch Columella als bevorzugte, kontinuierlich rezipierte Autoren erheben. Einige Beispiele mögen Handkes Einstellung zu den beiden alten Sprachen und sein subjektives Bild antiker Schriftsteller erhellen. So schreibt er zum 26. Juli 1985:

> Dadurch, daß ich Griechisch, Lateinisch und das Recht gelernt habe, bin ich im Stand aller Mittel, die Wörter zu verdinglichen, zu reinigen und im Abstand zu halten. „Verdinglichen": durch das Griechische; „reinigen": durch das Lateinische; „im Abstand halten": durch das Rechtsstudium.[6]

Unter dem 12. Dezember 1984 notiert er:

> Eine herrliche Sprache – fällt mir jetzt erst auf – ist das Lateinische, wenn es Vorgänge in der Natur und Arbeiten mit der Natur beschreibt, etwa bei C. [Columella]: „Stercus (= Mist) autumno debet inici, ut permixtum hieme radices oleae calefaciat (warmhält)".[7]

---

4 Zur Biographie der frühen Jahre Peter Handkes vgl. Haslinger (1992).

5 Auf den Typus von Handkes Journalen (*Das Gewicht der Welt*, *Phantasien der Wiederholung* u. a.) geht dieser Beitrag in Kapitel VI ausführlich ein.

6 Handke (1998) 304.

7 Handke (1998) 255.

Zwei Monate davor reflektiert Handke: „EOAE, des Morgens (Vergil, *Georgica*): ein anderer Titel für *Die Wiederholung*.“[8] Am 11. Juli 1983 aber beobachtet er onomatopoetische Nuancen im griechischen Wortschatz – „Das herrliche lautmalerische altgriechische Wort für ‚lassen‘: *eán*.“[9]

Sucht man in Peter Handkes Sprache und Gedankenwelt nach Sedimenten griechischer Begriffe oder Vorstellungen, so drängen sich der selektiven Wahrnehmung besonders auf: das stoische Konzept der *Ataraxia*; die spezifisch hellenische Epiphanie, als unverhoffte Manifestation, aber auch als Verwandlung von anderweitig und andersartig Vertrautem; die Wiedererkennung als die in einem platonischen Sinne Entdeckung und Freilegung des Eigentlichen, was ihn auf die etymologische Bedeutung des griechischen Ausdrucks für „lesen“ *anagignóskein* bringt. Die Stille assoziiert er gleichfalls mit einem besonderen Lautmuster und Merkmalaggregat, wenn er nach dem 5. August 1986 notiert: „Eine griechische Inschrift, für meinen Grabstein: *sigán* (=schweigen)“.[10]

Auch ein Leitwort Handkes wie *Schwelle* zeigt sich von seinem griechischen Äquivalent *báthron,* aber auch im Kontrast von Bezeichnungen der *Grenze (hóros)* beeinflußt.

> Begab man sich nicht einst auf der Flucht unter den Schutz eines Menschen, indem man sich auf dessen Schwelle niederließ? Zeigt nicht auch ein altes Wort wie Tor-Halle die Schwelle als Aufenthaltsort, als einen besonderen Raum? Die heutige Lehre sagt allerdings, es gäbe, in diesem Sinn, keine Schwellen mehr. Die einzige unsereinem noch verbliebene Schwelle, meint einer der neuzeitlichen Lehrer, sei die zwischen Wachsein und Träumen, und auch diese werde kaum mehr wahrgenommen. Allein bei den Wahnsinnigen rage sie offen, aller Welt sichtbar, in das Tagesgeschehen hinein, wie eben die Bruchstücke jener zerstörten Tempel. Schwelle, das heiße ja nicht: Grenze – diese nähmen, im Äußern und Innern, dagegen mehr und mehr zu –, sondern Zone. In dem Wort „Schwelle“ lägen Wandel, Fluten, Furt, Sattel, Hürde (als Zufluchtshürde). „Die Schwelle ist die Quelle“, lautet ein fast verschollenes Sprichwort.[11]

Mäander, der von dem anatolischen Fluß Maiandros mit seinen spezifischen Windungen metonymisch abgeleitete Terminus für ein Ornamentband, eine gebrochene rhythmisch-spiralig fortlaufende Linie wird – besonders im verbalen Derivat *mäandern* – zu einem ‚Kennwort‘ Handkescher Prosa, gerade auch in der Anwendung auf eine auffällige Fortbewegungsweise von Lebewesen.

8 Handke (1998) 222.
9 Handke (1998) 104.
10 Handke (1998) 388.
11 Handke (1983a) 166f.

Weniger von einem bestimmten lexikalischen Ausdruck, als vielmehr von Verhaltensformen und historischen Abläufen, aber wohl auch von der wortbildenden Kapazität der Vorsilbe ana- geprägt ist das in Handkes Werken der achtziger Jahre bis hin zu den Buchtiteln[12] wesentliche, ja bestimmende Verfahren der *Wiederholung* in ihrem notorischen Doppelsinn: als Wiederfinden bei der Restitution traditioneller Verfahren, aber auch als Stiftung von Zusammenhängen zwischen einzelnen Wahrnehmungs-, Reflexions- und Erinnerungsakten im Wege der Entsprechung.[13] Berühmt geworden und viel zitiert ist Handkes Definition des Mythos, die in der *Wiederholung* zum konstituierenden Merkmal aufsteigt: „Der Mythos besteht aus Wiederholungen: vergleichbare Geschehnisse mit verschiedenen Personen an verschiedenen Orten zu verschiedenen Zeiten."[14] Unter dem 6. Dezember 1984 trägt er ein: „Wiederholen kann ich nicht das Erlebnis, aber den Weg".[15] In einem späteren Text entfaltet er diesen Aphorismus:

> Dem durch solche Zerstörtheit Irrenden, Stolpernden und manchmal auch schwindlig Dahintorkelnden wurde dann klar, daß er mit dem Brand der Sainte-Victoire einen Weg verloren hatte; Weg: bis dahin für ihn das einzige Ding von Dauer; das einzige, was sich verläßlich wiederholen ließ und in der Wiederholung ein jedesmal auf neue Weise eine seit je vorhandene, doch, ohne das Gehen auf diesem Weg, vergessene Erkenntnis zeigte. Und es wurde ihm zugleich klar, daß er auch all seine anderen derartigen Wege in den letzten Jahren verloren hatte: den im jugoslawischen Karst dadurch, daß er dort nicht mehr der namenlose Geher und Gartengast war, sondern derjenige, welcher ..., den auf den Feldern bei seinem Heimatdorf dadurch, daß dort alle Wege weggepflügt und weggebaggert waren ...[16]

III Übersetzung als Anverwandlung

Die Tätigkeit als literarischer Übersetzer ist eine besondere Erscheinungsform von Peter Handkes empathischer Vertiefung in andere Sprachen und fremde Kulturen. Neben der in diesem Rahmen besonders hervorzuhebenden deut-

---

12 Vgl. Handke (1983b); Handke (1986).

13 Auch die unterschiedliche Betonung des deutschen Kompositums hat dabei eine semantische Funktion (*Wiederhólung* vs. *Wíederholung*). Für Handke läßt sich das bereits lexikalisierte Gebilde aus einem Syntagma *etwas wieder holen* neu nominal verdichten.

14 Handke (1983b) 83.

15 Handke (1998) 255.

16 *Epopöe vom Verschwinden der Wege oder Eine andere Lehre der Sainte-Victoire*, in: Handke (1990a) 37f.

schen Fassung des Aischyleischen *Prometheus* ist auf Übertragungen von französischen[17], amerikanischen[18] und slowenischen[19] Texten wenigstens hinzuweisen. Wie ernst der Autor diese Auseinandersetzung mit den hermeneutischen Anforderungen eines spezifischen grammatikalischen Regelsystems und verbalen Ausdrucksregisters nimmt, geht aus einer zentralen Partie seines Prosatextes *Der Nachmittag eines Schriftstellers* hervor, in der die autobiographisch gefaßte Hauptperson von einer anderen Figur, einem Übersetzer, eingeholt und in ein Gespräch verwickelt wird. Die Konstruktion und der Wortlaut der Szene legen es nahe, in diesem anderen Menschen gleichsam ein ausgelagertes *Alter Ego* des Autors zu erkennen und den Abschnitt des Buches damit aber als eine Art von ‚innerem Dialog' zu lesen.

Als Anverwandler und Interpret griechischen Wortguts geht Handke durchaus selbständig und eigenwillig, mitunter gegen den Befund von Lexika und Kommentaren vor. Wiederum liefern seine publizierten Aufzeichnungen wichtige Erkenntnisse über seine philologische Vorgangsweise. So schreibt er nach dem 11. Juli 1983: „ho mythos ist auch der *Gegenstand* der Rede, die Sache. Also ho mythos hieße *mythéomai* auch ‚Ich komme zur Sache' (oder ‚ich deute')".[20] Der Hang zur originellen, bisweilen an der Etymologie orientierten Wiedergabe äußert sich etwa in einer ‚Fingerübung' im gleichen Zeitraum: „‚Der nicht leidende Mensch wird nicht erzogen' (irgendwo bei den Vorsokratikern) übersetz besser: ‚Der nicht leidende Mensch bleibt nicht Kind (…)'".[21] Der noch durchsichtige Wortursprung von *paideúetai* ist also eher Handkes Zugang als die gängige lexikalisierte Bedeutung „erziehen".

In der Übersetzung des Aischylos-Dramas, die noch vor ihrer Erstaufführung in der Felsenreitschule bei den Salzburger Festspielen 1986 unter dem Titel *Prometheus, gefesselt* in Buchform erschienen ist, tritt diese Tendenz zur Wörtlichkeit der Umsetzung und zur unverbrauchten Neufassung der Vorlage an mehreren Stellen deutlich hervor. Im Nachwort des Schriftstellers gewinnt dieses Prinzip programmatische Kontur:

> Diese Übertragung des *Prometheus Desmotes* versucht so treu wie frei zu sein. Treu möchte sie sich, so weit es geht, der griechischen Wörtlichkeit zeigen: den Wortbildern, den Wortzusammensetzungen, den Wortwiederholungen. Frei mußte sie sich verhalten ge-

17 Z. B. Bove (1983); Ponge (1988).
18 Percy (1985).
19 Januš (1988).
20 Handke (1998) 105.
21 Handke (1998) 104.

> genüber den Versmaßen: dem iambischen Trimeter, dem Anapäst, den Daktylen, usw. Alle meine Versuche, diese Rhythmen im Deutschen nachzuformen, führten, so schien mir, zu einer Glättung und zugleich Verzerrung der ursprünglichen Sprache des Stücks; einem Wort- und Wirklichkeitsverlust durch ein aufgezwungenes Nachfühlen. (...) Natürlich bin ich mir bewußt, wie fragwürdig es ist, ein zweieinhalb Jahrtausende altes dramatisches Gedicht heute neu zu übersetzen. Aber ich hatte schlicht Lust dazu – gerade heute –, und Freude daran, mit Hilfe archaischer Wörter archaische Dinge zu sehen, oder mir diese einzubilden, und mit Hilfe der Einbildungen meine heutige deutsche Sprache zu üben.[22]

An ein paar ausgewählten Stellen sei das Vorgehen des Übersetzers beispielhaft demonstriert. Die Wiedergabe „entmenschte Steinwand" legt im Adjektiv *apanthṓpō* (V. 20) neben der örtlichen Entfernung auch die Konnotation einer gefühllosen Materie frei. Die Übersetzung „den Eintägigen" (*ephēméroisi,* V. 83) spitzt die Kürze der Lebenserwartung (*ephemer,* „für den Tag, vergänglich") ausdrücklich zu. Der Neologismus „Ganzmutter Erde" *(pammḗtor te gē)* erlaubt gleichzeitig eine subjektive („zur Gänze Mutter") wie eine objektive Lesart („Mutter der ganzen Schöpfung", V. 90). In der Formulierung „die gedrangsalten Erdenwesen" wählt Handke für *talaipṓrōn* die verbale Ableitung des auch in seiner Prosa bevorzugten Worts „Drangsal" (V. 231). Die Junktur „ein Eisenherz, ein aus Stein Gehauener" (V. 242) reaktiviert den im Deutschen stark rückläufigen Typus der Possessivkomposita („Blondhaar", „Rotkäppchen") und evoziert dazu ein packendes Bild unerbittlicher Härte. Bereits hinter den griechischen Wortlaut greift der Interpret, wenn er (V. 387) einen Satz mit der schlichten Bedeutung „Klar schickt mich dein Wort zurück in das Haus" auf folgende Weise neu formuliert: „Ich schmecke es geradezu: Dein Satz schickt mich zurück". In der Wiedergabe von V. 443 läßt sich erneut der Rückgriff auf einen verschütteten Wortursprung ausmachen: „Hört dafür von den Erdenwesen, und wie ich ihnen, den zuvor Sprachlosen, Einsicht und Denkkraft gab". Das Adjektiv *nḗpios* „unerfahren, schwach" versucht der Übersetzer als Zusammensetzung aus dem Negationspräfix und einem Etymon für „sprechen" (vgl. *épos*) zu deuten, es damit dem lateinischen *infans* an die Seite zu stellen, was jedenfalls semantisch gut zu Prometheus als Stifter der menschlichen Kultur paßt.

Ein Übersetzungsdetail, in das der Verfasser dieses Beitrags persönlich involviert ist, sei abschließend erwähnt. Bei unserer ersten persönlichen Begegnung im Juli 1986 habe ich Handke darauf hingewiesen, daß ihm in seiner

22 Aischylos (1986) 70.

Wiedergabe der Verse 1082ff. ein Mißverständnis unterlaufen ist: „Und daneben erbrüllt aus der Tiefe das Donnerecho. Es flackern hervor die feurigen, feurigen Kreise des Raumauges, des Wetterleuchtens. Windstöße, Staubwirbel". Die Auffassung von *steropḗ*, also „Blinken, Glanz" als „Raumauge" läßt sich sprachwissenschaftlich nicht aufrecht halten, da das erste Element etymologisch auf das Wort für „Stern" zurückgeht. Handke nahm die Kritik zur Kenntnis und überlegte sogar, dieses Detail bei den Proben zur Bühnenaufführung zu korrigieren, was er aber dann doch unterließ. Über ein Jahr später beschäftigt ihn dieser Wortursprung immer noch, denn er notiert zum 5. September 1987:

> Das liebste Licht bleibt mir das Wetterleuchten. So weit weg es erscheint – es kommt mir am nächsten (...) Und ich dachte, es wäre doch richtig gewesen, den Fehler in meiner Übersetzung von Aischylos *Prometheus, gefesselt* einfach stehenzulassen – das falsche Wort „Raumauge" fürs „Wetterleuchten" dort zu lassen; es nicht auszubessern in „Sternenauge".[23]

IV Prometheus als Herausforderung: Reflexe eines Dialogs (1986)

Peter Handke, dem der Verfasser für ein weitgespanntes Gespräch über die Übersetzung des *Prometheus* zu danken hat, liebt an diesem Stück gerade die Statik, die epischen Qualitäten, die den Erzähler mehr ansprechen und herausfordern als den genuinen Dramatiker. Auch unter den Tragödien des Sophokles fasziniert ihn der ‚ruhende' *Ödipus auf Kolonos*, beinahe ein „mystisches Oratorium", mehr als die Handlungsdramen *Elektra*, *Antigone* oder *Ödipus Tyrannos*. Handkes Beziehung zur griechischen Literatur rührt vom Unterricht am humanistischen Gymnasium her. Eine frühe Begegnung mit dem großen Tragödienforscher Albin Lesky bei einem Vortrag in Kärnten macht dem Schüler bleibenden Eindruck. In der Pariser Zeit verdichtet sich die positive Einstellung zu Sprache und Schrifttum der Griechen zum drängenden Bedürfnis: die unverbindliche Hellenophilie mündet in ein anspruchsvolles Leseprogramm: Homer, die Dramatiker, aber auch Thukydides oder Theokrit („Haben Sie den auch so gern?") erwecken in ihm Gefühle einer geistigen Heimat, einer ‚Wahlverwandtschaft'. Und sie sind auch, lange bevor er mit seiner ersten Übersetzung hervortritt, in seinem literarischen Werk aufgehoben: im behutsamen erzählerischen Duktus seiner *Kindergeschichte* ebenso wie im dramaturgischen Gewand seines Stücks *Über die Dörfer*.

23 Handke (1998) 516.

Erst als ein bereits erfahrener Übersetzer aus dem Englischen, Französischen und Slowenischen wagt Handke sich an ein griechisches Sujet und schlägt der Direktion der Salzburger Festspiele den *Prometheus* des Aischylos vor.[24] Warum gerade dieses Stück? – „Zuerst hat mich einfach die Figur gereizt, die Nachwirkung bei Goethe." Im Laufe der Arbeit sind dann neue, unerwartete Perspektiven dazugekommen: das Erbarmen etwa, das die Schöpfung über das Geschick des Prometheus empfindet. So im ersten großen Chorlied:

Das ganze Land wird schon
Durchschrillt vom Klagegeschrei,
Das Klagen gilt dir und deinen Brüdern,
Dem großangelegten,
Von altersher leuchtenden Geschlecht;
Und auch die Menschen, welche die
Benachbarten Länder des
Geweihten Asien bewohnen:
Sie leiden mit deinem
Die große Klage weckenden Leid (...)
Es schreit die zusammenbrechende Meereswelle,
Es klagt der Meeresgrund,
Es tost unter der Erde
Das schwarzschwarze Hadesloch,
Die Quellen der geweiht
Dahinströmenden Flüsse
Beklagen erbarmungswürdiges Leid. (30f.)

Auch ein Nebenaspekt ist bemerkenswert: Die Aufzählung der vielen exotischen – teils realen, teils erfundenen – Ortsnamen, die Prometheus bei seiner Beschreibung von Ios Reiseroute erwähnt, waren für Handke zunächst ein hermeneutisches Problem – „und dann haben mir gerade diese Stellen unheimlich viel Spaß gemacht!"

Die ersten Phasen der etwa dreimonatigen Arbeit waren mühsam. Da Handke auf die Benützung der bisherigen Versionen verzichtet, ringt er allein mit dem Wörterbuch ehrlich um den und mit dem Text, erarbeitet sich jeden Ausdruck: „Am Anfang hab' ich jedes dritte Wort nachschlagen müssen, später dann jedes fünfte." Erst nach Fertigstellung seines Manuskripts liest er einige vorausliegende Fassungen und stellt überrascht fest: „Ich glaube, ich habe die erste wirkliche Übersetzung des Stückes gemacht, alle anderen Versuche sind eher Nachdichtungen."

---

24 Trotz wachsender Zweifel an der Authentizität des *Prometheus* gehe ich (wie Handke) von der Autorschaft des Aischylos aus.

Wir bemühen uns daraufhin gemeinsam um typische Unterschiede zwischen den beiden Formen der Rezeption, versuchen eine plausible Definition: Die Nachdichtung strebt nach autarken Werten, begründet ein neues Kunstwerk, die Übersetzung will auch im Wortlaut und Klangbild Authentisches vermitteln, sie geht tastender und sensibler vor und legt gerade in ihrer vermeintlichen Anspruchslosigkeit die Latte besonders hoch. Im Reigen bisheriger Versuche hat Handke kürzlich eine Entdeckung gemacht: Die Übersetzung – hier scheint ihm das Etikett zu passen! – von Heinrich Voß, die sein berühmter Vater Johann Heinrich nach dem frühen Ableben des Sohnes vollendet hat und der Bruder Abraham nach beider Tod 1826 postum erscheinen ließ. „Die müssen Sie unbedingt lesen, das ist wirklich eine schöne Leistung!"

Wie löst nun Handke sein Vorhaben bei der Übersetzung ein? Er schreibt ein klares, verständliches Deutsch, verzichtet auf kalkulierte Patina, versetzt sich in die Lage eines Dichters, der für seine Epoche schafft, und distanziert sich damit von jeder gewollten Altertümelei, die aus dem zeitlichen Abstand wohl verständlich, aber nicht legitimiert erscheint. Ein archaischer Autor verpflichtet den Übersetzer keineswegs zu archaisierendem Stil – ganz im Gegenteil: auch Aischylos war einmal jung. Und so treffen wir denn auch, um ein Wortspiel zu gebrauchen, auf viele ‚gefundene', aber keine ‚gesuchten' Formulierungen: „Süß ist es, das große Leben / Mit kühnen Hoffnungen zu verbringen und / Das Herz mit heller Freude zu nähren." (36) „Wenn du so rauhe, so scharfe Sätze ausstößt / (...) / Aber welch Handgeld erhältst du, Prometheus, / Für deinen allzu schrillen Zungenschlag!" (25) „Mein Inneres aber ist löchrig / Von Angst." (18).

Diese Sprache ist anschaulich, sinnlich, eingängig, sie sucht den direkten Zugang zum griechischen Wort, schließt Metaphern und Metonymien kurz: Handke läßt das Denken „von der Galle bestimmt" werden, auch wenn sich das glattere Wort „Zorn" anbietet, er übersetzt „drück ihm nicht aufs Gemüt", weil das vorliegende griechische Verbum „betrübt, unwillig sein" semantisch im Konkreten wurzelt. Den etymologischen Zusammenhang zwischen „Auge" und „sehen" im Original fängt Handke durch „beäugen" ein, und die Menschen heißen der Vorlage getreu „Erdenwesen", „Eintägige" oder „Eintagswesen". Alte Wortbildungsmuster des Deutschen („Eisenherz") werden wiederbelebt, die Zusammensetzungsfreude des Griechischen geht nicht verloren („spitzmäulig", „wohlgerundet", „sturmkalt"), intensive Bedeutungsnuancen versucht Handke durch das elementare Stilmittel der Verdopplung einzufangen („schwarzschwarz", „fernfern"). Von sprachlichen Innovationen in Übersetzungen hält Handke wenig: auf die Neuschöpfung „gedrangsalt" angesprochen, reagiert er mit Verwunderung: „Das habe ich gar nicht gewollt, das ist mir einfach passiert, weil ich ‚Drangsal' gerne verwende" – ein Wort, das sich tatsächlich mehrmals im Text findet.

Es bleibt die heikle Frage des Versmaßes: Handke hat sich aus Scheu vor dem Korsett eines vorgegebenen Metrums, das dem deutschen Redefluß ungemäß ist, für freie Rhythmen entschieden, die ihrer Eigengesetzlichkeit folgen. Die Quasi-Verse wirken geschmeidig, fördern das stille Lesen und spannen die Erwartung auf den akustischen Eindruck.

Das Gespräch mit Peter Handke berührt sich mit meiner fachlichen Praxis, mit meinem subjektiven Bild von der griechischen Tragödie. Was hat uns Heutigen der *Prometheus, gefesselt* – so die an der griechischen Wortstellung orientierte Wiedergabe des Titels durch Handke – zu geben, was ist der Kern seiner Aussage, wo ist sein Sitz in unserem Leben? Die philologisch-geistesgeschichtliche Zentralfrage nach dem Zeusbild des Aischylos in diesem Stück, der uns sonst als ein zutiefst religiöser Autor entgegentritt, wirkt für den modernen Zuschauer und Leser wohl eher akademisch – nicht belanglos, aber auch kaum beherrschend. Was in reicher Fülle bleibt, sind Facetten des menschlichen Daseins, typisches Verhalten ebenso wie Grenzsituationen, soziales Fühlen und ausgesetzte Vereinsamung – und über allem die Grundhaltung der Menschenliebe. Wir begegnen dem übereifrigen Büttel (Kratos) und dem empfindsamen Vollstrecker der Grausamkeit (Hephaistos), dem angepaßten Opportunisten (Okeanos) und dem zynisch-beflissenen Vertreter der Obrigkeit (Hermes) in gültiger dichterischer Gestaltung. Und im Herzen des Dramas treffen zwei Personen (Prometheus – Io) aufeinander, deren von Zeus gebrochene Lebenslinien sich tangential berühren. Sie können einander nicht helfen, aber die beiderseitige Verzweiflung stiftet ein tiefes Verstehen und eröffnet in der Dimension der Weissagung auch die Zuversicht der Erlösung und damit einen ‚Weg ins Freie'. Wir sind von der *Wirkung* solcher Stellen betroffen, auch wenn uns deren *Ursache* gar nicht mehr so recht bewußt ist. Und selbst wem der bedingungslose Glaube eines Aischylos versagt ist, der kann sich kaum seiner eindringlichen Botschaft entziehen. Ich habe mit Peter Handke eingehend über den Verlust der beiden anderen Stücke der *Prometheus*-Trilogie gesprochen, und wir sind übereingekommen, ihn als Zeitgenossen (nicht als Philologen) nicht allzu heftig zu beklagen. Es gibt einen Zauber des Fragmentarischen, eine ästhetische Tugend des Torsos, die – wie bisweilen in der bildenden Kunst – jeden integralen Anspruch verstummen läßt. Wir möchten den Stachel, den Prometheus mit seinen Schlußworten „Du siehst mich. Du siehst, wie ich / Das Unrecht erleide" (68) in unserer Seele hinterläßt, nicht mehr missen.

V Maskierte Bezüge

Nicht immer ist die Rezeption der Antike so deutlich auszumachen und sind ihre Sedimente so evident wie im Falle der Übertragung des *Prometheus*-Dramas. Mitunter sind die Spuren so verweht oder vom Autor – bewußt oder unbewußt – larviert, sei es durch den Verschnitt mit anderen Einflüssen, durch irreführende Namen und Kontexte, durch ein versetztes Ambiente, daß sie nur noch durch Rekonstruktionsarbeit, also gleichsam mit dem Verfahren einer Motivarchäologie, freigelegt werden können. Herwig Gottwald hat gerade zu diesem Segment der Antike-Bezüge vorzügliche heuristische Arbeit geleistet, weshalb auf das einschlägige Kapitel seines Buches als Referenz verwiesen sei.[25] In dem großen Prosatext *Die Wiederholung* aus dem Jahr 1986 wird das geographische Milieu der jugoslawischen Karstlandschaft „antikisierend, mit antiken Bedeutungselementen aufgeladen, mythisierend dargestellt". So erscheint der Hauptperson Filip Kobal die erwanderte Gegend als *Orgas*, also das der Demeter und Persephone heilige Land zwischen Attika und Megara, wie der Autor es mit eigenen Worten bestätigt:

> Orgie des Einander-Erkennens: statt Verzückung und Vereinigung Erschütterung und Einigung, und das Zeitwort zu „Orgie" übersetz mit „unbeirrbar verlangen", und die Gegend *Orgas* mit „Land der Demeter" oder „Aue" oder „Fruchtland". (293)

Aber nicht nur der Bezirk der eleusinischen Mysterien, auch die Suche nach dem verschollenen Vater, also ein zentrales Thema der *Odyssee*, wird in der *Wiederholung* sichtbar, zumal sich der Ich-Erzähler selbst mit Telemach identifiziert:

> Und wie Odysseus oft voll des Weines war, so lag dann auch ich, sein Sohn, im Verlauf meiner Suche nach ihm, einmal als ein Betrunkener auf dem Erdboden. (307)

Auch die zentrale Figur der erzählenden Prosa *Langsame Heimkehr* (1984) mit dem sprechenden Namen Sorger bewegt sich im Fahrwasser hellenischer Seefahrergeschichten:

> Im Schlaf stieg eine Schaumgeborene aus dem Meer und legte sich neben ihn. Die ganze Nacht lagen sie still nebeneinander; Augen auf Augen, Mund auf Mund. (152)

Besonders dicht und sorgfältig verwoben sind die Rezeptionsmomente in dem ein Jahr davor veröffentlichten Buch *Der Chinese des Schmerzes*. Andreas Loser, neuerlich ein Name, der sich wie ein Nomen agentis ausnimmt – im Süddeut-

---

25 Gottwald (1996) 66ff.

schen bedeutet das Verbum *losen* „hören" bzw. „lauschen" –, der in Salzburg lebende Protagonist, ist von Beruf „Lehrer für alte Sprachen an einer Schule in Lehen" (17f.) und betätigt sich daneben als Altertumsforscher:

> Ohne eigentlich ausgebildeter Archäologe zu sein, habe ich in der unterrichtsfreien Zeit immer wieder an den Ausgrabungsstätten im ganzen Land mitgearbeitet, vor allem auf dem Hemmaberg im südlichen Kärnten, wo ich bei der Abtragung des Fußbodenmosaiks der dortigen frühchristlichen Basilika dabei gewesen bin. (23f.)

Das Bestreben dieses Ausgräbers aus Passion geht weniger darauf aus

> das aufzuspüren, was noch vorhanden war, als das, was fehlte: das unwiederbringlich Verschwundene – das Verschleppte, oder auch bloß Verrottete –, welches zugleich als Hohlraum doch weiterbestand: die Leerstellen, oder Leerformen. (24)

So bezeichnet er sich „selber manchmal im Spiel als ‚Schwellenkundler' (oder auch ‚Schwellensucher')". (24).

Auch dieser mental im Altertum wurzelnde Loser erscheint einmal als Hypostase des Odysseus, wenn er nach langer Entfernung von der Familie zu seinem Sohn heimkehrt: „Zunächst aber legte er sich im Sohneszimmer zu Boden und schlief, von irgendwem dann zugedeckt, eine Nacht, einen Tag, und noch eine Nacht." (242) Aber bei näherem Zusehen ist der ganze Text durchwirkt von Zitaten, Lesefrüchten und Reminiszenzen, die in das epische Geschehen einsickern: meteorologische Prognosen aus Vergils *Georgica* (48), bukolische Umschreibungen der leiblichen Vereinigung (61f.), eine Anspielung auf die Orpheus-Legende (115), lexikalische Solidaritäten des Wortes für „Salz" bei Vergil (150), eine flüchtige Nennung von Lukrez (177), die Etymologie des griechischen Verbums für „schauen" („dieses besagt zuerst nur ein ‚Sehen' oder ‚Bemerken'; und doch spielen darin die Bedeutungen ‚weiß', ‚hell', ‚Glanz', ‚Leuchten', ‚Schimmer' mit" [179]), Topographien und Toponyme des antiken Umlands von Mantua (221f.), sprachvergleichende Anmerkungen („Das griechische Wort *lalein* entspricht unserem Lallen. *Lalle* nennt der Dichter aber auch den Kieselstein." [231f.]). Für Gottwald eine Signatur von Handkes Remythisierungskonzeption[26] ist aber jene Stelle, an der sich ein Vorsokratikerzitat im gedanklichen Kosmos des Schriftstellers mit prähistorischen Bildern aus Nordamerika amalgamiert:

> Der Erdkreis erwachte in mir, mit einer weißen Mayastadt auf der Kalksteilküste von Yucatan, und mit Heraklit, der sich an seinem Ofen wärmte und den Besuchern zurief: „Tretet ein, auch hier sind Götter." (192).

26 Gottwald (1996) 67.

Wie weit die Horizonteverschmelzung im Bewußtsein des Autors selbst vorangeschritten ist und wie aus den mythischen Diskursen unwillkürlich Neues Gestalt gewinnt, mag ein Beispiel demonstrieren. In der Sequenz von Gesprächen mit Peter Handke, die Herbert Gamper unter dem Titel *Aber ich lebe nur von den Zwischenräumen* als Buch veröffentlicht hat, kommt auch die Motivation für den Steinwurf zur Sprache, mit dem Loser in *Der Chinese des Schmerzes* den Hakenkreuzschmierer auf dem Mönchsberg tötet. Gamper fragt: „Hat es nicht auch etwas damit zu tun, daß der Steinwurf eine archaische Form ist, die der Alltäglichkeit entrückt ist und diesem doch archaisch-mythischen Geschehen eher angemessen ist?" Handke antwortet darauf:

> Daran habe ich nicht gedacht. Ich dachte ursprünglich, daß der Ich-Erzähler wieder diese Hakenkreuze bemerkt, die für ihn eben das Zeichen der Schwermut im ganzen Land; diese Unformen sind das Zeichen der Schwermut im ganzen Land, und auch seiner eigenen Schwermut, und er will nur noch ausmerzen. Ich dachte keinen Moment dran, daß es ein Symbol für Archaisches ist.

Doch der Interviewer setzt nach: „Wie der Ödipus mit dem Stein den Vater tötet?", worauf der Autor entgegnet:

> Nein, ich hab das keinen Moment gedacht, ich hab nur instinktiv gefühlt, daß das die ursprünglichste Handlung für diese Sachlage, diese Situation ist.

Gamper greift den Hinweis auf das Prototypische auf: „Aber das muß ja nicht ausschließen, daß es doch in diese archaische Richtung geht; Sie erklügeln die Sachen ja nicht." Und nunmehr gesteht Handke immerhin zu:

> Nein, das wär schlimm. Ich habs instinktiv gespürt: die Zweiheit von Leben und Schreiben hat sich da zusammengeschlossen; es war meine Vorstellung als Betroffener, und es war gleichzeitig meine Vorstellung als Entwerfender, als Schreibender.[27]

VI Das Specimen der Aufzeichnungen

Beobachtungen, Wahrnehmungen, Gedankensplitter, Lektüremomente, Formulierungsetüden, Antithesen oder Palinodien zu herkömmlichen Meinungen, verfremdete Sentenzen: Das sind nur einige Erscheinungsformen der Eintragungen des Schriftstellers in sein Notizbuch, das in dieser vorläufigen Aufzeichnungsweise eine mehrfache Aufgabe erfüllt – Merkhilfe zu sein in der Fülle

27 Handke (1987) 22.

fluktuierender Eindrücke und flüchtiger Gedanken, eine Vorratskammer zu bilden für Motive, Zitate und tentative Wortverbindungen, endlich auch als Prüfinstanz zu dienen für die Erprobung neuer Syntagmen und semantischer Kollokationen. Peter Handke hat diese Materialsammlungen, die zumeist größere erzählerische oder dramatische Vorhaben präludierten oder begleiteten, mehrmals zumindest in repräsentativer Auswahl in Buchform publiziert.

Das Gewicht der Welt: Ein Journal (November 1975 – März 1977), 1977, *Die Geschichte des Bleistifts*, 1982, *Phantasien der Wiederholung*, 1983, und (zuletzt) *Am Felsfenster morgens (und andere Ortszeiten 1982 – 1987)*, 1998, eignen sich nur bedingt und in vermittelter Form für biographische Studien, sie gewähren aber erhellenden Einblick in den Entstehungszusammenhang so voraussetzungsreicher Werke wie *Langsame Heimkehr, Die Wiederholung, Die Abwesenheit* oder *Das Spiel vom Fragen*. Gerade der jüngste Titel hat sich schon in den vorangegangenen Kapiteln mehrfach als alleinige oder flankierende Primärquelle für die Antikerezeption bei Peter Handke und seine ‚mythische Wende' in den Werken der siebziger und achtziger Jahre bewährt. Ergänzend zu diesem verstreuten Befund möchte ich im folgenden einige weitere Streiflichter auf des Autors Beschäftigung mit ‚klassischen' Autoren sowie mit lateinischem oder griechischem Wortgut und auf seine Reflexion der in alten Texten thematisierten Fragen werfen. Die angeführten Daten sind der Anlage des Buches gemäß nicht punktuell präzise, sondern ungefähr als ein *ante hoc* oder *post hoc* zu verstehen.

Nach dem 3. Juli 1983 verzeichnet Handke scheinbar unvermittelt „*lilaiomai* (altgriech.) = ich begehre, ich wünsche, ich sehne mich" (96). Die Angabe nach der Art eines Vokabelheftes im Schulunterricht wird durch den Kontext erläutert. Der Schriftsteller sucht gleichsam in einer linguistischen Fingerübung wesenhafte Bedeutungsbeziehungen zwischen nominalen Größen (grammatikalisch gesprochen: Subjekten) und den semantisch zu ihnen passenden verbalen Aussagen (= Prädikaten) zu erstellen. In den deutschen Fallbeispielen heißt es da etwa: „Verb für den Lehrer: ‚ist beiläufig'" (98) oder „Verb für die Phantasie: ‚wappnet' (weich) – Verb zum Schuldigen: ‚lacht falsch' – Verb zum Sammler: ‚wird rückfällig' – Verb zum Jäger: ‚redet sich heraus' (lügt sich in die Tasche)" (98). Diese Erhebung von lexikalischen Solidaritäten innerhalb einer Sprache läßt Handke zum 9. Juli formulieren: „Einem richtigen Wort auf der Spur zu sein, das entspricht der Bewegung, mit der man ausholt zu einem Speerwurf – einem kleinen Speer, einem Bleistiftspeer, einem klein-großen Speer" (100). Die Nutzanwendung dieser syntagmatischen Fallstudien für das schriftstellerische Werk erschließt sich dem Leser des großen Prosatexts *Die Wiederholung* schon auf den ersten Seiten. Man vergleiche nur:

> Der Grenzsoldat in Jesenice redete mich freilich, nach einem Blick in meinen frisch ausgestellten österreichischen Paß, in seiner Sprache an. Als ich nicht verstand, sagte er

> deutsch, Kobal sei doch ein slawischer Name, „kobal" heiße der Raum zwischen den gegrätschten Beinen, der „Schritt"; und so auch ein Mensch, der mit gespreizten Beinen dastehe. Mein Name treffe demnach eher auf ihn, den Soldaten, zu. Der ältere Beamte neben ihm, in Zivil, weißhaarig, randlose runde Gelehrtenbrille, erklärte mit einem Lächeln, das zugehörige Tätigkeitswort bedeute „klettern" oder „reiten", so daß mein Vorname Filip, der Pferdeliebe, zu Kobal passe; ich möge meinem Namen insgesamt einmal Ehre machen. (9f.)

Diese wiederkehrenden kontextsensitiven Erkundungen und Materialsammlungen sind durchwachsen von Lesefrüchten, wobei in den Julitagen des Jahres 1983 der Vorsokratiker Heraklit als bevorzugter Autor in eigenen Übertragungsversuchen hervortritt: „‚Die Sonne ist neu jeden Tag' (Heraklit, Fragm. 6)"; „‚Aus dem Entgegengesetzten die schönste Harmonie' (Fragm. 8)" (100).

Im September 1984 ist das Journal von der Columella-Lektüre geprägt, die gleichfalls Spuren einer eigensinnigen Auseinandersetzung mit dem Funktionalstil des lateinischen Fachschrifttums hinterläßt: „Der römische Landwirtschaftsschriftsteller Columella: ‚Die Wissenschaft vom Bauernleben ist ohne Zweifel die nächste der Weisheit, mit ihr gleichsam blutsverwandt'" (220); „‚Elegant baut der Bauer, wenn er nicht selber baut' (Columella); ‚auch soll in der Nähe des Hauses keine Heeresstraße vorüberziehen'" (221); „‚Man soll den Stier (beim Pflügen) nicht mitten in der Zeile anhalten lassen, sondern ihm erst an der Kehre Rast gönnen, damit der Stier, in der Hoffnung auf Rast dort, den ganzen Raum umso tüchtiger durchquere' (Columella)" (221).

Das Frühjahr 1986 verweist in den Aufzeichnungen auf eine kontinuierliche kritische Beschäftigung mit Aristoteles. So heißt es z. B. vor dem 31. März: „Beim Lesen des Aristoteles geht es mir wieder wie vor Jahren: ‚Die Philosophen sollten das Sagen haben und die Dichter das Schreiben'" (348).

Im folgenden Jahr – die Heuristik zum Gegenstand seines Bühnenstücks *Das Spiel vom Fragen* bestimmt bereits die Notate – befaßt er sich einläßlich und wenig sympathetisch mit Platon. So vernehmen wir nach dem 29. Juli 1987: „Beim Lesen des *Timaios*: Platon drückt mir doch das Herz zu mit seiner Denkerei, während Francis Ponge, mit seinen lichten, feurigen, dichterischen Sätzen, es mir wieder leicht macht" (505). Und zum 25. September registriert Handke zum gleichen Autor: „Platon, so erzählte gestern der Linguist, sei gegen Ende abgerückt vom fragenden Sokrates; schon im *Phaidros* habe er nur noch resigniert ‚festgestellt', ‚gemäß der Wahrscheinlichkeit'" (526).

Beim genauen Lesen einer Sophokleischen Tragödie fesselt den Schriftsteller wieder das Ausdrucksregister des Griechischen, nunmehr im Bezirk der nominalen Komposition: In den ersten Augusttagen 1986 notiert Handke: „Als Ödipus seine Tochter Ismene fragt: ‚Warum kommst du, Kind?', antwortet sie: ‚Aus Sorge, Vater', und: *als Selbstbote* (Aut-Angelos)" (388).

Die Arbeit an den Kleinformen beschreibender Prosa, die Handke selbst als ‚Epopöen' bezeichnet und 1990 erstmals in dem Band *Noch einmal für Thukydides* veröffentlicht, zeichnet sich gleichfalls in den Notizen des Journals ab. Thukydides, für den Autor nicht vorrangig als pragmatischer Geschichtsschreiber, sondern als Schöpfer stimmiger Bilder und als Beobachter menschlicher Verhaltensweisen wesentlich, erweist sich als literarische Leitfigur. So vermerkt Handke vor dem 19. Februar 1987: „Perikles sagte: ‚Wir lieben das Schöne und bleiben schlicht. Wir lieben den Geist und erschlaffen nicht' (Thukydides, die Rede auf die Toten des Krieges; ‚und nun erhebt den Klageruf, jeder um den er verlor, und dann geht!')" (450).

VII Verstreute Rezeptionsspuren

In diesem kurzen Abschnitt möchte ich anhand zweier Beispiele aufzeigen, wie mancher Antike-Bezug im Werk Peter Handkes im Zuge biographischer Kasuistik in ein anderes Licht tritt und seine scheinbare Zufälligkeit abstreift.

Mit der aus Handkes Jahren der großen Reisen (1987 – 1989) resultierenden Spezies des *Versuchs* schließt der Schriftsteller terminologisch – wenigstens indirekt – an die Form des literarischen Essays an, während er im Aufbau, etwa im Frage-Antwort-Schema bestimmter Partien und in aporetischen Strukturelementen auch an das Vorbild des Platonischen Dialogs anzuknüpfen scheint.

Im *Versuch über die Jukebox* (1990) begegnen an mehreren Stellen unvermittelt Passagen aus Theophrasts *Charakteren*, die er als Reiselektüre auf seinen Wegen in Spanien einführt und textuell verankert. Denn im Kampfe mit der initialen Schreibhemmung und auf der Suche nach „günstigen Vorbedeutungen und Winken" verbietet er sich solche externen Signale „mit dem Sichvorhalten einer Bemerkung über den Abergläubischen aus den *Charakteren* des Theophrast, die er unterwegs gerade las: Der Aberglaube sei eine Art der Feigheit vor dem Göttlichen." (9)

In einem späteren Abschnitt seiner Reise gerät ihm ein griechisches Verbum vorübergehend zum Lebensprogramm:

> Diese Nacht jedenfalls würde er hier bleiben; einmal, er empfand das in der Tat als eine Art Schuldigkeit, hatte er, da er nun da war, sich des Ortes zu vergewissern, ihm auch gerecht zu werden (im Augenblick, den Koffer alle paar Schritte von der einen Hand in die andere wechselnd, immer wieder den Einheimischen ausweichend, die schon ihr abendliches Geradeaus-Stolzieren begannen, gelang ihm das nicht), und zusätzlich hatte er, was seinen *Versuch über die Jukebox* betraf, und überhaupt, Zeit – was er sich jetzt, wie schon oft, einsagte, und wiederholte, diesmal mit einem Verb aus dem Griechischen, entnommen der Lektüre Theophrasts: *S-cholázo.* (21f.).

Auch eigenes Verhalten findet der Schreibende in dem antiken Text gespiegelt:

> War nicht einer der „Charaktere" oder Typen Theophrasts jener „mit dem Gegebenen Unzufriedene", der, von der Freundin geküßt, sagt, er frage sich, ob sie ihn auch aus der Seele liebhabe, der Zeus zürnt, nicht weil er es regnen läßt, sondern zu spät, und, auf dem Weg, einen Geldbeutel findend, sagt: „Aber einen Schatz habe ich noch niemals gefunden!"? (64).

Gegen Ende des *Versuchs* verzahnt sich das Erleben des Schriftstellers immer deutlicher mit der Leseerfahrung, konvergieren Beobachtung und Lektüre über die Zeiten hinweg:

> Wann immer es sich ergab, entzifferte er Theophrasts Charaktere weiter und gewann viele von ihnen, jedenfalls in einigen ihrer Züge – die er vielleicht auch als die seinen erkannte –, lieb; es schien ihm, ihre Schwächen und Dummheiten seien Zeichen einsamer Menschen, die mit der Gesellschaft, in diesem Fall der griechischen Polis, nicht zurechtkamen und, um doch auf eine Weise dazuzugehören, mit dem Mut der Verzweiflung ihr lächerliches Spiel spielten; wenn sie übereifrig, extra-jugendlich, prahlerisch, oder, am einleuchtendsten, immer die „Leute des falschen Moments" waren, so kam das oft bloß daher, daß sie unter den andern, nicht einmal ihren Kindern und Sklaven, nicht ihren Platz fanden. (124)[28]

Der umfangreiche Erzähltext *Die Abwesenheit* (1987), von Handke *Ein Märchen* überschrieben und unter seiner Regie in Frankreich auch verfilmt, läßt vier denkbar verschiedene Personen, den Alten, die Frau, den Soldaten und den Spieler gleichzeitig und gemeinsam aus ihrem Pflichtenmilieu und gewohnten Lebenskreis ausbrechen. Die bald real geschilderte, dann wieder in Imaginationen aufgelöste Reise führt die seltsame Gruppe in einer Folge von Grenzüberschreitungen und wechselnden Befindlichkeiten in den Zustand der ‚Abwesenheit': kein Studium definitiver Weltflucht, sondern ein Transitorium, das sich in verschiedene Richtungen weiterdenken läßt und dessen eigentlicher Ausgang offenbleibt. Als der Alte, der bislang der Gruppe den Weg gewiesen und ihr inneren Halt verliehen hat, eines Tages unvermutet fortbleibt, haben die anderen zwar ihre sinnstiftende Leitfigur verloren, doch die Spurensuche erweckt Hoffnungen und führt zu neuer Gemeinsamkeit.

---

28 Mein persönlicher Zugang zu diesem Text wird durch Botschaften bereichert und vertieft, in denen Peter Handke auf die ihm geschenkte Ausgabe Bezug nimmt. In einer Karte vom 5.1.1990 schreibt mir der Reisende aus dem spanischen Gerona: „(…) und Dank für Theophrast, ich habe manchmal aufgelacht." Ausdrücklich bestätigt der inzwischen wieder in Chaville Seßhafte am 28.8.1990 brieflich das literarische Verfahren: „Deinen Theophrast habe ich wieder, wie fast schon üblich, eingeflochten in ein Gewebe (von der Jukebox, nicht alles, aber einiges ist möglich)."

> Ein ganzes Buch könnte ich über unsere Suche schreiben. Vorerst aber durften wir uns noch eine kurze Ruhe gönnen. Der Soldat streckte die Beine aus; der Spieler teilte sein Geld; die Frau schmückte sich und lächelte irgendwem um die Ecke. Jeder der drei legte schließlich dem anderen den Arm um die Schultern. Und für eine kleine Weile saßen wir da und ließen uns einfach sehen. (224f.)

Ein wiederkehrendes Motiv dieser Prosa mit hermeneutischem Aufschlußwert ist die Entzifferung von Schriften, die Deutung kryptischer Zeichen, die Freilegung verdeckter oder ambivalenter Botschaften. Auf den Sinnbezirk des Altertums bezogen, setzt sich der Schriftsteller in diesem Text mit dem Instrumentarium und den heuristischen Verfahren der Epigraphik auseinander, die neue Horizonte gewinnt.

So erschließt der Schriftforscher in einem ersten rekonstruktiven Schritt mehrdeutige Fragmente, die er erst mit einem Willensakt zur Nachricht erweitert und zum Auftrag umformt.

> In einer belebten Straße des Zentrums hält der Alte inne und bückt sich zu einem schrundigen Pflasterstein. Er bläst den Staub davon weg, breitet eine der dünnen Seiten, noch leer, seines Hefts drüber und macht sich, in der Hockstellung, mit einem Graphitstift ans Schraffieren. Aus dem Untergrund erscheinen so allmählich die klaren Umrisse einer Letter, welcher zwei weitere folgen, AVT, das Bruchstück einer römischen Inschrift, mit ungewisser Bedeutung: „Oder"? „Aber"? „Herbst"? Der Passantenkreis um den Entzifferer, ohne daß dieser sich darum kümmert, wird immer dichter, wie um einen besonderen Pflastermaler; nicht einmal das Gezisch und Gefackel eines über die Gasse schwebenden Heißluftballons kann die Zuschauer ablenken. (...) Im Schutz der Pelerine zieht der Entzifferer, in einer einzigen Bewegung, einen Strich in sein Heft und setzt daneben das Wort „Ausfahrt". Sein Gesicht erscheint dabei, seltsam für sein Alter, aufgeregt, mit rotfleckigen Wangen, eine Aufgeregtheit, die an jene des zum ersten Mal auf den Weg geschickten Botenjungen erinnert: Im nächsten Moment wird er seine Neuigkeit hervorstammeln, zugleich deren Urheber. (51ff.)

Der Entzifferungsakt wird an einem Wendepunkt der Reise zum richtungsweisenden Ereignis. Als der Alte eine verwitterte Steinplatte im Erdboden entdeckt, macht er zunächst das Zifferblatt einer antiken Sonnenuhr sichtbar:

> Ebenso riß er darauf eine unbeschriebene Seite aus seinem Heft, zerschnitzelte sie, steckte sie sich in den Mund, kaute sie, abwechselnd in der rechten und linken Backe, nahm den Brei zwischen die Finger, verteilte das Papiermaché, wieder im Zeilensinn, auf einen zweiten, wie aus dem Boden gewaschenen Felsquader, ließ es antrocknen, löste es ab, führte es jedem einzeln vor Augen, gab uns derart die Abdrücke der drei Buchstaben D. I. M. zu lesen, entzifferte sie uns als „Deo invicto Mithrae", übersetzte sie uns als „Dem unbesiegten Sonnengott", wies voraus in das entvölkerte Land und rief sein übliches „Auf jetzt!" (137)

VIII „Mein Realismus ist der der Grammatik – der wahrheitsgetreuen Grammatik". Aspekte von Peter Handkes *Das Spiel vom Fragen*[29]

Seit Peter Handke seine Aufzeichnungen aus den letzten Salzburger Jahren publiziert hat,[30] läßt sich seine Beschäftigung mit dem – linguistischen und kognitiven – Problem der Frage dokumentieren und zeitlich festmachen. Das Thema taucht zunächst Mitte März 1987 punktuell auf („Die Ruhe, zu fragen, hat eine Ähnlichkeit mit der Ruhe, die ich brauche, um lesen zu können" [453]), verdichtet sich bald zum konkreten dramatischen Plan („Für das Frage-Schauspiel brauche ich auch ein paar starke, nachbrennende Inbilder von Menschen, allein im Raum und/oder miteinander" [456]; „Halte dich, beim Frage-Drama, an das schön-Unwirsche der chinesischen Weisen, vor allem bei den aufdringlichen, den scheinklugen Fragen" [459]) und nimmt allmählich immer breiteren Raum in den tagebuchartigen Notaten ein („Und doch: mit Fragen *verwunden*, hin zur Lebendigkeit – zur Kristallisation"; „Zu den meisten, ahnungslos wie sie sind in ihren Fragen – ihrer Fragerei –, kann man buchstäblich sagen: ‚Warum fragen Sie?'", „Liebe: Was kann ich für dich tun? *und*: Was kann ich für dich lassen?" [459]). Im Verlauf des Frühjahrs 1987 ist die Beschäftigung mit dem neuen schriftstellerischen Thema aus Lesefrüchten (Platon *Timaios*) wie aus zunehmend systematischen Reflexionen ersichtlich. Mit dem Herbst dieses Jahres bis zum Aufbruch Handkes zu seiner fast halbjährigen Weltreise (18. November 1987) gewinnt das Frage-Thema bereits Kontur,[31] und nach dem Ende seiner großen Reise, die ihn zwischen November

29 Peter Handkes Dramentext *Das Spiel vom Fragen oder die Reise zum sonoren Land* ist 1989 erschienen und wurde im Jänner 1990 in der Regie von Claus Peymann am Wiener Burgtheater uraufgeführt.

30 Handke (1998).

31 Dramaturgische Strukturelemente zeichnen sich ab, die Heuristik zu diesem Problemfeld nimmt enzyklopädischen Charakter an, sie beherrscht fast monopolhaft den Sinnbezirk der Aufzeichnung: Vgl. „Die pädagogische Frage ist eine ‚Scheinfrage': ‚eine Frage ohne einen eigentlich Fragenden'"; „‚Fragehorizont?': dieses Wort gibt es. Und wenn es hieße: der Horizont, der erst entsteht durch das Fragen?"; „Unmögliches fragen, solches Fragen erhebt den Gefragten zum Kind. Zum Beispiel: ‚Wann wird das Ende der Welt sein?' Oder: ‚Wird mich einmal jemand lieben?' Und seltsam, daß gerade solche unmögliche Fragen Antworten ermöglichen können, lakonische wie sehr ausführliche. Und das Weinen (eines Kindes) als die größte und letzte Frage"; „*Neugierige* Frage gilt nicht; all die *falsch* Fragenden, wie zum Beispiel die Eltern. Dagegen haben Großvater und Großmutter gar nie gefragt – auch nicht recht? (...)"; „statt ‚wahre' Fragen sag besser ‚sinnvolle' Fragen. Das Fragen selber als Sinn*fülle*. Und überleg das zurück hinein in die Kindheit: Habe ich mir die sinnvollen Fragen nicht jeweils nur selber gestellt? Denn sie waren nicht zu beantworten, es war mit ihnen kein Sich-Wenden möglich" (Handke 1998, 520f., September 1987).

1987 und April 1988 nach Jugoslawien, Griechenland, Ägypten, Vorderasien, Japan, England und Spanien geführt hatte, zog sich Peter Handke zwischen Ende Mai und August 1988 nach Oberitalien zurück und schrieb dort, genauer im Friaul, *Das Spiel vom Fragen.*

Wir beschränken uns auf einige Gesichtspunkte, die den linguistisch motivierten und fundierten Zugang des Schriftstellers zu seinem Bühnensujet aufzeigen und zugleich einige Rezeptionsspuren antiker Motive zum Vorschein bringen: Auf der obersten Ebene einer sprachphilosophischen Reflexion begegnen wir Äußerungen einzelner Figuren des Stücks, die den Verlust einer einst selbstverständlichen Einfachheit als gleichsam phylogenetisches Defizit, als Phänomen einer Dekadenz begreifen. So klagt der Mauerschauer:

> Warum habt ihr Früheren einfach sagen können: Empor die Herzen! oder Heilige Salzflut! oder bloß: Erde! Sonne! oder das Allereinfachste: Zeit genug!? Und warum habt ihr die nach euch noch segnen können? (14f.)

Die Schauspielerin wiederum konstatiert befremdet:

> Daß alle jene Wörter, mit denen die großen alten Geschichten erzählt wurden, und ohne die es keine Geschichten gibt, „Segen", „Fluch", „Liebe", „Zorn", „Meer", „Traum", „Wahnsinn", „Wüste", „Jammer", „Salz", „Elend", „Frieden", „Krieg", für uns Heutige Fremdwörter geworden sind, deren letzten verbliebenen Sinn wir noch weiter vernichten, indem wir sie entweder peinlich falsch aussprechen oder bloß so fallenlassen wie im Gerede der Fußgängerzonen? Daß wir unfähig sind, die langen, verschlungenen Sätze darzustellen, in denen allein jene Wörter wieder frisch ihren Platz bekommen? (26f.)

Und wenig später faßt dieselbe Rollenträgerin argumentativ nach:

> Und schließlich, vor allem, haben auch dir die Lehrer gesagt, daß wir Heutigen die Durchlässigkeit deshalb nicht mehr schaffen, weil wir nicht ganz von vorne wieder mit dem Fragen anfangen? Wobei sie uns aber zugute halten, daß der Grundrhythmus unseres Atmens, Schauens und Hörens offenbar wie auch bei ihnen und denen vor ihnen noch immer der eines beständigen stummen Fragens ist, mit der Sehnsucht eines Kinds unterwegs zum erlösenden Ausdruck? (29)

In der Episode seiner sprachlichen Erweckung sprudelt Parzival – als literarischer Nachfahre Kaspars – eine Flut von sprachlichen ‚ready-mades', Bildungszitaten, Textzeilen aus Schlagern, festgefügten Phrasen und Stehsätzen aus verschiedenen Zeiten, Kulturen und Situationen unverbunden hervor:

> Vater unser, der du bist im Himmel – Hier wacht ein Dobermann – Ist mild und schmeckt – Gelassen stieg die Nacht an Land – Nur an Schultagen – Ich bin nicht gern, wo ich herkomme – Aber sprich nur ein Wort, und so wird meine Seele gesund – Fern, so fern vom Heimatland – Fußgänger in die Unterführung – Das war der schönste Tag in meinem Leben – Wenn einer eine Reise tut – A und B sitzen im Klee – Das Ohr hört

nachts Sonatenklänge – Lustig ist das Zigeunerleben – Brennend heißer Wüstensand (...) (49f.)[32]

In der Folge schlüpft der Spielverderber gleichsam in die Rolle des Einsagers und fährt im phraseologischen Kauderwelsch fort:

> Mund auf, Augen zu. Aller Augen warten auf dich. Leise flehen meine Lieder. Laß mich in deine Augen schauen. Dies Bildnis ist bezaubernd schön. Unter einem Regenschirm am Abend. Schau dich nicht um. Mehr Licht. Ins Offene, Freund. Reich mir die Hand, mein Leben. Ägyptische Finsternis. Gnothi seauton. Olio extra vergine d'oliva. Letzte Tankstelle vor der Autobahn. Umweltfreundlich. Edel sei der Mensch. Perestrojka! Meergrün (...). (51)

Als sich später das alte Ehepaar – bald Philemon und Baucis, dann wieder zwei von zermürbendem Zusammenleben aufgeriebene Eigenbrötler – ein erregtes Frageduell liefert („Und hast du für den Fall des Falles die Versicherung für unsere Überführung abgeschlossen?" – „Oder ein Bergrutsch das ganze Dorf?"), springt Parzival mit einem Schrei auf und fällt ihnen mit einer Fragencollage ins Wort:

> Und wer hat von meinem Tellerchen gegessen? Und hast du heute schon zur Nacht gebetet? Und hast du heute schon zuhause angerufen? Und sag mir, wo die Blumen sind? Und wer wirft den ersten Stein? Und was geschah wirklich mit Baby Jane? (106)

Facetten aus der Welt des Altertums sind schon in den vorangegangenen Passagen deutlich geworden, sei es als zitierte Sprüche („Gnothi seauton") oder als mythologische Assoziationen (Philemon und Baucis). Sie verdichten sich aber im Wirkungsbereich des griechischen Orakels. Viele Leser des Textes und Besucher der Aufführung, aber auch professionelle Kritiker sind über einen Ausruf gestolpert, den der Spielverderber in seiner abschließenden Redesequenz mit der Geste des Zurückspuckens verbindet: „Verdammtes Dodona!" (155). Auch der beiseite gesprochene Eigenkommentar der Figur („Bei uns Flüchtlingen gilt das Verfluchen eines Ortes beim Abschied als Dank") hilft wenig weiter, wenn man Dodona nicht mit der antiken Orakelstätte des Zeus im nordwest-griechischen Epirus verknüpft. Immerhin hatte dieselbe Person bereits in einer früheren Ansprache erklärt:

---

32 Bezeichnend für den automatisiert-unreflektierten Ablauf ist die folgende Szenenangabe: „Parzivals Reden erscheint zugleich als ein unausgesetzter Versuch, es von sich abzuschütteln. Je mehr er es aber loswerden will, desto mehr davon kommt nach. Auch als er nun verstummt, redet es augenscheinlich pausenlos in ihm weiter. Immer noch wie blind, schlägt er sich zuletzt selbst auf den Schädel, erst mit der Faust, dann mit dem Stück Hundekette." (50f.)

> Und bedenkt: Auch die Zeit der Orakel ist vorbei, oder? Nicht um auf eine Frage eine Antwort zu bekommen, haben wir uns ja auf den Weg gemacht, sondern um in der Stille der Orakelstätte von ehedem herauszufinden, was eines jeden Frage ist. (135)

Und an einer weiteren Stelle spricht der Spielverderber von einer Orakelszene im irrealen Modus: „Die alten Steineichen hätten wieder gedröhnt und ein jeder von uns wäre beiseite gegangen und hätte seine Frage gesucht." (141)

Auch auf seiner Reise, die der Niederschrift dieses Schauspiels unmittelbar vorausliegt, hat Peter Handke Dodona besucht und über den Orakelbetrieb nachgedacht:

> (...) nach dem Frühreif jetzt eine warme Sonne hier in Dodona. Was war mit dem Orakel im Winter, wenn zuletzt sogar die Weissager-Eichen ihre Blätter verloren haben? Oder waren es die immergrünen, stachligen Macchia-Eichen, von denen es hier dichte kleine Wälder gibt?.[33]

Auch eine Woche später, am Golf von Nauplion, als den Schriftsteller Gewässernamen und ihre Beziehung zum Prometheus-Mythos beschäftigen, ist das Weissageproblem gegenwärtig geblieben:

> Und was war mit dem Orakel von Dodona, wenn die Blätter der Eichen welk waren und dann wegflogen? Du siehst, ich erfahre Fragen.

Und am Ende der Schreibphase blickt Peter Handke fast verwundert auf diese Zeit zurück:

> Für mich waren die Monate seltsam und schön wie selten welche. Leider habe ich jetzt keine Arbeit mehr als das Durcharbeiten, während hoffentlich nicht mehr als 3 Wochen in Salzburg.

Literaturverzeichnis

Aischylos: Prometheus, gefesselt, übertragen von Peter Handke, Frankfurt am Main 1986.

Bove, Emmanuel: Bécon-les-Bruyères, Frankfurt am Main 1983.

Gottwald, Herwig: Mythos und Mythisches in der Literatur in der Gegenwartsliteratur. Studien zu Christoph Ransmayr, Peter Handke, Botho Strauß, George Steiner, Patrick Roth und Robert Schneider, Stuttgart 1996 (Stuttgarter Arbeiten zur Germanistik 333).

Handke, Peter: Langsame Heimkehr. Erzählung, Frankfurt am Main 1979.

Handke, Peter: Der Chinese des Schmerzes, Frankfurt am Main 1983(a).

Handke, Peter: Phantasien der Wiederholung, Frankfurt am Main 1983(b).

33 Dieser Text und die beiden folgenden Zitate stammen von Postkarten Handkes an den Verfasser.

Handke, Peter: Die Wiederholung, Frankfurt am Main 1986.

Handke, Peter: Aber ich lebe nur von den Zwischenräumen. Ein Gespräch, geführt von Herbert Gamper, Zürich 1987.

Handke, Peter: Das Spiel vom Fragen oder die Reise zum sonoren Land, Frankfurt am Main 1989.

Handke, Peter: Noch einmal für Thukydides, Salzburg 1990(a).

Handke, Peter: Versuch über die Jukebox, Frankfurt am Main 1990(b).

Handke, Peter: Am Felsfenster morgens (und andere Ortszeiten 1982-1987), Salzburg 1998.

Haslinger, Adolf: Peter Handke. Jugend eines Schriftstellers, Salzburg 1992.

Januš, Gustav: Wenn ich das Wort überschreite. Gedichte, Salzburg 1988.

Lüdke, W. Martin: „Trübsal bläst ‚Des Knaben Wunderhorn'. Über einige romantische Tendenzen unserer Gegenwartsliteratur", Merkur 34 (1980) Heft 10, 989-1003.

Percy, Walker: Der Idiot des Südens, Frankfurt am Main 1985.

Ponge, Francis: Kleine Suite des Vivarais, Salzburg 1988.

Raddatz, Fritz J.: „Die Aufklärung entläßt ihre Kinder", Die Zeit (29.6.1984) 9f.

Walter Jens

Mein Bild der griechischen Antike

Ein Tübinger Frühlingstag um 1960: Durch die Ammergasse geht eine alte Frau, das Enkelkind, ein Junge, ungefähr 12 Jahre alt, an ihrer Seite. „Schau, Bub, da drüben, der Herr – der hat Dein Lieblingsbuch geschrieben, die Nacherzählung der Ilias und Odyssee, an deren Bildern Du so viel Spaß hattest, als Du noch klein warst. Der Zyklop mit dem einen Auge – erinnerst Du Dich?" Der Junge nickt und streckt die Hand nach mir aus: „Der Mann da, isch des dr Homer?" Die alte Dame lächelt mir zu: „Nehmen Sie's als Kompliment, Herr Jens." Und das tat ich denn auch: ein Zwerg auf den Schultern des Archipoeta – ist das etwa nichts?

Ich denke oft an diese Szene – und an die vielen Jungen und Mädchen, die mit Hilfe meines Kinderbuches eine ferne Welt nah, greifbar und interessant fanden. Die Arbeit, um 1950, hatte mir Mühe gemacht: Die Druckstöcke konnten nicht verändert werden – undenkbar, Bilder auszutauschen und die graphische Struktur zu verändern. Für jedes Kapitel war eine exakte Zeilenzahl vorgeschrieben: Da mußte selten gedehnt und fast immer komprimiert werden. *Noch* eine Verknappung, *noch* eine Adjektiv-Verkürzung, *noch* ein neuer Übergang, der den Absatz hinfällig machte.

Ein Handwerksmann bei der Arbeit, ein Poet, der sich, gut homerisch, als Zunftgenossen des Schiffsbaumeisters oder des Arztes empfand – so begann, auf literarischem Feld, meine Tätigkeit als ein bescheidener schwäbischer Homeride: Gustav Schwab schaute mir von fernher über die Schulter.

Ein Handwerksmann und kein Dichter: Das bin ich über die Jahre und Jahrzehnte geblieben, einer, der Vorlagen umfiguriert, Charaktere in neuer Beleuchtung aufscheinen läßt, überkommene Situationen mit Hilfe zeitgenössischer Muster in Frage stellt und knappen Andeutungen das Gewicht von Szenarien gibt – ein Spurengänger, dessen Force im Finden und ganz gewiß nicht im Erfinden liegt. Mit den Einfällen hapert's, Originalität ist nicht meine Sache. Lasse ich Caesar freiwillig sterben und nicht ermordet werden, dann folge ich keinem eigenständigen Einfall, sondern vertraue Sueton, der in seiner Caesar-Biographie schreibt: „Manche hegen den Verdacht, der Diktator habe gar nicht länger leben wollen und sich deshalb auch nicht um seine angegriffene Gesundheit gekümmert; aus dem gleichen Grund habe er auch nicht auf die schlechten Vorzeichen und Warnungen seiner Freunde geachtet."

Ein ausgeklügelter Buch-Einfall also, variiert und durch imaginäre Volten bereichert: Brutus als Objekt eines Menschen, der sich den Henker ausgesucht hat. Ein Spiel à la Lessing, *variazioni con tema*. Und im Zentrum immer die Griechen, die Römer sind ferner, wenngleich irgendwann einmal eines meiner geliebten imaginären Gespräche folgen soll: der Historiker Tacitus vor einer Untersuchungskommission, Rechenschaft ablegend über sein Verhalten während der Diktatur.

Wie ich gearbeitet habe auf dem mir einzig zugänglichen, weil schon seit frühen Studienjahren bekannten Feld? Immer wie's die alten Meister machten: den Aufträgen folgend und dabei auf die Werkfordernden zuschreibend. Da wird, weil's die schon hochbetagte Ida Ehre war, aus der jungen Lysistrate eine intelligente Frau in reiferem Alter; da gilt es, im Stilistischen, Perioden zu erfinden, die meinem Caesar und meinem Odysseus, dem Sprach-Jongleur Hannes Messemer auf den Leib geschrieben sind.

Situativ und adressatenbezogen muß der Rhetor und *poeta doctus* schreiben – immer in einem Akt des Laut-Denkens mit seinen Lieblingsfiguren vereint, der *einen* vor allem, die mich, in verschiedenen Gattungen, der Erzählung, dem Essay, dem Drama, zu immer neuen Gedankenspielen antreibt: Odysseus. Der Intellektuelle als die interessanteste, weil vielfältigste Gestalt. Pazifist und Kriegstreiber, freundlicher Vater und Zyniker *kat'exochen*, ein Mann, der, mit Hilfe seiner demagogischen Tricks, die Massen zu faszinieren versteht und zugleich der Vertraute Athenes bleibt (der einzigen, die ihm an Witz und Sprachkunst gewachsen ist).

Odysseus, das Opfer eines anderen Intellektuellen, Palamedes, aber auch das Höllenkind, so wie ich es, weit vom Original der euripideischen Troerinnen abweichend, von Ida Ehre, meiner Hekabe, habe beschreiben lassen – im Augenblick, da sie erfährt, wem sie, ihm zugesellt, als Sklavin, aus Troja folgen soll: „Wehe! Der Unflat! Der Lügenbold hat mich erlost. Dieses Tier, das kein Recht, kein Gesetz, keinen Eid kennt. Der Zwietrachtjäger, der alles verdreht, erst rechts, dann links, dann wieder rechts und noch einmal, ganz wie es ihm gefällt: Oben ist unten und unten ist oben, und er lacht dazu und macht aus Freundschaft Haß, aus Liebe Zwist! Du Doppelzüngiger, Du Ungetüm: Du Wolf, der eine Schlange ist, kommt, Frauen, faßt mich an: So elend ihr auch seid – ich bin die elendeste. Und muß doch weiterleben!"

Großes Pathos, die Schreie der Leidenschaft und das Mark und Bein durchdringende Fluchwort des Entsetzens in die Sprache unserer Zeit zu übertragen, das ist das eine, was den in Spuren Gehenden reizt. Das Verfolgen von Elendszonen, die am Rand des Unaussprechlichen liegen. Die andere, konträre, aber nicht minder reizvolle Provokation: Das Sich-Einfühlen ins Leise, Sanfte und Verhaltene, um derart für eine Melancholie Worte zu finden, die ich vor Jahren im Kreise der Freunde auf der Höhe von Mutlangen zu artikulieren versuchte, Hellmut Gollwitzer war dabei, Heinrich Böll hörte aufmerksam zu, als Hekabe zu reden begann, die Blicke fest auf das Kind in ihrem Arm gerichtet, Astyanax, den Enkel, der – wie bald! – ermordet werden wird: „Nicht weinen, Liebling, ich gehe mit dir. Wir bleiben zusammen, weißt du, Hektor wartet schon, dein Vater, dessen Weg du gehst, sein Schattenbild, das nicht an ihn erinnern darf. (...) Du solltest König sein, mein Kind, Herr über Asien, so war's bestimmt... und jetzt – o hätt ich ahnen können, daß in meinem Leib kein Kind heranwuchs, nur ein winzigzartes Opferlamm... Komm, halt dich fest an meinem Kleid, ja, so, und schlüpf hinein, du kleiner Vogel du, in diesem Nest. Zwei Fingerchen, *ein* Fingerchen – jetzt bis du fort! Und weggezaubert!"

Hekabe vor einem Kind, das auf Hektors riesengroßen Schild gebahrt ist: Ich kann mich nicht entsinnen, jemals einer größeren Herausforderung als der Transposition dieser Szene begegnet zu sein: Was ist schwerer zu formulieren als die Tränenrede ohne den leisesten Anflug von Sentimentalität? „Dein Schild, mein Hektor, dein Gesell, und jetzt ein Sarg für einen winzigkleinen Mann, ein Kind, das kaum gelebt hat, krank war, Fieber hatte – ich versorgte es, hüllte die Beine – hier! – in kühle Wickel ein, und als der Zahn kam – ach, der einzige! –, da hab ich dir das Wiegenlied gesungen, das auch deine Mutter sang. Dein Totenlied, mein Kind. Du Würmchen – und ihr tut, als ob's ein Tiger sei, ihr Griechen! Nein, *du* hättest Troja ganz gewiß nicht wieder aufgebaut, mein kleiner Mann. Ein Kind! Sie haben Angst vor einem Kind! Vor einem Lockenkopf, wenn man den Büschel Locken nennen mag – den nur die Bürste, nie der Kamm berührte. Schaut! Die kleinen Finger – solche Daumen hatte Hektor auch. Doch da! Weh, das Gelenk! Das schlaffe Ärmchen fällt herab. Sein Mund! – Du lieber Schreihals, du, und immer nachts, wenn deine Mutter schlief. Nun ja, du hattest mich – mein Schlaf war leicht. Ich hab dich aufgenommen, wieder zugedeckt, die Zwiebäcke in Milch getaucht, dein Bett gemacht – die Wiege eines Königssohns, von dessen Grab es heißen wird: Hier liegt ein totes Kind, vor dem sich Griechenland gefürchtet hat."

Genug der Beispiele. Ich denke, Sätze wie die zitierten können nicht Resultat von korrekten Übersetzungen sein; hier ist Empathie gefordert, ein Sich-Hineinversetzen in die Gedanken und Gefühle jener Pietà-Figur, die, um Totenstille ringsum zu befördern, einer Sprache bedarf, die erst nach Auschwitz, nach Hiroshima, nach My-Lai zu schreiben ist: tastend allenfalls, andeutungsweise.

Je länger ich mich mit den Figuren des Großen Jahrhunderts, den Entwürfen der Tragiker voran, beschäftigte, desto deutlicher wurde mir, daß, um ihnen Plastizität zu verleihen, eine Diktion erfunden werden muß, die Riesensprünge zu bewältigen hat: Ethos! Pathos! Schrei! Verhaltenes Gebet! Dreiste Provokationen, sanftes Innehalten, hybride Verlautbarungen, Flüstern am Rand des Verstummens – alles in kaum glaubhaftem Miteinander vereint: Wer mag da an eine Perfektion glauben, die solche Dialektik veranschaulichen kann – und das unangestrengt, scheinbar mühelos und spielerisch? Nun, gottlob gibt es Hilfen: Jeder Satz, dies ist das Wichtigste, will zuerst, rhythmisch artikuliert, *gesprochen,* dann erst *geschrieben* sein. Das Theater ist, lutherisch, ein Mund-, kein Federraum. Dem ist Rechnung zu tragen und bei allen Formen artistischer Transposition der Arno-Holz-Satz zu bedenken, daß zwischen zwei semantisch scheinbar identischen Sätzen Riesenklüfte bestehen können: „Der Mond geht hinter blühenden Apfelbäumen auf" und „Hinter blühenden Apfelbäumen gehet der Mond auf." Da streitet wackere Prosa vergebens gegen hohe Poesie und unterliegt so leicht wie sie bei den Versuchen entschiedener Revivikationen griechischer Dramen hinter jener poetischen Verbildlichung zurückbleibt, die zumindest gewagt werden muß – und zwar immer mit dem Blick auf szenische Realisation und die *viva vox* im Theater.

Gewagt, wenngleich Gelingen selten, Scheitern die Regel ist – vor allem dann, wenn sich der Spurengeher nur unzureichend mit den Figuren identifizieren kann. So interessant und modern Odysseus in seiner Widersprüchlichkeit ist, so blaß wirkt Achill – tapfer, aber langweilig, ein hellenischer Jung-Siegfried, ohne Intelligenz und eine eigene unverwechselbare Diktion.

Wie anders da Hekabe und Kassandra, wie anders die Frauen im griechischen Schauspiel, wenn sie in der Szene die Gesetze der Realität transzendieren und, in Aktion und Sprache, sie selbst sind – und eben das ist, im Erfahrungshorizont unserer Zeit, deutlich zu machen: im Stil-Bezug zwischen Damals und Heute, Ferne und Nähe, Bedeutung und Mit-Bedeutung.

Kein Zweifel daß bei solchen In-Bezug-Setzungen Prädispositionen nicht unterdrückt werden können: Für mich jedenfalls wäre es undenkbar, Übertragungen zu wagen, ohne mit jedem Wort die Doppelheit jenes Menschenbildes zu reflektieren, das die Kunst des fünften vorchristlichen Jahrhunderts bestimmte: seine Ambivalenz, will heißen die Doppelheit, die durch Begriffe wie *deinótēs* und *ánthrōpos eṓn* ausgedrückt wird: Riesengröße in beherrschter Region, Zwergenstatus im Kosmos, zu Füßen der Götter.

Walter Jens, Nacherzähler homerischer Geschichten für Kinder und Verlebendiger von Figuren, deren Tun, Denken und Sprechen Modell-Charakter beanspruchen darf – und was noch? Das Wichtigste für meine, wenn man so will, poetische Praxis: Die Unterweisung durch Lukian und seine imaginären Gespräche. Wenn ich Bertolt Brecht mit Euripides, Melanchthon mit Servet, Fontane mit Liebermann in der Arena zusammenführe, wenn ich die Poeten über Hamlet meditieren oder die Schriftsteller unserer Tage in einer Technischen Hochschule in leidenschaftlichen Debatten das Hirn und nicht, wie's in romantischen Träumen noch immer versucht wird, das Herz als Zentrum des Menschen ausmachen lasse, wenn ich daran gehe, es sei wiederholt, Tacitus vor eine Untersuchungskommission zu zitieren, dann denke ich mir: Es könnte am Ende doch sein, daß zumindest *ein* griechischer Autor, Lukian, mich die Kunst jenes rezeptiven Produzierens gelehrt hat, auf die meine Auseinandersetzung mit den griechischen Vorbildern abzielte. In seinem Schatten, nur weniger heiter, Kierkegaard näher als dem Meister der Menippea, dazu in niemals endendem Gespräch mit den Figuren meines zu Unrecht über die Jahrhunderte hinweg verketzerten Hausheiligen Euripides, vor dem sich, *deo bene volente,* eines Tages in einem von mir erdachten Toten-Gespräch Kollege Nietzsche wird rechtfertigen müssen – vergeblich leider, doch am Ende nicht ohne Einsicht ... in Lukians Nachfolge läßt sich vortrefflich arbeiten, an der Grenze von Wissenschaft und Poesie.

Februar 2001 Walter Jens

Bernd Seidensticker

„Die Götter sind sterblich"
Walter Jens und die Antike

Unter den deutschsprachigen Autoren der Gegenwart, deren literarisches Werk nachhaltig von der kreativen Auseinandersetzung mit der klassischen Antike geprägt ist, stellt Walter Jens in dreifacher Hinsicht einen Sonderfall dar:

Hat auch mancher der anderen auf dem humanistischen Gymnasium eine gründliche Einführung in Sprache und Literatur, Geschichte und Kultur der alten Welt erfahren,[1] so ist Jens doch der einzige klassische Philologe unter ihnen. Nach dem Abitur auf der Hamburger Gelehrtenschule Johanneum, einem der traditionsreichsten deutschen Gymnasien,[2] studierte er in Hamburg und Freiburg erst Germanistik und Geschichte, dann Griechisch und Latein[3] und wurde 1944 von Walter Nestle und Karl Büchner mit einer Arbeit zur Stichomythie in den Tragödien des Sophokles[4] promoviert. Fünf Jahre später habilitierte er sich in Tübingen mit einer Arbeit zum Thema *Libertas bei Tacitus*[5] und lehrte bis zu seiner Emeritierung ebendort zunächst als klassischer Philologe und dann in einem eigens für ihn eingerichteten Institut als Professor für Allgemeine Rhetorik.[6]

Die jahrzehntelange wissenschaftliche Vermittlung der Antike und ihrer Wirkungsgeschichte ist aber nicht nur bedeutsam für die Selbstverständlichkeit des Zugriffs auf die Antike und für die Souveränität im Umgang mit allen ih-

1 Vgl. z. B. Erich Fried (in diesem Band S. 74f.), Peter Handke (in diesem Band S. 158f.) oder Durs Grünbein (in diesem Band S. 97-100).

2 Jens (1982a) 103-112; Inge Jens/Walter Jens (1994).

3 Zum Wechsel der Studienfächer unter dem Eindruck der Persönlichkeit Bruno Snells vgl. Jens (1972).

4 Jens (1955b).

5 Jens (1956a).

6 Zur Vita vgl. Lauffs (1980) 10-22; Dingel (1998).

ren Aspekten; sie hat zweitens zur Folge, daß Jens' Antikerezeption nicht auf die schriftstellerische Arbeit mit antiken Stoffen und Themen eingeschränkt werden kann, sondern auch bedeutsamer Teil seiner Tätigkeit als Wissenschaftler und Kritiker ist.[7]

Und es ist schließlich drittens die dreiköpfige (Jens würde wohl sagen: geryonische) Existenz als Autor, Kritiker und Wissenschaftler, die verantwortlich ist für die bunte Vielfalt der Jensschen Antikerezeption, in der, sieht man einmal von der Lyrik ab, kaum eine der literarischen Gattungen fehlt: Drama, Fernsehspiel und Hörspiel, Übersetzung und Bearbeitung, Roman und Erzählung, aber auch Reisebericht, Essay und Rede, wissenschaftliche Abhandlung und journalistische Kritik.

Mehr als eine kleine Auswahl von Texten bzw. Fragestellungen, die als repräsentativ gelten können für Walter Jens' lebenslange Arbeit mit der Antike, kann daher im folgenden nicht geboten werden.

Nur erwähnt sei, daß die frühen wissenschaftlichen Studien des klassischen Philologen Jens mit der griechischen Tragödie[8] und der taciteischen libertas[9] Gegenständen bzw. Themen gelten, die für das spätere literarische Œuvre von großer Bedeutung sind; und nur angedeutet werden kann auch, daß (und in welchem Umfang) Jens' Essays zur Antikerezeption bedeutender Autoren der klassischen Moderne, wie Hugo von Hofmannsthal und Thomas Mann, Gottfried Benn und Bertolt Brecht, immer wieder zugleich wesentliche Charakteristika der eigenen Arbeit beschreiben.[10] Vor allem gilt das übrigens für den Essay *Lessing und die Antike*. Die Analyse Lessings, dessen Spuren Jens auch als Philologe und Kritiker, als Theologe und Redner folgt, liest sich über weite Strecken wie eine Selbstvergewisserung.[11]

Besonders wichtig für Jens' wissenschaftlich-theoretische Antikerezeption ist die prägende Kraft, die die Antike für seine Analysen der modernen Literatur gewinnt. In der überaus erfolgreichen Sammlung von Essays und Vorträgen mit

---

7 Dazu kommt noch Jens' außerordentlich erfolgreiche Tätigkeit als Lehrer, der Generationen von Tübinger Studenten aller Fakultäten mit den großen Werken der Antike vertraut gemacht hat.

8 Zu der bereits genannten Dissertation kommen noch die *Antigone-Interpretationen* (1952a), die Analyse der *Strukturgesetze der frühen griechischen Tragödie* (1955a=1978b, 30-45), der Vergleich zwischen antikem und modernem Drama (1961=1978b, 78-99) und der meisterhafte Euripides-Essay (1958=1978b, 46-77).

9 Jens (1956a).

10 Hofmannsthal (1955d u. 1962) 163-191; Mann (1957=1978b) 119-134; Benn (1957=1978c) 235-257; Brecht (1978b) 413-433; (1978c) 259-290; (1959) 135-142.

11 Jens (1978b) 100-118; zu keinem anderen Autor hat Jens sich so häufig geäußert wie zu Lessing; s. Literaturverzeichnis in Hinck (1993) 135-191.

dem Titel *Statt einer Literaturgeschichte* (zuerst 1957) und in dem Traktat *Deutsche Literatur der Gegenwart* (1961) dient die Antike immer wieder als Folie, auf der moderne „Themen, Stile und Tendenzen" (so der Untertitel der Studie) Kontur gewinnen. Die Antike stellt Paradigmen und Modelle bereit, liefert illustrierende Parallelen oder verdeutlichende Kontraste. Das gilt für einzelne literarische Motive oder Techniken, für einzelne Autoren (wie Brecht) oder Gattungen (wie das Drama); es gilt aber darüber hinaus auch für die Bestimmung allgemeiner Charakteristika der modernen Literatur. So wenn Jens die Spätkultur der Moderne immer wieder mit Alexandria vergleicht und den modernen Autor (nicht zuletzt sich selber) als *poeta doctus* zu erfassen versucht. Gleich im Einleitungsessay von *Statt einer Literaturgeschichte* heißt es:

> In einer Spätkultur wird die Welt überschaubar. Man ordnet und sammelt, sucht nach Vergleichen und findet überall Analogien. Der Blick gleitet nach rückwärts; der Dichter zitiert, zieht Vergangenes, ironisch gebrochen, noch einmal ans Licht, parodiert die Stile der Jahrtausende, wiederholt und fixiert, bemüht sich um Repräsentation und zeigt das schon Vergessene in neuer Beleuchtung. Alexandrien ist das Eldorado der Wiederentdeckung, der Hellenismus die hohe Zeit posthumer Nekrologe. Statt Setzungen gibt man Verweise: Amphitryon 38, Ulysses, die Iden des März. Wenn die Gegenwart keinen Schatten mehr wirft, braucht man, um die eigene Situation zu bestimmen, die Silhouette des Perfekts; wenn es den Stil nicht mehr gibt, muß man die Stile beherrschen: auch Zitat und Montage sind Künste, und das Erbe fruchtbar zu machen, erscheint uns als ein Metier, das aller Ehren wert ist (13).[12]

Dienen Literatur und Geistesgeschichte der Antike als konturenschärfendes Perfekt für die theoretische Analyse der Gegenwart und ihrer Literatur, so ist es in erster Linie der Mythos, der diese Funktion für die schriftstellerische Arbeit übernimmt: „Konturierung einer uniformen Gegenwart mit Hilfe entliehener (mythischer) Schatten, das bezeichnet – man kann es nicht oft genug sagen – eine der wichtigsten Praktiken unserer (d. h. der modernen) Dichtung."[13] Das kann indirekt geschehen, durch die Evokation einer mythischen Figur oder Fabel; es kann aber auch dadurch erreicht werden, daß das Urbild variiert wird. In beiden Fällen „zeigt der Abstand zwischen dem Einst und Jetzt, die Spanne, die das Urbild, als evoziertes Gleichnis, von der Kopie trennt, wer wir sind."[14]

---

12 Jens (1978c) 13; vgl. auch Jens (1961a) 13, 19.

13 Jens (1961a) 102.

14 Jens (1961a) 104.

Diese und viele ähnliche Formulierungen[15] lassen keinen Zweifel daran, daß auch der klassische Philologe Jens, wie der Ikonoklast Brecht, nicht ‚philologische Interessen bedienen'[16] will, sondern immer – bei der theoretischen Analyse und bei der kreativen Variation antiker Mythen oder Texte – auf die Gegenwart zielt.

Und doch kommen auch Größe und Qualität des Urbilds in den Blick. Die Ebenen vermischen sich. Im Hofmannsthal-Essay preist Jens den „Erinnerungskünstler" Hofmannsthal als „Meister der synoptischen Evokation" und beschreibt auch damit einen wichtigen Aspekt der eigenen Person und Arbeit.[17]

Nirgends ist die synoptische Evokation von Antike und Gegenwart deutlicher (und literarisch fruchtbarer) als in dem Tagebuch seiner Reise in die klassische Vergangenheit, die deswegen im Mittelpunkt der folgenden Überlegungen zu Jens' Antikerezeption stehen soll. Das „Journal einer Griechenlandreise" mit dem Titel *Die Götter sind sterblich* ist ein buntes Kaleidoskop scheinbar zufällig aneinandergereihter, in Wirklichkeit aber kunstvoll arrangierter Texte und Textsorten:[18] Tagebuch und Reisebeschreibung, Essay und Aperçu, erzählende Prosa, mythische Parabel und dramatische Nachdichtung verbinden sich zu einem vielfarbigen Gewebe, in dem die Antike als Zettel den vielfältigen Einschlägen Grundton und Stabilität verleiht.[19]

Die alexandrinische Technik des *poeta doctus* ist gleich auf der ersten griechischen Station der Reise besonders deutlich.

Schon der Fahrt vom Ausgangspunkt Venedig nach Korfu verleiht Jens mythische Züge:

> Zwei Tage und zwei Nächte waren wir unterwegs. Der Schiffskiel ritzte wie eine Pflugschar das Meer (älteste Schuld, nie vergessene Hybris: das Pflügen des Meers, das Pflügen des Bodens ...), ein blankes Messer zerteilte den Speichel Poseidons (...) (14f.).

---

15 Vgl. z. B. Jens (1961a) 15; (1978b) 105f.; (1989) 358; sowie: Jens (1959) 119-123, 148-150; (1963) 120f. und 126f. (Kritik an dem Konzept); (1974a) 140f.

16 Brecht (1965) 70.

17 Jens(1962) 103.

18 Das gilt für die Stationen der Reise von Venedig (und Thomas Manns Antikerezeption im *Tod von Venedig*) über Korfu, Ithaka, Olympia bis nach Kreta, dem räumlich und zeitlich fernsten Ort der Reise, und dann zurück durch die Inselwelt der Ägäis in die Argolis (nach Nauplia, Epidauros und Mykene) und zum Abschluß nach Athen, bevor es über Rom („kein griechisches Erbe ohne die Römer" [115]) zurück ins geteilte Deutschland geht: erst Berlin (Ost und West), dann Leipzig; es gilt aber, wie die Interpretation der Korfu-Partie zeigen wird, auch für den ständigen Wechsel der Textsorten.

19 Just (1965) 46-51; Kraft (1975) 67-69; Lauffs (1980) 58-66; Hinck (1993) 23-27.

Als die Insel erreicht ist, öffnet sich hinter dem modernen Korfu die antike Vergangenheit:

> Hinter Korfu aber – großer Thukydides! – schimmert Kerkyra durch, und hinter Kerkyra, Griechenlands fruchtbarster Insel, liegt, im Dunkel des Märchens verborgen, das Reich der Phäaken (15).

Nach einer ersten Begegnung mit der Insel und ihren Bewohnern (15-17), die dem Reisenden als seltsam zeitlos (und dabei zeitlos griechisch) erscheinen („Chronos rührt sich nicht, Alkinoos regiert in Lorbeerwäldern und Olivenhainen“ [17]), geht Jens, vorbei an ‚venezianischen Bauten, einem letzten zärtlichen Schimmer Österreich-Ungarns‘, den langen Weg zurück in die Vergangenheit, zunächst in die Geschichte und dann in die Welt des Mythos. Bereits auf Korfu zeigt sich, was im weiteren Verlauf des Buchs immer deutlicher wird, daß in Jens' Griechenlandbild das moderne Hellas und seine jüngere Geschichte (Türkenherrschaft und Bürgerkrieg) keine große Rolle spielt.[20] Auch die großen modernen Autoren Griechenlands bleiben unerwähnt.

Das erste Ziel ist das am Anfang des 8. vorchristlichen Jahrhunderts gegründete Kerkyra, dessen Empörung gegen die Mutterstadt Korinth maßgeblich zum Ausbruch des Peloponnesischen Kriegs beitrug und deren Reichtum und günstige geographische Lage an den Handelsrouten nach Italien auch in der Folge zu immer neuen kriegerischen Attacken immer neuer Feinde führte:

> Krieg folgte auf Krieg. (...) Korinther und Römer, Athener und Türken, Venezianer und Sikelioten begehrten Alkinoos' Schätze. Die Feldherren brauchen Paläste und Parks, die Söldner Weizen und Reben: es ist nicht gut, ein Phäake zu sein (18).

Nichts hat den Appetit der Feinde auf die fruchtbare Insel aufhalten können, nicht einmal das gewaltige apotropäische Gorgohaupt im Westgiebel des archaischen Artemistempels:

> Vergebens fletschte die Gorgo, im Giebeldreieck des Tempels, die Zähne, vergebens zischten die Schlangen, flog das gefiederte Roß durch die Luft! So schnell die Medusa auch lief, die Löwenpanther sich bäumten – sie hielten die Feinde nicht auf (18).

Das bedeutende Heiligtum, in einer sumpfigen Senke am Rande der Altstadt gelegen, war der erste griechische Tempel, dessen Giebeldreieck mit mythologischen Figuren und Szenen geschmückt war: Im Zentrum des Westgiebels das Haupt der Medusa, links und rechts davon ihre beiden (im Augenblick des

---

20 Seite 17 heißt es: „Halte dich nicht auf im Park von Monrepos, kehre zurück, vergiß die Cafés, den Marktplatz, die Gipfel, nach denen die Stadt sich benennt, den Lorbeer und den Asphalt.“

Todes geborenen) Kinder, die geflügelten Pferde Pegasos und Chrysaor, und daneben menschliche und göttliche Kämpfe, auf der einen Seite die brutale Ermordung des Priamos durch Neoptolemos bei der Einnahme Trojas, auf der anderen Seite der Kampf des Zeus gegen die Giganten.[21]

Es ist das erhaltene ‚Haupt der Gorgo' mit seinen ‚rauchgeschwärzten Augen' und dem ‚zur Schattennarbe erstarrten Mund' (18), aber sicher auch die Erinnerung an die seit der Spätklassik bezeugte Verwandlung der apotropäischen Fratze in das strahlend schöne Gesicht einer jungen Frau,[22] die Jens zu der sich anschließenden Fortsetzung und Kontrafraktur des Perseusmythos (19-23) inspiriert haben: Nach seinem Tod muß Perseus im Hades die bittere Wahrheit erfahren, daß das angebliche scheußliche Ungeheuer, das er enthauptet hat, in Wahrheit eine schöne junge Frau war, die sehnsüchtig auf ihn gewartet hat. Der Mörder ist das Opfer einer Ideologie geworden, die das Andere, das Fremde, den Gegner dämonisiert und entstellt hat und immer aufs neue entstellt: „Krieg folgte auf Krieg".

An diese Geschichte, auf deren Parabelcharakter Jens mit dem seine Variation des Mythos einleitenden Satz verweist („wieviele Tode starb die Medusa?"), schließt sich der zweite Schritt in die Vergangenheit Korfus an, das, wie die Medusa, viele Tode erlitten hat und doch unsterblich ist, wie diese. Nach dem historischen Kerkyra nun das Land der Phäaken, Homer und seine Welt, und so wie Jens an den Spaziergang zum antiken Kerkyra die erste mythische Erzählung des Bandes angeschlossen hat, folgt der Erinnerung an die Ankunft des Odysseus bei den Phäaken[23] der erste literaturwissenschaftliche Essay, eine Synkrisis zwischen dem Dichter der Odyssee und seinen modernen Enkeln. „Wer war Homer? Wer sind die Erzähler unserer Zeit?" (26). Unter den beiden Motti: „Anfang und Ende sind weit voneinander entfernt" (27) und „Anfang und Ende sind nahe beieinander" (33) werden Trennendes und Gemeinsames bestimmt.

Wie auf Korfu ist auch auf den weiteren Stationen der Reise hinter der Gegenwart – oder besser in der Gegenwart – die antike Vergangenheit immer

21 Zum Artemistempel des antiken Kerkyra vgl. G. Rodenwaldt *Die Bildwerke des Artemistempels von Kerkyra*, 1939; W. Schindler *Der Korfugiebel. Bemerkungen zur Komposition und Bedeutung*, in: Actes du VIIe Congrès de la Fédération internationale des Associations d'études classiques, Budapest 1984, I, 125-129; Lexicon Iconographicum Mythologiae Classicae (LIMC), Band 4 (1988) 311, s. v. „Gorgo, Gorgones" Nr. 289.

22 Zur künstlerischen und literarischen Gestaltung der Gorgo/Medusa vgl. LIMC, Band 4 (1988) 311, s. v. „Gorgo, Gorgones".

23 Vgl. Homer *Odyssee* 5, 424-493 und Jens' poetische Paraphrase der Verse (24).

präsent – vor allem die griechische Literatur und der griechische Mythos: Wie auf der Insel der Phäaken Homer, der erste Erzähler Europas, so erscheint dem Reisenden in Olympia Pindar mit seinen *Olympischen Oden*;[24] auf der nächtlichen Fahrt durch die griechische Inselwelt werden Sappho und die frühgriechische Lyrik beschworen;[25] auf dem Burgberg von Mykene wird in einem abendlichen Gewitter der Höhepunkt des Aischyleischen *Agamemnon* zur bedrängenden Vision,[26] und der Besuch im Dionysostheater in Athen ruft Sophokles und Euripides herbei.[27] Mit den Mitteln von Anspielung und Zitat, Nachdichtung und Essay wird Jens' Griechenlandreise zu einer Reise durch die griechische Literaturgeschichte.

Dabei ist das, was fehlt, genauso aufschlußreich für Jens' Antikerezeption wie das, was behandelt oder doch genannt wird. Mag die Tatsache, daß Hesiod, die Vorsokratiker und die hellenistische Literatur keine Rolle spielen, wohl damit zu erklären sein, daß sich hier keine direkte Verbindung zu den Stationen der klassischen Reiseroute herstellen läßt, so ist das Fehlen der klassischen und nachklassischen Philosophie, der Rhetorik[28] und, sieht man von Korfu einmal ab, der Historiographie doch bemerkenswert. Jens reduziert die bunte Vielfalt der antiken Literatur auf Homer, die frühgriechische Lyrik und die klassische Tragödie des 5. Jh.[29] Das geschieht einerseits unter dem Einfluß seines

---

24 Der Name Pindars fällt zwar erst am Ende dieses Abschnitts ([43] mit Zitat von *Olympien* 8, V. 1-4), aber die Erinnerung an die Gründungsmythen der Olympischen Spiele (39) evoziert schon vorher zwei der schönsten *Olympischen Oden* (*Olympien* 1 und 3). Auch hier schließt Jens, wie auf Korfu, seine Variation eines Mythos an (45-50; dazu, s. u. S. 193).

25 Jens (1959) 63-67; das Motto lautet: „Lyrische Meditationen auf sapphischen Meeren." Jens bestimmt die Entdeckung des Ich und der Zeit als die zentralen Charakteristika der archaischen Lyrik. Er ist damit seinem Lehrer Bruno Snell (*Das Erwachen der Persönlichkeit in der frühgriechischen Lyrik*, in: Bruno Snell *Die Entdeckung des Geistes*, Göttingen [6]1986, 56-81) und Hermann Fränkel verpflichtet (*Dichtung und Philosophie im frühen Griechentum*, München [2]1962, 147-151; ders., *Die Zeitauffassung in der frühgriechischen Literatur*, in: *Wege und Formen frühgriechischen Denkens*, München 1960, 1-39).

26 Jens (1959) 77-87.

27 Jens (1959) 91-95, 92: „Dort liegen die ältesten Steine, dort hörtest du die Märtyrerbotschaft: wir haben Pentheus getragen (sc. Euripides *Bakchen*), Antigone weinen gesehn (sc. Sophokles *Antigone*), wir haben die Schreie Atossas bewahrt (sc. Aischylos *Perser*)." Jens betont auch hier die Zeitlosigkeit der griechischen Tragödie und ihrer Stoffe („Wiederholung ist Chronos Gesetz, die Geschichte spielt damals und jetzt, ist gestern geschehen und morgen noch möglich") und legt zum Beweis eine eigene Version des Pentheus-Stoffs vor (97-108).

28 In Olympia erwähnt Jens neben Pindar und Phidias immerhin auch Gorgias ([42]: „Hier hatte Gorgias gesprochen").

29 Dazu kommt auf Korfu/Kerkyra noch der „große Thukydides" (15).

Lehrers Bruno Snell, der in seinem wohl bekanntesten Buch mit dem Titel *Die Entdeckung des Geistes*[30] den Dreischritt Epos – Lyrik – Drama als Grundstruktur der griechischen Literatur- und Geistesgeschichte bestimmt hat;[31] andererseits ist Jens' klassizistisches Bild der Antike eine fast zwangsläufige Folge seiner Bestimmung der Moderne als alexandrinisch. Die Spätkultur orientiert sich an einem kleinen Kanon von Klassikern.

Die Begegnung mit den Orten der griechischen Literatur stimuliert aber nicht nur den Philologen und Literaturwissenschaftler, sondern inspiriert, wie wir gesehen haben, auch den Schriftsteller Jens zu kreativer Variation antiker Mythen. Wie auf Korfu der monumentale Gorgokopf aus dem Giebeldreieck des Artemistempels die Erzählung von der zweiten Begegnung des Perseus mit seinem Opfer auslöst, so läßt das Stadion in Olympia die Erinnerung an das mythische erste Wagenrennen aufsteigen und führt zu einem Gespräch zwischen der Mondgöttin Selene und Myrtilos, dem Wagenlenker, der dem chancenlosen Pelops zum Sieg über Oinomaos verhilft und nach seiner Ermordung durch den Sieger von Hermes, seinem göttlichen Vater, als Sternbild ‚Fuhrmann' an den Himmel versetzt wird, von wo aus er, zur Strafe für seinen Verrat, die Frevel des Pelopidenhauses mitansehen muß;[32] in Palamidi bei Nauplia skizziert Jens die Geschichte des Ortsheroen Palamedes als Modell für den Intellektuellen, der sein Wissen für Geld verkauft und zum Knecht der Mächtigen wird;[33] im Dionysostheater erzählt er seine Version der Pentheusgeschichte und nimmt eindeutig für Apollon, den Gott der Vernunft, und gegen Dionysos Stellung, den Gott des Rausches, der ihm zum Symbol für jede Form der Irrationalität und Massenhysterie wird.[34]

Schließlich bleibt, wie auf Korfu, die Gegenwart bei aller Totenbeschwörung immer präsent: in den vergleichenden literaturwissenschaftlichen Analysen mit ihrem programmatisch-imperativen Ton,[35] und in den auf Zeitlosigkeit und

---

30 S. o. Anm. 25.

31 Diese Grundstruktur unterliegt denn auch der Reiseroute: erst das Epos/Homer (Korfu), dann die Lyrik (ägäische Inselwelt), dann die Tragödie (Mykene, Athen); zur Struktur des Buchs s. auch Anm. 18.

32 Jens (1959) 45-50; s. auch Anm. 24.

33 Jens (1959) 71-73; nach Jens' Interpretation ist Odysseus ein ‚Opfer' des Palamedes. Erst als dieser die List, mit der Odysseus sich dem Krieg entziehen will, aufdeckt, wird der friedliche Bürger und Pazifist Odysseus zum kalten Militär und Machtpolitiker ([72]: „Nun ist er endlich Odysseus: listig und böse, verschlagen und tückisch."). Jens hat diese Deutung der Palamedes-Geschichte in seinem Odysseus-Essay, *Das Doppelgesicht des Intellektuellen*, in: Jens (1993) 9-37, wiederholt.

34 Jens (1959) 97-109 (s. auch Anm. 27).

35 Z. B. Jens (1959) 27, 33, 34, 117f., 120, 123, 124.

Aktualität zugleich zielenden Parabeln, aber auch in der Erfahrung und Beschreibung von Land und Leuten. Noch am geographisch und myth-historisch entferntesten Punkt der Reise, in Kreta (50-56), taucht mitten in der Erinnerung an Zeus' Raub der Europa und den Ursprung unseres Erdteils[36] plötzlich das Bild deutscher Fallschirmjäger über Hiraklion auf, und der über Nauplia aufragende Berg Palamidi evoziert das Massaker der deutschen Wehrmacht in dem gleichnamigen süditalienischen Bergdorf (70f.).

Umgekehrt ist der griechische Mythos auch an den Orten der Reise präsent, die durch Welten von seiner griechischen Heimat entfernt zu sein scheinen, in Ostberlin und in Leipzig, den unerwarteten, letzten Stationen der Griechenlandreise. Auf dem Dorotheenstädtischen Friedhof an der Chausseestraße inszeniert Jens am Grab Bertolt Brechts ein imaginäres Verhör des Stückeschreibers vor den Richtern der Unterwelt, an dessen Ende Brecht seine vielfältige Dankesschuld an die griechischen Tragiker anerkennt und von Euripides zu einem Ehrenplatz an seiner Rechten geleitet wird;[37] und in Leipzig stellt der Griechenlandreisende, der geglaubt hat, daß „jenseits der Elbe eine Welt beginnt, die von der Antike nichts mehr weiß", fest: „Ich hatte mich geirrt; die alten Götter waren mitgereist."

Im Kolleg, in dem neben ostdeutschen Studenten auch Chinesen, Malaien und Russen sitzen und im Gespräch mit Hans Mayer, Ernst Bloch und Peter Huchel (148-150) bestätigt sich die vor Jahren in einem Gespräch mit Albert Camus gewonnene Erkenntnis, daß

> der griechische Mythos (...) vielleicht die einzige, die letzte und unverlierbare Sprache (ist), in der wir uns noch verständigen können. Auch in Chicago ist Apollon zu Hause, und über den Reisfeldern Chinas weht das grüne Mäntelchen des diebischen Gotts (149).

Es ist schließlich Ernst Bloch, der den paradoxen Titel des Reisejournals erklärt:

---

36 Der erste Satz des Kreta-Abschnitts lautet: „Zurück zum Anfang, zur Vergangenheit, dorthin, wo es begann und der stiergestaltige Zeus Phöniziens erlauchteste Tochter, die thrakische Europa, bei der Platane von Gortyn zu Boden gleiten ließ."

37 Jens (1959) 135-142; vgl. auch das Gespräch zwischen Sophokles und Brecht in: Jens (1978b) 413-433; Jens hat ein besonderes Faible für imaginäre Gespräche zwischen Toten und Lebenden bzw. von Toten untereinander. Zu den in dem Sammelband *Der Teufel lebt nicht mehr mein Herr* (2001) zusammengestellten Dialogen (und den beiden Brechtgesprächen) kommt noch der Unterweltsprozeß gegen die Mörder von Karl Liebknecht und Rosa Luxemburg in dem Fernsehspiel *Die rote Rosa*. Jens knüpft mit dieser literarischen Form an die Totengespräche Lukians an; in *Herr Meister* heißt es (74): „Wer Geschichte studiert und es nicht wagt, die Toten zum Leben zu erwecken – wer das Zwiegespräch mit ihnen scheut, zahle sein Lehrgeld zurück"; s. auch Jens, in diesem Band, S. 184f.

> Die griechischen Götter, die Bescheidenen, sind unsere treuesten Freunde, denn sie allein sind bereit, mit jedem Geschlecht, das vergeht, aufs neue verworfen zu werden. Sie, die so vielfältig sind, schillernd in der Erscheinung, widerspruchsvoll wie die Wirklichkeit selbst, teilen unseren Tod. Sie verlassen uns nicht, und wenn sie wieder auferstehn, geschieht es in neuer, verwandelter, menschlicher Gestalt.

Nur weil die Götter auch zu sterben vermögen, hat die Zeit keine Macht über sie und das Vergessen rührt sie nicht an. Ihr Tod läßt sie alterslos sein (150).

Hier, auf der letzten Seite des Buchs, erscheint so ein Konzept, das Antikerezeption nicht als alexandrinische Beschwörung einer großen Vergangenheit versteht, sondern als fortwährende Re-naissance, als Wiedergeburt des Toten in neuer, verwandelter Gestalt. Die epigonale Etablierung und Verehrung eines Kanon kann die Antike nicht bewahren. Man muß sie radikal verwerfen, um sie zu gewinnen.[38]

Als Erzähler hat sich Jens – sieht man von der langen Erzählung *Das Testament des Odysseus* (aus dem Jahre 1957) einmal ab –,[39] dieser Sprache des Mythos oder auch anderer Elemente der antiken Tradition allerdings erstaunlich wenig bedient.

In den frühen Romanen finden sich nur vereinzelte, mehr oder minder bedeutungsvolle Details. So erhebt in dem Schauspielerroman *Vergessene Gesichter* (1952) Auguste, der Besitzer und Mäzen des Altersheims einmal die Stimme und spricht – nomen est omen – „wie ein alter Studienrat bei der Erwähnung der Heldentaten des Augustus"[40]; Wolfgang Bugenhagen, ‚der Mann, der nicht alt werden wollte' (1955) verabschiedet sich mit einem indirekten Verweis auf den Sokrates des Platonischen *Phaidon* vom Leben, wenn er als letzten Satz vor dem Selbstmord in sein Tagebuch schreibt: „Bring auch du, Taji, dem Asklepios einen Hahn, wenn du dorthin gekommen",[41] und im erfolgreichen Erstling *Nein. Die Welt der Angeklagten* (1950) wird der Privatdo-

---

38 Diesen Imperativ hat Jens auch in seiner kritischen Auseinandersetzung mit der Geschichte der Altertumswissenschaft (*Antiquierte Antike? Perspektiven eines neuen Humanismus*, in: ders., 1976, 41-58) formuliert: „Unter solchen Zeichen liegt die Bedeutung der ‚klassischen' Zeugnisse nicht in ihrer Integrität, sondern in der Fähigkeit, sich in einem ständigen Veränderungsprozeß als negierenswert zu erweisen."

39 Kraft (1975) 64-66; Lauffs (1980) 52-58; Hinck (1993) 18-23; Ziolkowsky (1962) 228, 237-240; S. auch u. Anm. 62.

40 Jens (1952b) 6.

41 Jens (1955c) 21 und 187; während des Studiums hat Bugenhagen u. a. auch Vorlesungen über Aristoteles *Physik*, Buch 4 und über das 10. Buch der *Confessiones* Augustins (71) gehört; sein Lehrer Jacobs hält ein Kolleg über das Alterswerk, in dem er u. a. auch den *Oidipus auf Kolonos* des Sophokles traktiert (72).

zent Walter Sturm u. a. deswegen vom obersten Richter zu seinem Nachfolger an der Spitze des perfekten totalitären Staatssystems ausersehen, weil er eine Nero-Biographie geschrieben hat.[42] Nur im letzten Roman, *Herr Meister*, dem fiktiven Briefwechsel zwischen dem Schriftsteller A. und dem Literaturkritiker B., stellt sich am Ende der gemeinsamen Suche nach der geeigneten literarischen Form für ein Buch über die Melancholie als letzte Möglichkeit der Mythos ein. „Was anderen aus eigenen Kräften gelingt", gesteht der Autor A (= Jens) dem Kritiker B (= Jens), „muß ich mit Hilfe mythischer Analogien, auf einem Umweg also: überzeichnend und ändernd, nehmend und gebend, erreichen" (121). Aber auch das vorgeschlagene mythische Modell ‚Odysseus' kann sich schließlich gegen die Einwände des Kritikers nicht behaupten, der dem Autor rät, seinem Helden Adieu zu sagen und ernst zu machen mit dem Weg vom Roman zum Traktat: „Keine Marionetten-Scharade mehr darum und keine gewaltsamen Brechungen mehr; stattdessen Moralität und Engagement" (134).[43]

Herr Meister, der Roman über den endgültigen Abschied vom Roman, erschien 1963, bald nachdem Jens zum Professor für allgemeine Rhetorik ernannt worden war, und von jetzt an prägen denn auch in der Tat Traktat und öffentliche Rede, aufklärerische Moralität und radikaldemokratisches Engagement das literarische Werk.[44]

---

42 Der Vorname des Helden und die Tatsache, daß Jens, als er den Roman schrieb, an seiner Habilitationsschrift über Tacitus arbeitete, legen die Vermutung nahe, daß Jens auch in dieser Figur ein Stück von sich selbst gestaltet hat.

43 Immerhin skizziert Jens in diesem Teil des Briefromans eine ganze Reihe von Episoden eines möglichen Odysseus-Romans: die überraschende Konfrontation mit dem wahren Vater Sisyphos (120, 123f.), die Begegnung mit den Sirenen (128), späte Heimkehr und Wiederaufbruch in die Ferne (128f.) und die „Höllenfahrt" (129f.).

44 Auch dieser Bereich seines facettenreichen Lebenswerks ist eng mit der Antike verbunden: Auf der einen Seite steht das von ihm aufgebaute Tübinger Institut für Allgemeine Rhetorik in Forschung und Lehre fest auf dem Fundament der antiken Rhetorik (vgl. J. Knape [Hrsg.]: *500 Jahre Tübinger Rhetorik*, Katalog zur Ausstellung im Bonatsbau der Universitätsbibliothek Tübingen vom 12. Mai bis 31. Juli 1997, Tübingen 1997); auf der anderen Seite ist Walter Jens, ‚der Festredner der Nation', wie man ihn genannt hat, der mit gleicher Verve und gleicher Brillanz zu Ehren des deutschen Fußballbundes und auf dem Kirchentag spricht, die (moderne) Reinkarnation der großen Redner der sog. Zweiten Sophistik, die im 2. Jh. n. Chr. als vielgepriesene und gelegentlich auch kritisierte Stars durch das Imperium Romanum zogen. In den zahlreichen Reden und Essays finden sich, sieht man von den beiden ersten der vier Diskurse *Mythen der Dichter* (1993) ab, die *Odyssee*, bzw. *Antigone* und *Elektra* gewidmet sind, nur vereinzelt antike Gestalten und Texte, Motive und Gedanken, am ausgeprägtesten in: *Hippokrates und Holocaust. Von der Verantwortung des Wissenschaftlers in finsterer Zeit*, in: Jens (1984) 67-88 (Sophokles, Antigone und Palamedes).

Die Antikerezeption bleibt dabei – vor allem in den 60er und 70er Jahren – ein bedeutungsvoller Faktor. Neben dem Pult des Redners werden nun die Bühne und das Fernsehen ihre wichtigsten Orte, und die Akzente werden immer eindeutiger und immer energischer politisch gesetzt. Stehen am Anfang der Theaterarbeit freie Übersetzungen griechischer Tragödien,[45] so tritt der Übersetzer in den Bearbeitungen der Aristophaneischen *Lysistrate* und stärker noch der *Troerinnen* des Euripides, in die Szenen und Motive der *Hekabe* eingearbeitet sind, aus dem Schatten des Autors und nutzt die Friedensappelle der antiken Texte zu aktuellen Stellungnahmen gegen weitere Aufrüstung und Raketenstationierung.[46]

Die Adaptation der *Lysistrate*[47] unter dem programmatischen Titel *Die Friedensfrau*[48] ist „den Freunden der Friedensgruppe GUSTAV HEINEMANN" gewidmet und endet nach einem „Finale", in dem die Freuden des Friedens weit detaillierter und konkreter beschworen werden als bei Aristophanes, mit der Aufforderung erst an die Akteure:

> Laßt,
> Einer dem andern vertrauend,
> Frieden sein,
> Beide!

dann an das Publikum:

> Ihr aber, liebe Freunde.
> Wollt besorgt sein,
> Daß der Wunschtraum dieses kecken Stücks,
> Versöhnung, Friede und Geselligkeit
> – Und Freundschaft zwischen jedermann! –,
> Nicht nur Theatermärchen bleibt (78).

45 Sophokles *Antigone* (1958b); *König Oedipus* (1958c); *Ajas* (1965); Aischylos *Orestie* (1962, 1979) und die Hörspielfassung der Euripideischen *Alkestis* (1959). Außerordentlich erfolgreich war und ist die Nacherzählung der *Ilias* und *Odyssee* für Kinder (1958a), und zumindest erwähnt werden sollen auch die Übersetzungen der vier Evangelien (1973, 1987, 1990, 1993a).

46 Auch für die beiden Dramenbearbeitungen der 80er Jahre betont Jens mit dem Verweis auf Brecht, daß er für die aktuelle politische Diskussion die antiken Stoffe gewählt habe, weil er glaube, ‚aus der Distanz heraus Gegenwärtiges viel exakter beschreiben zu können als durch die Direktbenennung der Phänomene' (Jens 1989, 357).

47 Janka (2000).

48 Der Titel stammt aus Herders *Briefen zur Beförderung der Humanität* X. 119. *Sieben Gesinnungen der großen Friedensfrau.*

Bedient sich Jens für seinen Appell zum Frieden der Aristophaneischen Komödie, so liefert ihm die griechische Tragödie das Material für seine vehemente Anklage des Kriegs.

Die *Troerinnen* des Euripides sind 415, mitten im dreißigjährigen Peloponnesischen Krieg und kurz vor der verhängnisvollen sizilischen Expedition der Athener als Manifest gegen den selbstzerstörerischen Bruderkrieg zwischen Athen und Sparta und als Warnung vor dem neuen imperialistischen Abenteuer Athens aufgeführt worden. Jens hat das Pathos der Euripideischen Tragödie noch erheblich gesteigert:[49] Andromache, die bei Euripides ihr Schicksal als Sklavin des Neoptolemos, des Mörders ihres Mannes, akzeptiert, springt bei Jens zusammen mit ihrem kleinen Sohn Astyanax in den Tod;[50] Hekabe wird am Ende nicht, wie bei Euripides, daran gehindert, sich in die Flammen des brennenden Troja zu stürzen, sondern verschwindet mit dem Ruf „Die Fackeln her! Mein Kind! Und laßt die Scheiterhaufen für mich brennen!", im Feuer;[51] und das Schicksal der Polyxena, die auf dem Grabhügel Achills geopfert wird, wird nicht nur in Anspielungen evoziert, vielmehr in einem längeren Bericht in das Stück integriert.[52]

Wichtiger noch als diese stofflichen Modifikationen und Erweiterungen ist die durchgehende sprachliche Intensivierung des Pathos. Jens setzt alle Mittel der Rhetorik ein, die Leiden der trojanischen Frauen so drastisch zu gestalten wie möglich. So klagt Hekabe z. B. bei Euripides:

> Weh, weh,
> wem soll ich unglückselige,
> wo, wie als Sklavin dienen, eine Greisin,
> wie eine Drohne, ich elende,
> den Toten gleich,
> ein schwaches Schattengebild,
> ach,
> als Wache am Tor
> oder als Kindermädchen, ich, die ich
> als Königin von Troja geehrt wurde.

In Jens' Bearbeitung heißt es:

> Wem,
> alte Frau,

---

49 Darauf deutet schon der neue Titel des Stücks: *Der Untergang*.

50 Euripides *Troerinnen* V. 774-779; Jens (1982b) 52f.

51 Euripides *Troerinnen* V. 1280-1286; Jens (1982b) 82.

52 Euripides *Troerinnen* V. 262-276, 622-631; Jens (1982b) 39-41.

wirst du dienen,
wie wird er heißen,
der dir die Suppe hinstellt,
von der du nippst -
du, eine Fliege,
die schon nicht mehr krabbeln kann,
mit Spinnenbeinchen
und dem Leib voll Kot.
Ein Schattenwesen, das nicht tot und nicht lebendig ist.

Weh, alte Frau,
bald sitzt du mümmelnd über deinem Napf,
hockst – eine Bettlerin! – am Tor
und wartest,
Jahr für Jahr,
im Lumpenkleid auf nacktem Stein,
bis einer kommt, der dir erzählen kann:
„Troja? Da weidet jetzt das Vieh -
Gras hat den Stein bewachsen,
doch der Wind,
der nachts vom Meer her kommt,
ist wie er immer war:
frisch und voll Salzgeruch."
Dann wirst du heulen,
alte Frau,
und streckst die Hand aus:
„Ein Stück Brot, mein Herr,
für Trojas Königin."[53]

Zu der Radikalisierung der Leiden, die der Krieg über die Besiegten bringt, tritt als Pendant die Brutalisierung der Sieger. Spricht Euripides am Ende des zentralen Chorliedes über die Einnahme Trojas in eher abstrakten Formulierungen von der Ermordung der Männer und der Vergewaltigung der Mädchen, so fallen die Griechen bei Jens „wie Rattenherden" über die Trojaner her: „Ratten, / mit Zähnen wie Beile / und einem Schweif voll Blut. / Drangen in Kammern ein, / sprangen die Wände hoch, / zernagten das Holz, / zerbissen das Fleisch."[54]

Als Inkarnation der Bösartigkeit der Sieger wird Odysseus präsentiert, der zwar auch in den Euripideischen *Troerinnen* von Hekabe verflucht wird

53 Euripides *Troerinnen* V. 190-197; Jens (1982b) 16f.

54 Euripides *Troerinnen* V. 562-567; Jens (1982b) 37f.

(V. 278ff.) und als Urheber der Ermordung des Astyanax erscheint, von Jens aber als Ausgeburt der Hölle gebrandmarkt wird. Erst erweitert er Hekabes entsetzte Reaktion, als ihr gemeldet wird, daß sie ausgerechnet Odysseus als Sklavin zugefallen ist (V. 279-291) zu einem wilden Angriff auf den verhaßten „Rechtsverdreher" ([21]: „Du Doppelzüngiger, / du Ungetüm: / Du Wolf, der eine Schlange ist."). Dann erklärt Andromache, als sie erfährt, daß es Odysseus war, der den Beschluß, ihren kleinen Sohn zu töten, durchgesetzt hat, mit kaltem Entsetzen (50):

> Odysseus hat kein Kind,
> auch keine Mutter. Keinen Vater.
> Keine Freunde. Keine Frau.
> Das ist kein Mensch!
> Kein Tier!
> Kein Stein!
> Das ist ein Ungeheuer,
> das aus Höllenschlünden
> zu uns aufgestiegen ist.

Da ist es denn konsequent, daß Jens auch die Leiden, die die Sieger erwarten, stärker als Euripides betont und die Vorhersage des verheerenden Sturms, der die griechische Flotte auf der Heimfahrt vernichten wird, aus dem Euripideischen Prolog herausgelöst und pointiert an das Ende seines Stücks gestellt hat, um seiner Warnung vor dem Krieg, der Sieger wie Besiegte zerstört, besonderes Gewicht zu verleihen.[55]

Von den beiden Fernsehspielen mit antiken Stoffen, ist das erste mit dem Titel *Die Verschwörung* (Erstausstrahlung 1969) ein geistreiches ‚Gedankenargument' mit der These, Caesar habe seine Ermordung an den Iden des März selber inszeniert.[56] Die Idee stammt von Sueton, der am Ende seiner Caesar-Biographie von Vermutungen berichtet,

> Caesar habe gar nicht länger leben wollen und sich deshalb auch nicht um seine angegriffene Gesundheit gekümmert; aus dem gleichen Grunde habe er auch nicht auf die schlechten Vorzeichen und auf die Warnungen seiner Freunde geachtet.[57]

---

55 Euripides *Troerinnen* V. 965-979; Jens, (1982b) 82f.: „Hei! Sturm und Feuer! Flut und Nacht! / Das Meer mit Trümmern und mit Leichen übersät! / Auf Delos, Mykonos, auf Skyros, Lemnos, / auf Kephareus' Klippe / spei ich eure Leiber aus. / Aufgedunsen, halb verwest, entstellt: / So sehn, wenn Krieg ist, Sieger aus! / Ihr Narren! Menschen, die ihr glaubt, / man könnte Städte niederbrennen / und aus Gräbern Wüsten machen, / ohne selbst zugrund zu gehen."

56 Lauffs (1980) 100-108; Hinck (1993) 27-31.

57 Jens (1974a) 55.

Das Fernsehspiel beginnt mit der Ermordung Caesars im Senat (11-13) und zeigt dann, wie es gewesen sein könnte, wenn die Hypothese, „Caesar wollte sterben" (13), ernst genommen wird. Der Reiz des Stücks, dessen Stoff Caesars „Gedanken und Handlungen in der Nacht vor dem Mord" (14) bilden, liegt in dem psychologisch differenzierten Porträt des souveränen Manipulators, der, als das Ziel fast erreicht ist, begreifen muß, daß er das wichtigste Element seines Plans, den geliebten Brutus, falsch eingeschätzt hat (22-25, 37-41), eines Mannes, der als der ersehnte Augenblick nah ist, plötzlich von Zweifeln und Ängsten überfallen wird, der aber, selbst wenn er wollte, das von ihm selbst begonnene Spiel nicht mehr aufhalten könnte, eines „Puppenspieler(s), der in Gefahr ist, ein Opfer der eigenen Inszenierung zu werden."

Am Ende spricht Servius, ein Sklave Caesars, das Urteil über Caesar und seine Klasse (52):

> Ich habe kein Mitleid mit ihm. Er hat's so gewollt.
> (plötzlich ausbrechend)
> Wie tollwütige Tiere sollen sie einander verschlingen, die Herren! Totbeißen sollen sie sich – alle! Auffressen!
> Ihr Blutsauger! Parasiten, einer wie der andere! Schlagt nur zu, ihr Schmarotzer."[58]

Dann folgt die Wiederholung des Anfangs: Der Sieg der Attentäter, der zugleich der Anfang der mörderischen Bürgerkriegs ist, der sie alle verschlingen wird.

Bleibt die politische Botschaft der „Verschwörung" eher allgemein, so präsentiert das sechs Jahre später gesendete Philoktet-Drama *Der tödliche Schlag* (1975) ein vehementes Plädoyer gegen den Wahnsinn des atomaren Vernichtungskriegs.[59] Der Philoktetstoff ist von allen drei großen griechischen Tragikern gestaltet worden:[60] Auf der Fahrt nach Troja setzen die Griechen den Helden mit einer stinkend-eiternden Wunde auf der Insel Lemnos aus. Als ein Orakel nach dem Tode Achills verkündet, daß die Eroberung Trojas ohne die Hilfe Philoktets nicht möglich ist, übernimmt natürlich der listenreiche Odysseus die Aufgabe, den Ausgesetzten zurückzuholen.

Wie bei Sophokles benutzt er auch bei Jens, der allerdings neben sophokleischen auch euripideische Elemente übernimmt, zunächst, aus Angst vor Philoktets Zorn, Neoptolemos als Instrument des Plans, der wie bei Sophokles

58 Dazu Hinck (1993) 29f.

59 Lauffs (1980) 105-112; Hinck (1993) 31-35.

60 Carl Werner Müller *Philoktet. Beiträge zur Wiedergewinnung einer Tragödie des Euripides aus der Geschichte ihrer Rezeption*, Stuttgart/Leipzig 1997.

scheitert. Bei Jens weigert sich Philoktet jedoch nicht aus Haß auf Odysseus und die Atriden, sondern weil er den aussichtslosen Stellungskrieg gegen Troja beenden will. Denn: „Troja ist nicht zu erobern" – belehrt er Neoptolemos – „man kann es nur vernichten" (77).

Philoktet weiß, wie der tödliche Schlag zu führen wäre, aber auch, daß dieser nicht geführt werden darf, da er alles Leben in Troja vernichten und den totalen Vernichtungskrieg als Möglichkeit etablieren würde. Neoptolemos vermag er von der Notwendigkeit, den Krieg sofort zu beenden, zu überzeugen; aber als er Odysseus, im Drang, dem verhaßten Gegner seine geistige und moralische Überlegenheit zu demonstrieren, die Gründe für seine Entscheidung offenlegt, redet er so viel, daß der nicht nur begreift, wie Troja erobert werden kann, sondern aus den Informationen auch seinen teuflischen Plan, Philoktet auszuschalten und zu nutzen, entwickeln kann. Er läßt Philoktet von einem Helfer ermorden und gibt die Tat erst vor Neoptolemos und dann vor dem griechischen Heer als heimtückischen Mord des Trojaners Chalkides aus, mit dem Philoktet bei Jens (wie bei Euripides) auch über einen möglichen Friedensschluß verhandelt.

Im Nachwort bezeichnet Jens sein Fernsehspiel als Parabel über die Manipulierbarkeit des Intellektuellen durch die Macht. Philoktet steht, so Jens, für Oppenheimer oder Einstein, „für den Intellektuellen, der sein Wissen an die Falschen ausliefert und dadurch das Volk an die Militärs und Magnaten verrät" (141). Odysseus ist der Manipulator der Macht, der den Gegenspieler Philoktet bedenkenlos vernichtet und ungerührt in Kauf nimmt, daß der ahnungslose Helfer Neoptolemos an der Intrige zerbricht.

Oppenheimer in der Maske Philoktets; der Trojanische Krieg als Chiffre für den atomaren Vernichtungskrieg; der tödliche Schlag und seine Folgen als flammendes Manifest für den Frieden: Jens kehrt mit seiner Version des Philoktetstoffs zum letzten Mal zur Technik der kreativen Transposition zurück, die er in den frühen literaturwissenschaftlichen Studien als eines der zentralen Charakteristika der modernen Literatur gepriesen und in *Die Götter sind sterblich* mehrmals praktiziert hat, und er begründet die Technik im Nachwort auf ganz ähnliche Weise wie dort:

> Die interpretierende Variation gibt dem Mythos seine Zeitlichkeit, dem Modell seine Konkretheit, dem Archetypus seine Historizität zurück. Das ist das eine. Das andere: Durch den Mit-blick auf das Vorgeleistete (früher war Philoktet so, jetzt hingegen anders) gewinnt die Variation eine Vielschichtigkeit, die eine direkte Darstellung niemals erreichen kann (140f.).

Die Kontinuität der Jensschen Antikerezeption zeigt sich aber nicht nur in der Wahl des Mythos als poetisches Medium und ihrer Begründung,[61] sondern auch im Thema – der Intellektuelle und die Macht –, das Jens bereits in *Die Götter sind sterblich* an der Gestalt des Palamedes exemplifiziert hat, und im Appell für den Frieden bzw. der Verdammung des Krieges, einem Appell, der, wie wir gesehen haben, schon das Reisejournal leitmotivartig durchdringt und von der frühen Erzählung *Das Testament des Odysseus* bis zu den beiden letzten Bearbeitungen griechischer Dramen (*Die Friedensfrau* und *Der Untergang*) Herzstück der Jensschen Antikerezeption bleibt.[62]

> Da arbeitet der Philologe dem Schriftsteller, der Antiquar dem auf rechte Unterweisung bedachten Literaten in die Hand; da werden Schätze ausgegraben und, durch Restauration und modernisierendes Arrangement, in einer Weise zur Schau gestellt, daß die zu Säulenheiligen der Klassizisten heruntergekommenen Klassiker sich plötzlich wieder in ihrer Frische und ihrer Fremdheit, ihren Widersprüchen, ihrer Zeitbedingtheit und ihrer Überzeitlichkeit zeigen.[63]

Jens' Charakterisierung seines großen Vorbilds Lessing ist auch hier ein Stück Selbstdarstellung. Wie Lessing ist auch Jens „poeta doctus, Antiquar und Artist"[64], Philologe und Literaturwissenschaftler, Dramatiker und Kritiker, Über-

---

61 S. o. S. 188f. und Anm. 13, 14, 15.

62 Es ist dabei interessant, daß Jens ein und dieselbe Figur zum Advokaten sowohl des Friedens als auch der Macht und des Kriegs gemacht hat: Odysseus. Erscheint er in *Der tödliche Schlag* und in *Der Untergang* als zynischer Machtpolitiker und kalter skrupelloser Militär, so entwirft Jens in *Das Testament des Odysseus* einen Odysseus, der nicht nur den Trojanischen Krieg verhindern will und, als er dennoch ausbricht, sich ihm zu entziehen versucht, sondern der schließlich kurz vor dem griechischen Sieg, als das Pferd bereits in der Stadt ist, Troja retten möchte: Erst vertraut er sich Laokoon in der Hoffnung an, zusammen mit diesem einen für beide Seiten akzeptablen Friedensschluß zu erreichen, dann, nach Laokoons Tod, versucht er vergeblich die feiernden Trojaner zu warnen. Nach der blutigen Eroberung Trojas bleibt er schließlich in der Stadt, lindert die Not der Besiegten, wo er kann, und pflegt den sterbenden Priamos. Als er endlich nach Ithaka zurückkehrt, muß er feststellen, daß er als tot gilt. Das Jahr der Trauer ist gerade um; Penelope hat eben wieder geheiratet und der alte, weise Amphinomos soll das Land regieren. Da verzichtet Jens' Odysseus auf seinen Anspruch auf Herrschaft und Bett und zieht sich unerkannt in die Berge zurück. Jens hat die doppelgesichtige Komplexität seines Lieblingshelden, der auch in *Die Götter sind sterblich* (s. o. S. 191 und Anm. 33) und in *Der Meister* (s. o. S. 196 u. Anm. 43) eine Rolle spielt, in dem Essay *Odysseus: Das Doppelgesicht des Intellektuellen* (Jens 1993, 11-37) analysiert; vgl. auch Bernd Seidensticker *Aufbruch zu neuen Ufern. Transformationen der Odysseusgestalt in der literarischen Moderne*, in: Bernd Seidensticker/Martin Vöhler (Hrsg.): *Urgeschichten der Moderne. Die Antike im 20. Jahrhundert*, Stuttgart 2001, 249-270.

63 Jens (1978b) 105.

64 Jens (1978b) 103.

setzer und Essayist, Redner und Theologe in einer Person, und wie Lessing haben auch für ihn die Alten den „Rang von Nothelfern“, mit deren aktiver Unterstützung der streitbare Aufklärer und Radikaldemokrat versucht, „das kleine Flämmchen der Aufklärung auch in finsterer Zeit zu bewahren.“[65]

Zentrales Thema seiner literarischen Antikerezeption ist und bleibt von der frühen Erzählung *Das Testament des Odysseus* und dem Reisejournal *Die Götter sind sterblich* bis zu den freien Bearbeitungen griechischer Dramen die Verdammung des Kriegs und der Appell zum Frieden; und immer dienen der griechische Mythos bzw. seine antiken literarischen Gestaltungen als Folie, auf denen die neuen Antworten zu den alten Fragen und Problemen klarer zu Tage treten, und diese Folie ist nicht poetischer Zierat; sie ist vielmehr notwendig. Denn: „Da die direkte Methode einer Zeit versagt ist, die keine Essentialsymbole mehr besitzt, vermag allein die indirekte Methode eines Sich-Absetzens vom einmal Geglaubten die eigene Position zu demonstrieren.“[66]

Jens' Auseinandersetzung mit den Alten, seine immer neuen Variationen der antiken Modelle, hätte gewiß die Zustimmung und Anerkennung Lessings gefunden, der im Juli 1764 an den Göttinger Philologen Christian Gottlieb Heyne schreibt:[67]

> Der Kritiker, der die Schönheit eines Alten aufkläret und rettet, hat meinen Dank; der aber von ihnen so durchdrungen ist, so ganz in ihrem Besitz ist, daß er sie seiner eigenen Zunge vertrauen darf, hat meinen Dank und meine Bewunderung zugleich. Ich erblicke ihn nicht mehr hinter, ich erblicke ihn neben seinen Alten.

Literaturverzeichnis

Adami, Martina: Der große Pan ist tot!? Studien zur Pan-Rezeption in der Literatur des 19. und 20. Jahrhunderts (Innsbrucker Beiträge zur Kulturwissenschaft. Germanistische Reihe 61), Innsbruck 2000.

Baden, Hans-Jürgen: Die Götter sind sterblich, in: Walter Jens. Eine Einführung, hrsg. von Gottfried Just, München 1965, 70-72.

Brecht, Bertolt: Die *Antigone* des Sophokles. Materialien zur *Antigone.* Zusammengestellt von Werner Hecht, Frankfurt am Main 1965.

Dilloo, Rüdiger: Inszenierte Caesar seine Ermordung? *Die Verschwörung* oder Von der Gewißheit einer großen radikalen Mehrheit. Gespräch mit Walter Jens, Die Welt (7.8.1969).

---

65 Jens (1989) 354.

66 Jens (1978c) 105.

67 Zitiert nach Jens (1978b) 102.

Dingel, Jochen: Rede zur Verleihung der Bruno Snell-Plakette an Walter Jens, Hamburger Universitätsreden 58, Hamburg 1998, 18-30.

Hinck, Walter: Walter Jens. Un homme de lettres, München 1993.

Horst, Karl August: Odysseus oder die mythologischen Versatzstücke, Wort und Wahrheit 13 (1958) 315f.

Janka, Markus: „Der Dichter, der Professor und die ‚Friedensfrau'": Die *Lysistrate*-Bearbeitungen von Erich Fried (1979/1985) und Walter Jens (1986) in der Tradition der modernen Aristophanesrezeption, in: Manuel Baumbach (Hrsg.), Tradita et Inventa. Beiträge zur Rezeption der Antike, Heidelberg 2000, 575-599.

Jens, Inge/Jens, Walter: Vergangenheit – gegenwärtig: biographische Skizzen, Stuttgart 1994.

Jens, Walter: Der Eingang des dritten Buchs der Aeneis, Philologus 97 (1948) 2–5.

Jens, Walter: Nein – Die Welt der Angeklagten, Hamburg/Stuttgart/Baden-Baden 1950.

Jens, Walter: Das Begreifen der Wahrheit im frühen Griechentum, Studium Generale 4 (1951) 240–246.

Jens, Walter: *Antigone*-Interpretationen, in: Satura, Früchte aus der antiken Welt. Otto Weinreich zum 13. März 1951 dargebracht, Baden-Baden 1952(a), 43–58.

Jens, Walter: Vergessene Gesichter, Hamburg 1952(b).

Jens, Walter: Strukturgesetze der frühen griechischen Tragödie, Studium Generale 8 (1955[a]) 246–253 (auch in 1978b, 30–45).

Jens, Walter: Die Stichomythie in der frühen griechischen Tragödie (Zetemata 11), München 1955(b).

Jens, Walter: Der Mann, der nicht alt werden wollte, Hamburg 1955(c).

Jens, Walter: Hofmannsthal und die Griechen, Tübingen 1955(d).

Jens, Walter: Libertas bei Tacitus, Hermes 84 (1956[a]) 331–352.

Jens, Walter: Der Gott der Diebe und sein Dichter. Ein Versuch über Thomas Manns Verhältnis zur Antike, Antike und Abendland 5 (1956[b]) 139-153 (auch in 1978b, 119–135).

Jens, Walter: *Ilias* und *Odyssee*. Nacherzählt von W. J., Ravensburg 1958(a).

Jens, Walter: Sophokles *Antigone* (Bühnenmanuskript) München/Wien/Basel o. J., Erstaufführung 1958(b).

Jens, Walter: Sophokles *König Oedipus* (Bühnenmanuskript), München/Wien/Basel o. J., Erstaufführung 1958(c).

Jens, Walter: Einleitung zu Euripides, Sämtliche Tragödien. Nach der Übersetzung von J. J. Donner und R. Kannicht, Stuttgart 1958(d), Band 1, VII–XXXIX (auch in 1978b, 46–77).

Jens, Walter: Die Götter sind sterblich. Pfullingen 1959.

Jens, Walter: Deutsche Literatur der Gegenwart. Themen, Stile, Tendenzen, München 1961(a).

Jens, Walter: Das Testament des Odysseus, Gütersloh 1961(b) (auch in 1978b, 225-282).

Jens, Walter: Von deutscher Rede, München 1962 (erweiterte Neuausgabe München/Zürich 1983).

Jens, Walter: Herr Meister, Dialog über einen Roman, München 1963.

Jens, Walter: Die griechische Literatur, in: Die Literaturen der Welt in ihrer mündlichen und schriftlichen Überlieferung, hrsg. von W. v. Einsiedel, Zürich 1964, 177–191 (auch in 1978b, 15–29).

Jens, Walter: Sophokles *Aias* (Bühnenmanuskript), München/Wien/Basel o. J., Erstaufführung 1965 (auch in 1978b, 435–480).
Jens, Walter: Die rote Rosa, Fernsehspiel 1966 (man.).
Jens, Walter (Hrsg.): Die Bauformen der griechischen Tragödie (Beihefte Poetica 6), München 1971(a).
Jens, Walter: Antiquierte Antike? Perspektiven eines neuen Humanismus, Münsterdorf 1971(b) (auch in 1978b, 41–58).
Jens, Walter: Wie, warum und zu welchem Ende wurde ich Literaturhistoriker, in: Eine Sammlung von Aufsätzen aus Anlaß des 70. Geburtstags von Robert Minder, hrsg. von S. Unseld, Frankfurt am Main 1972, 111–115.
Jens, Walter: Am Anfang der Stall – am Ende der Galgen: Jesus von Nazareth, seine Geschichte nach Matthäus, Stuttgart 1973.
Jens, Walter: Sophokles/Bertolt Brecht, in: Je ferner die Zeiten ... Weltgeschichte in Streitgesprächen, hrsg. von W. Höfer, München/Gütersloh/Wien 1974(a), 101–126 (auch in 1978b, 413- 433).
Jens, Walter: Die Verschwörung. Der tödliche Schlag. Zwei Fernsehspiele, München 1974(b) (auch in 1978b).
Jens, Walter: Republikanische Reden, München 1976.
Jens, Walter: Lessing und die Antike, Text und Kontext 6. 1/ 6. 2., München 1978(a), 42-59 (auch in 1978b, 100–118).
Jens, Walter: Zur Antike, München 1978(b).
Jens, Walter: Statt einer Literaturgeschichte (zuerst Pfullingen 1957), Stuttgart 1978(c).
Jens, Walter: Aischylos *Die Orestie*. Eine freie Übertragung von Walter Jens, München 1979.
Jens, Walter: Ort der Handlung ist Deutschland. Reden in erinnerungsfeindlicher Zeit, München 1981.
Jens, Walter: Meine Schulzeit im dritten Reich. Mein Lehrer Ernst Fritz, Frankfurter Allgemeine Zeitung (15.8.1982) (wiederabgedruckt in: Meine Schulzeit im dritten Reich, hrsg. von M. Reich-Ranicki, Köln 1982[a], 103–112).
Jens, Walter: Der Untergang. Nach den *Troerinnen* des Euripides, München 1982(b).
Jens, Walter: In Sachen Lessing. Vorträge und Essays, Stuttgart 1983.
Jens, Walter: Kanzel und Katheder. Reden, München/Zürich 1984.
Jens, Walter/Küng, Hans: Dichtung und Religion, München 1985.
Jens, Walter: Die Friedensfrau. Nach der *Lysistrate* des Aristophanes, München 1986(a).
Jens, Walter: Die Verschwörung. Neubearbeitung des *Philoktet* für die Hamburger Kammerspiele, 1986(b).
Jens, Walter: Das A und das O. Die Offenbarung des Johannes, Stuttgart 1987.
Jens, Walter: Die Friedensfrau. Ein Lesebuch, Leipzig 1989.
Jens, Walter: Die Zeit ist erfüllt, Die Stunde ist da. Das Markusevangelium, Stuttgart 1990.
Jens, Walter: Einspruch. Reden gegen Vorurteile, München 1992.
Jens, Walter: Und ein Gebot ging aus. Das Lukasevangelium, Stuttgart 1993(a).
Jens, Walter: Mythen der Dichter. Modelle und Variationen, München 1993(b). (Bibliothek der klassischen Altertumswissenschaften, Neue Folge, 2. Reihe, Band 106), Heidelberg 2000, 575-599.

Jens, Walter: Der Teufel lebt nicht mehr mein Herr. Erdachte Monologe – Imaginäre Gespräche, Stuttgart 2001.

Just, Gottfried: Versuch über Walter Jens, in: ders., Reflexionen. Zur deutschen Literatur der sechziger Jahre, Pfullingen 1972, 67-104.

Just, Gottfried: Walter Jens. Eine Einführung, München 1965.

Kraft, Herbert: Das literarische Werk von Walter Jens, Tübingen 1975.

Lauffs, Manfred: Walter Jens (Text + Kritik 20), München 1980.

Oliass, Günter: Dechiffrierungen. Walter Jens: *Die Götter sind sterblich*, Frankfurter Hefte 11 (1959) 831-833.

Plessen, Elisabeth: Walter Jens: Korfu oder: Fiktionen als Filtertechniken und die Montage disparater Zeitlichkeiten, in: dies., Fakten und Erfindungen, Frankfurt am Main 1981, 49-52.

Sieburg, Friedrich: Der Träumer im trojanischen Pferd, in: ders., Verloren ist kein Wort. Disputationen mit fortgeschrittenen Lesern, Stuttgart 1966, 138-141.

Sieburg, Friedrich: Zur Literatur. 1957-1963, Stuttgart 1981.

Werner, Jürgen: Der Stückeschreiber und der Sohn der Hebamme, Wissenschaftliche Zeitschrift der Friedrich-Schiller-Universität Jena, Gesellschafts- und sprachwissenschaftliche Reihe 4 (1969) 77-83.

Ziolkowski, Theodore: The Odysseus Theme in Recent German Fiction, Comparative Literature 14 (1962) 225-241.

Michael Köhlmeier

Man weiß ja fast gar nichts

Eigentlich weiß man gar nichts. Über mythische Figuren läßt sich *historisch* nichts Wesentliches aussagen. Das ist eine Binsenwahrheit. Also warum so tun als ob. Ich habe mir im Laufe der Jahre, seit ich mich öffentlich mit den antiken Mythen beschäftige, Standard-Antworten bei Diskussionen zurecht gelegt. Einige will ich hier andeuten.

– Ich sage: Mich interessiert unsere Gegenwart, unser Jahrhundert. Die Antike ist ein ferner Spiegel, in dem ich uns sehe. Ich operiere in meiner Argumentation mit der Geschichte von Perseus und der Enthauptung der Medusa. Das 20. Jahrhundert, sage ich, war so schrecklich, daß wir versteinern, würden wir ihm direkt in die Augen sehen ...

– Ich sage: Mythen spielen immer in der Gegenwart. Wenn sich eine sagenhafte Geschichte nicht mehr vergegenwärtigen läßt, verschwindet sie. Zur Illustration vergleiche ich Ilias und Odyssee. Die Ilias, sage ich, bedeutet uns heute viel weniger als zum Beispiel den Menschen im 19. Jahrhundert. Daß ein Mann wegen gekränkter Ehre in einen Mord-Streik tritt und daß darüber gleich ein ganzes Epos geschrieben wird, das befremdet uns heute. Wenn hingegen ein Mann auf der Suche nach seinem Zuhause durch die Welt irrt und dabei immer wieder Opfer seiner Obsession für Frauen wird, das können wir nachvollziehen.

– Ich sage: Erst nach langer Beschäftigung mit der antiken Mythologie bin ich dahintergekommen, was der Schlüsselbegriff zur Erfassung dieser Geschichten ist, nämlich: Verwandtschaft. Das Netz der Verwandtschaft ist sinnstiftend. Listig füge ich hinzu: Ich bezweifle, ob jemand Orest verstehen kann, der nicht die Geschichten des Agamemnon, die Geschichte der Atriden, der Pelopiden, die Sagen um Tantalos, aber auch die flankierenden Geschichten über Niobe, Amphion und Zethos, Antiope kennt. Was in der Psychologie Begriffe sind, sind im Mythos Namen, sage ich.

– Ich sage: Ich war erst zweimal in Griechenland, erst nachdem ich die Sagen schon hundert Mal erzählt habe. In Griechenland, sage ich, hat es mir gefallen, die griechischen Mythen aber spielen für mich in den Supermärkten von

Hohenems (dort wohne ich). In meiner Umgebung haben sich die Geschichten für mich verifiziert.

– Ich sage: Die schönste Stelle der Odyssee ist jene, wo Homer die Begegnung zwischen Odysseus und Telemach beschreibt. Der Dichter vermeidet jedes Pathos, das ist vorbildlich. Wovon könnte sich Pathos bei zwei Männern, die einander nicht kennen, nähren?

– Ich sage (wenn ich danach gefragt werde): Der Unterschied zwischen antiker Mythologie und nordischer Mythologie ist, daß die Griechen (bei Homer jedenfalls) Hingabe an etwas Höheres, etwas Überindividuelles nicht kennen.

– Abschließend sage ich: Ich habe mir sehr wenig Gedanken gemacht. Ich bin kein theoretischer Mensch. Ich will einer guten Speise nicht die Speisekarte nachschicken. Wenn es wirklich gelänge, eine Geschichte auf *einen* Nenner zu bringen, in einen Begriff zu stopfen, dann war es keine gute Geschichte.

August 2001 Michael Köhlmeier

Karlheinz Töchterle

Narrat et omnis amans: Liebe, Tod und Erzählen im Mythos Michael Köhlmeiers

I Köhlmeier, der Großerzähler

Michael Köhlmeier insistiert auf dem Recht auf Erzählen und nimmt es ausgiebig wahr. Seit seinem Romanerstling *Der Peverl Toni und seine abenteuerliche Reise durch meinen Kopf*, der 1982 bei Hofmann und Campe erschien, hat Köhlmeier mehr als zwanzig Romane, Erzählungen und Nacherzählungen veröffentlicht (vgl. untenstehendes Verzeichnis), ferner Hörspiele, Dreh- und Kinderbücher, ein Opernlibretto und Liedertexte, von diversen Sekundärtexten ganz abgesehen. Dazu erzählt er auch noch im Radio und auf Tonträgern. Ein Vielerzähler also, eine noch schlimmere Verurteilung als die zum Vielschreiber, denn Erzählen ist suspekt, wenn nicht verboten: „Es ist ignorant, nach Joyce und Musil, eine solche Primitivität zu erwarten und zu fördern". So Ilse Aichinger 1997 in Wien in der Laudatio zur Verleihung des Franz-Kafka-Preises an Gert Jonke.[1] Die Geschichte des Erzählverbots und seiner Genese soll hier nicht wiedererzählt werden. Bei Aichingers Beitrag dazu traf es sich, daß Köhlmeier zwei Wochen danach, als er sich, ebenfalls in Wien, für den Anton-Wildgans-Preis zu bedanken hatte, unmittelbar darauf reagieren und sich zu seiner Profession bekennen konnte: „Das Bedürfnis, zu erzählen und erzählt zu bekommen, kann nicht gebrochen werden, es ist ein Grundbedürfnis des Menschen, weil es Arbeit am Selbstbildnis ist".[2] Hier ist Köhlmeier schwer zu widersprechen, es fragt sich eben nur, durch wen und wie dieses Bedürfnis zu stillen ist; nicht wenige Autoren verweigern sich; Macrobius wie Musil verweisen die Hauptgattung des Erzählens, den Roman, an die Ammen,[3] nach Musil

1 Seiler (1997) 99.

2 Zit. bei Seiler (1997) 101.

3 Macrobius *Commentarius in Ciceronis somnium Scipionis* 1, 2, 8: in cunas nutricum, „zu den Wiegen der Ammen" gehören Texte wie die von Petron und Apuleius (einen Begriff für die Gattung

würden damit nicht nur Kinder beruhigt, das „primitiv Epische" diene vielmehr generell dazu, Geborgenheit im „Chaos" vorzuspiegeln.

Nun sind wir heute allerdings geneigt, jeglicher Wirklichkeitserfassung und -bewältigung, auch der historischen und sogar der naturwissenschaftlichen, diesen epischen Charakter zuzusprechen. Auch wenn es immer wieder Abwehrbewegungen gegen derartige Relativierungen gibt, scheinen „Geschichten" und mit ihnen das Erzählen alle Wissenschaftsbereiche zu kontaminieren.

In diesem Kontext kann sich die Berufung auf den *homo narrans* neuerdings und postmodern also vielfacher theoretischer Absicherung gegen Vorwürfe ideologischer wie ästhetischer Provenienz erfreuen. Es bedürfte dieser Absicherung allerdings kaum, wenn man sich zur Legitimation schlicht der literarischen Praxis und des Leserzuspruchs bediente. Fraglos sind nahezu alle großen Autoren aller Zeiten auch große Erzähler, und groß sind sie auch, weil sie das Publikum dazu gemacht hat. Auch das vergangene Jahrhundert ist hier keine Ausnahme, und bisweilen hat man ohnehin den Eindruck, daß die oben angerissene Diskussion primär eine des deutschsprachigen Literaturraumes ist. Doch auch hier gilt das eben Behauptete, sogar von Autoren, die vorgeben, sich dem Erzählen zu verweigern, wie etwa Thomas Bernhard, von dem das Diktum überliefert ist: „Geschichten hasse ich im Grund. Wenn ich irgendwo hinter einem Prosahügel die Andeutung einer Geschichte auftauchen sehe, schieße ich sie ab".[4] Da hat er wohl oft auch danebengeschossen.

Köhlmeiers Last und Lust am Erzählen hinterläßt in seinen Texten vielfältige Spuren. Bereits der Titel seines Erstlings bezieht den Erzähler mit ein, und dieser bringt sich auch im Text selbst immer wieder zur Geltung. Die folgenden Romane bis hin zum *Telemach* spielen ein breites Feld möglicher Erzählmodi durch: *Moderne Zeiten* eine komplexe Erzählstruktur mit Voraus- und Rückgriffen, die schon an die – im Text bereits kurz auftauchende – *Odyssee* erinnern, *Die Figur* einen prononcierten Erzählerstandpunkt, *Spielplatz der Helden* drei autodiegetische Erzählperspektiven, dazu einen Ich-Erzähler und eine Liebesgeschichte, *Die Musterschüler* starke Chronologiebrüche, *Sunrise*, wo die zwei Dialogpartner (wie Scheherazade in Tausendundeine Nacht) „um ihr Leben erzählen", eine starke explizite und implizite Thematisierung der Erzählstruktur und -technik.

„Roman" kannte die Antike nicht); Robert Musil *Der Mann ohne Eigenschaften*, Kap. 122 *Heimweg*: „(...) dem Leser wird behaglich zumute, und das wäre schwer zu begreifen, wenn dieser ewige Kunstgriff der Epik, mit dem schon die Kinderfrauen ihre Kleinen beruhigen, diese bewährteste ‚perspektivische Verkürzung des Verstandes' nicht schon zum Leben selbst gehörte."

4 Zit. bei Seiler (1997) 101.

All dies und mehr findet sich dann auch in Köhlmeiers Arbeiten zum antiken Mythos.

II *Telemach*

Das Erscheinen des ersten Odysseeromans macht für den Außenstehenden den Eindruck einer gewissen Zäsur in Köhlmeiers literarischer Biographie. In unmittelbarem Anschluß daran wurden seine Erzählungen griechischer Mythen im österreichischen Rundfunk gesendet (die Bewandtnisse um das beiläufige Entstehen und den überragenden Erfolg dieser Sendungen bei verschiedensten Hörerschichten sind selbst bereits zum Mythos geworden), die den Autor und sein neues Metier ungemein populär werden ließen, mit all den üblichen Folgen im heutigen Kulturbetrieb: Lesungen, Interviews, Eröffnungsreden, Teilnahme an Diskussionen setzten den Autor einer gewissen Inflation aus, hinderten ihn aber nicht daran, seinen vorher schon beachtlichen Output nochmals zu erhöhen, was auch bei dem bekannt fleißig und diszipliniert arbeitenden „Alemannen“ (um das Stereotyp von deren Arbeitseifer zu bedienen)[5] den Verdacht rascher Billigproduktion aufkommen ließ.

Das Homerprojekt jedenfalls darf wohl nicht hierher gerechnet werden. Schon erwähnt wurde die *Odyssee*-Nähe der *Modernen Zeiten*, und zusätzlich gibt es glaubwürdige Zeugnisse für langwährende Pläne.[6] Dazu lagen der antike Mythos und speziell die *Odyssee* in den frühen neunziger Jahren gleichsam in der Luft der österreichischen Literaturlandschaft: Stellvertretend seien hier neben Christoph Ransmayr nur Wolfgang Wengers *Manhattan-Maschine* (1992) genannt, der Köhlmeier vielleicht den Schauplatz New York verdankt, und im Bereich der Homerrezeption Inge Merkels Penelope-Roman (1987) oder das große Homerprojekt eines Autorenkollektivs, von dem 1995 gerade Walter Gronds Erstling erschienen war. Schließlich liegt es überaus nahe, daß sich ein moderner Proponent des Erzählens wie Köhlmeier irgendwann dessen Prototypen Odysseus und Homer zuwendet, zumal, wenn er noch das inzwischen selten gewordene Privileg eines ausgiebigen gymnasialen Griechischunterrichts genossen hat. In einem persönlichen Gespräch teilte Köhlmeier mit, daß sich das Projekt zuerst zu einer Trilogie, dann zu einer Tetralogie ausweitete (damals erwogene Titel der Bände drei und vier: *Nausikaa, Penelope*).

5 Zum „Alemannentum“ Köhlmeiers, der eine Coburgerin zur Mutter hat, vgl. Köhlmeier (1988a).
6 Vgl. Längle (1998).

Im Gegensatz zur *Kalypso* waren beim homerischen Erstling die Reaktionen der Literaturkritik mehrheitlich positiv, Verrisse – allerdings kräftige – die Ausnahme.[7] Gelobt wurden die gelungene Modernisierung des Stoffes, die vor allem den Anachronismen zugeschrieben wird,[8] der schlüssige, homernahe Aufbau, die Aktualität von Thema und Botschaft, nämlich Vatersuche und Pazifismus, bisweilen auch innerliterarische Qualitäten wie die Homernutzung und andere intertextuelle Bezüge, das Spiel mit verschiedenen Gattungen, seltener Erzähltechnik und Erzählhaltung.

Diesen zuletzt genannten Aspekten wird in diesem Referat, wie Titel und Einleitung erwarten lassen, die größte Beachtung zuteil, der Rahmen des Essays – Antikerezeption – legt darüber hinaus Blicke auf Bezüge zu anderen Texten,[9] insbesondere zum homerischen, nahe. Köhlmeiers Erzählweise macht es möglich, beide Themen, Narratologie wie Rezeption, anhand einzelner Textausschnitte zu erörtern. Sein Erzähler hält nämlich nicht nur die Fäden der

---

7 Bequemer Überblick mit Kopien der meisten Kritiken (unter Benützung des „Innsbrucker Zeitungsarchivs") bei Hämmerle (1997) 88ff. Für diese Arbeit wurden herangezogen: a) *Telemach*: Susanne Zobl, *Standard* 25.8.1995. Susanne Jäger, *Vorarlberger Nachrichten* 26./27.8.1995. Brigitte Kompatscher, *Neue Vorarlberger Tageszeitung* 16.9.1995. Alfred Pfoser, *Salzburger Nachrichten* 30.9.1995. Ulrike Steiner, *Oberösterreichische Nachrichten*, 6.10.1995. Manfred Fuhrmann, *Frankfurter Allgemeine Zeitung* 10.10.1995. Thomas Kraft, *Stuttgarter Zeitung* 10.10.1995. Paul Jandl, *Neue Zürcher Zeitung* 10.10.1995. Volkmar Parschalk, *Tiroler Tageszeitung* 10.10.1995. Thomas Kraft, *Rheinischer Merkur* 13.10.1995. Sigrid Löffler, *Süddeutsche Zeitung* 14./15.10.1995. Wendelin Schmidt-Dengler, *Falter* 20.-26.10.1995. Thomas Rothschild, *Frankfurter Rundschau* 2.11.1995. Berndt Rieger, *Kleine Zeitung* 4.11.1995. Christian Stiller, *Wiener Zeitung* 17.11.1995. Karl-Markus Gauß, *Die Presse* 25.11.1995. Heinz Schafroth, *Basler Zeitung* 19.1.1996. Ursula März, *Die Zeit* 23.2.1996. b) *Kalypso*: Konrad Paul Liessmann, *Standard* 8.8.1997. Uwe Wandrey, *Das Sonntagsblatt* 8.8.1997. Klaus Nüchtern, *Falter* 8.-14.8.1997. Gerhard Zeillinger, *Die Presse* 9.8.1997. Alfred Pfoser, *Salzburger Nachrichten* 9.8.1997. N. N., *Der Spiegel*, 11.8.1997. Simone Dattenberger, *Münchner Merkur* 14./15.8.1997. Walter Fink, *Vorarlberger Nachrichten* 16./17.8.1997. Sabine Strobl-Auckenthaler, *Tiroler Tageszeitung* 23.8.1997. Susanne Jäger, *Vorarlberger Nachrichten* 30./31.8.1997. Sabine Schmidt, *Presse* 9/1997. Ulrike Steiner, *Oberösterreichische Nachrichten* 3.9.1997. Peter Michalzik, *Süddeutsche Zeitung* 4./5.10.1997. Alexander U. Martens, *Die Welt* 14.10.1997. Andreas Reichstein, *Neues Deutschland* 17.10.1997. Traugott Weisskopf, *Bund* 1.11.1997. Joachim Worthmann, *Stuttgarter Zeitung* 14.11.1997. Franz Haas, *Neue Zürcher Zeitung* 22./23.11.1997. Wulf Segebrecht, *Frankfurter Allgemeine Zeitung* 6.12.1997. Robert Streibel, *Furche* 5.2.1998.

8 Hier stand Ransmayrs *Letzte Welt* Pate, wie Köhlmeier im Interview mit E. Hirtenfelder (1995) selbst bestätigt; dessen Text scheint auch sonst bisweilen durch, z. B., wenn sich der Steinmetz Battus „allmählich selbst in einen Stein" verwandelt (156).

9 Einige moderne Bezugstexte des „leichthändigen poeta doctus" (92) listet Bannert (1996) 91 auf.

Geschichte fest in Händen, er bündelt sie auch immer wieder auf engem Raum zu Knoten, wo man ihrer dann gleichsam mit einem Griff habhaft wird.[10]

Ein solcher Knoten befindet sich etwa im *Vierten Gesang*[11] (404-407; Auslassungen sind durch eckige Klammern und Punkte markiert):

Pallas Athene!

Kehren wir schleunigst aus dem Plusquamperfekt ins Präteritum unserer Erzählung zurück! Nicht soll der Eindruck entstehen, unser Held hätte die Mehrzahl der Nächte neben der Landstraße verbracht mit Grübeln über Erinnerungen. Solche Anwandlungen überfielen ihn zwar manchmal, aber je länger die Reise dauerte, desto seltener wurden diese Ausschweifungen unseres Helden in die Schwermut. Meistens schlief er sorglos und tief neben Peisistratos unter dem Getriebe des Jeeps – aus dem übrigens ein wenig Öl tropfte, das ihre Kleidung restlos ruinierte, was die beiden aber nicht störte. (…)

Und Pallas Athene? Sah sie einfach zu, wie Telemach in seinem Herzen immer weiter von seiner Aufgabe abwich, wie er sich ablenken ließ von den schönen Dingen rechts und links seines Weges? Wie er hoffte, er werde scheitern … – Wir wundern uns über unsere Antagonistin. Nie war das Verhalten ihres Zöglings ihren Absichten mehr entgegen als in diesen Tagen. Nie wäre ihr Eingreifen nötiger gewesen, vorausgesetzt, sie hielt überhaupt noch an ihrem Vorsatz fest, aus dem Sohn des Odysseus einen Soldaten zu formen, der dem Vater bei dessen Heimkehr bedingungslos zur Seite stehen würde, auch wenn der Vater Schweres verlangte, Grausiges, was einem Zärtling an die Nieren gehen konnte. Selbstverständlich werden wir der Göttin keine Vorschläge unterbreiten oder sie gar an ihre Prinzipien erinnern, abgesehen davon, daß unsere persönliche Neigung – das möchten wir an dieser Stelle, auch wenn es längst schon vermutet wird, gern aussprechen – ohnehin dahin tendiert, den Telemach bei seinem Befreiungsversuch aus ihrem Einfluß zu fördern – nach Maßgabe unserer Möglichkeiten freilich –, allein, wir fürchten um unsere Geschichte. Sie hat sich nun einmal von allem Anfang an unter das Joch der dramatischen Spannung zwischen dem Protagonisten und der Antagonistin begeben, und ebenso, wie sie bei langanhaltendem Gleichgewicht der Kräfte zum Stillstand käme (…), so würde sie bei Ausfall einer Seite ziemlich rasch in sich zusammenbrechen … Oder liegt hier wieder ein Fall göttlicher Laune vor, und wir müssen uns auf einen hinterhältigen Plan gefaßt machen?

Wo war Pallas Athene? Hatte sie ihn verlassen, hatte sie das Interesse verloren an dem schwer Handhabbaren? Etwa weil er sich in Pylos so leichtfertig von Aphrodite ins Bett hatte locken lassen von der reizenden Polykaste? Als sie, Pallas Athene, die Kopfgeborene, unaufmerksam gewesen war und das aphroditische Armezusammenführen, Arme-

---

10 Auch dieses Strukturmerkmal teilen Köhlmeiers Nacherzählungen mit den homerischen Epen, die wiederholt in einzelnen Teilen das Ganze in den Blick nehmen; für die *Odyssee* vgl. z. B. Hölscher (1989) 43.

11 Der Roman ist in vier Gesänge und drei *Zwischenspiele* gegliedert und von einem *Vor-* und einem *Nachspiel* gerahmt.

undbeinezusammenführen, das Körperankörperlegen dann nicht mehr verhindern hatte können, wie es ihr in Ithaka und Umgebung noch gelungen war. (...) An jenem Tag, an dem Telemach und Evangeline mit der Corvette durch die Gegend gefahren waren, hatte ein zäher Wettstreit, um nicht zu sagen ein Kampf stattgefunden zwischen Athene und Aphrodite. Diesen Kampf hatte Athene gewonnen. Aber Aphrodite hatte nicht aufgegeben, und ein winziges Terrain wenigstens hatte ihr Athene auch weiterhin überlassen müssen – die Telephonate; dort durfte sie ihr Parfum verspritzen. Als die Liebesgöttin ihr Geschick dann allerdings zu weit trieb und unmittelbare Gefahr bestand, daß Telemach und Evangeline telephonisch Liebesgeständnisse austauschten, da war der Pallas nichts anderes mehr übriggeblieben, als von ihrem Ideal über Wolke und Berg herabzutauchen und hineinzufahren in den armen Mentes von Taphos, ihren blauen Blick aus seinen Augen durch Wände und verhangene Fenster zu treiben und den Banjobauer zu zwingen, so finster dreinzuschauen, daß Telemach im Arbeitszimmer seines Vaters plötzlich mitten im Telephongespräch zusammenfuhr, den Apparat zum Fenster trug, den Hörer zwischen Unterkiefer und Schlüsselbein klemmte und mit der freien Hand das Rouleau hochzog ... (...)

Aber dann hatte sich Aphrodite in Pylos mit der reizenden Polykaste gerächt. Nur für wenige Augenblicke hatte es Athene verabsäumt, auf ihren Schützling achtzugeben, und schon mußte sie ohnmächtig zusehen, wie ein Fingerzeig aphroditischer Verliebtheit das mühselig aufgeblasene, vorsehungsträchtige Sturmgewölk von der Stirn der Vernunft wischte. Wollte sich nun die Göttin der Weisheit und der vielen weiteren Eigenschaften, deren Aufzählung eine lange Liste nötig machte, nicht noch einmal auf einen Wettstreit mit der Göttin der Liebe einlassen? Das wäre verständlich. Immerhin ist Athene ja auf die Erde gekommen, um wenigstens die letzte der vielen unglücklichen Folgen eines anderen Wettbewerbs in ihrer tragischen Wucht zu mildern. Denn daß Paris damals weder unsere Antagonistin noch Hera zur schönsten Göttin gewählt hatte, sondern Aphrodite, die ihm dafür die schönste Frau der Welt versprach, hatte ohne Zweifel üble Folgen: daß Helena geraubt wurde, daß der Krieg ausbrach, daß Odysseus zwanzig Jahre von zu Hause fort war, daß sich die Freier an die Frau und das Gut des Herumirrenden heranmachten und daß schließlich dem Heimkehrenden ein blutiger Empfang beschert werden würde, wenn dies Athene nicht verhinderte, indem sie den Sohn dazu anhielt, bereits in der Ferne für den Vater zu kämpfen, damit er schließlich an seiner Seite den Kampf beende. Daß sich ihr Schützling in Pylos so ohne weiteres von der verhaßten Konkurrentin an der Hand hatte nehmen lassen, mußte ihre Eitelkeit gekränkt haben. Dazu drängte nun noch ein weiteres nach vorne, das seit Beginn ihrer Mission in ihr gejuckt hatte und ihre Morosität durchaus verstärkte ... – Wir wollen uns nicht dem Vorwurf der Einseitigkeit aussetzen und deshalb darum bitten, noch eine Weile bei der Gegenspielerin unseres Helden verbleiben zu dürfen, ehe wir in seiner Geschichte fortfahren. Es wird ein kleiner Exkurs in den Themenbereich Krieg werden, das liegt nun nicht so weit von unserem Helden entfernt, schließlich soll er ja zu einem Soldaten, wenigstens zu einer Art Soldat transformiert werden; außerdem – soviel sei verraten – war Athene gerade im Begriff, sich unter dem für ihre Zwecke zur Verfügung stehendem Menschenmaterial etwas Haudegenhaftes auszusuchen.

Der Textausschnitt beginnt mit dem Namen der Göttin, die wie bei Homer kräftig in das Geschehen eingreift, in Form eines Ausrufs, was am Beginn der beiden folgenden Absätze in Frageform aufgenommen wird. Dort wird dann auch ihre Funktion in der Romanhandlung genannt: Sie ist die „Antagonistin", und wir sehen sie im zweiten Absatz auch gleich zum Verlieren verurteilt: Der Erzähler ist gegen sie, seine „Furcht" und das Einräumen „göttlicher Laune" sind Pseudofreiräume in seiner Geschichte, die natürlich *nicht* zusammenbrechen darf. Wir haben also einen impliziten Vorverweis auf den Ausgang: Dieser Telemach wird nicht zum Helden, wie ihn sich Athene (wie schon bei Homer, *Od.* 1, 89) wünscht, und einer von Köhlmeiers einfühlendsten Rezensenten hat zurecht gefragt, was sich dieser da wohl für den Freierkampf „eingebrockt" hat.[12] Das alles ist mit breiten, durch das regelmäßig verwendete Pluralsubjekt nochmals verbreiterten Erzählerkommentaren versehen. Der Erzähler läßt uns an seinen Zweifeln und an seinen Entscheidungen teilhaben, sogar an grammatischen wie der Tempuswahl: So ist z. B. das Präsens für die Götter (und natürlich für den Erzähler) reserviert. Gleichwohl kehrt er rasch wieder in das – ebenfalls thematisierte – Plusquamperfekt zurück, um zwei Rückblicke anzubringen auf zwei allerdings nur mäßig wirksame Versuche Aphrodites, Telemach „an die Frau" und damit eindeutig vom Heldentum abzubringen. Wirksamer scheint hier die unmittelbar vorausgegangene Reise von Pylos nach Lakedaimon im Jeep des Nestorsohnes Peisistratos gewesen zu sein, die im ersten Absatz zur Sprache kommt und viele Kommentatoren an ein eingestreutes *road movie* erinnerte: *to make love not war* bewirkte also weniger die Liebesgöttin selbst, eher eine jugendliche Lebensform der Zeit, die auch den Spruch prägte, nämlich die Hippiebewegung mit ihren Antivietnamkriegsparolen.

Die beiden Rückblicke auf Aphrodites Eingreifen sind ineinander gerahmt, der innen- und weiter zurückliegende von Telemachs Flirt mit Evangeline bedient sich einer für den Roman typischen Technik, indem er eine markante Szene von damals heraufruft und sie mit denselben Worten wiedergibt: den im Arbeitszimmer seines Vaters *tele*fonierenden *Tele*mach. Wir haben hier eine von mehreren bewußt an Homer anknüpfenden Formelementen, nämlich stehende Szenen mit stehenden Worten wiederzugeben. Im speziellen Fall ergibt sich auch ein reizvolles Wortspiel mit dem Namen Telemachs, und auch an solchen sind Köhlmeiers Homerdichtungen reich. In unserem Textausschnitt wird gegen Schluß mit zwei möglichen Etymologien des Namens gespielt, die wir

12 Heinz Schafroth in der *Basler Zeitung* (vgl. Verzeichnis der Rezensionen in Anm. 7).

schon aus der Antike kennen,[13] es sind aber nicht die einzigen, die uns der Erzähler anbietet: Er läßt den Sänger Phemios gegen diese zwei Varianten („Der-in-der-Ferne- Kämpfende“ und „Der-den-Krieg-Vollendende“) eine dritte setzen, die gleichzeitig die mehrfach erzählte Odysseuslist von der Salzsaat allegorisch interpretiert:[14] Palamedes habe das Baby genau nach der zehnten Furche vor den Pflug gelegt, Telemach bedeute also „Das-Ende-der-Schlacht“ (sc. nach dem zehnten Kriegsjahr in Troja).

Vorher ergab der Wettstreit der Göttinnen noch Gelegenheit für einen weiteren Rückblick, nämlich auf jenen, an dem auch Hera beteiligt war, und auf seine bekannten Folgen, die sich erst jetzt ihrem Ende nähern.

Wir sehen: Bereits diese kurze Passage faßt den gesamten trojanischen Krieg ins Auge, von seiner Ursache bis zur Heimkehr des letzten Kämpfers, der Erzähler ist unumschränkter Herr nicht nur über die Götter, sondern auch über den ihm überlieferten Stoff, den er manchmal unendlich breit, manchmal äußerst prägnant vor uns auszulegen beliebt.

Im letzten Absatz wird schließlich etwa nicht wieder in die Geschichte eingebogen, sondern sogar noch ein „Exkurs“ über den Krieg angekündigt, nicht allerdings, ohne den weiteren Fortgang wenigstens anzudeuten: Athene wird wieder in einen Menschen fahren. Nach Mentes und Mentor, deren Gestalt sie schon bei Homer benutzte, wird es diesmal ein Meter sein – die drei identischen Anlautsilben bleiben selbstverständlich nicht ohne Kommentar –, ein New Yorker Straßenkönig, der die beiden Unerfahrenen beschützt und Telemach zu Menelaos führt.

Dieses Treffen mit Menelaos, von einigen Rezensenten nicht zu Unrecht als ein Höhepunkt des Romans bezeichnet, ist trotz un-, ja antihomerischer Grundierung besonders reich an findigen Homerreminiszenzen, aber auch sonstiger Intertextualität (z. B. ist die Einfahrt in die monströse Stadt, deren Widerschein am Nachthimmel leuchtet,[15] nach Joseph Conrads *Heart of Darkness* gefärbt[16]).

Aus dem Treffen ergeben sich wie schon bei Homer zwanglos Rückblicke auf den Krieg und Umblicke auf andere Nostoi. Die Rückblicke nutzt Köhlmeier für seine eindringlichsten Antikriegsappelle, vor allem, indem er die Grausamkeiten mit Farben des zwanzigsten Jahrhunderts verdüstert.[17] Mene-

13 Dabei schöpft Köhlmeier gar nicht alle schon in der Antike erwogenen Möglichkeiten aus, vgl. Herter (1934) Sp. 325f.

14 Eine ähnliche Allegorie findet sich schon bei Eusthatios, vgl. Herter (vgl. vorige Anm.).

15 Vgl. Wimmer (1999) 167ff.

16 Weitere Anlehnungen erwähnt Danek (1996) 90.

17 Natürlich kommt er hier an Christa Wolfs *Kassandra* nicht vorbei. Erstaunlicherweise bestreitet er im bereits erwähnten Interview mit E. Hirtenberger (s. o. Anm. 8) jeglichen Einfluß dieses Textes.

laos ist den Drogen verfallen, eine schlichte, aber gelungene Weiterführung des homerischen Motivs vom *phármakon,* das ihm Helena in den Wein gibt, „gegen Kummer und Groll und aller Leiden Gedächtnis“ (*Od.* 4, 220ff., der zitierte Vers, 4, 221 in der Übersetzung Roland Hampes findet sich wörtlich auf Seite 466). Das Elysium, das ihm Proteus verheißt (*Od.* 4, 561ff.), erwartet ihn auch hier, und wie dort wird es mit der Gegenwart des Odysseus bei Kalypso verglichen, jedoch in gänzlicher Umwertung von Ewigkeit und Sterblichkeit. Menelaos sieht sich zum Sieg, zum Glück, zum Elysium verdammt (467). Odysseus hingegen verzichtet auf diese Ewigkeit nicht nur zugunsten seiner Heimkehr, sondern auch, weil er so vor der ewigen Qual der Erinnerung an die Greuel in Troja verschont bleibt. Das weist auf ein Leitmotiv des Folgeromans voraus. Diesem wenden wir uns nun zu.

III *Kalypso*

Wir sind auf das Thema schon seit dem *Vorspiel* im *Telemach* vorbereitet, wo wir Odysseus wie bei Homer (*Od.* 1, 13ff.) bereits in den Armen der Nymphe angetroffen haben, allerdings mit den Worten: „Ich pfeife auf dein ewiges Leben! Und auf dich auch!“ (9) Entsprechende Funktion erhält so (was uns der Erzähler denn auch mitteilt [315f.]) die Vorwegnahme der Totenbeschwörung aus dem 11. Buch der *Odyssee* am Anfang des Romans mit einem erschütternden Blick auf die Lebensgier der Schatten. Das Leitmotiv wird, über den ganzen Text verteilt, in einer Fülle von Variationen durchgespielt. Eine davon findet sich auch etwa in der Mitte unserer Textprobe, die aus dem *Mnemosyne* überschriebenen ersten Kapitel des zweiten Teils[18] stammt (51-53; kursive Hervorhebungen im Original):

> Odysseus war Gefangener der Nymphe Kalypso. Er war angekommen an der vorletzten Station, fast am Ende, im Safranlicht der frühen Morgenröte, ehe die Nacht seiner Irrfahrt sich neigte. – So steht es in dem Gedicht geschrieben, das über gut zweieinhalb Jahrtausende auf uns gekommen ist. So sehen, wird dort gesungen, den Odysseus die Götter, nämlich die olympischen, die auf das Präsens pochenden, keine andere Zeit als die Gegenwart akzeptierenden. Sie blicken auf ihn herab. Und auch wir *blicken auf ihn herab.* Und auch wir tun es, als erwarteten wir, daß er sich *stellvertretend* krümmt; als

Schon „das Vieh“ Neoptolemos (Wolfs Epitheton für Achill ist auf dessen Sohn übertragen) widerlegt ihn.

18 *Ogygia*; der Roman ist in fünf Teile mit zahlreichen Unterkapiteln gegliedert.

> wüßten wir aus sicherer Quelle, daß *beispielhaft* Leid auf ihn gehäuft wird, daß an ihm ein Exempel statuiert wird. Wie kommt es aber, daß wir ungöttlichen Mängelwesen aus einer der göttlichen Blickrichtung durchaus nicht unähnlichen Perspektive auf ihn schauen? Darauf ist schlecht antworten. Improvisieren wir: In einer sphärischen Drehung vom Himmlischen ins Irdische, vom Ewigen ins Zeitliche, erkennt sich nicht nur das Menschliche im Göttlichen wieder, sondern auch der Gott im Menschen, und so schauen auch wir auf jenen, welcher der Dulder genannt wird, mit dem unbarmherzigen Auge dessen, der, auf seine Gegenwart pochend, sagt: Ich bin. So vielleicht vergegenwärtigt sich für uns das sagenhaft Vergangene *in der Erinnerung*, die wir in der Sprache des Gedichtes Mnemosyne nannten. Die Erinnerung nämlich, die aus Nachahmung und Wiederkehr sich nährende, die als der Vorposten allen Denkens die Gegenwart vorantreibt, sie vertrauensvoll in den amorphen Block der Zukunft meißelt, sie, die Feindin aller Unendlichkeit, aller Vollkommenheit, jedes Augenblicks, der verweilen soll, jedes nicht endenden Status quo, sie, die wahre Muse allen Erzählens, diese durch und durch menschliche, durch und durch ungöttliche Eigenheit, die sich der göttlichen Ewigkeit tapfer entgegenstemmt, aber doch auch, nur eben auf ihre Weise – geschäftig hamsternd, manchmal kleinkariert, beamtnerisch archivierend, manchmal aber auch mit kräftig verschwenderischen Strichen zeichnend –, eine Art des Nichtenden-Sollens – jawohl: eine andere Art Ewigkeit! – schaffen möchte; sie, die Erinnerung, Mnemosyne, die eine Titanin ist, Tochter des Himmels und der Erde, Mutter der mit goldenem Stirnband geschmückten Musen – sie wird gewogen, ihre Kraft wird in der Überlieferung geprüft, ihre Macht steht zur Disposition, ihre Herrlichkeit soll sich im Gedicht als eine sorgende, wärmende, tröstende erweisen ... – Es ist wahr, ihr Ton ist nicht selten ein hehrer, geblähter, lauter, tremoloverliebter. Und es nimmt nicht wunder: Sie muß so tun *als ob*, denn was sie besingt, ist nicht mehr; war vielleicht nie, jedenfalls nicht so; deshalb schwingt selbst in den ernstesten Augenblicken immer auch ein wenig Aufschneiderisches, Zirkusdirektormäßiges, Marktschreierisches, Stammtischhaftes, Halbseidenes, Prahlhansisches, Großkotziges in ihrem Bericht mit – wie oben in der recht windigen Improvisation über Irdisches und Himmlisches und die behauptete sphärische Drehung des einen in das andere: Die Erinnerung geigt auf! Erzähl mir, Mnemosyne! Erzähl!

Das erwähnte Leitmotiv ist in der vorliegenden Textprobe mit einer faustischen Tönung versehen, die auch sonst dem Text nicht fremd ist.[19] Die Variation entwickelt sich hier aus einem aspektenreichen Erzählerkommentar, der seinerseits auf einem expliziten Homerzitat ruht: Der fünfte Gesang, der sich vom Hinterhalt der Freier ab- und dem am Anfang des Gedichts bei Kalypso weilenden Odysseus zuwendet, beginnt mit Eos, die sich vom Lager des ewig lebenden, aber stets alternden Tithonos erhebt. Im *Telemach* sind die ersten drei

19 Expliziter Vergleich mit Goethes Drama in Köhlmeiers *Odyssee* in Köhlmeier (1996) 175. Aufgezeigt auch von Burt (1998) 244; deutlichste Parallele ist der „Heilschlaf" bei Kalypso.

Gesänge sogar mit Originalzitaten aus den Anfangsversen der homerischen Gesänge geschmückt; der zweite setzt mit „Rhododaktylos Eos“ ein. Hier ist mit dem „Safranlicht der frühen Morgenröte“ ein anderes Epitheton paraphrasiert, *krokópeplos,* eines von mehreren Verfahren Köhlmeiers, diesen homerischen Stilzug in seinen Text herüberzunehmen. Die *Odyssee* selbst ist ebenfalls formelhaft benannt, als Varianten kommen „das große Gedicht“ und „das Gedicht, das uns den überlieferten Stoff in Form brachte“ vor. Mit ihm teilt der Erzähler auch seinen *point of view*, und beide teilen ihn mit den Göttern. Hier stellt er diesen seinen Hochsitz immerhin rhetorisch in Frage. Aus der ersten Textprobe aus dem *Telemach* wissen wir allerdings bereits, daß unser Erzähler sich nicht selten noch darüber erhebt, und in der *Kalypso* verstärkt er seinen Abstand zu den Göttern nochmals drastisch: Während er mühelos in ihre Seelen und Betten schaut, müssen sich Athene und Hermes mangels verfügbarer menschlicher Gestalten sogar in die Comicfiguren Calvin und Hobbes verkriechen, um die beiden Liebenden beobachten zu können. Mit seinem überlegenen Blick verbindet er ein Interpretationsangebot: Wir könnten Odysseus als Exempel sehen.

Dann aber kombiniert er seine göttliche Position und den uns ebenfalls schon bekannten, hier scheinbar spielerisch hingeworfenen Hinweis auf seine Tempuswahl zu einer fundamentalen Variation des erwähnten Leitmotivs: Der streng gegenwärtige Gott des Alten Testaments wird ausgespielt gegen die zutiefst menschliche Göttin (wenn dies Oxymoron erlaubt ist) Mnemosyne, der Göttin der Erzählung, „die sich der göttlichen Ewigkeit tapfer entgegenstemmt“ (52). Sie scheint allerdings auch Aphrodite zu vertreten, so eng sind die Erzählakte des Odysseus mit seinen Liebesakten verbunden; folgerichtig schließt Kalypso aus seinem Verstummen auf das Abnehmen ihrer Attraktion (330: „Warum erzählst du mir keine Geschichten mehr?“). Andererseits liefert *Mnemosynes Kino,* so der Titel des dritten Teiles (die Filmperspektive ist nicht immer durchgehalten), auch den „glücklichsten Augenblick“ im Leben des Odysseus, einen behaglichen Winterabend mit Bratäpfeln und Rotwein im trauten Kreis seiner Lieben mit Telemach in der Wiege;[20] und sie hält seine Sehnsucht danach wach, erzeugt das paradoxe „Heimweh im Paradies“ in ihm, wie es später heißt (315). Da befindet sich die Erzählung allerdings schon in „Lesmosynes Höhle“, die der Höhle Platons aus dessen berühmtem Gleichnis im *Staat* entspricht und in der sich die drei Verbrechen aufhalten, die Odysseus gern

20 Vielleicht herausgesponnen aus dem „Rauch der Heimat“, den wiederzusehen sich Odysseus auf Ogygia sehnt (*Od.* 1, 58); Rauch impliziert Geborgenheit, Behaglichkeit.

verdrängt hätte und die der Erzähler ihm dann doch hervorholt: die Opferung der Iphigenie, die Odysseus aus Einsicht für die notwendige Agamemnonpropaganda mitträgt, die Beseitigung des Palamedes samt Vergewaltigung seiner Frau bei Überbringung der Todesnachricht und schließlich die von ihm angeratene Ermordung des Astyanax. Ewiges Leben, mit dem ihn Kalypso lockt, hieße auch, diese Schrecknisse auszuhalten, Mnemosyne hingegen kann sie mit ihrer Kunst des „als ob" eliminieren: In dieser Variation eines zentralen Motivs der philosophischen Gespräche zwischen Telemach und Mentor im *Telemach* scheint der Erzähler mit der Leistung der Mnemosyne auch seine eigene zurückzunehmen, indem er auf die der Romantheorie geläufige „als ob-Übereinkunft" des allwissenden Erzählers mit seinen Lesern hinweist.[21] Man könnte in dieser „metafiktionalen" Verständigung mit dem Leser über den „inauthentischen Charakter der erzählten Geschichte"[22] eine Verteidigungsstrategie gegen den (einleitend angesprochenen) Erzählvorwurf sehen, und es läßt sich noch eine weitere erkennen.

Bei seinen kunstvollen Verknüpfungen der Motivkomplexe „Lieben-Erzählen-Sterben" auf verschiedenen Ebenen holt Köhlmeier weit aus im Mythos, aber auch in der bisherigen Lebensgeschichte des Odysseus. Am Ende erreicht der Roman die Ausgangssituation der Telemachie: Athene kündigt ihr Niedersteigen und das „Erziehungsprogramm" für Telemach an, Hermes tut seinen Botendienst und Kalypso entläßt Odysseus mit lauem Fahrtwind.[23] Wie sein Vorbild, das er wie schon die antiken Bewunderer dafür lobt (z. B. 32), schaltet er souverän mit der Zeit. Rechnen wir die Anachronismen ein, geht er sogar weit über jenes Vorbild hinaus (wenn bekanntlich auch der homerische Text selbst nicht frei davon ist).

Ist dieser Verzicht auf zeitliche und andere Pseudoordnungen auch eine Antwort auf Erzählkritiker wie Musil und Aichinger? Tendiert Köhlmeiers Anachronie zu Achronie oder gar Anarchie? Wäre das Erzählen damit ein zweites Mal reingewaschen?

IV Die *Sagen des klassischen Altertums* und weitere mythologische Erzählungen

Diese Erzählungen in ihren verschiedenen Versionen sollen hier nur noch anhangsweise behandelt werden. In den diversen Sammlungen (vgl. Bibliographie

21 Vgl. Romberg (1962) 27ff.

22 Bauer (1997) 86.

am Schluß) dominiert zuerst die Mythologie der klassischen Antike; nur diese ist hier in den Blick genommen. Auffälligerweise fehlt im ersten Sagenbuch von 1996 noch jeglicher Hinweis auf Ovid, im zweiten werden dann immerhin dessen *Metamorphosen* als eines der „Lieblingsbücher" des Autors erwähnt (1997a, 152), im dritten wird er einleitend gar zum „Vorbild" des Apuleius erhoben (1998, 7), dessen Märchen von Amor und Psyche als erstes nacherzählt wird. Wir sehen schon daran, daß Köhlmeiers Recherchen hier wesentlich oberflächlicher ausgefallen sind als beim Homerprojekt; es konnte angesichts der reichhaltigen Produktion wohl auch gar nicht anders sein. Es handelt sich also bei diesen Erzählungen nicht um durchgehende literarische Rezeption, vielmehr um Weitererzählen aus mythologischen Handbüchern.[24] Bisweilen nimmt Köhlmeier neuere Anregungen auf (z. B. Proknes Häßlichkeit,[25] die sich nicht bei Ovid, sehr wohl aber bei Ransmayr findet) oder erfindet auch eigene Varianten: In der Äneaserzählung[26] wird die Didogeschichte mit Verzicht oder Veränderung zahlreicher vergilischer Glanzlichter berichtet. Mißglückt scheint die Idee, die Geschichte von Trojas Fall das Kind Askanius erzählen zu lassen. So versäumt Köhlmeier die einmalige Chance, den vielleicht schönsten Motivkomplex der Antike von Erzählen und Lieben in seinem Sinn auszubauen. Mit höherem Anspruch tritt der *Tantalos* von 1999/2000 auf.[27] Er versucht auf der Basis des Tantalidenmythos eine duale Anthropologie, in der die des Zeus gegen jene des Prometheus scheitert, zu dem sich Athene und Dionysos, aber auch Apoll und Hermes gesellen. Ausdruck dieses Scheiterns bzw. Sieges ist der Freispruch des Orest, mit dem der Tantalidenmythos endet. In diesen Rahmen sind wiederum eine Fülle mythologischer Erzählungen eingebaut, die in ihrem bisweilen sehr schlichten Märchenstil mit den zahlreichen, oft banalisierenden Dialogen in einem Mißverhältnis zum hochgespannten Grundanliegen stehen. Lesenswert sind in den verschiedenen Sammlungen die jeweiligen Nachworte, wo Köhlmeier viel Kluges über Mythos und Erzählen kundtut. Ansonsten handelt es sich zumeist um verschriftlichte *oral poetry*, die als solche, wie erwähnt, zumindest in Österreich außerordentlichen Erfolg ver-

23 Zitat von *Od.* 5, 268, wieder der Übersetzung Hampes angenähert.

24 Dieser Vorwurf trifft auch Anspruchsvolleres von anderen Autoren, vgl. den Beitrag von Ulrich Schmitzer in diesem Band.

25 Köhlmeier (1998) 158.

26 Köhlmeier (1997a) 208-221.

27 Das Buch erschien zuerst 1999 als bibliophile Ausgabe für die Gesellschaft der Freunde von Ephesus in Wien in einer limitierten Auflage von 200 Exemplaren, 2000 dann bei Piper als Taschenbuch.

buchen konnte. Dafür sind ihm alle, denen die Antike am Herzen liegt, zu Dank verpflichtet. Das teilweise Mißlingen ihrer Verschriftlichung liefert einen weiteren poetischen Beleg für Homers Schriftlichkeit und Individualität, diesmal *e contrario*. Die beiden Odyssee-Romane hingegen führen den positiven Nachweis, und noch viel mehr. Man darf sich auf die Fortsetzung(en) freuen.

Literaturverzeichnis

Bauer, Matthias: Romantheorie, Stuttgart/Weimar 1997.

Burt, Raymond L.: Heimweh im Paradies. The Role of Narrative in Michael Köhlmeier's *Kalypso*, Modern Austrian Literature 31 (1998) Heft 3-4, 240-251.

Danek, Georg/Bannert, Herbert: Zwei Stimmen zu Michael Köhlmeier *Telemach*, München 1996, 89-93 (= Wiener humanistische Blätter 38).

Doppler, Alfred: Geschichtenerzählen als Annäherung an die Wahrheit. Laudatio auf den Hebelpreisträger Michael Köhlmeier, Montfort 40/2 (1988) 165-167.

Dossier zu M. Köhlmeier:

1.: Literaturkritik als Spontanitätsleistung. Das Literarische Quartett über Michael Köhlmeiers *Kalypso*, Wespennest 111 (1998) 53-56.

2.: Schafroth, Heinz: Literaturkritik als Spontanitätsleistung. Heinz F. Schafroth über Michael Köhlmeiers *Kalypso*, Wespennest 111 (1998) 57-60.

Grond, Walter: Absolut Homer. Die Akte Odysseus, Graz/Wien 1995.

Hämmele, Gernot F.: Michael Köhlmeier im Spiegel der Printmedien, Diplomarbeit Innsbruck 1997.

Hampe, Roland (Übers.): Homer *Odyssee*. Neue Übersetzung, Nachwort und Register, Stuttgart 1979.

Herter, Hans: Art. „Telemachos (1)“, in: Paulys Realencyclopädie der Classischen Altertumswissenschaft, Stuttgart 1934, 2. Reihe, 9. Halbband, Sp. 325-357.

Hirtenfelder, E.: Von den Söhnen verlorener Väter. Interview mit Michael Köhlmeier, Kleine Zeitung (8.4.1995) 58.

Hölscher, Uvo: *Die Odyssee*. Epos zwischen Märchen und Roman, München ^{2}1989.

Köhlmeier, Michael: Der Peverl Toni und seine abenteuerliche Reise durch meinen Kopf, Hamburg 1982.

Köhlmeier, Michael: Moderne Zeiten, München 1984.

Köhlmeier, Michael: Die Figur. Die Geschichte von Gaetano Bresci, Königsmörder, München 1986.

Köhlmeier, Michael: Dankrede zum Hebelpreis 1988, Montfort 40/2 (1988[a]) 167-169.

Köhlmeier, Michael: Spielplatz der Helden, München 1988(b).

Köhlmeier, Michael: Die Musterschüler, München 1989.

Köhlmeier, Michael: Sunrise, Innsbruck 1994.

Köhlmeier, Michael: Telemach, München 1995.

Köhlmeier, Michael: Sagen des klassischen Altertums, München 1996.

Köhlmeier, Michael: Neue Sagen des klassischen Altertums von Eos bis Aeneas, München 1997(a).

Köhlmeier, Michael: Kalypso, München 1997(b).

Köhlmeier, Michael: Neue Sagen des klassischen Altertums von Amor und Psyche bis Poseidon, München 1998.

Köhlmeier, Michael: Die Nibelungen neu erzählt, München 1999.

Köhlmeier, Michael: Tantalos oder Der Fluch der bösen Tat. Mit 14 Zeichnungen von Alfred Hrdlicka, München 2000 (1999 in limitierter Auflage).

Kraft, Thomas: Der Blues von der Antike, Literatur und Kritik 297/298 (1995) 85-86.

Längle, Ulrike: Michael Köhlmeier (geb. 1949): Der Europäische Niemand, in: Bernhard Fetz/Klaus Kastberger (Hrsg.), Der literarische Einfall. Über das Entstehen von Texten (Profile, 1), Wien 1998, 177-183.

Merkel, Inge: Eine ganz gewöhnliche Ehe. Odysseus und Penelope, Salzburg/Wien 1987.

Riedel, Volker: Antikerezeption in der deutschen Literatur vom Renaissance-Humanismus bis zur Gegenwart. Eine Einführung, Stuttgart/Weimar 2000.

Romberg, Bertil: Studies in the Narrative Technique of the First Person Novel, Stockholm/Uppsala 1962.

Rothschild, Thomas: Michael Köhlmeier: *Telemach*, Wespennest 101 (1995) 110-112.

Seiler, Christian: Beruf: Erzähler, profil 28, Nr. 21 (27.5.1997) 99-102.

Stanzel, Karl-Heinz: Zeitgenössische Adaptionen der *Odyssee* bei Inge Merkel, Michael Köhlmeier und Botho Strauß, in: Heinz Hofmann (Hrsg.), Antike Mythen in der europäischen Tradition, Tübingen 1999, 69-89.

Strigl, Daniela: Die zuverlässige Manuskriptmanufaktur, Literatur und Kritik 321/322 (1998) 89-91.

Tiefenthaler, Brigitte: Krise der erzählenden Prosa?: am Beispiel von literarischen Texten aus Vorarlberg, Diplomarbeit Innsbruck 1998.

Wenger, Wolfgang: Die Manhattan-Maschine, Salzburg/Wien 1992.

Wimmer, Edith: Die Reise in das Land ohne Wiederkehr. Das Motiv der Hadesfahrt im klassischen Epos und der modernen englischen und amerikanischen Abenteuererzählung, Poetica 46, Hamburg 1999.

Günter Kunert

Von der Antike eingeholt

Wann mein Interesse an der Antike, an ihren Mythen anhob, verheimlicht mir mein Gedächtnis. Zwar besaß ich in meiner Kindheit die *Sagen des klassischen Altertums* von Gustav Schwab, war jedoch nur von der Story mit dem Trojanischen Pferd beeindruckt. Erst sehr viel später, da ich mich längst als Schriftsteller „etabliert" hatte, brachten mich, aber nicht allein mich, die DDR-Verhältnisse auf die besagten alten Geschichten, welche sich unversehens als analogieträchtig erwiesen. Ich entdeckte den Gleichnischarakter, welcher zu dem der Lyrik wie naturgegeben paßte. Auch das Gedicht sprach ja in Bildern von dem, was, direkt und unmittelbar auszudrücken, der Intention nicht gerecht geworden wäre. Wie die Mythen sind Gedichte kunstvolle Übersetzungen von Erfahrungen, von Erlebtem und Erlittenem, von Einsicht und Erkenntnis. Innerhalb eines repressiven Gesellschaftssystems, das jede konkrete Kritik untersagte, bot das Gedicht noch den größten Freiraum. Was Sklavensprache genannt wurde, war die Verkennung der dem Gedicht eingeborenen Sprechweise: die Transformation von Realität in eine ästhetische Form – ähnlich den Mythen, die sich darum für die Dichtung als gut verwertbar zeigten. Die Verbindung ließ sich leicht herstellen und die Gegenwart in den Mantel der fernen Vergangenheit hüllen.

Ich sehe mich rückblickend gegen Ende der fünfziger Jahre auf einem schäbigen Sofa in einem hölzernen Haus auf der Insel Hiddensee liegen. Nur das einschläfernde Geräusch der schlappen Brandung ist zu hören. Befinde ich mich etwa am Pontus Euxeinos in der Verbannung wie Kollege Ovid? Seite um Seite durchstöbere ich das *Wörterbuch der Antike*, versinke für Wochen in Jakob Burckhardts *Griechischer Kulturgeschichte* und entdecke in *Zeitalter Konstantins des Großen* meinen totalitären Staat, jene Mißgeburt, hervorgegangen aus dem dritten Rom namens Moskau. Ich lese Suetons *Heldenviten*, Suetons *Kaiserleben* und Plutarch und mit Vergnügen den Vater der Geschichte Herodot, dessen teilweise fantastische Berichte mir trübe Tage „durchheitern". Außer der *Odyssee* nehme ich mir dicke Schwarten über die Ökonomie der Stadtstaaten vor, gedenke dankbar der *Kriege des Altertums,* herausgegeben vom

Militärverlag der DDR, das einzig lesbare Buch dieser obskuren Institution. Folgt *Aischylos und Athen* über die Entstehung des Schauspiels, folgt *Die Wahrheit der Mythen* und von Jeanne Hersch *Das philosophische Staunen* und nicht zuletzt und mehrfach die *Götterlehre oder Mythologische Dichtung der Alten* von Karl Philip Moritz, wobei hier das gesamte Personal in römischer Verkleidung auftritt. Alles nutzbringendes Material. Und ich erlaube mir ganz unehrfürchtig mit den Stoffen nach meinem Gutdünken umzugehen und sie meinen Absichten und Vorstellungen entsprechend, zu ge- oder zu mißbrauchen. Dem Dichter ist ja nichts heilig, nicht einmal die Dichtung.

So verwandelte ich die Geschichten und Episoden und Figuren für meine Zwecke, für Gedichte und für Prosatexte. Doch ich war nicht der einzige Literat, der sich aus diesem schier unerschöpflichen Fundus bediente. In den sechziger und siebziger Jahren hatte die Antike Hochkonjunktur in der DDR. Von Heiner Müller bis Karl Mickel bezogen die Autoren das Angelesene aufs Aktuelle, gezielt auf die Gesellschaft, den Staat, um durch die unvergängliche Blume der uralten Legenden ihre Sicht der trüben Dinge einem erwartungsvollen Publikum mitzuteilen. Die erstaunliche Wiedergeburt der schon halb vergessenen Überlieferungen, dieses grandiosen Erbes, gehört zu den halbwegs positiven Seiten der dumpfen und verdummenden Diktatur. Mit dem Ende der DDR fielen die Mythen erneut in ihren Dornröschenschlaf zurück, zumindest für Schriftsteller, die nun Klartext reden konnten, ohne dafür beargwöhnt oder belangt zu werden. Dieser Gewinn an Freiheit freilich bedeutet, der unabschaffbaren Dialektik zufolge, zugleich einen Verlust. Denn der Leser, auf den Widerspruch „seiner" Dichter gegen das System aus, welch ersteren auf hinterhältige Weise die Antike nähergebracht, und er somithin zur Entschlüsselung, zum Nachforschen eingeladen wurde – dieser Leser ist nun den Mühen des sich Kundigmachens, des sich Bildens enthoben und darf leichterdings (und vielleicht aufatmend) an der globalen Indolenz teilhaben.

Januar 2000 Günter Kunert

Wolfgang Maaz

Berlin – Kunerts Antike

für christine d.

Es könnte hier ein großer Zettelkasten mit Belegmaterial zu antiken Themen ausgeschüttet werden, so zu Prometheus, Orpheus, Herakles, Nessos, Iuppiter, Diana, zu Ikarus, Pygmalion, Laokoon, Kassandra, Nausikaa, Sisyphos, Midas, zur Cumäischen Sibylle, zu Dryaden, Nymphen und Grazien, zu Homer, Herodot, Herostrat, Alexander und Konstantin dem Großen, zu Atlantis, Troia, Priene, Ephesus, Gordion, Ruginium, Caere, Baiae, Pompeji, Paestum und Leptis Magna, zu Catull, Vergil und Ovid. Ist doch die Antike in Kunerts Œuvre, das, wenn der zweite von Nicolai Riedel herausgegebene Band der *Günter-Kunert-Bibliographie* erschienen ist,[1] mehr als 6.000 Werk-Nummern enthält, geradezu omnipräsent.

Aus dieser Zettelkasten-Perspektive würde sich die systematische Frage nach Kunerts Verständnis zu antiken Autoren, Mythologemen und Erzählstoffen sowie zu Benutzungsmodi in der viel allgemeineren verflüchtigen, was Kunert über die Antike weiß, sich durch Lektüre angelesen und assimiliert hat. Ohne Kenntnis antiker Autoren und Mythologeme ist eine gelingende Kunert-Lektüre nicht zu haben. Dies setzt ein Lesepublikum voraus – in der DDR, der alten und neuen BRD –, das die antiken Münzen konvertieren kann und will bzw. konnte und wollte. Allerdings ist Kunerts Schreiben ausdrücklich nicht Leser-intendiert. Schreiben ist ihm vielmehr Selbstgespräch, Selbsttherapie:

> Nein, ich habe keine Absichten. Was ich da schreibe und sage, ist an mich adressiert, ich befinde mich in einem Prozeß des ständigen Mir-selber-Klarwerdens über diese Dinge (Köbernick 1992, 106). Meinetwegen kann man es Selbsttherapie nennen. Es ist der Versuch, mit der Welt und mit sich selber fertig zu werden (ebda. 104). Und das Schreiben ist ein ständiges Sich-selber-Befragen, das nicht ohne Schmerzen geschieht und vielleicht gerade darum Wiederbelebung bewirkt (ebda. 105)

---

1 Nicolai Riedel (1987). Der zweite Band wird 2002 erscheinen.

Soweit diese Zitate aus dem Gespräch *Zeit für einen langsameren Untergang* mit Karin Köbernick. Das bekannte Dictum Benns, der lange Strecken seines Lebens in Berlin verbrachte, trifft in besonderem Maße auch auf Kunert zu: „Die ganze Menschheit zehrt von einigen Selbstbegegnungen".

Die poetische Anverwandlung und erzählerische Integration antiker Stoffe und Motive vollzieht sich nachweisbar im gesamten Œuvre Kunerts, dessen Formenvielfalt vom epigrammatischen Kurzgedicht – hier sei nur an das so folgenreiche, in „Sklavensprache"[2] formulierte Epigramm von 1962/63 erinnert: „Als unnötigen Luxus / herzustellen verbot, was die Leute / Lampen nennen, / König Tharsos von Xantos, der / von Geburt / Blinde", was unter anderem zur Anklage ideologischer Diversion auf dem VI. Parteitag 1963 führte[3] –, über Erzählgedichte, Sonette in klassischer Form, Kurzprosa, Denkbilder, Essays, Erzählungen, Hörspiele, Filme[4] (*Vom König Midas*, 1961/62 entwickelt und verfilmt), Reiseberichte (*Der andere Planet*, Berlin/Weimar 1974; München 1975; *Ein englisches Tagebuch*, Berlin/Weimar 1978), bis zu einem Roman *Im Namen der Hüte* (München 1967; Berlin/DDR 1976), ferner einem Theaterstück *Futoronauten* und zur Autobiographie *Erwachsenenspiele* (München 1997) reicht. Kunerts schriftstellerisches Handwerk und seine stets wechselnden Techniken erinnern an ein altes Widerstandsgebot, wer viele Spuren legt, ist nicht zu fassen. Es sind jedoch Spuren, die zu Vernunft, Klarheit, Integrität und persönlichem Mut sowie zu fast ungebrochener Arbeitskraft führen. Als die Folgen der Biermann-Ausbürgerung vom 16.11.1976 – Kunert gehörte bekanntlich zu den Erst-Unterzeichnern der Biermann-Petition vom 17.11.[5] – zum „seelischen Absterben" (Ews [430]) führten, zog Kunert in einem Akt der Selbstverteidigung und Selbstbehauptung Ende 1979 von Berlin/Buch nach Schleswig-Holstein.

2 Mayer (1967) 387; s. auch Mayer (1979) 78. Hinter dem Geographicum „Xantos" verbirgt sich Kunerts Hinweis auf den ‚Äsop-Roman', wonach Äsop, der Erfinder der Sklavensprache, als Sklave dem Philosophen Xanthos gehörte, s. Niklas Holzberg *Die antike Fabel*, Darmstadt 1993, 85–86. Das Gedicht ist abgedruckt in DuG (75) und VdW (21). Flores (1971) 285 weist auf das pseudoetymologische Wortspiel „Luxus" – ‚lux' hin.

3 Zu dieser Kampagne s. Ews (244–253). Neben Kunert waren Stephan Hermlin, Peter Huchel und Peter Hacks Ziel einer langanhaltenden Revisionismus-Kampagne. Hacks, wegen seines Theaterstücks *Die Sorgen und die Macht* angeklagt, mied fortan Gegenwartsstücke und bevorzugte antike Stoffe.

4 Zum Verbot der Filme *Fetzers Flucht* und *Monolog für einen Taxifahrer* 1962 s. Ews (253–256), und Günter Agde (Hrsg.): *Kahlschlag. Das 11. Plenum des ZK der SED 1965. Studien und Dokumente*, Berlin 1991, 105–116; s. auch Ews (253–256, 358–359, mit einer Liste aller zensierten Filmprojekte).

5 Berbig/Born (1994) passim.

Die Biographie Kunerts ist gekennzeichnet von Blessuren der fast tödlichen, rassistischen Ausgrenzung, der Demütigung, Unterdrückung und Zensur,[6] bis er als 50jähriger Berlin verläßt.

Kunerts Bezug zur Antike soll hier an der Matrix ‚Berlin' exemplifiziert werden, ist doch dieser Konnex in Lyrik und Prosa mehr als evident. Eine Art Schlüsselstellung haben in letzterer der hier nicht zu behandelnde autobiographisch gefärbte Roman *Im Namen der Hüte* (1967), in unmittelbarer Nachkriegszeit spielend, und die Erinnerungen *Erwachsenenspiele* (1997), die bis zum Verlassen der DDR im Oktober 1979 reichen.

Kunerts Berlin-Bezug ist der „zentrale Ort seiner katastrophischen Geschichtserfahrung".[7] Die Thematisierung Berlins ist bereits von Keith Bullivant[8] und Elke Kasper[9] analysiert worden. Die Situierung Berlins im Kunertschen Horizont antiker Mythologeme zu untersuchen, dürfte eine vorläufige Ersterkundung sein.

Vorweg seien einige Hinweise auf Kunerts Quellen und vor allem auf seine Einstellung zum Mythos erlaubt. Kunert hat, wie er in dem diesem Beitrag voranstehenden Text mitteilt, neben Gustav Schwabs *Sagen des klassischen Altertums* (in der Kindheit), die *Götterlehre* des Karl Philipp Moritz[10] „mehrfach" gelesen, daneben auch Kurt Hübner, *Die Wahrheit des Mythos* (München 1985), und George Thomson, *Aischylos und Athen* (Berlin/DDR 1957). Seine Lektüren gelten der *Odyssee*, Herodot, Plutarch und Sueton. Ausdrücklich verweist er auf die Hilfsmittel *Wörterbuch der Antike*[11] und in seinem Caere-Text *Morpheus aus der Unterwelt* (BStB [74]) auf den *Kleinen Pauly*, diesen ausführlich zitierend. Erwähnt sei noch „F. W. Putzgers *Historischer Schul-Atlas*, Bielefeld/Leipzig 1928, Achtundvierzigste Auflage" im Essay *Mein Lieblingsbuch* (WS [209–210]). Jacob Burckhardts *Griechische Kulturgeschichte* und *Das Zeitalter Konstantin des Großen*[12] hinterlassen Spuren: „entdecke (...) meinen totalitä-

6 Ernst Wichner/Herbert Wiesner (Hrsg.): *Zensur in der DDR*, Berlin 1991, 64–65, 91, 137, 139; Elmar Faber/Carsten Wurm (Hrsg.): *Das letzte Wort hat der Minister. Autoren- und Verlegerbriefe 1960–1969*, Berlin 1994, 114–131; s. ferner Durzak (1992) 195–198.

7 Wehdeking (1999) 143.

8 Bullivant (1995) 223–234.

9 Kasper (1995) 155–178.

10 *Götterlehre oder Mythologische Dichtungen der Alten. Zusammengestellt von Karl Philipp Moritz*, Leipzig 1966 (Berlin 1791).

11 *Wörterbuch der Antike mit Berücksichtigung ihres Fortwirkens*, hrsg. von Hans Lamer, Leipzig 1933 (Stuttgart ^{9}1989).

12 Jacob Burckhardt *Griechische Kulturgeschichte*, Basel 1898/1902; ders., *Die Zeit Constantins des Großen*, Basel 1853/1880; zu dieser Lektüre s. auch Ews (187–188): „Und ich schlängele mich selber in die Gegenwart, ihre Fundamente kennenlernend, indem ich Jacob Burckhardts ‚Zeitalter Kon-

ren Staat, jene Mißgeburt hervorgegangen aus dem dritten Rom namens Moskau". Im selbstidentifikatorischen Gedicht *Märkischer Konstantin* (DkA [105]) imaginiert Kunert bereits 1975 seine künftige Ausreise („Hier / bist du nicht mehr sicher. Wechsle / den Glauben und errichte / dein Reich anderswo").

Er konterkariert hier seine gerade zitierte Einsicht, die übrigens auch der russische Lyriker, Essayist und Nobel-Preisträger (1986) Joseph Brodsky teilt, der in seinem Essay *Flucht aus Byzanz* Konstantin den Großen wegen der Preisgabe der kulturellen Tradition des Westens kritisiert und untergründige Verbindungen zwischen dem Zweiten Rom im „Delirium und Schrecken des Ostens"[13] und dem Dritten Rom sieht. Hat Kunert 1975 in seiner Bucher Selbstimagination noch lyrisch verschlüsselt das halbfeudale, diktatorische DDR-Regime kritisiert, so prophezeit 1977 der Text *Byzanz* (Co [96]), den byzantinischen Bilderdienst auf Erich Honecker hin historisierend, die kommende Implosion der DDR:

> Als eines Herbsttages im Amtsblatt das Bild der Majestät gleich in dreizehnfacher Ausfertigung erschien, da empfanden selbst die Auguren hinter den abbröckelnden Tempelmauern ein Grauen vor solcher Hybris und zugleich eine unbestimmte Ahnung, daß Byzanz, obwohl der Kaiser es versprochen, nicht ewig werde bestehen bleiben können. Das ganze System, gebunden an eine Person, würde mit derselben zusammen völlig metaphorisch (...)

Und im vorläufig letzten Gedichtband *Nachtvorstellung* (1999) heißt es in *Vergeßlichkeit* (37): „Zeit löscht die Namen / im Hirn. Wie bloß hieß / der letzte byzantinische Kaiser? und / der erste Generalsekretär? / Mnemosyne, du Ungetreue, / hast mich verlassen." Das Zeitalter des Großen Konstantin ist bekanntlich 1989 unerwartet friedlich zu Ende gekommen.

Es ist durchaus imponierend, mit welcher Selbstverständlichkeit Kunert, beider alten Sprachen nicht mächtig, über mehr als 2000 Jahre hinweg eine Traditionslinie antiker Mythologeme zieht, diese in ihrer Komplexität und Mehrschichtigkeit einer kritischen Gegenlektüre unterzieht und auf diese Weise einen gemeinsamen Bildungshorizont etabliert, von dem Stephan Hermlin durchaus positiv gesagt hätte, er sei „spätbürgerlich".[14]

---

stantins des Großen' als Wegweiser benutze. Die Strecke von Byzanz bis Moskau, fatal gewordenes Wort, ist kurz."

13 Brodsky (1991) 349; s. auch Kunerts Notiz zum „byzantinischen Erbe" (NaA [15]). Bereits in seinem Roman (INdH [10]) charakterisiert Kunert Berlin als „weströmischerseits, byzantinischerseits durch Wächter geteilt".

14 Hermlin bekannte sich in der Rede *In den Kämpfen dieser Zeit* vor dem VIII. Schriftstellerkongreß der DDR (1978) zu den kulturellen Leistungen des europäischen Bürgertums, auch zu denen der

Aus welchen Sekundär-Quellen sich Kunerts Antike-Kenntnisse speisen, kann hier nicht erörtert werden. Kunerts Lese-Pensum von Kindheit an – er bezeichnet sich als „kindlichen Oblomov, der unaufhörlich schmökert und alles Gedruckte in sich hineinfrißt" (Ews [18, 102]), sein Schulbesuch beschränkt sich auf „seltene Gastspiele" (Ews [19]) – war und ist immens. Ich verweise nur auf Kleist, Heine, Kafka, Tucholsky, Werfel, Heinrich Mann, Walt Whitman, Baudelaire, Montaigne, Céline, Bloch, Benjamin, Szondi oder Theodor Lessing (siehe auch Kunerts Autorenliste in ML [5–7, 11]). Mit sekundären Lesefrüchten ist trotz des bereits zitierten Statements von Kunert stets zu rechnen. Kunert hat erst spät über sein Verhältnis zum Mythos reflektiert, so in den Bänden *Die letzten Indianer Europas* (1991) und in *Der Sturz vom Sockel* (1992).[15]

Rückblickend definiert Kunert den Mythos in Anlehnung an Hans Blumenbergs *Arbeit am Mythos* (1979) als unaufhörliche Interpretationsarbeit unseres menschlichen Daseins (Indianer [32]). Wie Blumenberg den Fortschrittstolz der Aufklärung, der Vernunftreligion der Moderne, beschneiden will, so hat später Odo Marquard mit seinem *Lob des Polytheismus*[16] den theologischen Monomythos des Christentums ebenso kritisiert wie den des Marxismus. Mythen transportieren nach Kunert (Indianer [43–45]) zum einen das Versprechen von Erlösung, z. B. aus meist unverdientem Leid (*Odyssee*), zum anderen die Botschaft einer unerschütterlichen Teleologie, z. B. das Proletariat als Prometheus oder Herakles. Unsere innige Teilhaberschaft an Literatur beweist zudem, so Kunert, insofern unsere Mythengebundenheit, daß unser tägliches, recht alltägliches Leben dadurch erst erträglich wird, daß wir es zu unserer Lektüre in Beziehung setzen. In einem reziproken Prozeß wird uns die Illusion vermittelt, wir hätten ‚mehr' gelebt, wir hätten an Lebensfülle gewonnen. So reichert der Mythos, der keine individuelle Physiognomie, keine widersprüchliche subjektive Entwicklung, sondern nur Typen, diffuse Gestalten und Masken kennt, unsere Vorstellungen mit deren Leere und unser Sinnverlangen mit Fleisch und Blut an (Indianer [33]). Wie die analogieträchtigen Mythen sind für Kunert Gedichte „kunstvolle Übersetzungen von Erfahrungen, von Erlebtem und Er-

Ära des Spätbürgertums, „die, vielen Voraussagen zum Trotz, seit nahezu einem Jahrhundert nicht enden will" (*Tintenfisch* 14, 1978, 32–36, hier 34): „Ich bin ein spätbürgerlicher Schriftsteller, was könnte ich als *Schriftsteller* auch anderes sein". Zur kulturpolitisch prekären Situation in diesem Jahr s. Berbig/Born (1994) 198–199.

15 In den Essays *Der Schlüssel zum Lebenszusammenhang. Literatur als Mythos* und *Auf der Suche nach dem verlorenen Halt* (Indianer [28–35 und 42–45]) und *Mythos Deutschland* (StvS [57–67]).

16 Odo Marquard *Abschied vom Prinzipiellen. Philosophische Studien*, Stuttgart 1982, 91–116, hier 99–106.

littenem, von Einsicht und Erkenntnis" (s. den vorangehenden Text von Kunert). Innerhalb eines repressiven Gesellschaftssystems, das jede konkrete Kritik untersagte, bot das Gedicht, in seiner Transformation von Realität in eine ästhetische Form den Mythen mehr als ähnlich, noch den größten Freiraum. So bedauert Kunert in seinen Frankfurter Poetik-Vorlesungen im Jahre 1981 *Vor der Sintflut. Das Gedicht als Arche Noah* (1985) das Absterben der mythischen Vorstellung von der spirituell belebten Umwelt und das Verschwinden der heiligen Personifikationen, wie der Nymphen und Dryaden, indem er auf den Ruf „Der große Pan ist tot" nach dem Sieg des monomythischen Christentums verweist (VS [12–13]). Diese Trauer macht Kunert im Gedicht fest, dem die Fähigkeit der Witterung, der Vorahnung, der Prophetie eignet. Hier verweist Kunert auf Kassandra, deren Schicksal „jene Gedichte erleiden, in denen Zukunft wie Zukunftlosigkeit schon stattfinden" (VS [10]). Kunert kritisiert im Kontext dieser Reflexionen sein Gedicht *Erst dann* aus seinem Debüt-Band *Wegschilder und Mauerinschriften* (1950, 16), dessen Didaxe und „gedankliche Simplizität mich über Jahre und Jahrzehnte hinweg verfolgt hat, mit der Hartnäckigkeit von Erinnyen" (VS [33]). Erst als seit Mitte der fünfziger Jahre sein Gedicht „seinen ‚Lehrauftrag' verloren habe", wechselt dieses den Adressaten, es bezog sich vielmehr nun auf den Autor selbst und diente der Selbstverständigung, „ohne jedoch den Leser auszuschließen, der möglicherweise in der gleichen Lage war" (VS [38]). Exakt in dieser Zeit der Individuation, in der sich die Kluft zwischen dem Einzelnen und der Gesellschaft rapide vergrößerte, fließen nicht nur in Kunerts Gedichte und Prosatexte immer häufiger mythologische und historische Figuren, Episoden und Geschichten ein.

Der Mythos, um es auf eine griffige Formel zu bringen, lag über der DDR-Literatur der 60er und 70er Jahre wie eine aus der Antike aufziehende Schattenwolke, aus der diverse Finsternisse blitzartig erhellt wurden und gelegentlich Hagelschauer niedergegangen sind. Wie angestrengt und verkrampft sich die DDR-Literaturwissenschaft dieser Hageleinschläge zu erwehren versuchte, zeigt z. B. die Lektüre des ersten Kapitels *Erbetheoretische und rezeptionsgeschichtliche Fragen* in Volker Riedels *Antikerezeption in der Literatur der Deutschen Demokratischen Republik.*[17]

„Berlin ist mir Vaterstadt und der Nabelort meiner Welt, von dem aus ich zu meinem Zirkelgange ausgegangen, um dahin zurückzukehren", dieses Chamisso-Zitat findet sich (1978) in dem für Kunerts Berlin-Verständnis zentralen Text *Das immer ungeschriebene Buch* (Co [133–137]). Nur in diesem Buch, al-

17 Riedel (1984) 1–20.

len wahren Schmerz des Autors ausdrückend, könnte „anstelle einer völlig vernichteten materiellen wie geistig kontemporären *Berlinität* (Hervorhebung W. M.), deren vergangenes, reicheres Wesen wiederhergestellt werden" (Co [136]).

Bereits seinen Eintritt in diese Welt, in Berlin, „wo es am berlinischsten ist: in der Chausseestraße in einem Haus neben dem Dorotheenstädtischen Friedhof" situiert Kunert auf der ersten Seite seiner Autobiographie (Ews [9]), die bezeichnenderweise mit *Der Bücherschrank* beginnt, antikisch, leitmotivisch anspielungsreich:

> Zwischen den Stelen, den Sarkophagen und antikisierenden Säulen, zwischen Hegel und Fichte werde ich im Kinderwagen umhergeschoben. Den Kinderwagen bewegt, im Auftrage meines Großvaters, Frau Michaelis. Das heißt, zur Zeit unserer gemeinsamen Ausfahrten ins Reich des Thanatos ist sie erst sechzehn Jahre alt.

David Warschauer, der Großvater mütterlicherseits, wird später deportiert und umgebracht. Dieses scheinbar belanglos ironische Herbeizitieren antiker Bildungsstücke setzt sich in Kunerts Autobiographie fort. Der pyromanische Knabe wirkt bleischmelzend als „Hephaistos am Herde" (Ews [31]), die Familie entsetzt sich (Ews [30]) „als antiker Chor im Hintergrund" über den ungeratenen Bengel. Eine präpubertäre Liebesepisode, es findet ein Kleidertausch statt, mit einer zwölfjährigen „schweigsamen Sylphide", die als „minderjährige Venus Kallipygos" bezeichnet wird, stört deren Mutter als „Erinnye". „Wir werden den beiden nie mehr begegnen. Sie wandern wie alle anderen in den Tartaros" eines Vernichtungslagers (Ews [38–39]). Bei späteren Besuchen „nicht jugendfreier Filme", während der zahlreichen Deportationswellen der jüdischen Berliner (seit Oktober 1941), hört Kunert „statt des Gesangs" aus den „einladenden, appetitlichen Lippen" Margot Hielschers „die Sirene, Fliegeralarm" verkündend. Und zu guter Letzt gerät er an „Evelyn Künnecke, die Verführerin, die Kirke" (Ews [55]).

Ich breche hier eine lange Kette von weiteren die Antike evozierenden Belegstellen ab, ohne jedoch die zweimalige ironische Selbststilisierung Kunerts zu verschweigen: einmal als „ruhmloser Gladiator" (Ews [265]), der in den ZK-Saal einzieht, wo die ‚Große Aussprache' zwischen Partei („Lemuren", Ews [263]) und Künstlern und Schriftstellern nach dem VI. Parteitag 1963 einstudiert wird, zum anderen als säkularisierter Märtyrer auf der Parteiversammlung des Berliner Schriftstellerverbandes im Januar 1977, wo es zum Partei-Ausschluß des Erstunterzeichners der Biermann-Petition kommt:[18] „Aschermitt-

18 Berbig/Born (1994) 215–234.

woch im ‚Großen Haus', im Gebäude des ZK der SED (...). Dann beginnt der Circus Maximus mit der Opferung jener, die sich dem Götzendienst verweigern" (Ews [399]). Kunert ist Bürger verschiedener untergegangener und untergehender ‚Berlins'. 1929 geboren, ist er sechs Jahre alt, als er unter die sog. „Nürnberger Gesetze" fällt, sechzehn, als Berlin brennend untergeht, zwanzig, als die DDR gegründet wird, fünfzig, als er die DDR auf Dauer verläßt und sechzig, als die DDR implodiert (*Allerneueste Atlantis-Hypothese*: „[...] Plötzlich war Atlantis / nicht mehr da. Die große Flut aus / dem großen Frust [...] Ein russischer Furz hatte die Atmosphäre / vergiftet. Atlantis ade!", NV [20]). Aufgrund dieser Vita dürfte jede Zeile, die Kunert publiziert, politisch sein.

Marsyas in Berlin/DDR

Eine der größten Schreckphantasien des Menschen ist, seine Haut und damit seine Identität zu verlieren. Ovid hat bekanntlich im 6. Buch der *Metamorphosen* (V. 382–400) die Schindung des Marsyas durch Apollon als Ich-Spaltung inszeniert (Quid me mihi detrahis? – „Was ziehst du mich mir ab?", klagt Marsyas). Ist der Mensch enthäutet, ist er nurmehr eine große Wunde, er löst sich geradezu in seiner Umgebung auf, wie der geschundene Satyr in den gleichnamigen Fluß. Um den Widerspruch zwischen Kunst und Macht mythologisch zu illuminieren, haben Zbigniew Herbert und Thomas Brasch den Marsyas-Mythos, eine der schrecklichsten Bestrafungsgeschichten der antiken Mythologie, in zwei großartigen Texten herangezogen.[19]

Ohne jemals Marsyas zu erwähnen, nutzt Kunert (1972) den Mythos im gegenläufigen Sinn, wenn er in *Berliner Gemäuer* (TiBua [214–219]) von einem Haus in der Linienstraße in der Spandauer Vorstadt (Berlin-Mitte) erzählt, in dem der bereits erwähnte nach Theresienstadt deportierte Großvater wohnte. Zunächst wird bei der Schilderung des berüchtigten ‚Berliner Zimmers' eher beiläufig ein apollinisches Detail erwähnt: „den ganzen Tag über muß das Licht brennen, sonst wird der Raum sogleich zur Grotte undelphischen Orakelns darüber, ob man selber nicht bloß eine Ausgeburt des Hauses sei" (TiBua [218–219]). Der Text schließt mit einer dramatischen, auf der eigenen Identität insistierenden Confessio:

19 Zbigniew Herbert *Inschrift. Gedichte aus zehn Jahren 1956–1966*, hrsg. und übertragen von Karl Dedecius, Frankfurt am Main 1967, 28 (*Apollo und Marsyas*); Thomas Brasch *Rotter. Ein Märchen aus Deutschland*, Stuttgart 1977, 82–86 (*Der Zweikampf*); s. auch Franz Fühmann *Der Geliebte der Morgenröte*, Rostock 1978, 39–62 (*Marsyas*).

> Wollte mir jemand die Haut, die ich zu allen möglichen Märkten trage, abziehen und gegen das Licht halten, er entdeckte weder die üblichen Stempel noch die verbrauchten Symbole, Brandenburger Tor und Funkturm, aber statt dessen etwas wahrhaft Wesentlicheres: ein altes animalisches Haus (TiBua [219]).

Auf der Vordringlichkeit der eigenen Erfahrung und Imaginationskraft zu bestehen und eine Sprache zu schreiben, in der sich Freiheit und Würde kristallisierten, dies ist der staatssozialistischen Macht und ihren Verwaltern stets ein Dorn im Auge gewesen. Das Insistieren auf der je eigenen Imaginationskraft, die sich zudem aus ideologisch schlecht faßbaren antiken Mythologemen speist, half einen Freiraum des inneren Resistierens zu schaffen.

Paradigmatisch für einen solchen Raum dürfte der kurze Text *Refugium* (Co [36]) sein, der (1978) ebenfalls auf das Marsyas-Mythologem rekurriert und den Ikarus-Mythos[20] aufruft:

> In die Sprache sich zurückziehen: in Sicherheit. Sich bedecken mit Wörtern bestimmten Ausdrucks, aber ungeahnter Abfolge, Schicht um Schicht, bis diese sich mit der Epidermis unauflöslich verbinden, so daß, wer mich sprachlos haben wollte, zum Schinder würde, der mir die Haut abzieht: ihm bliebe von uns beiden nur das Skelett: Grammatik und Knochen, leblos und furchterregend.
> Ich ziehe mich zurück in das Federkleid schwebender aufsteigender Sätze, die ganz sacht anheben, flattern wie die Hand, die sie schreibt, um über ihrem eigenen Inhalt zu kreisen: Ikarus, durch die hitzige Verleugnung ikarischen Auftrags zu seinen Häuptern stets in Gefahr.

Mehrmals kommt Kunert im Gedichtband *Abtötungsverfahren* (1980), der ein bitteres Resümee seiner späten DDR-Jahre darstellt, auf den Widerspruch zwischen der Repressalien und Zensur ausübenden Macht und dem der Ich-Spaltung ausgelieferten Schriftsteller auf das Marsyas-Mythologem zurück, so im Sphragis-Gedicht *Der Dichter beim Abdecker* (Abv [92]):

> Vergossen verflossen und aufgewischt
> die traditionelle Flüssigkeit
>
> Nun spannen Haken an der Wand
> seine Haut
> zum Markte getragen vordem
> und zurück ohne Kurswert

20 Zur poetischen Rezeption des Ikarus-Mythos bei Kunert s. Birgit Lermen *„Über der ganzen Szenerie fliegt Ikarus". Das Ikarus-Motiv in ausgewählten Gedichten von Autoren aus der DDR*, in: Dieter Breuer (Hrsg.): *Deutsche Lyrik nach 1945*, Frankfurt am Main 1988, 284–305; Elke Mehnert *Rezeption antiker Mythen in der DDR-Literatur. Zum Beispiel Daidalos und Ikaros* (*Deutsch als Fremdsprache*. Sonderheft 1988, 11–14).

Sorgfältig sind seine Gebeine
geborgen
für kulturelle Anlässe
etwa den Auftritt von Vollzugsbeamten
denen sie dienen

Aus dem geöffneten Leib
ist die Fülle unvollendeter Werke
entfernt
Nur noch ihr Geruch
hängt im Raum

In der üblichen Emailleschüssel
die Hirnmasse
bereits entfaltet
zu völlger Asymmetrie
das feine Netzwerk wie zerrupfte Schrift

dargeboten von den Händen
des Abdeckers
die letzte Präsentation
die gelingt

Die Ovidische Passage (V. 387–391) ist durchaus als Subtext mitzulesen:[21]

> Während er noch schrie, wurde ihm die Haut oben über die Glieder abgezogen, und alles war eine einzige große Wunde: Überall strömt Blut hervor, offen liegen die Sehnen da, und ohne Haut pulsieren die bebenden Adern. Man könnte im Innern die zuckenden Organe und an der Brust die durchscheinenden Fibern zählen.

Der Hinweis auf die „traditionelle Flüssigkeit" und der Blick ins Innere, dem die „unvollendeten Werke" entnommen werden, finden sich bei Ovid, während die Geordnetheit der inneren Organe und der Fibern durch die Asymmetrie der Hirnmasse, die einem gestörten Text gleicht („das feine Netzwerk wie zerrupfte Schrift"), ersetzt wird. Die veristische Beschreibung Ovids wird im Schreckbild vom staatlichen Abdecker, der den gehäuteten, ausgenommenen Dichter „für kulturelle Anlässe" in gelungener Präsentation darbietet, gespiegelt.

Ehe der Dichter zum Abdecker kommt, imaginiert sich Kunert als ein anderer Prokrustes in *Resümee* (Abv [44]): „Zwischen den Hälften / einer gebor-

---

21 Nach der Übersetzung von Michael von Albrecht *Ovid. Metamorphosen in deutsche Prosa übertragen*, München 1981, 137.

stenen Stadt / das Leben verschlafen / sehenden Auges nach alter Manier / gemütlich im Widerspruch ruhend / in jedermanns Streckbett // (...) von meinen blinden Brüdern geschlagen / mit währendem Fleiß / mitten durch mich hindurch." Dieser Brüder ist noch zu gedenken. Auf die alte deutsche Rechtsstrafe des Schinden und Scherens rekurriert Kunert im Poem *De profundis II* (Abv [63]): „Wo mein Körper lebt / kann mein Kopf nicht leben / (...) / Wieder ein Attila / mit dem Anspruch auf Ewigkeit // Sein Reich verläßt man nur gegen Lösegeld / zahlt mit Haut und Haar / Lieb und Leben / oder etwas Salz / in Säulenform".

Beiwege sei noch auf einen bitter-ironischen Selbstvergleich mit einer verstümmelten antiken Statue im Gedicht *Standhaftigkeit* (Abv [9]), das der drohenden Selbstversteinerung[22] und dem eigenen Absterben im realen DDR-Sozialismus eine Absage erteilt und auf der Inkorrumpierbarkeit des eigenen Standpunkts beharrt, hingewiesen:

„Untergehen / wie antike Skulpturen / wäre vielleicht heroisch gewesen // Nach Verlust der feineren Glieder / abschweifender Extremitäten / zerstört bis auf den Rumpf / und den unseligen Kopf / (...) / den Besuch eines Dichters / dringlich erwartend in etwa / zweitausend Jahren // Nur aus Mangel / an soviel Zeit habe ich gestern / mein Leben geändert / nur um meinen / Standpunkt zu wahren / den drohenden Sockel / verlassen".

Im Gedichtband *Nachtvorstellung* (1999) rekurriert Kunert im Gedicht *Der Zauberkünstler* (NV [32]) nochmals, diesmal den Identitätsverlust hervorhebend, auf den Schindungsakt, genauer auf den Schinder:

Er rief mich auf die Bühne
und zog mir sämtliche Bücher
aus dem Kopf. Dann benutzte er
mein Gesicht als Maske. Und meine Hände
zum Grüßen und Schütteln und Stehlen.
Er entkleidete mich
der Haut und wendete das Innere
nach außen, eine organische Tapisserie.

In diesen verschlüsselten, hoch affektischen Marsyas-Reminiszenzen geht es weniger um einen Wettstreit mit einer göttlichen bzw. gesellschaftlichen Instanz, sondern um individuelle Standhaftigkeit gegen kollegiale Dummheit und staatliche Bevormundung. Die skythischen Handlanger seien ausdrücklich ge-

22 Zu diesem Motiv bei Kunert s. Schönau (1981) 137–139.

nannt. Auskunft geben Kunerts *Erwachsenenspiele* und die umfangreiche Dokumentation von Joachim Walther, *Sicherungsbereich Literatur* (1996).[23] Es handelte sich um die DDR-Germanisten Edith Braemer (Univ. Rostock), Hans Jürgen Geerdts (Univ. Greifswald), Hans Koch (Univ. Leipzig) (Ews [247–258, 417]) und um die Kulturfunktionärin und Literaturwissenschaftlerin Renate Drenkow (seit 1978 Abteilungsleiterin im Bereich Literatur-, Musik- und Kunstwissenschaft der Hauptverwaltung „Verlage und Buchhandel"),[24] ferner um die Kulturfunktionäre Alexander Abusch[25] und Roland Bauer[26] und schließlich um die Schriftsteller-Kollegen in IM-Verkleidung, die Lyriker Paul Wiens (IM ‚Dichter'),[27] Uwe Berger (IM ‚Uwe')[28] und Heinz Kahlau (IM ‚Hochschulz')[29], sowie den Hörspiel- und Filmautor Günther Rücker (IM ‚Günther').[30]

Im Verlagsbereich sind zu nennen Hans Marquardt (IM Hans', Leiter des Reclam Verlags Leipzig),[31] Jürgen Engler (IM ‚Jürgen'), Literaturwissenschaftler und Redakteur der *neuen deutschen literatur*,[32] und Günter Schubert (IM ‚Albert Richter'), Kunerts Lektor im Aufbau und Eulenspiegel Verlag,[33] sowie Fritz-Georg Voigt (IM ‚Kant'),[34] Verlagsleiter im Aufbau Verlag.

Eine besondere Facette der DDR-Antikerezeption stellen übrigens die IM-Decknamen dar, die sich bei Walther (882–887) finden: „Argus", „Hyronimus" (sic), „Korona", „Merkur", „Muse", „Pegasus", „Pergamon",[35] „Remus" und „Rubianus" (eventuell nach dem Erfurter Humanisten Crotus Rub*e*anus). Ku-

---

23 S. dazu Günter Kunert *Das Schwein ist kein besserer Künstler*, in: *Frankfurter Allgemeine Zeitung* (9.10.1996) 41.

24 Walther (1996) 276, 321, 572, 796-797; Ews (417).

25 Berbig/Born (1994) 132.

26 Berbig/Born (1994) 133; Ews (305, 398).

27 Walther (1996) 596–598, 603; Ews (299).

28 Walther (1996) 312; Ews (368, 387-388).

29 Walther (1996) 483–486; Ews (263).

30 Walther (1996) 288–289, 616; Ews (311–312).

31 Walther (1996) 789–791; Ews (433).

32 Walther (1996) 592–594.

33 Walther (1996) 770–773; Ews (311–312).

34 Walther (1996) 767–770; Ews (371).

35 Der von 1968 bis 1989 besonders aktive IM ‚Pergamon' ist (nach Walther 1996, 583–584, 647) Wolfgang Tilgner, Texter der DDR-Rock-Gruppe *Puhdys*, zeitweiliger Leiter des für die DDR-Literaturszene wichtigen Lyrikclubs Pankow und Catull-Nachdichter (*Die Locke der Berenike. Sämtliche Gedichte des Gaius Valerius Catullus*, Leipzig 1968), s. Riedel (1984) 192, 284; Katja Solbrig *Wolfgang Tilgner und Hans Laessig. Zwei Leiter – Zwei Profile*, in: Roland Berbig (Hrsg.): *Der Lyrikclub Pankow*, Berlin 2000, 103–128, hier 104–115.

nert seinerseits erwähnt ironisch (Ews [426]) einen „Genossen Argus", der eine ‚offene Observation' Kunerts vor der West-Berliner Akademie der Künste in „auffälliger Beschattung" durchführt. Die antikisch inspirierte Namensgebung von sog. „Operativen Bearbeitungen" (OV/OPK) innerhalb der überwachten Literaturszene der DDR läßt sich ebenfalls bei Walther (377–382) nachweisen, so „Hydra", „Ikarus", „Mentor", „Sophist", „Pegasus", „Lyra" und „Nymphe".

Die einschlägigen gegen Kunert gerichteten, bisweilen existenzbedrohenden Vorwürfe der Kultur-Bürokratie, der gesteuerten Presse-Angriffe samt der zahlreichen IM-Berichte, IM-Gutachten und der in den Akten des MfS lagernden Notate lauten von 1958 an geradezu topisch: „sehr miesmacherische Tendenz" (Ews [200]), „subjektivistisch-egozentrische Vorbehalte", „verschwommen und abstrakt" (247), „politisch-moralische Falschmünzerei" (248), „Schematismus", „lebensfremde, snobistische Gedichte" (251), „die literarischen Arbeiten (...) sind gekennzeichnet durch Pessimismus und ‚Verfremdung des Menschen im Sozialismus' und richten sich gegen die ideologischen Grundlagen unserer Gesellschaftsordnung" (so Oltn. Schiller, Hauptabteilung XX/1, 7. Mai 1969; 301), „politisch schwankender und labiler Mensch" (so im Operativplan ‚Benjamin'; 311), „feindlicher ideologischer Inhalt" (314); IM ‚Uwe' (i. e. Uwe Berger) in einem Gutachten über den Gedichtband *Unterwegs nach Utopia* (München 1977), der in der DDR nicht mehr erschien: „rechts-reaktionäre Position", „in literarischem Gewand systematisch und (!) haßvoll", „snobistisches Gehabe", „absoluter Pessimismus", „schwarzer Nihilismus spätbürgerlicher Herkunft" (387-388).

Schriftsteller, auch Wissenschaftler, sind keine Helden.

> Held wird man aus einer bestimmten persönlichen Disposition oder aus Verzweiflung, aus Hoffnungslosigkeit. (...) An dieser Hoffnungslosigkeit hat die SED vier Jahrzehnte erfolgreich gearbeitet. Vier Jahrzehnte, in denen Versprechungen nicht eingehalten wurden, sondern in eine üble Mischung aus Betrug und Repression mündeten.[36]

Den oben erwähnten topischen Wertungen der geheimen Informanten des „Sicherungsbereichs Literatur", die der machtgestützten Hermeneutik des Verdachts verpflichtet sind, seien noch einige publizierte Zitate zur Einschätzung der Kunertschen Antike-Rezeption hinzugefügt, die tendenziell erstere literaturwissenschaftlich absichern:[37]

---

36 Wolfgang Thierse *Helden aus Verzweiflung. Die DDR – eine Geschichte der enttäuschten Hoffnungen*, in: *Frankfurter Allgemeine Zeitung* (7.10.1999) 14.

37 Alle Zitate bei Riedel (1984); Riedels aktualisierte Kunert-Würdigung ist von derartigen ideologisch-parteilichen Wertungen purgiert, s. Riedel (2000) 376–378. In seinen sonstigen Publikationen, die seit 1996 gesammelt vorliegen, geht Riedel nur beiwege auf Kunert ein, s. Riedel (1996) 423.

> Kunerts Ikaros-Rezeption entwickelt sich also von einer Bejahung des Helden (...) über eine Verabsolutierung der tragischen Züge hin zu einer generellen elegisch-melancholischen Absage. Diese pessimistische Ikaros-Deutung (...) [111]; ein Ausbau der problematischen Züge [der Kunertschen Ikarus-Interpretation] bis hin zu geschichtspessimistischer Interpretation [117]; schon mehrfach zwei unterschiedliche Tendenzen: (...) neben einer konkreten Sozialkritik Züge eines universalen Geschichtspessimismus [125].

Im Gedicht *Geschichte*, mit einer Sisyphus-Evozierung und einem Brecht-Zitat endend, „hat Kunert (...) einen Grenzpunkt sozialistischer Antikerezeption erreicht“ (ebda.); zum Gedicht *Das Forum* von Volker Braun:

> dieses düstere Bild (...) droht, solange das Gedicht für sich allein betrachtet wird, über eine sozial bestimmte Kritik hinaus zu universellem Pessimismus zu führen und an die bedenklichsten Seiten der Kunertschen Antikerezeption anzuknüpfen [180]; in der Dichtung Günter Kunerts (...) droht eine nicht nur im Prinzip, sondern in vielen Fällen auch bei ihm legitime kritische Haltung sich zu einem pessimistischen Weltbild auszuweiten [209].

Troia – Berlin

Kunert besitzt neben seiner ‚geographischen Kompetenz‘, in Berlin, dieser immer aufs neue versinkenden *pars pro toto* der deutschen Geschichte, geboren zu sein, eine weitere katastrophische Kompetenz in seiner Herkunft. Er entstammt einer jüdischen Mutter und einem sog. ‚arischen‘ „ergo schutzverleihenden“ Vater (Ews [69]). Mit dem Leben entkommen zu sein, ist ein Glücksfall im finstersten Kapitel des letzten Jahrhunderts. Und gerade Schriftsteller wie Kunert – es sei hier z. B. an ungarische Autoren wie Peter Nadás, István Eörsi oder Imre Kertész erinnert – können helfen, daß das kommende Jahrhundert auf solche ‚Glücksfälle‘ nicht mehr angewiesen sein wird.

Im Zentrum seiner poetischen, erzählerischen und essayistischen Bestandsaufnahme steht immer wieder Berlin:

> Berlin war von Beginn meines Schreibens an Anlaß und Thema, und ich bin, entgegen aller meiner nachgereichten gegenteiligen Beteuerungen und Beschwörungen, nie gänzlich davon losgekommen. Der Ort erwies sich für mich als das, was Kafka Prag zuschrieb: Als ein ‚Mütterchen mit Krallen‘ (...) Anstelle der deportierten Verwandten und Bekannten, der vom Krieg Getöteten, blieb als ihr Denkmal die Metropole selber, blieben ihre Ruinen, ihre Reste zurück. Eine Art Erbe, das ich sehr früh, nämlich bereits 1947, schreibend antrat. Die spurlos Verschwundenen hatten mir ihre zerbrochenen Häuser, die zerstörten Straßen, die Plätze ihrer einstigen Anwesenheit hinterlassen, und ich spürte ihnen anhand der Relikte nach. Berlin wurde dergestalt zu einem Spiegel, der illusionär das Porträt der Toten bewahrt hatte, und in dem ich mich gemeinsam mit ihnen ab-

bildlich wiederfand. (…)
Mein Berlin hat eher Traumcharakter, und ich gestehe, daß kein Monat vergeht, in welchem ich nicht durch die unvergeßbaren Straßen tatsächlich ‚schlafwandele'. (…) Berlin war für mich die Quersumme erlittenen und intensiven Daseins.

So Kunert in *Der Stoff, aus dem Gedichte sind* (in: *Akzente* 40/1, 1994, 102–104).

Kunert hat immer wieder aufs neue sein Verhältnis zu Berlin definiert, die zitierten Passagen von 1994 enthalten *in nuce* die wesentlichen Elemente seiner Berlin-Erfahrungen.[38]

Diese Traumstadt, in der er nächtlings in Lyrik wie in Prosa ambuliert, ist antikisch grundiert, bevölkert und situiert. Berlin wird mit dem untergegangenen Vineta, Atlantis und immer wieder mit Troia verschmolzen. Es liegt auf dem Grunde der Vergangenheit, vom Vergessen überspült: man kann es nicht wieder wie etwa Pompeji ausgraben (BW [43]). „Der Besuch im versunkenen Berlin ähnelt einem Besuch im Jenseits, wo bekanntlich die Eigenart herrscht, daß man dort weder recht lebendig noch recht tot ist. Und daß die einzige Existenzweise die der Schatten ist" (BW [43]).

Im Gedicht *Berlin – paläontologisch* (Bb [44]) heißt es: „Hier liegen alle Sedimente offen: / In Schichten wird Geschichte präsentiert". Und in *Kunert lesen* (117) schreibt Kunert zu seinem autobiographisch gefärbten Roman *Im Namen der Hüte* (1967): „haufenweise Erinnerungen, troianische Schichten, unter denen, trägt man sie sacht ab, die Stadt zu finden ist, bewohnt von höchst eigenartigen Wesen: von uns selber also".[39]

Ein wesentliches Konstitutionselement der Erinnerungsarbeit Kunerts ist die Beschwörung der Toten am Rande des Hades, am Rande eines imaginären, aber äußerst wirkungsmächtigen Berlin, das nur bei den Toten lebende Wanderer imaginieren können.

Der Blick durch die Lupe (ItW [66–67]) verhilft Kunert zum „Abstieg oder Einstieg in einen schwarzweißen Hades", um die Gesichtszüge der deportierten Verwandten wiederzufinden. Auch in *Fotografie II*, einem kurzen Prosatext (Co [12]), wird der Hades evoziert: „Wie auf einem frühen Foto von Daguerre stellten sich die Alten die Bewohner des Hades vor (…) Der Aufenthaltsort der Abgeschiedenen von einst versank durch Unglauben und kehrte erst durch die Technik" der Bromsilberplatte wieder. „Ein rechteckig begrenzter Hades / den

38 S. jetzt auch Günter Kunert *Selbstinterpretationen*, in: Edwin Kratschmer (Hrsg.): *Humanum Literatur. Internationale Jenaer Poetik-Vorlesungen*, Erlangen/Jena 2001, 107–146, hier 119–124 (*Schreiben über Berlin*); s. ferner das Interview mit Janson/Rosenthal (1989) 131.

39 Günter Kunert *Zu meinem Roman „Im Namen der Hüte"*, in: Krüger (1979) 115–117, hier 117.

du manchmal abends betrittst" heißt es folgerichtig in *Fotoalbum II* (UnU [66]). Seine Hörspielarbeit zu Dürer, Kleist und Heine (EaK [122]) interpretiert Kunert ebenfalls als eine „Art Geisterbeschwörung des 20. Jahrhunderts. Es ist, als riefe man die Verstorbenen aus einem Hades zurück". In einer Notiz vom 09.02.1992 (Fundstücke [16]) bedauert er, daß es keine Kommunikation mit seinen Toten gibt: „Wir steigen zu ihnen in den Hades hinab, wo sie die stets gleichen Bewegungen vollführen, das stets Gleiche wiederholen, in stets gleicher Umgebung, stets gleich gekleidet". In der insistierenden Betrachtung *Der Fachmann* (WS [75–99, hier 98]) zu den Memoiren von Albert Speer charakterisiert Kunert dessen so gut wie einzige Berliner Hinterlassenschaft, die ‚Speerplatte' (ein Fahrzeugabstellplatz des sog. Baustabes Speer) in Charlottenburg-Nord als „eine Hades-Landschaft, trübselig und hoffnungslos".

Am Styx wird paradigmatisch eine alltägliche Kindheitserinnerung (Golem [57]) situiert: „In einem Wäldchen / nahe Berlin und fern zugleich / gewesenen Tagen. Mein Vater / schnitzt ein Boot aus Borke / (...) / Der Bach trägt es fort. / Er nimmt meinen Vater mit / und das Wäldchen / und die ganze Stadt und am Ende / noch den Erdenrest / in vollkommener Klarheit."

In einer weiteren antikisch verarbeiteten *Kindheitserinnerung* (Frd [13]) wird die bereits oben erwähnte Lupe zum „Danaergeschenk":

Ein Danaergeschenk
das Vergrößerungsglas: Fremdartiges
Fleisch der eigene Daumen. Und
bei Sonnenschein gar
mitten aus der Buchseite heraus
begann es zu brennen:
Wie späterhin Häuser und Straßen.
Wie Anverwandte so weit fort
daß ich nicht einmal
was vom Rauch sehen konnte
durch das Dachbodenfenster
betroffen
von soviel Aussichtslosigkeit

Dieses Troia-Berlin, das von Kunert immer wieder beschrieben wird als „unergründliches Labyrinth" (*Berlin*, Abv [43]), „in dem unterzugehen, es keines Minotaurus bedurfte" (so über das untergegangene Scheunenviertel am Alexanderplatz, Unort [9]), ist bevölkert von feuergeschwärzten, brustfreien „Karyatiden, die durch Krieg und Zerstörung unverhofft aus ihrem dekorativen Dasein zu antikem Auftrag gelangten: den Himmel zu tragen" (TiBua [52]). Deren Aufgabe kann auch der funktionslos gewordene Atlas am Alex nicht mehr erfüllen („Der Atlas auf Wertheims Warenhaus am Alex hatte den Globus verloren und folgte seinem Sturz“, BStB [168]).

Jenes Troia-Berlin erinnert Kunert, als einen zweiten Odysseus am Rande der Unterwelt, an den Beginn der Homerischen Nekyia (*Odyssee* 11, 23–35) in *Elegie* (Bb [15]): „Wir waren wie Schatten anderer / jedesmal und unfaßbar. / An meinem Ohr winselten / Gespenster die ich zum Leben erweckte / die ich immer wieder in den Urgrund / zurückstieß“. Im Gedicht *Trödelkeller* (Bb [28]) läßt dieser die Erinnerung suchende Odysseus das Gestern erstehen: „Aus dem Gestern das es nicht mehr gibt / quillt immer noch Gerümpel. / (...) / In ihrer Flasche die Barke / nimmt Kurs auf den Korken. / Altertümliche Luft bläht die Segel. / Wir sind an Bord und verwürfeln / die Zeit. Scylla und Charybdis tragen jetzt / Pseudonyme: ‚Stutzuhr‘ und ‚Samowar‘.“

Daß Troia in der Tat ein wesentliches Konstruktionselement des Kunertschen Berlinbildes darstellt, zeigen die beiden Gedichte *Keine Neuigkeit aus Troja* (UnU [72]) und *Mein Troja* (Stl [33]), in denen jeweils Kassandra auftaucht – es sei an die oben zitierte unheimliche Möglichkeit des Gedichtes erinnert („Es besitzt die Fähigkeit der Witterung, der Vorahnung, der Prophetie“, VS [10]):

Wer
einen Traum wahrmachen will
zerstört jeden Traum
gestand Kassandra sterbend
Aber
was vom Bekenntnis der Wahrheit
auf Erden verbleibt
ist mir fremd
nichts Menschliches

Erbrochenes Blut
ein Farbfleck
das Wegwischen
nicht wert

In einem Akt der „Repristination“ (*Das immer ungeschriebene Buch*, Co [135]) wird Kunerts Traum-Berlin in *Mein Troja* traumatisch im doppelten Sinn aufgehoben. Das einstmals unbeschädigte Berlin wird ebenso evoziert wie Kassandra, die das Brennen der Stadt prophezeit hat. Dieses momenthafte Aufglühen einer unzerstörten Stadt thematisiert „die unerhörte Nähe“[40] Kunerts zu Berlin, auf die noch zurückzukommen ist:

40 Kasper (1995) 159.

Die Tragödie schlief noch
in den Steinen der Stadt:
Ruhevoll standen die Theater
Universitäten und Schlösser
Aussichtstürme Museen Kolonaden
Kaufhäuser Kirchen
Die Synagogen und Cafés
die Rathäuser und Kammergerichte
die Fabriken und die Mietskasernen
Remisen Lauben und Schuppen
und dazwischen gingen die Menschen
umher wie in einer Legende
ehe der letzte Satz gesagt ist:
Einmal noch leuchteten sie auf
in einem altertümlichen Glanz
um brandig nachzuglühen
wie Kassandra gewußt

Der Synagogen wird übrigens fast unmerklich durch die Großschreibung des Artikels besonders gedacht. Die Beschwörung des untergegangenen Berlins dürfte der Avantgarde der herrschenden Klasse, der Partei und ihrer Kultur- und Wissenschaftselite, inflammiert vom Aufbau- und Fortschrittsglauben,[41] stets ein Dorn im Auge gewesen sein.

Berolinas Liebhaber

Kunerts unerhörte Nähe zu seiner Stadt entfaltet sich in der wiederkehrenden Allegorie der heute längst entschwundenen Stadtgöttin Berolina, deren „üppige Pracht" einst auf dem Alexanderplatz Kunert beeindruckte, die aber „im Kriege zu Munition verarbeitet und über ganz Europa verstreut wurde" (BStB [168–169]) und deren „Sockel am Alex in den Nachkriegsjahren noch dagewesen ist, beklebt mit Befehlen des Stadtkommandanten Bersarin" (TiBua [136]). Die „Stadtgöttin", Kunert nennt sie auch des öfteren altphilologisch korrekt Tyche,[42]

41 Z. B. Riedel (1984) 14, 213.
42 S. den Artikel „Tyche", in: W. H. Roscher *Ausführliches Lexikon der griechischen und römischen Mythologie*, Band 5 (1916–1924) Sp. 1361–1380.

> sorgte mit kräftigen Knüffen dafür, daß (sc. in Berlin) Gleichgültigkeit sich gar nicht erst entwickelte. Man könnte sagen, es handelte sich hier um eine Muse besonderer Art, deren Küsse wohl eher Kopfnüssen glichen als zarten Inspirationen (ItW [178]).

Dieser Muse besonderer Art ist Kunert früh verfallen, wie er sich im Gedicht *Alexanderplatz einstmals* (NV [57]) in Erinnerung ruft:

> Unter ihrer Mauerkrone
> erhaben auf einem Sockel
> Madame Berolina.
> Der mächtige Leib hochgerüstet,
> bronzenes Fleisch im Übermaß,
> vom Kettenhemd zusammengehalten, befleckt
> vom Taubenkot die Schulter, das Antlitz
> wie von eingetrocknetem Sperma
> eines übereifrigen Jupiters.
> Mißlungener Zeugungsversuch
> eines heroischen Geschlechts.
> Nachlässig erhoben ihr rechter Arm,
> ein ausgestreckter Finger zeigte
> auf mich, sooft ich
> in ihre Blickachse geriet.
> Keinen andern, wußte ich, meinte
> die Riesin, dem Fantasten
> monströse Details versprechend.
> Abgründe, Berge, erstarrte Wogen.
> *Du bist mein immerdar!*
> Der imperativen Geste
> verfiel ich sogleich. Dann aber
> stieß Mars sie vom Sockel
> und ließ mir den leer und
> traumlos zurück.

Diese erotischen Konnotationen lassen sich auch biographisch aktivieren, spricht doch Kunert in *Bekanntschaft mit einem Verwandten*, d. h. Heinrich Heine, (WS [182–186, hier 184]) – ich verweise hier nur auf Heines „hochbusige", kallipygische Stadtgöttin Hammonia (*Deutschland, ein Wintermärchen*, Caput XXIII-XXVI[43]) – von „häufigen Mädchenbekanntschaften" und von „der sexuellen Anarchie der Tage am Massengrabrand" der unmittelbaren Nachkriegszeit. Und in *Ich-Berlin* (BStB [172]) wird die Ruinenstadt Berlin selbst realiter,

43 Heinrich Heine *Sämtliche Schriften*, Band 7, hrsg. von Klaus Briegleb, München/Wien 1976, 630–641.

fast realiter zur Geliebten: „Ja, ich führte manche meiner vielen Freundinnen in solche Abgeschiedenheit, um mich dort mit ihr zu paaren". In *Gedenktag im Mai* (Bb [13]) heißt es verschlüsselter: „Während ringsum / die Häuser in Schutt sanken / Asche fiel wie schwarzer Schnee / (...) / (...) Wie nie vorher / paarten sich Männer und Frauen / rücksichtslos gegen Gebote (...)".

> Heute scheint es, es sei in solchem urtümlichen Akt etwas Atavistisches und unbewußt Magisches aufgebrochen. Als hätte sich da einer auf diese Weise körperlich mit der gestürzten Metropole vereinigen wollen, um ihr neues Leben einzuzeugen, sie physisch zu spüren, sowie die Antike Tod und Wiederauferstehen in ihren geheimen Mysterien darstellte und gleichzeitig zu erleben meinte. Ich kehrte mit meiner jeweiligen Eurydike immer unbeschadet ans Licht zurück (BStB [172]).

Hier wäre nur andeutungsweise die Erzählung *Wie das Leben beginnt* zu erwähnen (TiBua [247–254]): Zwei Siebzehnjährige, ähnlich ruinensüchtig wie Kunert (1946), lieben sich in zerbombten Kellerräumen. Da sich beide niemals umwenden – der Orpheus-Mythos wird auch hier auf den Kopf gestellt –, wird das Mädchen von einem Strom von Ratten (= Vergangenheit) getötet, während dem Jungen die Flucht ins Freie gelingt.[44]

Die lyrische Parallele zu den erwähnten erotisch-sexuellen Affektionen lautet in der bereits erwähnten *Elegie* (Bb [15]): „Mit dem Abend zusammen / schlich ich in die Ruinen / um das weithin verschollene Gestern / wiederzutreffen und begegnete nur / willigen Leibern. Schutt / unser Bett. Umarmungen ehe / die Mauern endgültig einstürzten. / (...) / Mit keiner anderen / hatte ich es zu tun / als der Stadt selber / als ich noch ihr Liebhaber war. / Bevor Beton sie befiel / ruchlos und babylonisch / verhüllt vom Staub". Die Gebirge von Schutt, Asche und Rauch, hinter denen die meisten Angehörigen Kunerts – geholt vom „Ins-Nichts-Beförderer, (dem) Staats-Charon" (INdH [80]) und „Minotaurus, bedeutete SS-Streife" (INdH [50]; s. auch Unort [9]) – verschwunden waren, sind für ihn nicht allein Anlaß zur Verzweiflung, sondern auch stärkster Antrieb zu kreatürlicher Zuversicht gewesen. Die Literarisierung des Erlebten in den vergangenen fünfzig Jahren – *Wegschilder und Mauerinschriften* war 1950 im Aufbau Verlag erschienen – ist auch eine Suche nach der verlorenen Zeit, in der das Traum-Berlin Kunerts sich bis zur Unkenntlichkeit verändert hat: In seiner *Totenbeschwörung* (Bb [42–43]) ist Kunerts Troja „der unfaßlichen Masse des Staubes erlegen". Aus dem „Fleisch im Übermaß" (*Alexanderplatz einstmals*, NV [57]), aus der „monströse Details" versprechenden Tyche Berolina ist eine „vergraute schöne Helena / ohne Aussicht auf Wieder-

44 Dazu s. Jonsson (1978) 56–58.

belebung / auf Rückkehr Schliemanns" geworden. Im Modus der gegenläufigen Benutzung des Mythos projiziert Kunert im Gedicht *Berolina* den sonst die eigene Identität fixierenden Marsyas-Mythos auf die Metro-Polis. Bedeutet Hautlosigkeit nach Roland Barthes „die besondere Sensibilität des liebenden Subjekts, die es verwundbar macht, den leichtesten Verletzungen bis ins Innere ausgesetzt",[45] so wird hier die gehäutete Geliebte ebenfalls gegenläufig als nekrotisch erlebt. Ein schärferer Blick auf eine schmerzhaft beendete Symbiose dürfte kaum denkbar sein (Bb [31]):[46]

Meine Geliebte erschien
umströmt von einem
seltsamen und muffigen Geruch.
Als ich ihr die Haut
abzog merkte ich erst
wie lange sie tot war.
Reglos nahm sie mich auf.
Ich spürte die Last
der Dächer auf meinem
Rücken und wie ich immer
mehr in sie einsank.
Später berührte ich Wurzelwerk
verkrampft in sich und starr.
So verhielt ich eine ziemliche Zeit
vielleicht ein Leben
bis ich mich losriß
und durch kaum beleuchtete
Korridore entkam.

Im Titelgedicht *Berlin beizeiten* (Bb [10]) heißt es resümierend:

Reichhaltig dich nennen:
Ein unaufhaltsamer Traum:
Alles Gewesene möge
in übernatürlicher Beleuchtung
wiedererstehen.
Einstmals in der Versengung
verschwunden kehrtest du
verwandelt zurück: Als Schlüsselwort
Als Versprechen Als Täuschung

---

45 Roland Barthes *Fragmente einer Sprache der Liebe*, Frankfurt am Main 1984, 124.

46 Kasper (1995) 160–161.

Als unversöhnliche Erinnerung
Metropole gemütlichen Verzweifelns
blinder Umarmungen und
ernüchternder Trunkenheit.
Hier wurde ich geboren
mit dem unvergeßlichen Wissen
man sterbe an den Folgen.
Hier habe ich mein Leben abgetan
Samen spurlos verstreut
mich freigekauft mit Fersengeld.
Beizeiten und doch zu spät
entsprungen dieser verstörten versteinten
Matrone
durch die ich von Jugend an
ein Opfer meiner fünf Sinne
geworden bin.

Kunerts fünf Sinnen ist ein beeindruckend großes Œuvre, das von der Antike imprägniert ist, zu verdanken. Seine fälschlich als pessimistisch geschmähte Lyrik und Prosa dokumentieren als Gegenlehre den eigentlich optimistischen Glauben an die Literatur, d. h. ein für alle Mal den Glauben an den Menschen. Wo dieser Glaube vernichtet, ‚vergast' worden ist in den Todesfabriken, wo Städte stillschweigend eines Teiles ihrer Bewohner beraubt wurden und diese allein noch in den Tag- und Nachtträumen lebendig bleiben, hatte auch die Kunst keinen Ort mehr, will sie doch den Dingen des Lebens eine Signatur geben.[47] Ähnlich wie sein träumender Sisyphos (TiBua [28]) hat Kunert den Wunsch, den Tod zu überwinden, nicht aufgegeben.[48]

Kunerts Schreiben, auch sein intensives Herbeizitieren, Adaptieren und Variieren antiker Mythen, Gestalten, Orte, Motive und Denkbilder, ist der permanente Versuch, dagegen Widerstand zu leisten, indem er die Wirklichkeit des vergangenen Jahrhunderts beglaubigt und auf diese Weise sich (und seinen Zeitgenossen) die Chance gibt, jene zu ertragen. Gedichte handeln seit jeher von Lichtverhältnissen. Sie können Personen, Landschaften und Zeitläufte bisweilen wie Blitze erhellen. Daß sie Deprimierendes, im Dunkel Liegendes, Dunkelmänner beleuchten, ist nicht dem Licht-Regisseur anzulasten. Der Vorwurf, die Lyrik und Prosa des skeptischen Aufklärers seien Botschaften der

47 Ich greife hier Formulierungen von Peter Wapnewski auf, in: *Poeta Exul. Zu dem Abschiedsgedicht von Hans Sahl*, in: Dieter Borchmeyer (Hrsg.): *Signaturen der Gegenwartsliteratur. Festschrift Walter Hinderer*, Würzburg 2000, 69–74, hier 73.

48 Schönau (1981) 145.

Hoffnungs- und Trostlosigkeit, ist letztlich nicht triftig. Sie sind zum einen Gebilde der Kunst, zum anderen fördern sie Erkenntnis, durchdrungen von einer starken *sympátheia* für die Menschen, derer Kunert gedenkt. Helferin dabei ist immer aufs neue die antike Literatur.

Literaturverzeichnis

Siglenverzeichnis der zitierten Werke Günter Kunerts:

Abv: Abtötungsverfahren. Gedichte, München/Wien 1980.

Bb: Berlin beizeiten. Gedichte, München/Wien 1987.

BStB: Baum. Stein. Beton. Reisen zwischen Ober- und Unterwelt, München/Wien 1994.

BW: Berliner Wände. Bilder aus einer entschwundenen Stadt. In Ostberlin fotografiert von Thomas Höpker. Begleittext von Günter Kunert, München/Wien 1976.

Co: Camera obscura, München/Wien 1978.

DkA: Das kleine Aber, Berlin/Weimar 1975.

DuG: Der ungebetene Gast. Gedichte, Berlin/Weimar 1965.

EaK: Ein anderer K. Hörspiele, Berlin/Weimar 1977.

Ews: Erwachsenenspiele. Erinnerungen, München/Wien 1997.

Frd: Fremd daheim. Gedichte, München/Wien 1990.

Fundstücke: Fundstücke (aus einem ‚immerwährenden' Notizbuch), in: moosbrand. neue texte 5, Berlin 1997, 7–16.

Golem: Mein Golem. Gedichte, München/Wien 1996.

Indianer: Die letzten Indianer Europas. Kommentare zum Traum, der Leben heißt, München/Wien 1991.

INdH: Im Namen der Hüte. Roman, München 1967.

ItW: Im toten Winkel. Ein Hausbuch, München/Wien 1992.

ML: Mein Lesebuch, Frankfurt am Main 1983.

NaA: Nachrichten aus Ambivalencia (Göttinger Sudelbücher), Göttingen 2001.

NV: Nachtvorstellung. Gedichte, München/Wien 1999.

Stl: Stilleben. Gedichte, München/Wien 1983.

StvS: Der Sturz vom Sockel. Feststellungen und Widersprüche, München/Wien 1992.

TiBua: Tagträume in Berlin und andernorts, München 1972.

Unort: Ein Unort, in: Eike Geisel, Im Scheunenviertel. Bilder, Texte und Dokumente. Mit einem Vorwort von Günter Kunert, Berlin 1981, 7–9.

UnU: Unterwegs nach Utopia. Gedichte, München/Wien 1977.

VdW: Verkündigung des Wetters. Gedichte, München 1966.

VS: Vor der Sintflut. Das Gedicht als Arche Noah. Frankfurter Vorlesungen, München/Wien 1985.

WS: Warum Schreiben. Notizen zur Literatur, Berlin/Weimar 1976.

Interviews mit Günter Kunert:

Janson, Deborah/Rosenthal, Rüdiger: Verengung des Blickwinkels. D. Janson und R. Rosenthal im Gespräch mit Günter Kunert, Niemandsland 3 (1989) Heft 8/9, 128–132.

Köbernick, Karin: Zeit für einen langsameren Untergang. Gespräch mit Günter Kunert, Neue deutsche Literatur 40 (1992) 99–108.

Kunert-Bibliographien:

Riedel, Nicolai: Internationale Günter-Kunert-Bibliographie. Band 1: Das poetische und essayistische Werk in Editionen, Einzeldrucken und Übersetzungen, Hildesheim/Zürich/New York 1987.

Kasper, Elke/Riedel, Nicolai: Günter Kunert – Auswahlbibliographie 1950–1990, Text + Kritik (1991) Heft 109, 83–93.

Bibliographie:

Berbig, Roland/Born, Arne (Hrsg.): In Sachen Biermann. Protokolle, Berichte und Briefe zu den Folgen einer Ausbürgerung, Berlin 1994.

Brodsky, Joseph: Flucht aus Byzanz, in: ders., Flucht aus Byzanz. Essays, Frankfurt am Main 1991, 340–389.

Bullivant, Keith: „Und nichts mehr der zum Beschreiben". Günter Kunert und Berlin, in: Manfred Durzak/Manfred Keune (Hrsg.), Kunert-Werkstatt. Materialien und Studien zu Günter Kunerts literarischem Werk, Bielefeld 1995, 223–234.

Durzak, Manfred: Die Widerstandskraft der Literatur. Zu der Kurzgeschichte *Bericht des Zensors mit einem gewissen G.* von Günter Kunert, in: Manfred Durzak/Helmut Steinecke (Hrsg.), Günter Kunert. Beiträge zu seinem Werk, München/Wien 1992, 190–216.

Flores, John: Poetry in East Germany. Adjustments, Visions, and Provocations, 1945–1970, New Haven/London 1971.

Jonsson, Dieter: Widersprüche – Hoffnungen. Literatur und Kulturpolitik – Die Prosa Günter Kunerts (Literaturwissenschaft-Gesellschaftswissenschaft 36), Stuttgart 1978.

Kasper, Elke: Zwischen Utopie und Apokalypse. Das lyrische Werk Günter Kunerts von 1950–1987 (Untersuchungen zur deutschen Literaturgeschichte 80), Tübingen 1995.

Krüger, Michael (Hrsg.): Kunert lesen, München/Wien 1979.

Mayer, Hans: Zur deutschen Literatur der Zeit. Zusammenhänge, Schriftsteller, Bücher, Hamburg 1967.

Mayer, Hans: In der Sklavensprache. Über *Vom Dorotheenstädtischen Friedhof*, in: Krüger (1979) 76–78.

Riedel, Volker: Antikerezeption in der Literatur der Deutschen Demokratischen Republik (Veröffentlichung der Akademie der Künste der DDR), Berlin 1984.

Riedel, Volker: Literarische Antikerezeption. Aufsätze und Vorträge (Jenaer Studien 2), Jena 1996.

Riedel, Volker: Antikerezeption in der deutschen Literatur vom Renaissance-Humanismus bis zur Gegenwart. Eine Einführung, Stuttgart/Weimar 2000.

Schönau, Walter: Günter Kunerts Tagträume. Zum Motiv der Versteinerung und dem Mechanismus der Umkehrung, Freiburger literaturpsychologische Gespräche 1 (1981) 131–147.

Walther, Joachim: Sicherungsbereich Literatur. Schriftsteller und Staatssicherheit in der Deutschen Demokratischen Republik, Berlin 1996.
Wehdeking, Volker: Nachwort, in: Günter Kunert, Immer wieder am Anfang. Erzählungen und kleine Prosa, Stuttgart 1999, 139–149.

Heiner Müller

Aus: Ulrich Dietzel: Gespräch mit Heiner Müller. In: Sinn und Form 37 (1985) 1209-1210.

Dietzel: Ob das *Philoktet* ist oder ob das *Ödipus* ist oder andere Arbeiten von Ihnen, Sie zeigen Haltungen, die Sie in einen Kontext von Geschichte stellen. Es wird zwar eine einfache Schlüssigkeit: das-war-so-und-das-ist-heute-genauso vermieden, aber die vorgeführte Haltung erscheint auf dem Hintergrund von Geschichte, von nichts grundsätzlich Neuem. Sie wirkt als eine Kopie, als eine Wiederkehr des Gleichen. Eine revolutionäre Situation, wie sie im *Auftrag* als vorbei dargestellt wird, ist doch aber zugleich ein Nochnicht. Ich fand an diesem Zitat, daß es möglicherweise ein Schlüssel zum Verständnis Ihres Werkes sein könnte. Und die Frage an Sie, wäre das an den Haaren herbeigezogen?

Müller: Man muß vielleicht ein paar Sachen auseinanderhalten. Einmal diese Antikerezeption, Philoktet oder Ödipus. *Philoktet* war das erste, das hat mich sehr lange beschäftigt. Schon seit ich den Sophokles gelesen hatte, und sicher auch aus ganz autobiografischen Gründen. Dann bin ich, als ich darüber nachdachte, warum ich das mache, warum ich das schreibe, auf den Punkt gekommen, daß diese ganze antike Dramatik ja entstanden ist an einem historischen Drehpunkt, dem Übergang von der clanorientierten Gesellschaft zur Klassengesellschaft, beim Übergang von der Familie zum Staat, zur Polis. Die Konflikte bei Aischylos, natürlich besonders bei Sophokles, basieren darauf, daß der Übergang vom Familienverband zum Staat zu einem neuen Recht führt, das zu einem alten, das dann wie ein Naturrecht wirkt, in Widerspruch steht. Und daraus kommt die Kollision, daraus kommt die Tragödie. Und dann schien mir interessant, daß an einem neuen historischen Drehpunkt, wo auf dem Programm steht die Aufhebung der Klassengesellschaft, daß man diese alten Kollisionen ganz neu sehen kann, und daß es ungeheuer wichtig ist und produktiv, auf dieser neuen Drehscheibe die alte Drehscheibe anzusehen, und die Formulierung von kollektiven Erfahrungen, die in diesen Texten gegeben ist, neu zu interpretieren. Das war der Ansatz. Es war also eigentlich nicht die Wiederkehr des Gleichen, sondern unter ganz anderen Umständen die Wiederkehr des

Gleichen und dadurch auch die Wiederkehr des Gleichen als eines Anderen. Das wäre eine Differenz. Mein Interesse an der Wiederkehr des Gleichen ist ein Interesse an der Sprengung des Kontinuums, auch an Literatur als Sprengsatz und Potential von Revolution. Die andere Sache ist: ich habe genau die Illusionen gehabt wie unsere Politiker über das Zeitmaß der Entwicklung. Ich hab auch geglaubt, das geht alles viel schneller. Und dann merkt man, es dauert länger als man lebt, und dann stellt man sich darauf ein, und diese Enttäuschung führt dann zu einem anderen Widerspruch, dem Widerspruch zwischen einer individuellen Lebensdauer und der Geschichte, der Zeit des Subjekts und der Zeit der Geschichte. Und so ist dieser Widerspruch immer mehr dominant geworden in den Texten. In diesem Widerspruch leben wir jetzt. In dieser Differenz zwischen der Zeit des Subjekts und der Zeit der Geschichte. Und da kann man nun verschieden reagieren. Eine Reaktion ist die von Nietzsche. Nietzsche war für mich ungeheuer wichtig. Unmittelbar nach dem Krieg habe ich Nietzsche gelesen. Vorher eigentlich kaum. Damals war das für mich ein bißchen Gegengift gegen Entwicklungen in der damals noch sowjetischen Besatzungszone, dann in der DDR, die auf eine Egalisierung hinausgingen, also auf eine Nivellierung, die einfach notwendig war zur Verbreiterung von Niveau, als Voraussetzung für Niveauerhöhung. Aber natürlich stellt so eine Verbreiterung von Niveau, also auch von Bildungsniveau, immer die Spitzen infrage.

Wilfried Barner

„Modell, nicht Historie"*
Heiner Müller

Heiner Müllers Texte nach antiken Sujets, meist nach griechischen Mythendramen – aber *Der Horatier* etwa rekurriert auf frühe römische Geschichte[1] –, bilden aus heutiger Sicht einen vergleichsweise klar abgrenzbaren Komplex innerhalb seines Œuvres.[2] Ähnliche Gruppen bilden die von ihm selbst so genannten *Stücke aus der Produktion* oder die Stücke über deutsche Geschichte, oder auch das, was sich um Shakespeare zentriert. Natürlich gibt es Übergänge, auch Verschränkungen, besonders auffällig in *Zement* von 1973 (nach Gladkows Roman von 1925) mit den einmontierten Szenen, die sich auf Odysseus/Penelope, auf Medea, auf Herakles und auf Prometheus beziehen.[3] Weniger klar fixierbar sind die Arbeitsstadien, in denen sich Müller mit griechischen Mythen auseinandersetzt, so wie bei ihm überhaupt chronologische Orientierung bekanntermaßen schwierig, ja problematisch ist.[4] Pläne zieht er mitunter über Jahre hin, sie immer wieder aufnehmend, ja schon Publiziertes neu fassend – hierin seinem Lehrer Brecht ähnlich oder auch bewusst folgend.

Ein Gedicht *Philoktet* – ausgerechnet dieses Sujet! – entsteht bereits im Jahre 1950, als Müller einundzwanzig Jahre alt ist,[5] und die Arbeit an dem Theaterstück setzt 1958 ein, im selben Jahr, als *Die Korrektur* (zusammen mit Inge

---

* Heiner Müller über *Philoktet:* Müller (1978) 72.

1 Die Fabel dieses Lehrstücks (1968, nach dem Prager Frühling und seiner Niederschlagung geschrieben) entstammt Livius, doch das anstoßende ‚Muster' bot Brecht (*Die Horatier und die Kuratier*, erste Fassung 1934).

2 Obwohl es z. T. vorzügliche Einzelstudien gibt, fehlt noch eine gründliche Gesamtuntersuchung. Gruber (1989) konzentriert sich weitgehend auf *Philoktet, Zement* und *Verkommenes Ufer*.

3 Das Stück entsteht bereits 1972 im Auftrag des Berliner Ensembles, wird jedoch erst im Herbst 1973 uraufgeführt.

4 Das wird besonders deutlich an dem Schematisierungsversuch von Schivelbusch (1974).

5 Schon in den frühen 50er Jahren wird ein spezielles Interesse an Homer und Horaz erkennbar. Zu den frühen Studien jetzt eingehender Suárez Sánchez (1998).

Müller verfasst) im Druck erscheint und *Der Lohndrücker* uraufgeführt wird. Bevor wiederum *Philoktet* 1964 fertiggestellt und im Jahr darauf in *Sinn und Form* veröffentlicht wird,[6] beginnt bereits die Arbeit an der zweiten Fassung von *Die Umsiedlerin oder das Leben auf dem Lande*, die 1961 uraufgeführt wird. Es ist das Stück, das eine heftige Partei- und Funktionärsdiskussion auslöst und Müller noch im gleichen Jahr 1961 den Ausschluss aus dem Schriftstellerverband der DDR einträgt.

Ich erwähne diese wenigen – noch zu wenigen – Daten, weil gerade *Philoktet*, der markante ‚Vorreiter' der Müllerschen Antikenstücke, nicht selten ein wenig isoliert betrachtet wird. Es geht hier nicht bloß um textgenetische Aspekte, sondern gerade auch um solche der frühen Resonanz. Denn seit 1965 ist der *Philoktet*-Text in *Sinn und Form* zugänglich und wird diskutiert. Freilich wird er erst 1968 im Westen (im Münchner Residenztheater) erstmals aufgeführt und dann in der DDR erst Mitte der 70er Jahre.

Um den Komplex der Müllerschen Mythen-Stücke nur noch kurz anzuleuchten, sei hinzugefügt, dass schon 1964, als *Philoktet* noch nicht erschienen ist, die Arbeit an *Herakles 5* beginnt (eine Anspielung auf den Retter Herakles und auf das Opfer Prometheus baut übrigens Heiner Müller gleich in die erste Szene von *Philoktet* ein[7] – das hat kein Pendant im Sophokleischen Text). Und noch 1966 werden neben diesem Stück auch *Herakles 5* und *Ödipus Tyrann* (nach Sophokles in der Hölderlinschen Übersetzung) fertiggestellt; bald darauf wird der *Prometheus* begonnen (nach Aischylos; 1968 vollendet), und recht rasch auch *Der Horatier*.

Man kann mit einigem Recht sagen, dass die Jahre 1964 bis 1968 die wohl ‚dichteste' Periode bilden, in der sich Heiner Müller mit antiken Sujets auseinandersetzt. Aber durchzogen ist diese Phase zugleich von Arbeiten an *Der Bau*, auch an Shakespeare-Adaptationen (besonders *Wie es euch gefällt*). Von *Zement* mit den eingefügten Mythen-Szenen (1973) war schon die Rede; der nach Ithaka – zu einer inzwischen emanzipierten Penelope – heimkehrende Odysseus weist auf *Philoktet* zurück, Medea (die ihre Kinder nicht tötet, und die Jason-Figur ist die verlassene)[8] auf die späte Aufnahme zu Anfang der 80er Jahre: *Verkommenes Ufer Medeamaterial Landschaft mit Argonauten*. Aber dort steht die Mythen-Adaptation wieder in neuer Nachbarschaft, zu den Gewaltspielen von *Quartett* (nach Choderlos de Laclos) und zu *Bildbeschreibung*, dem rätsel-

---

6 *Sinn und Form* 5 (1965) 733-765.

7 Müller (1978) 10.

8 Die Figur: Tschumalow. Zur Konstellation jetzt einleuchtend Eke (1999) 95-103.

haften Text von der *Geschichte*. Die Filiationen nehmen sich jedoch in dem späten Triptychon noch diffiziler aus. Den „Macher“[9] Jason verbindet manches mit dem „Macher“ und „Intellektuellen“ Odysseus[10] im *Philoktet*. Medea wiederum, als die von Jason – mit Müllers eigener Formulierung – „kolonisierte“ Frau,[11] die mörderisch aufbegehrt und sich rächt, sie hat ihre nahen Parallelen in dem „mörderische[n] Reigen von Verführungen“[12] von *Quartett*. Auch so betrachtet, erweist sich *Zement* von 1973 als Umschlagspunkt von den bisher dominanten Männergestalten. Nicht zufällig ist *Philoktet* ein reines ‚Männerstück‘.

Das Verständnis des *Philoktet*-Textes ist von Anfang an hauptsächlich durch zwei einseitig zuspitzende Deutungen beeinträchtigt worden. Das eine geht wesentlich auf Werner Mittenzwei zurück, der unmittelbar im Anschluss an die Erstpublikation in *Sinn und Form* 1965 den Text als „Antikriegsstück“ und als „anti-imperialistisches“ Stück interpretierte und so dem düsteren Text eine positive Nuance abgewinnen wollte[13] (so wie man schon die *Troerinnen* des Euripides durchaus als ‚pazifistisch‘ verstehen kann). Einen Anhaltspunkt zu dieser Akzentuierung bei Müller bietet insbesondere die zweite „Anmerkung“ am Schluss des gedruckten Spieltextes: dass zum Schlussgesang „Bilder aus der Kriegsgeschichte projiziert werden“ können, vom „Trojanischen bis zum Japanischen Krieg“.[14] Aber das verdeckt kaum den früh auch in der DDR-Rezeption kritisierten tief geschichtspessimistischen Zug, der die mörderische Instrumentalisierung der Opfer für das Kollektiv auch etwa auf stalinistische Politik anwendbar machte. Und in der Verabsolutierung des „Auftrags“ knüpft Müller ja schon früh an Brechts *Die Maßnahme* an.[15]

Die andere, vor allem im Westen verbreitete Interpretationstendenz spricht für mehrere der Müllerschen Mythenstücke – mit *Philoktet* beginnend – vom Ausweichen aus den Querelen um die *Produktionsstücke*.[16] Das Erklärungsmuster begegnet bekanntermaßen ebenso gegenüber Mythentexten von Peter

9 So nennt ihn schon Emmerich (1986) 222.

10 Diese Deutung vertritt wiederholt Walter Jens bereits in den 50er Jahren, vgl. mehrere Beiträge in Jens (1978).

11 Müller (1986) 130; grundsätzlicher ausgeführt von Negt und Kluge (1985). Christa Wolfs Medea-Apologien gehen hier noch radikaler vor.

12 So Eke (1999) 211.

13 Mittenzwei (1965).

14 Müller (1978) 42.

15 Zu *Der Horatier* vgl. Anm. 1.

16 Ihr Zentrum wurde *Der Lohndrücker* (1956), einen anderen Höhepunkt brachte *Die Umsiedlerin* (seit 1956).

Hacks, Karl Mickel, Christa Wolf und anderen DDR-Autoren.[17] Im Fall des *Philoktet* widerspricht dieser These nicht nur das einschlägige Gedicht schon von 1950, sondern auch der Entstehungskontext des Stücks: die auffällige zeitliche Nachbarschaft von *Die Umsiedlerin*, *Der Bau* und anderen Projekten *und* der Arbeit an *Herakles 5* und *Philoktet.*

Nicht nur für Heiner Müller, aber für diesen Brecht-Schüler besonders, gilt noch ein weiterer Sinnhorizont, der bis in Diskussionen der Exilzeit unter der Hitlerdiktatur zurückführt.[18] Dass die griechischen Mythen zum großen, auch durch die Nazis nicht kompromittierbaren[19] humanen Erbe der Menschheit gehören, ist ja eine Fundamentalüberzeugung zahlreicher Autoren, wie Hermann Broch, Ernst Cassirer, auch Thomas Mann. Insbesondere ist die These ein Diskussionspunkt unter solchen, die sich als Sozialisten verstanden, wie Bloch, Brecht, Seghers, auch Horkheimer und Adorno; und das *Odyssee*-Kapitel von *Dialektik der Aufklärung* ist von der *Philoktet*-Exegese mit Recht wiederholt herangezogen worden.[20]

Es mag schon sein, dass man die Hochwertung der griechischen Mythen in der SBZ und dann in der DDR nicht zu früh und nicht zu generell ansetzen darf.[21] Eine erhebliche Hypothek lag schon in der Marx'schen Tendenz, den Mythos auf „Naturmythos" und damit auf falsches Bewusstsein zu reduzieren.[22] Und manche sowjetischen Kulturkritiker kehrten im Hinblick auf eine noch zu schaffende Literaturproduktion das ‚Nichtrealistische' der Mythen als unüberwindliches Hindernis heraus.[23] Für Heiner Müller scheint mir – und das ist ein dritter Punkt – das Muster von Brechts *Antigone-Modell* das entscheidende Stimulans gewesen zu sein: nicht zuletzt auch ein „Kriegs"-Stück, ein Geschehen im Zeichen von „Kreons Krieg", von „Hitlers Krieg" (die erste Fassung enthielt ja noch ein „Vorspiel" mit der Fixierung auf „Berlin. April 1945").[24] Der herrschenden Deutung nach besteht die ‚modellhafte' Leistung Brechts in der von ihm beanspruchten „Durchrationalisierung" des Mythos

---

17 Als enge Parallele wird meist Peter Hacks mit *Die Sorgen und die Macht* (1962) und den sich anschließenden Aristophanes-Bearbeitungen genannt.

18 Diese Linien werden in der Forschung zu Heiner Müller vernachlässigt, sie können hier nur angedeutet werden.

19 Das galt, im Zeichen insbesondere des Wagner-Kults, aber auch etwa der Thesen von Rosenbergs *Mythos des XX. Jahrhunderts* (1930), für die germanischen Mythen nur eingeschränkt.

20 Etwa von Emmerich (1986).

21 Korrekturen bei Emmerich (1987).

22 So vor allem in der *Einleitung zur Kritik der Politischen Ökonomie.*

23 Solche Vorbehalte vertrat unter den Prominenten der DDR etwa auch Anna Seghers.

24 Brecht (1965) 9.

Antigone. Doch wie sich bei genauerem Hinsehen erkennen lässt,[25] gelingt sie nur sehr eingeschränkt.

Was die Wahl ausgerechnet dieses Sophokleischen Stücks angeht, so nimmt man sie meist einfach als gegeben hin. Es ist ein spezifisches Spätprodukt des Sophokles, Jahrzehnte nach *Antigone* etwa und nach *König Ödipus* entstanden, von recht karger äußerer Handlung. Es ist keines, das weltliterarisch sonderlich Karriere gemacht hätte wie etwa *Medea* oder *König Ödipus* oder *Iphigenie* oder *Antigone* oder auch die Atridenstücke des Aischylos.[26] Die Deutung des Mythos ist schon in der Antike umstritten (die Grausamkeit der Griechen gegenüber dem verdienten eigenen Mann, sein patriotisches Pflichtgefühl).[27] Im 18. Jahrhundert gab es wenige Versuche, die Schärfe des Konflikts aufzulösen: durch Einfügung einer Liebesgeschichte (mit Neoptolemos) in einem französischen Stück (Chateaubrun, 1756), durch eine humanitäre Wendung mit Hilfe des Gottes (bei Herder, 1774/75).[28] Lessings Würdigung des ‚menschlich‘ leidenden Philoktet im Rahmen seiner „Mitleids“-Theorie im *Laokoon* (1766) hat stark gewirkt.[29] Trotz einiger Versuche besonders um 1900 (André Gide, Rudolf Pannwitz u. a.) hat es bedeutende ‚Weiterschreibungen‘ kaum gegeben. Den bemerkenswerten Versuch einer Aktualisierung im Fernsehspiel hat Walter Jens 1973 unternommen: *Der tödliche Schlag* beschwört aus der Perspektive Philoktets die Vision einer atomaren Katastrophe.[30]

Was hat Heiner Müller ausgerechnet an diesem Sujet gereizt? Man kann es andeutungsweise den zum Teil widersprüchlichen Selbstäußerungen Müllers entnehmen,[31] deutlicher noch den Umarbeitungstendenzen, die von der Forschung noch gar nicht hinreichend genau im Vergleich mit der Sophokleischen Vorlage herausgearbeitet sind.[32] Wenn man Müllers vorherrschende Interessen in den Jahren des Entstehens einbezieht, auch die „Modell“-Funktionen von Brechts *Antigone*, so ist ein Kernpunkt wohl das andauernde, die Handlung vorantreibende ‚Darüberhängen‘ des Krieges, die Imminenz des Krieges, und

25 Barner (1987).

26 Das demonstriert etwa schon Hamburger (1961).

27 Zur Umstrittenheit einzelner Helden s. auch den Beitrag von Most in diesem Band.

28 Mandel (1981).

29 Für Heiner Müller ist Lessing hier vermutlich eine wichtige Mittlerfigur gewesen.

30 Jens (1978) 331-412 (eine angeschlossene „Note“ datiert vom 1. August 1974, die Erstsendung war am 25. März 1975).

31 Das Wichtigste ist abgedruckt in Müller (1978) 71-73; hinzu kommen verstreute Interview-Äußerungen, Briefe u. a.

32 Die ausführlichste Analyse leistet die Diplomarbeit von Niederfriniger (1993), freundlich übermittelt durch Karlheinz Töchterle (Innsbruck).

dann der Sog des verlockenden, des herbeikalkulierten Sieges und endlich des Friedens. Pragmatisch geht es um die ‚Wunderwaffe', den Bogen des Herakles, der sich in Philoktets Händen befindet. Den Weg dorthin bestimmt die Intrige.

Was bei der Lektüre des Sophokleischen Stücks[33] von Beginn an ins Auge springt, ist das massiv körperliche Leiden des im doppelten Sinne verletzten Titelhelden: des einst von den Griechen als ‚unverträglich' auf der Insel Ausgesetzten, des völlig ‚Vereinsamten',[34] dessen physische Qualen auch im Original mit ungewöhnlicher Direktheit und Insistenz – auch mit dem Stöhnen und Schreien – szenisch vorgeführt werden (bei Sophokles sind dem die schrecklichen Leiden des Herakles in den *Trachinierinnen* vergleichbar). Auffällig ist die hohe Personenkonzentration, mit Philoktet, Odysseus und Neoptolemos, und sonst nur Nebenfiguren. Der Schluss des Stücks mit der von außen kommenden Lösung des schrecklichen Dilemmas durch Herakles, einen *deus ex machina*, ist bei Sophokles doppelt auffällig. Seit langem hat man gesehen, dass der Autor sich hier eines ihm im Grunde fremden Modells, nämlich dessen des Euripides, bedient.[35] Dient die gewisse ‚Mechanik' dieser Schlusswendung, der man bei Euripides wiederholt eine kritisch-aufklärerische Funktion zugeschrieben hat, im *Philoktet* ebenfalls der ‚Aushebelung' eines überholten Sinngebungsschemas?

Die entscheidenden Änderungen Heiner Müllers gegenüber der Sophokleischen Vorlage sind relativ leicht zu erkennen.[36] Es ist zunächst die Eliminierung des erwähnten Schlusses mit dem Eingreifen des Halbgotts Herakles. Stellt man in Rechnung, dass in den Stücken des Sophokles die Götter generell stärker in den Hintergrund treten – so besonders im Vergleich mit Aischylos – und selten in das Geschehen eingreifen, so verstärkt Müllers Bearbeitung durchaus eine schon vorhandene Tendenz; es fehlt dem Schluss freilich jetzt das ‚aufgesetzte' Moment, das im Sinne des Euripides auch ‚kritisch' gelesen werden konnte. Heiner Müllers Vorgehen lässt sich durchaus mit „Bearbeitungs"-Tendenzen vergleichen, die das große Vorbild Brecht in seinem *Antigone-Modell* von 1948 zeigt. Brecht spricht programmatisch vom „Herausschneiden" der Moira, der Schicksalsinstanz, die in dem Sophokleischen Text (von Hölderlin

33 Es gibt keine Hinweise darauf, dass Heiner Müller das – selten gespielte – Stück des Sophokles einmal auf der Bühne gesehen hat.

34 Er ist ein Extremfall des für Sophokles häufig als charakteristisch hervorgehobenen ‚vereinsamten' Helden.

35 Auf die einschlägige Forschung kann hier nicht eingegangen werden.

36 Gut zusammengefasst bei Kraus (1985).

übersetzt) an der Sinngebung wesentlichen Anteil hat. Nicht die Götter, nicht eine Moira, sondern die Menschen selbst verantworten das Geschehen. Diese Weise der „Bearbeitung“ ist ein Kernmoment dessen, was Brecht – und ihm folgend ein Großteil der Forschung – als „Durchrationalisierung“ des Mythos bezeichnet hat.[37] Doch genaueres Hinsehen zwingt zu Modifikationen. Die „Durchrationalisierung“ gelingt – zum Vorteil des Theaterstücks – durchaus nicht vollständig. So lässt sich etwa die religiöse Handlungsmotivation Antigones, die Pflicht, den Bruder zu begraben, nicht eliminieren (einschließlich der dazu gehörigen kultischen Handlungen), wenn nicht die Handlungsstruktur dieses Mythos zusammenbrechen soll.[38] In der Bearbeitung des *Philoktet* verstärkt Heiner Müller die Herausnahme der Götterinstanz auch auf der Aussage-Ebene der Figurenrede, etwa wenn er im Schlussteil den Titelhelden gegenüber Odysseus von „arbeitslosen Göttern“ sprechen lässt[39] – was aus der Perspektive des tief verletzten Philoktet sogar noch seine besondere Plausibilität besitzt.

Die programmatisch deutlichste Tendenzbestimmung bringt natürlich der vom Darsteller des Philoktet „in Clownsmaske“ gesprochene Prolog:[40]

Damen und Herren, aus der heutigen Zeit
Führt unser Spiel in die Vergangenheit
Als noch der Mensch des Menschen Todfeind war
(...)
Was wir hier zeigen, hat keine Moral
Fürs Leben können Sie bei uns nichts lernen.
(...)
Sie haben nichts zu lachen
Bei dem, was wir jetzt miteinander machen.

Die explizite Kontrastierung von „heutiger Zeit“ und „Vergangenheit“ im Prolog besitzt eine prinzipiell durchaus vergleichbare Parallele in dem schon erwähnten „Vorspiel“, das Brecht seiner *Antigone*-Bearbeitung vorangestellt hat, mit der Zeitangabe „Berlin. April 1945“: „Tagesanbruch. Zwei Schwestern kommen aus dem Luftschutzkeller zurück in ihre Wohnung“.[41] Das Vorspiel exponiert, ‚aktualisierend‘, die späte Kriegssituation, die Tötung des Bruders und das Wüten der SS, bevor mit der ersten Szene, bei „Tagesanbruch“, das

37 Brecht im Vorwort zu seinem *Antigonemodell 1948*, in: Brecht (1965) 68.
38 Barner (1987).
39 Müller (1978) 37.
40 Müller (1978) 7.
41 Brecht (1965) 9.

Hauptgeschehen „Vor dem Palast des Kreon" einsetzt. Während jedoch in der Brechtschen Sophokles-Adaptation das Stichwort ‚Widerstand' die entscheidende Verknüpfung von Vergangenheitsebene des mythischen Geschehens und geschichtlicher Aktualität leistet, weist der Prologredner des *Philoktet* jede „Moral", jedes Lernen „fürs Leben" mit ostentativem Sarkasmus ab. „Als noch der Mensch des Menschen Todfeind war" – das kehrt die klassische (auch Brechtische) Antithese von „Vorgeschichte" und „Geschichte" provokativ um.

Die Herausnahme des mit dem Titelhelden mitfühlenden und das Geschehen deutenden Sophokleischen Chors der Seeleute ist der Funktion nach dem Eliminieren des Schlusses (mit Herakles) verwandt. Die ‚Transzendenz' des antiken Chors vermittelte nicht nur Ansätze zu moralischer Deutung, sondern baute neben den Protagonisten noch eine Mitleids-Instanz auf. Schließlich ist die Streichung der Rolle des verkleideten Kaufmanns als einer bloßen Nebenfigur nur konsequent. Seine Späher-Funktion übernimmt zum Teil Neoptolemos.

Es entsteht ein reines Drei-Personen-Stück, das die taktischen und affektischen Fronten bis zur Überdeutlichkeit heraustreibt: das bedenkenlose Kalkül des Funktionärs und Lügners Odysseus, der selbst einst in die Kriegsmaschinerie hineingezwungen wurde (wie er selbst andeutet),[42] der weit zurückreichende „Hass" des Philoktet auf ihn, aber auch der Hass des ‚Jungkriegers' Neoptolemos auf den Chef des Kommando-Unternehmens, der ihm die Befehle erteilt.[43] Bei Sophokles ist es ein bezeichnender Zug, dass Neoptolemos gegen seine „Natur" handeln muss und diesen Konflikt auch benennt (wobei die „Natur" zugleich als vom Vater Achill ererbt gefasst wird).[44] Diesen zentralen Zug hat Müller – an mehreren auffälligen Stellen – nicht nur beibehalten, sondern noch verstärkt.[45] Sogar eine Stilisierung in Richtung eines Iphigenie- oder Antigone-Selbstbekenntnisses ist zu beobachten: „Zum Helfer bin ich hier, zum Lügner nicht".[46]

Auf der Basis dieser Beobachtungen hebe ich vier Punkte etwas überdeutlich hervor, in denen die Weise erkennbar wird, wie Müller den von Sophokles gestalteten Mythos weiterschreibt.

Der erste ist dem Begriff nach gelegentlich schon benannt worden, und zwar im Anschluss an Horkheimer/Adorno interpretiert. Der Titelheld ist, wie man

42 Müller (1978) 43.

43 Zum „Dreieck dieses Hasses" treffend Eke (1999) 108.

44 Der griechische Begriff der *phýsis* umgreift dabei das „Adlige" wie das „Edle".

45 Selbst Odysseus argumentiert hinterhältig damit: Müller (1978) 11f. (die Nuance ist bei Sophokles bereits angelegt).

46 Müller (1978) 9.

treffend formuliert hat, „aus der Geschichte ausgestoßen".[47] Er ist in diesem Sinne „Natur". Aber er ist es in einem viel unmittelbarer physischen Sinn. Ich nehme nur die Exposition dieses Helden gleich in der ersten Szene. Während Sophokles in den Eingangsversen noch auf einiges aus der Vorgeschichte verweist (damit auch Vernetzung in Bekanntes andeutet), während er Philoktet als „Poias Sohn" vorstellt und Neoptolemos als „Kinder des tapfersten Hellenen" und während ausdrücklich noch an den vorangegangenen „Befehl der Herrschenden" (vor Troia) erinnert wird, ist von Heiner Müller alles dies gestrichen.[48] Schon in der 4. Zeile nennt Odysseus als Anlass des seinerzeitigen Aussetzens hier auf Lemnos den „Eiter", der aus Philoktets Wunden „stinkend" drang, sein „Gebrüll" damals (das bald wieder Gegenwart wird, Symbol mythischer Wiederholung). Und so erscheint dann Philoktet, unverändert über die Jahre, ikonisch als Inkarnation des Schmerzes: „Der Berg ist sein Quartier", ein „Loch" ist da, eine „Laubstreu", ein Trinknapf, „Feuersteine"[49] – ein archaischer Zustand, ein vor-geschichtlicher, eine völlig isolierte, eine der Natur ausgelieferte, ihr zugehörige Existenz. Gleich im Eingang hat Heiner Müller Elemente des Sophokleischen Textes in dieser Richtung verstärkt, dafür anderes (wie das Genealogische) eliminiert.

Ein zweiter Zug, dem ersten verwandt und das ganze Stück durchziehend: das Tierische. Den Geiern ist Philoktet ausgeliefert, so wie dem gefesselten Prometheus der Adler des Zeus Tag für Tag die nachwachsende Leber wegfrisst (die Allusion auf Herakles und Prometheus begegnet – über den Sophoklestext hinaus – schon in der ersten Szene).[50] Nur der Bogen, als Waffe (mit Pfeilen und Köcher), erhält dem Ausgesetzten das Leben. Er wird präsent als Opfer, tierhaft den Tieren ausgeliefert. Von Beginn an zieht sich durch den Diskurs des Odysseus die metaphorische Konnexion von „Fisch", „Köder" und „Netz". Natürlich sind diese Lexeme auf die Strategie des Odysseus (zusammen mit Neoptolemos) bezogen. Aber sie treiben zugleich das mythisch Theriomorphe heraus, bis in die Schlussszene hinein, in der nach der Tötung Philoktets „das Volk der Geier" sich „zur letzten Arbeit" sammelt (so Odysseus zu Neoptolemos).[51] Philoktets eigene Wahrnehmung, von sich selbst wie von der Natur, ist durch diese Vorstellungswelt geprägt, der Müllersche Text verstärkt über

---

47 Schulz (1980) 75.

48 Die Details bei Niederfriniger (1993).

49 Müller (1978) 8 (das ‚Primitive' hat sein Fundament durchaus bei Sophokles; Heiner Müller spitzt den ‚Terminus' zu).

50 Müller (1978) 10.

51 Müller (1978) 39.

Sophokles hinaus diese Sinnebene, gleich beim ersten Auftreten: „Wer bist du, Zweibein? Mensch, Tier oder Grieche?“[52]

Das dritte hier hervorzuhebende Moment, theatersemiotisch eng verknüpft mit kinesischen Zeichen im Sinne Erika Fischer-Lichtes,[53] liegt in der Dreiheit der Waffenrequisiten und der Waffenmetaphorik: dem Bogen (mit Pfeilen und Köcher), dem Speer, dem Schwert.[54] Das Stück arbeitet hier mit Elementen, die im Text des Sophokles vorgegeben sind, jedoch erst bei Müller deutlich verstärkt und sozusagen strategisch eingesetzt werden. Den ganzen Text durchziehen solche Bild- und Requisiten-Isotopien, und sogar in der Pause sollen (laut gedruckter Anmerkung 1)[55] zwei Clowns „bei Saallicht mit Holzschwertern einen Kampf vorführen“. Gleich in der ersten Szene droht Odysseus (wieder über die Vorlage hinaus, ihr hinzugesetzt) dem Neoptolemos mit dem Speer. Nicht nur warnt der erfahrene Stratege den ihm als Werkzeug unterstellten Junghelden, der sich freier bewegen möchte, vor dem Pfeil des Philoktet. Er steigert: „Wenn du noch einen Schritt gehst, nagl ich dich / Mit deinem eignen Speer an diese Insel.“[56] Diese Droh-Konfrontation von Mann zu Mann, von Waffe zu Waffe ist ohne Vorbild in der Eingangsszene bei Sophokles; dort geht es Odysseus im Kern darum, den Neoptolemos gegen dessen inneren Widerstand, gegen dessen vom Vater ererbte geradlinige „Natur“ zur „List“ zu überreden. Und bezeichnenderweise zieht Heiner Müller ein bei Sophokles eher peripheres pragmatisches Motiv, dass nämlich Philoktet und Odysseus und Neoptolemos als Vornehme von Geburt zugleich Heerführer sind, ebenfalls in die Eingangsszene:

> Mit tausend Speeren ist mein Speer begabt
> Vom Zufall der Geburt, mit tausend deiner
> (...)[57]

An vier zentralen Stellen, die zugleich strukturbildend sind, begegnet dieses Bild, auf Philoktet appliziert;[58] am eindrücklichsten wird die Einheit des Helden mit der Macht seiner Speere/Männer beschworen, als er für einen Moment seinen Bogen zurückerhalten hat:

52 Müller (1978) 15.
53 Fischer-Lichte (1994) 47.
54 Hinzu kommt – peripher – der „Schild“ (Müller 1978, 38).
55 Müller (1978) 42.
56 Müller (1978) 10.
57 Müller (1978) 10.
58 Außer der zitierten Stelle: Müller (1978) 16, 32, 39.

Und tausend Speere stark geht Philoktet
Fuß über Kopf in seine eigne Leere.

Die tausend Speere, mit denen Philoktet wiederholt identifiziert wird, sind die tausend Kämpfer oder auch Ruderer (auf dem Weg nach Troia),[59] die ihm unterstanden, weiter unterstehen als ‚zeitlose‘ Größe. Sie machen seine Macht, seine Ehre aus. Er *ist*, dieser von Heiner Müller nachgerade herausgetriebenen Grundauffassung nach, diese tausend Speere. Und schließlich der Bogen: Er ist nicht nur pragmatisch das ganze Ziel der Mission von Odysseus und Neoptolemos: der Bogen, den einst der Halbgott Herakles dem Philoktet übergab und der den Griechen den Sieg bringen soll (die Weissagung selbst eliminiert Heiner Müller). Doch er ist nicht nur Philoktets Attribut. Er sichert sein Überleben im Angesicht der Geier, er *ist* seine Existenz. Die alte mythische Vorstellung, dass der Kämpfer seine Waffe *ist*, in der *Ilias* mannigfach begegnend, im Sophoklestext auch angedeutet, steigert Heiner Müller noch als theatrales Moment, und zwar in deutlich remythisierender Tendenz. Der Höhepunkt lässt sich ziemlich in der Mitte des Stücks beobachten, als Neoptolemos für einen Moment den Bogen halten darf:

(...) dein Bogen brennt in meiner Hand[60]

Das ist kein bloßes Requisit, es ist – in theatraler Deixis – ein symbolischer Gegenstand von magischer Qualität. Hier geschieht das genaue Gegenteil von „Durchrationalisierung“. Aber allein „Remythisierung“ träfe auch nicht das Spezifische. Meisterhaft demonstriert der Schluss des Stücks (reiner Müller-Text, ohne Sophokleische Vorlage) die kalte, berechnete Instrumentalisierung des Gegenstands wie des Helden, im „Tausch“: Odysseus tauscht den Leichnam des Philoktet gegen den Bogen, und Neoptolemos schultert den Toten.

Das führt zu meinem letzten ausgewählten Punkt: Körperlichkeit, physisches Leiden. Es liegt auf der Hand, dass dieses für Heiner Müllers Menschen- und Theaterverständnis zentrale Moment[61] – das ihn in vielerlei Hinsicht auch etwa mit George Tabori verbindet – an dem Sophoklestext außerordentlich gereizt hat. Der Text verrät auch hier ausgesprochene Euripides-Nähe (zum *Herakles*, zu *Medea* und anderen), so wie auch in den *Trachinierinnen* des Sophokles ähnlich der euripideischen Technik die grausamen physischen Qualen

---

59 Dass Philoktet auf der Hinfahrt der Griechen ausgesetzt wurde, wird von Beginn an präsent gehalten, schon bei Sophokles.

60 Müller (1978) 24.

61 Hierzu besonders instruktiv Teichmann (1986).

des Herakles auffällig herausgetrieben sind. Im *Philoktet* des Sophokles exponiert Odysseus zu Beginn die Leiden des Titelhelden vor Jahren, als man ihn auf Lemnos ausgesetzt hat. Der Text Heiner Müllers thematisiert das ebenfalls kurz, führt nur viel rascher in die krude Gegenwart. Von Eiter, stinkender Wunde und von Gebrüll ist die Rede, Philoktet *ist* leidender, verwundeter Körper: Das bildet seine Identität.

Schmerzanfälle und tierisch-archaisches Brüllen gehören zu den auch szenisch strukturierenden Phänomenen des Stücks. Körper und Bogen sind wie ineinander verschlungen. In der Schlussszene werden beide als – in den Augen des Odysseus – der „Not" geschuldete Trophäen nach Troia transportiert. Der Tausch auf offener Szene demonstriert das reine Objektsein, die reine Funktionalität. Und für eine „Lüge" (die den Griechen den Tod Philoktets erklärt) wird Odysseus auch sorgen[62] – da ist wieder die instrumentelle Intelligenz am Werk. Auch hierin praktiziert Odysseus Funktionärs-Identität.

Die von List, Intrige und Instrumentalisierung geprägte Kriegsmaschinerie ragt mit Odysseus – und variierend auch mit Neoptolemos – in die Philoktetwelt, in die Inselwelt hinein. In ihr dominiert, von den ersten Versen der Schauplatz-Exposition an, bis zur szenischen Realisierung und zu den vorgezeigten Requisiten, eine Eigengesetzlichkeit, die unter remythisierender Tendenz steht. Von „Durchrationalisierung"[63] kann hier keine Rede sein. Auch die theatrale Sinnlichkeit des Stücks würde damit – wie bei Brechts *Antigone* – verfehlt. Gewiss ist die rettende göttliche Instanz eliminiert. Und Heiner Müller hat bald nach *Philoktet* mit der *Prometheus*-Bearbeitung (1967/68) die Emanzipation der Menschen aus der Dominanz der Götter, der Natur auch thematisch ins Zentrum gestellt.

Doch das gilt nicht für *Philoktet*. Und *Herakles 5* (1964), nicht nur über das Thema „Gestank" (Augias-Stall) mit dem Philoktet-Stück verknüpft, rückt die emanzipatorische Tat des menschenfreundlichen Helden eher in einen komisch-grotesken Horizont.[64] Und in *Ödipus Tyrann* (1969) wird mit der Titelgestalt nicht die typologische Reihe des von den Griechen Ausgesetzten fortgeführt (dies partiell in *Zement* von 1972/73), sondern eher die Odysseus-Problematik. Norbert Otto Eke hat zuspitzend den „Theoretiker" Ödipus, den Geblendeten, als Spiegelfigur des „Praktikers" Odysseus zu bestimmen versucht.[65]

---

62 Müller (1978) 24.

63 So unter anderem Kraus (1985).

64 Zu solchen schon in der griechischen Überlieferung angelegten Tendenzen in den modernen Herakles-Adaptationen s. Riedel (1994).

65 Eke (1999) 119.

Das alles führt indes über den Typus der ersten Müllerschen Mythenbearbeitung hinaus in andere Muster, die – bei aller strukturellen Überblendung – den „Geschichts"-Stücken wie *Germania* näher stehen (aber *Zement* demonstriert schon wieder das Ineinander). Die späte Wiederaufnahme der Medea-Gestalt durch Heiner Müller in *Verkommenes Ufer* (1983) ist zwar noch durch Fundamental-Antithesen mit den frühen Stücken, auch mit *Philoktet*, verbunden. Dies betrifft etwa die Naturwelt Kolchis, aus der Medea kommt, und die behauptete „Kulturwelt" der Griechen. Jason, den „Macher", den „Kolonisator", wie ihn Heiner Müller selbst gesehen hat,[66] hat man wiederholt typologisierend mit Odysseus aus dem *Philoktet* zusammengestellt. Aber die spezifische Triptychon-Struktur von *Verkommenes Ufer* gestattet keine Konstituierung einer mythischen oder mythoiden Welt, wie sie für die Inselwelt Philoktets kennzeichnend ist. Es sind nur noch zerschredderte Allusionen, die ganz anderen Zielen dienen: der Demonstration sozialer Gewalt, zerstörter Natur, auch von lokalisierbar Gegenwärtigem („Straußberg")[67]. Medea rückt hier, was die Funktionalisierung des Mythos anbetrifft, eher in die Nähe der Macbeth- oder Hamlet-Adaptationen.

Mit *Philoktet*, dem Stück, das hier im Zentrum stand, bewegt sich Heiner Müller noch durchaus in der Nähe zu Brechts *Antigone*. Ohne dieses ‚Modell' ist es kaum zu denken. Von den westlichen Querelen um ‚Mythen' und ‚Klassik' her betrachtet, oder auch um Befreiung von ‚Klassizität', nimmt sich das Müllersche Unternehmen auffällig ‚direkt' und unaufwendig aus. Es fehlt alles ‚humanistisch' Bemühte, aber auch sich explizierender ‚antihumanistischer' Affekt im Umgang mit dem Stück des ‚Klassikers' Sophokles – außer der Entschlossenheit, den klassischen Text als „Material" zu nutzen. Zieht man in Betracht, was alles über die Jahre hin, im Zusammenhang mit der Antikerezeption an Materialumwälzung und Selbstrechtfertigung in die Öffentlichkeit gebracht wurde – etwa von Christa Wolf zuerst zu *Kassandra*, dann zu *Medea* –, so fällt der gewisse Lakonismus des Heiner Müller doppelt ins Gewicht. Jedenfalls ist ihm mit *Philoktet* eine Mythenadaptation von kaum mehr (auch von ihm) erreichter Dichte und Radikalität gelungen, die in ihrer schockierenden Neuartigkeit durchaus Christa Wolfs *Kassandra* vergleichbar ist – als sie 1983 erschien!

[66] Vgl. Anm. 11.

[67] *Herzstück* (1983) 91 (Beginn des Stücks).

Literaturverzeichnis

Arnold, Heinz Ludwig (Hrsg.): Heiner Müller, München ^{2}1997.

Barner, Wilfried: „Durchrationalisierung" des Mythos? Zu Bertolt Brechts *Antigonemodell 1948*, in: Paul Michael Lützeler (u. a.) (Hrsg.), Zeitgenossenschaft. Zur deutschsprachigen Literatur im 20. Jahrhundert. Festschrift für Egon Schwarz, Frankfurt am Main 1987, 191-210.

Bernhardt, Rüdiger: Antikerezeption im Werk Heiner Müllers, Weimarer Beiträge 22 (1976) 83-122.

Bernhardt, Rüdiger: Odysseus' Tod – Prometheus' Leben. Antike Mythen in der Literatur der DDR, Halle/Leipzig 1983.

Brecht, Bertolt: Die *Antigone* des Sophokles. Materialien zur *Antigone*. Zusammengestellt von Werner Hecht, Frankfurt am Main 1965.

Domdey, Horst: Produktivkraft Tod. Das Drama Heiner Müllers, Köln (u. a.) 1998.

Eke, Norbert Otto: Heiner Müller. Apokalypse und Utopie, Paderborn (u. a.) 1989.

Eke, Norbert Otto: Heiner Müller, Stuttgart 1999.

Emmerich, Wolfgang: Zu-Ende-denken. Griechische Mythologie und neuere DDR-Literatur, in: Karl Pestalozzi/Alexander von Bormann/Thomas Koebner (Hrsg.), Vier deutsche Literaturen? Literatur seit 1945 – nur die alten Modelle? Medium Film – das Ende der Literatur? (=Kontroversen, alte und neue. Akten des VII. Internationalen Germanisten-Kongress Göttingen 1985, hrsg. von Albrecht Schöne, Band 10), Tübingen 1986, 216-224.

Emmerich, Wolfgang: Antike Mythen auf dem Theater der DDR. Geschichte und Poesie, Vernunft und Terror, in: Ulrich Profitlich (Hrsg.), Dramatik der DDR, Frankfurt am Main 1987, 223-265.

Emmerich, Wolfgang: *Der vernünftige, der schreckliche Mythos*. Heiner Müllers Umgang mit der griechischen Mythologie, in: Frank Hörnigk (Hrsg.), Heiner Müller Material. Texte und Dokumente, Leipzig ^{2}1990, 138-156.

Fischer-Lichte, Erika: Semiotik des Theaters. Band 1. Das System der theatralischen Zeichen, Tübingen ^{3}1994.

Gruber, Bettina: Mythen in den Dramen Heiner Müllers, Essen 1989.

Hamburger, Käte: Von Sophokles zu Sartre. Griechische Dramenfiguren antik und modern, Stuttgart 1961.

Hörnigk, Frank (Hrsg.): Heiner Müller Material. Texte und Dokumente, Leipzig ^{2}1990.

Jens, Walter: Zur Antike, München 1978.

Kraus, Manfred: Heiner Müller und die griechische Tragödie. Dargestellt am Beispiel des *Philoktet*, Poetica 17 (1985) 299-339.

Mandel, Oscar: Philoctetes and the Fall of Troy, Lincoln/London 1981.

Mittenzwei, Werner: Eine alte Fabel, neu erzählt, Sinn und Form 6 (1965) 948-956; auch in: ders., Kampf der Richtungen, Leipzig 1978, 511-523.

Mittenzwei, Werner: Kampf der Richtungen, Leipzig 1978.

Müller, Heiner: Gesammelte Irrtümer. Interviews und Gespräche, Frankfurt am Main 1986.

Müller, Heiner: Texte, Berlin 1974ff.

Müller, Heiner: Mauser, Berlin 1978.

Müller, Heiner: Herzstück, Berlin 1983.

Negt, Oskar/Kluge, Alexander: Geschichte und Eigensinn, Frankfurt am Main ^{8}1985.

Niederfriniger, Inge Elisabeth: Untersuchungen zum *Philoktet* des Heiner Müller im Hinblick auf die Rezeption des Sophokleischen Stücks, Innsbruck 1993 (Diplomarbeit).

Preußer, Heinz-Peter: Troia als Emblem. Mythisierungen des Krieges bei Heiner Müller, Christa Wolf, Stefan Schütz und Volker Braun, in: Heinz Ludwig Arnold (Hrsg.), Literaten und Krieg, München 1994, 61-73.

Riedel, Volker: Stabilisierung, Kritik, Destruktion. Überlegungen zur Antikerezeption in der Literatur der DDR, Zeitschrift für Germanistik 2 (1992) Heft 2, 258-268.

Riedel, Volker: Herakles-Bilder in der deutschen Literatur des 17.–20. Jahrhunderts, Der Deutschunterricht 47 (1994) 299-310.

Sauerland, Karol: Notwendigkeit, Opfer und Tod. Über *Philoktet*, in: Hörnigk (^{2}1989) 183-193.

Schivelbusch, Wolfgang: Sozialistisches Drama nach Brecht. Drei Modelle: Peter Hacks – Heiner Müller – Hartmut Lange, Darmstadt/Neuwied 1974.

Schulz, Genia: Heiner Müller, Stuttgart 1980.

Söring, Jürgen: Das Schreien des Philoktet. Sophokles und Heiner Müller, in: ders. (u. a.) (Hrsg.), Le théâtre antique et sa réception, Neuchâtel 1994, 153-177.

Steiner, George: Antigones, Oxford 1984.

Suárez Sánchez, Fernando: Individuum und Gesellschaft. Die Antike in Heiner Müllers Werk, Frankfurt am Main (u. a.) 1998.

Teichmann, Klaus: Der verwundete Körper. Zu Texten Heiner Müllers, Freiburg im Breisgau 1986.

Trilse, Christoph: Antike und Theater heute. Betrachtungen über Mythologie und Realismus, Tradition und Gegenwart, Funktion und Methode, Stücke und Inszenierungen, Berlin ^{2}1979.

Wieghaus, Georg: Zwischen Auftrag und Verrat. Werk und Ästhetik Heiner Müllers, Frankfurt am Main (u. a.) 1984.

Wilke, Sabine: Das Theater im Reich der Notwendigkeit. Heiner Müllers Umgang mit dem Mythos als Modell, in: dies., Poetische Strukturen der Moderne, Stuttgart 1992, 39-79.

Christoph Ransmayr

Entwurf zu einem Roman.
In: Jahresring. Jahrbuch für Kunst und Literatur 34
(1987/88) 196-198.

ENTWURF zu einem Roman, der vorläufig ohne Titel bleibt; sein Thema ist das Verschwinden und die Rekonstruktion von Literatur, von Poesie; sein Stoff sind die Metamorphosen des Publius Ovidius Naso

ERSTENS: Angenommen und vorausgesetzt
Angenommen, Publius Ovidius Naso wäre noch vor der Veröffentlichung seiner Metamorphosen an die Schwarzmeerküste verbannt worden, hätte sein Werk mit sich genommen und in Rom nichts hinterlassen als Gerüchte über die Virtuosität seiner Erzählkunst ... Angenommen, in jenem aktenkundigen Feuer, das der Verbannte aus Verzweiflung und Wut in seiner Schreibstube entfachte, wäre nicht bloß Ersetzbares, sondern auch das Manuskript der Verwandlungen verbrannt und der unglückliche Ovid schließlich irgendwo unter den Silberbirken bei Tomi gestorben, ohne das eingeäscherte Buch ein zweites Mal niedergeschrieben zu haben ... Angenommen also, am Schwarzen Meer wären von einer großen Poesie nur die Erinnerungen von Küstenbewohnern geblieben, Erinnerungen an einen traurigen, wirr gewordenen Dichter, an seine Ohnmacht, seine Klagen und Erzählungen ... Und angenommen, nach dem Verschwinden jener Herrschaft, die den Dichter verschwiegen und verbannt hat, wären auch in den ersten Kreisen der Residenzstadt endlich wieder Fragen laut geworden, darunter auch Fragen nach dem Verbleib und Ende des Verbannten: Naso? Ach, Naaso! Wie? Tot? In Tomi begraben? Und sein Werk? Der schrieb doch an einer Enzyklopädie. Oder war es eine große Geschichte der Verwandlungskünste? Eine Naturgeschichte? An diesem kalten Meer? Der Arme.

ZWEITENS: Zeugen
Er kann vorläufig Posides heißen - jener ehrgeizige junge Mann, der nun im Auftrag einer Akademie an die Schwarzmeerküste reist, um dort nach dem ver-

schollenen Werk des Publius Ovidius Naso zu suchen. Die Rehabilitierung des Dichters scheint unaufhaltsam; auf einer Fassade an einem dämmrigen Plätzchen der Residenz prangt eine erste Gedenktafel: Nec species sua cuique manet. Keinem bleibt seine Gestalt.

Ist es seltsam oder selbstverständlich, daß Posides seinen Auftrag von ebenjener Institution erhielt, die vor Jahren auch mit der Organisation der Verbannung des Dichters betraut war? Aber solche Fragen kümmern den Forscher nicht; er erreicht Tomi bei gutem Wind, findet dort zunächst ein rätselhaftes Grab und an der Abbruchkante der Küste ein Haus, über dessen Mosaiken der Efeu kriecht; das Haus des Dichters. Dort, unter einer steinernen Treppe, unaufhörlich mit sich selber redend, hockt der letzte Diener des Verbannten. Sein Name? Pythagoras.

Pythagoras ist der erste von schließlich fünfzehn Zeugen, die Posides in den Dörfern der Küste aufspürt und befragt: Steinschneider, Fischer, Gärtner, Muscheltaucherinnen und Huren. Die Zeugen berichten in verschiedenen Sprachen, bereitwillig oder eingeschüchtert, zerstreut und begeistert von den Phantasmagorien des Dichters, von den zarten und rasenden Gestalten seiner Erzählungen und dem erlösenden oder schrecklichen Gesetz der Wandlung, das der Verbannte wohl noch im letzten Winkel seiner Welt wirksam werden sah. Und Posides glaubt endlich zu begreifen, wovon der Dichter in seinen Monologen, Tiraden und Erzählungen gesprochen hat und beginnt, die Aussagen der Zeugen zu ordnen ...

DRITTENS: Grob gesprochen
führen die fünfzehn Bücher der Metamorphosen den Leser vom Mythos zur Aufklärung, von der Beschreibung der vier Weltalter im ersten, bis zur großen Rede des Pythagoras im letzten Buch; dazwischen entfaltet sich die verwunschene, grausame Pracht der antiken Mythologie. Aber welchen Weg und welche Ordnungen findet Posides? Posides dreht alles um: Er beginnt mit der Aufklärung. Schon sein erster Zeuge heißt Pythagoras und der deutet an: Es gibt keine Götter. Aber am Ende des Weges der Aufklärung, dort, wo endlich Klarheit herrschen soll, steckt Posides wieder tief in den Mythen - seine letzten Zeugen berichten ihm von Goldenen und Eisernen Zeitaltern und einer verlassenen, blutgetränkten Erde; das verschollene Buch - sollte es eine Geschichte der Herrschaft über die Welt gewesen sein?

Der Steinschneider bezeugt, daß Naso vermutlich an einer Geschichte der Steine geschrieben habe; Naso habe ihn doch immer nur nach Steinen gefragt und krause Märchen von der Verwandlung lebendiger Wesen in Steine erzählt. Der Waldaufseher wiederum behauptet, Naso habe wohl an einem Buch über Bäume geschrieben, nur von Bäumen sei auf langen Spaziergängen die Rede gewesen. Und die Muscheltaucherinnen sagen, der arme Mensch habe sich doch nur für Seevögel interessiert, immerzu habe er von Seevögeln und der Verwandlung trauriger Liebender in Vögel gesprochen.

Posides hört zu, zeichnet auf, ordnet. Hierhin alle Verwandlungen in Steine, hierhin also die Mineralien, dorthin die Pflanzen, dann die Fische, die Vögel, die Säugetiere undsofort. So entsteht ein neues, ein seltsames Bild der Welt. Aber der Forscher beginnt sich nicht nur in der Hierarchie seiner Ordnungen einzurichten, sondern macht auch das Haus an der Küste wieder bewohnbar und hält schließlich Einzug: Ich, Posides.

VIERTENS: Ein Brief aus Tomi
Hier ist das Buch. Ein Konvolut ungeschlachter Prosa. Laßt es meinetwegen in Hexameter setzen und unter Nasos Namen verbreiten. Seid vorsichtig. Man wird euch sagen, so einen habt ihr verbannt.

Ulrich Schmitzer

Tomi, das Kaff, Echo, die Hure –
Ovid und Christoph Ransmayrs *Die Letzte Welt*: eine doppelte Wirkungsgeschichte

In Tomi
Was such ich hier,
mit Augen find ich's nicht,
und doch: in allem Nicht-
gefundnen *eine* Spur.

Des Fremdlings, der ich
selber bin. Schon ruft
man mich Ovid, so
heißen Fremde hier.

Die Hure Echo schenkt
mir sein Gedicht und
küßt sein Muttermal
auf meinem Rücken.

Zu diesem Gedicht bemerkt der Autor, der Erlanger Germanist und Lyriker Peter Horst Neumann,[1] in einem bislang unveröffentlichten Selbstkommentar:

> Wer Christoph Ransmayrs Roman *Die letzte Welt* (1988) kennt, wird bemerken, daß mein Gedicht ihm manches verdankt. Dieses Buch macht seine Leser zu Teilnehmern einer so spurenreichen wie erfolglosen Suche nach dem verschollenen Dichter der „Metamorphosen". Dabei geschehen Verwandlungen, die auch dem Suchenden widerfahren; und nicht anders ergeht es dem Sprechenden im Gedicht. (...)
> Nun aber trägt (...) eine Hure [*scil.* Echo] ihren schönen Namen. Es ist, wie es scheint, Echos vorerst letzte Metamorphose. Sie ist an die Stelle einer Muse getreten, vielleicht der Erato, der Muse der Poesie. Nur ein Musen-Ersatz, gewiß, aber doch an derselben

1 Neumann (1999) 54.

Stelle, „die alles erwidernde“. Mit ihrem Namen stellt sich die Vorstellung ein von etwas, das einmal war und nun als sein eigener Nachhall endgültig verschwindet. Sie ist die Muse unserer spätzeitlichen, uneigentümlichen, wieder- und widerkäuenden Poesie.

In der Tat: Daß Ovid[2] in der Verbannung eine Beziehung zu einer Frau namens Echo hatte, das weiß man nicht aus seinen Exilgedichten, sondern erst aus der *Letzten Welt*, wo diese biographische Leerstelle gefüllt ist. Vielleicht kann eine solch selbstverständliche Übernahme, wie sie hier aus dem Roman ins Gedicht geschieht, besser als die Reaktion der Kritiker oder die Verkaufszahlen[3] beleuchten, wie mächtig die Wirkung Ransmayrs auch auf die Wahrnehmung von Ovids Person und Werk selbst – zumindest außerhalb der Altertumswissenschaften – ist.

Schon die Veröffentlichung der *Letzten Welt* wurde von teils enthusiastischen Besprechungen in allen wichtigen Feuilletons begleitet: Hans Magnus Enzensberger, der Herausgeber der *Anderen Bibliothek*, hatte gute Vorbereitungsarbeit geleistet. Einer der wenigen, die nicht in diesen Chor einstimmen wollten, war Joachim Kaiser in der *Süddeutschen Zeitung*. Die große Resonanz in der Öffentlichkeit hatte auch auf das Ovid-Bild Auswirkungen: Während H. Wieser im *Spiegel* noch etwas säuerlich anmerkte, anders als der Naso der *Letzten Welt* habe der wirkliche Ovid doch „eher harmlos gereimt“, entdeckten Kritiker wie die Altertumswissenschaftlerin Mary Beard (Cambridge) oder auch Salman Rushdie in den originalen *Metamorphosen* die Subversivität, so daß Ovid seinem späten Abbild Naso nicht nachzustehen brauchte. Auf diese Weise ist die immer noch aktuelle philologische Diskussion um das Verhältnis zwischen Literatur und Politik bei Ovid[4] unerwartet von einer breiteren Diskussion flankiert worden.

Die Germanistik interessierte vor allem die Poetik Ransmayrs,[5] und hier besonders seine Position im Kontext der Postmoderne.[6] Daß sich im Zeichen der Rezeptionsforschung auch die Klassische Philologie (und auch die Fachdidaktik) eifrig um die *Letzte Welt* bemühte, wäre nur im gegenteiligen Fall verwunderlich,[7] zumal das *Ovidische Repertoire* des Anhangs, das im Untertitel

2 Zu Ovid insgesamt siehe Schmitzer (2001).

3 Neben der Hardcover-Ausgabe (als sog. „Erfolgsausgabe“ weiterhin lieferbar) und Buchklub-Editionen erschien 1991 im Fischer-Verlag die Taschenbuchausgabe, die 1995 bereits die Auflage von 100 000 überschritt und durch eine limitierte Sonderausgabe flankiert wurde. Derzeit liegen Übersetzungen in 26 Sprachen vor.

4 Schmitzer (1990).

5 Vgl. Fülleborn (1996).

6 Vgl. Epple (1992) 92-100; Fülleborn (1992); Anz (1997).

7 Vgl. Fuhrmann (1994) 11-24.

bereits avisiert ist, und die Zahl von 15 Kapiteln, die den 15 Büchern der *Metamorphosen* korrespondieren, zum Vergleich geradezu auffordern. Allerdings finden sich hier eher skeptische Stimmen, die in der *Letzten Welt* gegenüber den *Metamorphosen* Defizite entdecken. Genannt seien die vor allem die sprachliche Gestaltung betreffende kritische Würdigung durch Karlheinz Töchterle,[8] Reinhold Gleis ebenfalls skeptischer Aufsatz in der *Poetica*, dem eine öffentliche Vorlesung während der Studentenstreiks im Wintersemester 1997/98 folgte,[9] und Maria Moog-Grünewalds Beitrag zur Tübinger Ringvorlesung 1998.[10] Dagegen vertritt Barbara Vollstedt in ihrer Bonner Dissertation eine sehr positive Sicht, indem sie eine umfassende Bestandsaufnahme des von Ransmayr aus Ovid adaptierten Materials, angereichert um ein Interview mit dem Autor, vornimmt.[11] Jüngstes Produkt ist die Untersuchung von J. Gindele über strukturelle Gemeinsamkeiten und inhaltliche Unterschiede zwischen Ransmayrs Roman und den *Metamorphosen*.[12]

Ransmayrs Anverwandlung der Ovidischen Vorlage soll exemplarisch unter folgenden Aspekten erörtert werden: die Genese des Romans als fortschreitende Emanzipation vom *Metamorphosen*-Text; das vom Verbannungsort Tomi gezeichnete Bild; die Verteilung des Personals der *Metamorphosen* auf verschiedene Handlungsebenen; schließlich die Annäherung von Ransmayrs Figuren an die Ovids als gegenläufiger Prozeß zur zunehmenden Entrealisierung der Stadt Tomi.

Es war keineswegs vorauszusehen, daß sich Ransmayr eines antiken Stoffs annehmen würde. Denn sein erster Roman *Die Schrecken des Eises und der Finsternis*, der nach einigen journalistischen Arbeiten 1984 publiziert wurde, ist eine Auseinandersetzung mit der österreichisch-ungarischen Nordpolexpedition von 1872. Allerdings verweist die literarische Technik, die Adaption einer konkret benennbaren Vorlage, auf die *Letzte Welt* voraus.[13] In *Morbus Kitahara*

---

8 Töchterle (1992); vgl. Kaiser (1988), der von „ästhetischem Genie-Simulantentum" spricht (auch abgedruckt in Epple 1992, 120).

9 Glei (1994); „*Die letzte Welt* / Ovid, Ransmayr und die Bildungskatastrophe" (29.11.1997) – Quelle: http://www.ruhr-uni-bochum.de:81/pressemitteilungen-1997/msg00228.html.

10 Moog-Grünewald (1999).

11 Vollstedt (1998) mit umfassender Bibliographie (hilfreich vor allem die Liste der in Zeitungen erschienenen Besprechungen) und reichem, für die weitere Beschäftigung mit Ransmayr unverzichtbarem Material, aber nicht immer auf der Höhe der Ovid-Forschung und bisweilen mit zu geringer Distanz zu ihrem Gegenstand.

12 Gindele (2000).

13 Über weitere Vorstufen in früheren Werken vgl. Wilke (1992) 222-240.

(1995), seinem vorerst letzten Roman, kehrt Ransmayr dann der Antike wieder den Rücken, allerdings ähneln sich Atmosphäre und Erzählform in beiden Büchern unverkennbar.[14]

Die Aneignung Ovids ging nicht schlagartig vor sich: Im Jahr 1985 erschien – ebenfalls in der *Anderen Bibliothek* – die höchst eigenwillige Gedichtanthologie *Das Wasserzeichen der Poesie oder die Kunst und das Vergnügen, Gedichte zu lesen.*[15] Eine der „hundertvierundsechzig Spielarten" steht unter der Überschrift „Prosaisierung"[16] und besteht aus dem Text von Ov. *Met.* 8, 155-170, der Übersetzung H. Breitenbachs[17] sowie einer Paraphrase Ransmayrs (10-13):[18]

Aber die Schmach des Hauses, sie wuchs: man erkannte der Mutter
Grauses Vergehn an des Kindes entsetzlicher Doppelgestaltung.
Minos beschließt, diesen Fleck seiner Ehe zu tilgen, das Wesen
In einem finsteren Bau der verwickeltsten Art zu verschließen.
Daedalus, jener durch Kunst, durch Genie so gefeierte Meister,
Baut das Werk; doch verwirrt er die Male: er führt durch die Windung
Mannigfaltigster Wege die Augen in schwankende Irrung.
Wie bei dem phrygischen Fluß Maeander: er spielt mit den klaren
Wellen, er strömt in zweifelndem Gleiten bald rückwärts, bald vorwärts;
Sich begegnend, betrachtet er selbst die kommenden Wellen,
Bald zu den Quellen und bald zum offenen Meere gewendet,
Treibt er die schwankenden Wasser: so füllte der Künstler mit Wirrnis
All die unzähligen Wege; kaum fand sich Daedalus selber
Bis zur Schwelle zurück: so groß war die Täuschung des Bauwerks.
Hier verschloß man die Doppelgestalt eines Stieres und Jünglings.

Zuvor hatte Ovid die Geschichte der vaterlandsverräterischen Liebe Scyllas zu Minos berichtet, in deren Verlauf Minos sich ohne Fehl und Tadel verhält und sogar durchaus in Übereinstimmung mit der mythologischen Tradition[19] das Attribut „iustissimus" (*Met.* 8, 101) zugesprochen bekommt, nur die perverse

14 Vgl. die Beiträge in Wittstock (1997).

15 Thalmayr (1985).

16 Im Inhaltsverzeichnis ist „Prosaisierung" folgendermaßen erläutert (X): „‚Gebundene' und ‚ungebundene' Rede: die Transformation der einen in die andere zeigt die Möglichkeiten und die Grenzen beider. Welche Fassung haftet länger im Gedächtnis?"

17 Breitenbach (1964).

18 Hier und im folgenden wird jeweils gleich (möglichst die von Ransmayr jeweils verwendete) deutsche Übersetzung geboten, da auch der Autor selbst auf eine den lateinischen Wortlaut betreffende Auseinandersetzung mit dem Original verzichtet hat.

19 Stenger (2000).

Affäre Pasiphaës mit dem Stier ließ einen dunklen Schatten auf seine Herrschaft über Kreta fallen.[20] Ovid erzählt nun als Übergang zwischen der Scylla- und der Icarus-Sage in knappen Zügen, wie Daedalus für den Minotaurus, die Frucht dieser Leidenschaft Pasiphaës, das Labyrinth baute.

Ransmayr macht aus den 16 Versen dreieinhalb Druckseiten:

> Im großen Wind aus Afrika zerrissen und verflogen die Wolkenbänke über Kreta. Knossos schlief. Nur die Hunde des Königs streunten durch die dämmrigen Säle des Palastes und fraßen am Unrat des vergangenen Abends. Was ihrem Hunger zuviel war, verscharrten sie im Sand der Höfe. Dort rauschten Palmen. Durch die steinernen Gänge, die sich so oft verzweigten und kreuzten, die breiter und schmäler wurden und einmal ins Freie, dann wieder in die Tiefe des Palastes führten und irgendwo in der Finsternis endeten, schritt nun ein Mann, behutsam, leise, um niemanden vor der Zeit zu wecken. Der Bote.

Es beginnt mit einer Art von Ekphrasis, der Düsteres verheißenden Beschreibung des Palastes von Knossos: die stürmische Nacht, die streunenden Hunde, die undurchschaubare Architektur. Dann, im ersten die parataktische Struktur durchbrechenden, von zweigliedriger Ausdrucksweise geprägten Satz, erscheint ganz am Ende ein Mensch auf der Bühne, aber nicht der Protagonist, sondern eine Nebenfigur, die nicht einmal einen Namen trägt, sondern in einer syntaktischen Ellipse nur „Der Bote." heißt.

Ransmayr, der ja ausdrücklich eine Prosa-Adaption des Ovid-Textes verheißen hat, entfernt sich bereits an dieser Stelle mit der Einführung der Boten-Figur und ihrem Auftritt deutlich von der Vorlage. Auch im folgenden bleibt die Atmosphäre des Schreckens gewahrt, der Bote ist ein Unglücksbote, der stets die nächtlichen Befehle des Minos zu Daedalus bringt:

> [Daedalus] spürte (...), wie die Angst in ihm groß wurde. Als er sich erhob, fror ihn. Hastig und unbeholfen kleidete er sich an. Es war der vertraute Weg durch das scheinbar regellose System der Gänge, auf dem er dem Boten dann folgte; es war die vertraute Angst. Minos, der Held und König der Kreter, tobte vielleicht (...) Seit neun Jahren, seit jenem Winter, in dem er seinen Neffen in einem blinden Augenblick getötet hatte, lebte Daedalus nun, bewahrt vor der Wut und Gerechtigkeit Athens, in den Mauern von Knossos. Denn auch wenn Minos den Titel des ersten Richters der Menschheit für sich in Anspruch nahm, – es scherte ihn nicht, daß er einen Verbrecher beherbergte, solange der Flüchtling ihm nützlich war (...) Aber es gab keine Gnade und keine Gunst, die Minos für immer versprach. Jeder Dank war widerruflich.

Ransmayr spitzt die Wertungen zu, die bei Ovid allenfalls versteckt und auch sonst in der Antike so kraß kaum zu finden sind: Der Aufenthalt des Daedalus

---

20 Zum negativen Bild in der attischen Tragödie vgl. Plutarch *Theseus* 16, 3.

bei Minos wird in seiner Perspektive zur Aufnahme des flüchtigen Verbrechers beim kretischen Despoten, dem er wegen seiner prekären Lage auf Gedeih und Verderb ausgeliefert ist. Minos ist ein Tyrann, dem Jähzorn und den Launen des Augenblicks unterworfen, ohne daß es eine korrigierende und besänftigende Macht über ihm gäbe. Während Ovid in der Scylla-Geschichte das verbrecherische Mädchen mit dem untadeligen Krieger kontrastiert und in der Daedalus-Passage das Hauptaugenmerk auf die Beziehung zwischen Daedalus, Icarus und Perdix legt und damit die in der Sagentradition über Minos angelegte Grundspannung von gerechtem König und Richter und – vor allem gegenüber Athen – gewalttätigem Machthaber überspielt und in ihrer Bedeutung marginalisiert, akzentuiert Ransmayr just diesen Gegensatz und macht auch noch das persönliche Unglück, die sexuellen Aberrationen der Pasiphaë, zu einem Element des düsteren Ambiente.

Die negative Zeichnung setzt sich fort, indem der moderne Autor Minos, nicht Daedalus, zum eigentlichen Architekten des Palastes werden läßt:

> Die Mißgeburt. Die Bestie. Das Vieh. Minos kannte nur diese drei Worte, wenn er von jenem Wesen sprach, das seine Gemahlin Pasiphaë dem Haus geboren hatte. Ein sprachloses Wesen mit dem Körper eines Knaben und dem Schädel eines Stiers. Seit Jahren schloß Pasiphaë sich mit der Mißgeburt in ihren Gemächern ein. Dort weinte und röchelte das Vieh in ihren Armen, besudelte sie mit seinem Speichel und wuchs. Minos hatte der Menschheit verboten, auch nur den Namen der Mißgeburt auszusprechen. Aber die Feinde Kretas brüllten ihn in ihren Spottliedern. Minotauros. Es hieß, Pasiphaë habe sich vor der Unbarmherzigkeit ihres Gemahls längst in den Wahnsinn geflüchtet, in eine viehische Gier nach Zärtlichkeit und Lust, und habe die Mißgeburt mit einem Stier gezeugt (...) Ich ertrage das Vieh nicht mehr. Du wirst mir das Vieh aus den Augen schaffen, Daedalus. Du wirst einen Kerker errichten, ein Denkmal der Gerechtigkeit und geheimes Abbild des Irrsinns der Königin, einen Bau, der Knossos wie ein Berg überragen und tief in den Stein hinabreichen wird, eine Zusammenfassung aller Gänge, Treppen und Fluchten Kretas, mäandrisch ineinander verschlungen, verknotet zu einem einzigen Irrweg, der durch Tag und Nacht führen muß, in die Höhe und in die Tiefe, ein Knäuel aus Stein. Und darin soll das Vieh rasen, soll dahin und dorthin, immer dem Trugbild der endlosen Bewegungsfreiheit nach, und alles für immer. Du wirst mir und der Welt einen endgültigen Ort schaffen. Einen Ort für Bestien. Daedalus war der Rede des Herrschers schweigend gefolgt (...) Aber jetzt, als sich das Bild des Bauwerks in ihm vollendete, entkam ihm halblaut und unwillkürlich wie ein Ausruf ein Satz. Plötzlich eine böse Stille. Minos erhob sich jäh. Blaß, das Haar wirr in der Stirn, kam er auf ihn zu und schrie, wiederhole! Entsetzt öffnete Daedalus den Mund. Blieb stumm. Da trat der Kreter so dicht an ihn heran, daß er seinen Atem roch, und wiederholte nun selbst und äffte dabei den Tonfall des Untertanen nach: Herr, du sprichst von deinem eigenen Palast.

Damit endet das Fragment: Nicht die mythische Rache Poseidons, sondern die Liebesunfähigkeit ihres Gemahls hat Pasiphaë zum Stier getrieben, sogar der Mißgeburt des Minotaurus bringt sie Zärtlichkeit entgegen. Die eigentliche Perversität liegt beim König – beim „iustissimus rex“ Ovids –, der in einem Kerker das Denkmal der Gerechtigkeit errichten will. Sein Palast aber ist schon ein Gefängnis, ein Labyrinth, noch bevor sich die Notwendigkeit stellte, ein solches zu erbauen. Minos ist sein eigener Daedalus, der wirkliche Daedalus ist zum Stichwortgeber reduziert.

Dieser Metamorphose des *Metamorphosen*-Textes geht eine längere Auseinandersetzung Ransmayrs mit Ovid voraus.[21] So begegnet er bei seinen für das Magazin *Geo* geschriebenen Reportagen aus Oberösterreich in einer Bäuerin Ovids Arachne.[22] Oder er beschreibt die kurze Geschichte der Freien Republik Przemysl 1918 als Versuch, Ovids „aurea aetas“ in die Neuzeit zu transferieren.[23] Daß – wie immer wieder kolportiert – eine Übersetzung der *Metamorphosen* das Ziel gewesen sei, hat Ransmayr selbst dementiert, wohl aber war eine paraphrasierende Nacherzählung im Rahmen der *Anderen Bibliothek* ins Auge gefaßt.[24]

Die Änderung dieses Planes, die Abkehr von der Nachdichtung zum eigenständigen Roman, läßt sich erstmals in einem im „Jahrbuch für Kunst und Literatur“ *Jahresring* 1987-88 veröffentlichten Entwurf[25] greifen:

> Thema ist das Verschwinden und die Rekonstruktion von Literatur, von Poesie; sein Stoff sind die *Metamorphosen* des Publius Ovidius Naso.

Ransmayr definiert dann die Voraussetzungen, die Verbrennung der *Metamorphosen* durch ihren Autor nach dem Relegationsbeschluß und den Tod des Dichters am Schwarzen Meer. Im Punkt „Zweitens: Zeugen“ führt er dann aus:

> Er kann vorläufig Posides heißen – jener ehrgeizige junge Mann, der nun im Auftrag einer Akademie an die Schwarzmeerküste reist, um dort nach dem verschollenen Werk des Publius Ovidius Naso zu suchen. Die Rehabilitierung des Dichters scheint unaufhaltsam; auf einer Fassade an einem dämmrigen Plätzchen der Residenz prangt eine erste Gedenktafel: Nec species sua cuique manet. Keinem bleibt seine Gestalt.
> (...) Er erreicht Tomi bei gutem Wind, findet dort zunächst ein rätselhaftes Grab und an der Abbruchkante ein Haus, über dessen Mosaiken der Efeu kriecht; das Haus des

21 Auch die sich bei Ovid anschließende Perdix-Geschichte hat Ransmayr in technisch ähnlicher Weise adaptiert; abgedruckt in Wittstock (1997) 88-91.

22 Vgl. Vollstedt (1998) 27.

23 Ransmayr (1989) 7-13.

24 Vollstedt (1998) 25.

25 Epple (1992) 122-124.

> Dichters. Dort unter einer steinernen Treppe, unaufhörlich mit sich selbst redend, hockt der letzte Diener des Verbannten. Sein Name? Pythagoras. Pythagoras ist der erste von schließlich fünfzehn Zeugen, die Posides in den Dörfern der Küste aufspürt und befragt: Steinschneider, Fischer, Gärtner, Muscheltaucherinnen und Huren.

Abgesehen von der Tatsache, daß der Roman dann tatsächlich nicht in einem historisch gefärbten Tomi (bzw. Rom) spielt, sondern die Handlungsorte in einer merkwürdigen Mischung aus vergangenen und gegenwärtigen Elementen konstituiert werden, sind hier bereits mehr als die Grundzüge des fertigen Werks zu erkennen. Noch nicht klar ist, daß die Zeugen, die der Abgesandte aus Rom befragt, ja überhaupt die Einwohner von Tomi Namen aus den *Metamorphosen* erhalten und damit vom Personal eines historischen Romans gleichsam zu poetischen Erfindungen des verschwundenen Dichters werden.

Das zu dieser Entrealisierung und Mythisierung umgekehrte Verfahren findet sich in der Zeichnung des angereisten Römers. Trägt er im Entwurf den zwar antik belegten, aber wenig signifikanten Namen Posides,[26] so wird daraus in der endgültigen Fassung Cotta. Auch wenn Ransmayr ihn als „einen unter vielen" in Rom (143) vorstellt, so entspricht er dem Aurelius Cotta Maximus,[27] der als Adressat von neun Schreiben der *Epistulae ex Ponto* bekannt und damit historisch als Freund und Vertrauter – und Dichterkollege – Ovids belegt ist. Genauer gesagt: Es handelt sich um jenen Freund, mit dem zusammen Ovid auf Elba war, als ihn das Relegationsdekret erreichte (*Epistulae ex Ponto* 2, 3, 83f.):

> Letztmals hat mich mit dir das Eiland Elba gesehen,
> ward von den Tränen benetzt, die wir in Trauer geweint,

Dieser Cotta erlebt nun auf der Reise einen Seesturm, der dem von Ovid aus eigener Erfahrung in *Tristia* 1, 2 geschilderten Sturm nachempfunden ist,[28] und kommt schließlich nach Tomi (9):

> Tomi, das Kaff. Tomi, das Irgendwo. Tomi, die eiserne Stadt. Mit Ausnahme eines Seilers, der dem Fremden ein unheizbares, mit grellfarbigen Wandteppichen ausgestattetes Zimmer vermietete, nahm hier kaum jemand von der Ankunft Cottas Notiz. Erst allmählich und ohne die üblichen Ausschmückungen begann dem Fremden ein Gerede zu folgen, das zu anderen Zeiten vielleicht Anlaß zu feindlichen Gesten gegeben hätte: Der

---

26 Zum bekanntesten Träger dieses Namens, zum freigelassenen Eunuchen des Claudius siehe Lambertz (1953) Sp. 829; Vollstedt (1998) 27, vermutet einen Anklang an „positivistische Wissenschaft".

27 Syme (1978) 117-130.

28 Ovids Schiff heißt *Minerva* (*Tristia* 1 10, 1ff.), das des Cotta *Trivia*, trägt also den Beinamen einer anderen jungfräulichen Göttin, der Diana-Hecate-Trivia.

> Fremde, der dort an der rostzerfressenen Bushaltestelle den Fahrplan abschrieb und auf kläffende Hunde mit einer unverständlichen Geduld einsprach, – dieser Fremde kam aus Rom. Aber Rom war in diesen Tagen ferner als sonst. Denn in Tomi hatte man sich von der Welt abgewandt, um das Ende eines zweijährigen Winters zu feiern.

Diese erste Erwähnung von Tomi übernimmt Ovids Ortsschilderung und führt sie weiter. So ist die Erwähnung des „zweijährigen Winters“[29] die Adaption von Ovids Bemerkung, daß an manchen Orten der Region, in der Tomi liegt, bisweilen der Schnee das ganze Jahr hindurch nicht schmilzt.[30]

Immer noch führt die Frage nach der Realität von Ovids Beschreibung zu heftigen Auseinandersetzungen unter Philologen, mag auch die Lösung, den Gordischen Knoten zu durchschlagen und die Ungereimtheiten zum Anlaß für einen generellen Zweifel an der Tatsache der Verbannung überhaupt zu nehmen, nach sensationsträchtiger Ankündigung dann doch nicht ernsthaft ins Feld geführt worden sein.[31]

Nach dem heutigen Stand der Forschung hat Ovid sein Tomi zielstrebig als eine Art von antikem Sibirien stilisiert, als einen Ort, der entgegen der tatsächlichen Geographie in unmittelbarer Nähe der berüchtigten Barbarenregionen von Skythien und Kolchis liegt. Die Einwohner selbst sind eine Art von nur mäßig gezähmten, getisch sprechenden Barbaren, unablässig ausgesetzt den Bedrohungen durch Einfälle feindlicher Reiterscharen und der widrigen Natur, in der dauernder Winter herrscht und die die Grenzen der bewohnbaren Welt bezeichnet (Ov. *Tristia* 2, 191f.; 195f.):[32]

> Kolcher, Kizyger, auch tereteische Scharen und Geten
> hält mir die Donau kaum durch ihr Gewässer vom Leib (...)
> drüber hinaus ist nichts, es sei denn Kälte und Feinde
> oder die Meerflut, die eisig im Froste erstarrt.

Die Wirklichkeit spricht eine andere Sprache: Die rumänische Schwarzmeerküste ist ein beliebtes Sommerurlaubsgebiet, rings um das heutige Constança wächst Wein. Die Ausgrabungen haben das Bild einer griechisch besiedelten,

---

29 In der Erzähldramaturgie des Romans ist dies das Gegenstück zum nicht stattfindenden Winter in den Schlußkapiteln.

30 *Tristia* 3, 10, 13-16: „Jetzt liegt Schnee, und damit weder Sonne noch Regen ihn auflöst, / härtet der Nordwind ihn, macht ihn beständig und fest. / Drum, wo der erste noch nicht zerschmilzt, eh der zweite gekommen, / bleibt er an manchem Ort meistens zwei Jahre hindurch.“

31 Ehlers (1988); Schmitzer (1994).

32 Eher positivistisch zu Ransmayrs Verwendung von Ovids Exildichtung Vollstedt (1998) 121-171.

kulturell und wirtschaftlich regen Stadt ergeben – einer Provinzstadt,[33] gewiß, aber wohl doch einer Provinzstadt, der Ovids Heimat Sulmo mehr ähnelt als Rom. Diese knappe Skizze muß genügen, für alles Weitere sei auf die Spezialforschung verwiesen.[34]

Ransmayrs Tomi ist von solchen philologischen Erwägungen verständlicherweise unbelastet: Er nimmt auf, was ihm der antike Autor vorgibt. „Tomi, das Kaff" – das ist die Quintessenz dessen, was Ovid seinen Lesern in Rom suggeriert.[35] „Tomi, die eiserne Stadt", ist dagegen eine zunächst befremdende Formulierung, die in ihrem primären Sinn durch die Fortsetzung illustriert wird: Die „rostzerfressene Bushaltestelle", an der Cotta steht, ist das erste von vielen Zeichen für eine im Niedergang befindliche Industriestadt. Darüber hinaus ist darin von den Interpreten eine Anspielung auf die „Eiserne Zeit" gesehen worden, also auf die moralisch am tiefsten stehende Epoche in der Deszendenz der Weltalter – de duro est ultima ferro (Ov. *Met.* 1, 127). Das korrespondiert auch mit dem Titel *Die letzte Welt* – die Welt des letzten Weltalters, der *aetas ferrea*, der *ultima aetas* – „der Rost war die Farbe der Stadt" (10). Diese Beziehung wird noch dadurch vertieft, daß der Weltaltermythos zu den wenigen Passagen zählt, die von Ransmayr wörtlich zitiert werden (127), das „erste Menschengeschlecht", die *aurea aetas*, in der noch allgemeine und freiwillige Gerechtigkeit herrschte.

Hinzu kommt als weitere Assoziation der Kontrast zur aurea Roma (Ov. *Ars Amatoria* 3, 113), dem strahlenden Augusteischen Rom mit seinen goldenen Tempeln[36] und glanzvollen Bauten. Tomi ist somit das Gegen-Rom, wo die Werte der Hauptstadt nichts zählen (9): „Aber Rom war in diesen Tagen ferner als sonst." Zugleich ist in der zitierten Passage zum ersten Mal die durch den Titel und die Namen „Cotta" sowie „Trivia" (das Schiff) bewirkte antike Sphäre durchbrochen, wenn der mit einem Segelschiff angekommene Fremde aus Rom unvermittelt einen Busfahrplan studiert. Diese Vermischung von römischer und post-industrieller Welt stellt einen wesentlichen Teil von Ransmayrs Poetik dar.

33 Danoff (1962), wo Sp. 1406, 21f. vom griechischen (also nicht: getischen) Charakter der Bevölkerung auch in der Kaiserzeit die Rede ist.

34 Siehe vor allem Claassen (1999), eine Synthese früherer Arbeiten.

35 Vgl. etwa *Tristia* 5, 7; zu beachten ist, daß Ovid nie – auch nicht negativ oder im Tone der Abwesenheit – von den Gebäuden in Tomi oder der Einwohnerzahl spricht, sondern nur von der barbarischen Bevölkerung.

36 Siehe Zanker (1987) 110-116.

Je weiter der Roman fortschreitet, desto mehr entfernt sich dieses Tomi vom poetischen Tomi Ovids, vom realen Tomi der Antike, überhaupt von realistischen Vorstellungen. Es wird (vorausweisend auf *Morbus Kitahara*) – von der Natur zurückgeholt; der Lauf der Jahreszeiten gerät aus den Fugen: Auf den zweijährigen Winter folgt unvermittelt das Erscheinen des Cyparis, des Filmvorführers, der sonst immer erst im August in die Stadt kommt. Cyparis aber braucht „sich nicht den Vorschriften der Jahreszeit zu beugen (...) Dort, wo Cyparis erscheine, sei immer August" (23). Und schließlich fällt der Winter des Folgejahres ganz aus, Tomi wird von einer Art von tropischem Dschungel überwuchert.

Auch Ovids Tomi zeigt Züge der Irrealität, aber diese sind aus dem antiken Mythos über den barbarischen Nordosten gewonnen – aus der Medea-Sage und den Vorstellungen von der Taurischen Artemis –, sowie aus den historiographischen Schreckensbildern über Skythen, Garamaten, Thraker etc.[37] Ovid befriedigt damit – gegen die tatsächliche Wirklichkeit – die Erwartungen seines Publikums über die Wirklichkeit, macht Tomi „wirklicher" als es ist. Im Unterschied dazu läßt Ransmayr die Realität und das Bild der Realität aus seinem Tomi verschwinden.

Am Anfang des Romans ist aber auch das Tomi der *Letzten Welt* wie bei Ovid vor allem ein Ort der Nicht-Zivilisation, was der Römer Cotta bald feststellt. Seine Fragen werden nicht zur Kenntnis genommen. Auch das ist eine Parallele zum verbannten Ovid, der seinen Briefpartnern in Rom mitteilte (*Tristia* 5, 10, 37): barbarus hic ego sum quia non intellegor ullo („Hier bin ich der Barbar, weil ich von keinem verstanden werde.") Und so stoßen Cottas Erkundigungen nach Naso auf Unverständnis, man verwechselt ihn mit anderen Personen, die nicht unmittelbar zur Stadt gehören. Es dauert geraume Zeit, bis die ersten Spuren auftauchen:

> Naso. Erst in der zweiten Woche nach seiner Ankunft stieß Cotta auf Erinnerungen, die er wiedererkannte. Tereus, der Schlachter, der selbst die Stiere überbrüllte, wenn er ihnen eine lederne Blende vor die Augen band und ihnen so den letzten Blick auf die Welt nahm; und Fama, die Witwe eines Kolonialwarenhändlers (...) Tereus, Fama oder auch Arachne, eine taubstumme Weberin, die dem Fremden alle Fragen vom Mund las und dazu den Kopf schüttelte oder nickte – sie erinnerten sich wohl, daß Naso der Römer war, der Verbannte, der Dichter, der mit seinem griechischen Knecht in Trachila hauste, einem aufgegeben Weiler vier oder fünf Gehstunden nördlich der Stadt. *Publius Ovidius Naso*, haspelte der Fallsüchtige den von seiner Mutter bedeutsam ausgesprochenen Namen einige Male nach, als Cotta an einem Regentag im Halbdunkel von Famas Laden stand.

37 Vgl. Claassen (1999).

Wenn man es nicht wissen sollte, so kann man es im *Ovidischen Repertoire* am Ende des Buches kontrastiv nachschlagen: Die Namen der Bewohner von Tomi sind allesamt den *Metamorphosen* entlehnt,[38] aber aus ihrem dortigen Kontext herausgelöst. Das korrespondiert mit Cottas sich allmählich verdichtender Erkenntnis, daß es keine geborenen Tomitaner gibt. Alle sind auf verschiedenen Wegen von irgendwoher eingewandert (236): eine Metapher für die Übernahme aus den *Metamorphosen*.

Prinzipiell setzt Ransmayr in der Zeichnung seiner Figuren um, was er selbst von Nasos Lesungen in Rom aus dem noch unvollendeten Werk erzählt (53):

> In seinen Lesungen aus den *Metamorphoses* brachte Naso aus jedem Zusammenhang gelöste Personen und Landschaften zur Sprache, Menschen, die sich in Bestien verwandelten und Bestien in Stein, beschrieb Wüsten und urzeitliche Wälder, sommerliche Parks und den Anblick von Schlachtfeldern nach der Schlacht; aber nur selten las er geschlossene Episoden vor (...)

Auch der moderne Romanautor löst den Erzählzusammenhang der *Metamorphosen* auf und setzt ihn im Schreibprozeß neu zusammen. Doch Ovid siedelt seine menschlichen Figuren meist in einem gehobenen Milieu an, es handelt sich um Könige oder gar Heroen. Bei Ransmayr dagegen sind sie alle in die Sozial- und Berufsstruktur von Tomi – Tomi, dem Kaff – eingefügt.

Oft bleiben bestimmte Züge erhalten, etwa daß Arachne – die bei Ovid die Göttin Minerva in der Webkunst herausfordert – auch bei Ransmayr eine Weberin ist, in diesem Fall stimmt sogar die soziale Stellung überein. Für deren Stummheit aber gibt es bei Ovid allenfalls durch die Verwandlung in eine Spinne einen Ansatzpunkt. Oder: Pythagoras, der Knecht und letzte Bewohner der Einöde Trachila,[39] ist zunächst die vermittelnde Instanz zwischen dem verschwundenen Dichter und dem Besucher aus Rom, der Hüter dessen, was trotz der Verbrennung der *Metamorphosen* – Nasos Reaktion auf die Verbannung – im Gedächtnis erhalten geblieben ist. Er zeigt Cotta die auf fünfzehn Menhire verteilte Inschrift, auf der der Text vom Schluß des fünfzehnten *Metamorphosen*-Buches, der Sphragis (*Met.* 15, 871-879), zu lesen steht (50f.). Und auf zahlreichen gebetsfahnenartigen Stoffstreifen hat Pythagoras Fragmente, Satzfetzen, befestigt an Steinkegeln, auf dem Terrain des Anwesens in Trachila

38 Einzige Variation ist der Name *Thies*, den der als deutscher Soldat nach Tomi versprengte Totengräber trägt, doch ist die lautliche Verbindung zum Unterweltherrscher *Dis* offenkundig, zumal beide mit einer Frau namens Proserpina verheiratet sind.

39 Der Ortsname *Trachila* ist nicht antik, sondern modern für eine Ortschaft auf der Peloponnes belegt.

verteilt (15). Der erste Satz, den Cotta zu Gesicht bekommt, lautet: „Keinem bleibt seine Gestalt". Das Zitat stammt aus *Met.* 15, 272, nec species sua cuique manet.[40] Es ist Teil des langen Lehrvortrags des Pythagoras, der die erste Hälfte des 15. Buches prägt.

Auch die Worte, die Ransmayrs Cotta von Pythagoras hört, sind Adaptionen von Gedanken aus dieser Rede in den *Metamorphosen*. Der Knecht habe in „den Antworten und Erzählungen Nasos nach und nach *alle* seine eigenen Gedanken und Empfindungen wieder[gefunden] und glaubte mit dieser Übereinstimmung endlich eine Harmonie entdeckt zu haben, die der Überlieferung wert war" (253). Während in der Ovid-Forschung bis heute kontrovers diskutiert wird, ob die Pythagoras-Rede so etwas wie das philosophische Credo des Autors und die geistige Grundlage des Werks enthalte, Ovid also die Botschaft des Pythagoras übernommen habe, kehrt Ransmayr dieses Verhältnis um: Sein Pythagoras hat sich in Nasos Worten wiederentdeckt und wird zu seinem Sachwalter.

In den *Tristia* und dann auch den *Epistulae ex Ponto* schreibt Ovid „den Mythos des Exils"[41], den Mythos von Tomi als barbarisches Gegen-Rom. Ransmayr akzeptiert dieses mythische Tomi, das von der analytischen Philologie dekonstruiert worden ist, und besiedelt es mit mythischem Personal aus einem anderen Werk Ovids, den *Metamorphosen*. Doch damit nicht genug: Diese Amalgamierung vollzieht sich auf zwei Stufen, wie die von Cyparis veranstaltete Kinovorführung des 2. Kapitels paradigmatisch demonstriert.

Hier wird wie häufig die Technik des 20. Jahrhunderts in die Szenerie des 1. nachchristlichen Jahrhunderts integriert, allerdings nicht in ihrer Hightech-Erscheinung aus Ransmayrs Gegenwart, sondern durch einen ambulanten Projektor, dessen Bild auf die Wand von Tereus' Schlachthaus projiziert wird. Doch was die Bewohner zu sehen bekommen, ist die Sage von Ceyx und Alcyone aus dem 11. Buch der *Metamorphosen* (410-748). Ransmayr verwendet Ovids Verse und weitet ihren Umfang aus:[42] Der Autor läßt sich und seinem Publikum Zeit, erst werden die Landschaft und die Palastarchitektur beschrieben, dann eine Abschiedsszene, bevor die Namen der beiden Protagonisten – Ceyx und Alcyone – fallen. Hineinverwoben sind die Reaktionen der Zuschauer, die in einseitige Kommunikation mit dem Film treten (27):

---

40 Ähnlich ist *Met.* 15, 170, nec manet ut fuerat nec formam servat eandem. Beide Wendungen sind ihrerseits in den Mund des Pythagoras gelegte Variationen von *Met.* 1, 17 (nulli sua forma manebat) aus der Kosmogonie des Eingangsabschnitts.

41 *History into Myth: Ovid's exilic mythologising*: Claassen (1999) 68 und passim.

42 Bei Ovid sind es 339 Verse, unterbrochen durch den 80 Verse langen, Somnus und Morpheus betreffenden Einschub, bei Ransmayr sind es 12 Druckseiten, in die allerdings die Reaktionen der Besucher integriert sind.

> Wie von einem jähen Sog erfaßt, flog der Blick auf dieses Fenster zu und kam in einem schwach erleuchteten Gelaß auf dem Antlitz eines jungen Mannes kurz zur Ruhe, auf einem Mund, und der Mund sagte: Ich gehe. Nun senkte sich der Blick, wandte sich ab, dorthin, wo eine Frau an eine Tür gelehnt stand. Sie flüsterte, bleib. Battus stöhnte, als er die Tränen in ihren Augen sah. Fama zog ihren Sohn zu sich heran, legte ihm die Hand auf die Stirn, beruhigte ihn. In den Gärten des Palastes waren die Zikaden laut und Zitronenbäume schwer von Früchten. Aber die Hitze der Glutbecken, die man hinter das Schlachthaus getragen hatte, nahm allmählich den Geruch von Blut und Jauche an. Die Traurigen auf Tereus Mauer, das mußten hohe Menschen sein. Fama fragte zweimal nach ihren Namen, obwohl sie im Knacken und Rauschen der Lautsprecher längst gefallen waren: Sie hieß Alcyone, und Ceyx er. Und sie nahmen so zärtlich und traurig Abschied voneinander wie an der Küste der eisernen Stadt noch kein Mann von seiner Frau.

Nicht nur durch die Überschreitung der Grenzen zwischen Filmhandlung[43] und Ort der Aufführung, durch die emotionale Anteilnahme der Zuschauer und die Darstellung dieser Grenzüberschreitung im Romantext werden Film- und Romanebene angenähert, sondern vor allem durch die Tatsache, daß es sich in beiden Fällen um poetische Geschöpfe Ovids handelt. In gewisser Weise sieht das Personal aus den *Metamorphosen* seiner eigenen Geschichte zu: Fama, Battus und Tereus werden von Cyparis(sus) mit Ceyx und Alcyone vertraut gemacht.

Die Bewohner von Tomi betrachten auf der Leinwand Ihresgleichen, nur macht es die unterschiedliche Ebene unnötig, auch Ceyx und Alcyone auf das soziale Niveau der Tomitaner herabzustufen, so daß diese den Royals und ihrer Welt als etwas scheinbar völlig Fremdes zusehen können. Auf seine Weise vollzieht Ransmayr damit eine typisch ovidische Darstellungstechnik nach, die Erzählung auf mehreren Ebenen, geläufig als „Erzählung in der Erzählung".[44]

Diese Einschübe paraphrasieren Erzählungen aus den *Metamorphosen* und halten sich viel enger an Ovid als die erste Erzählebene des Romans. Das ist eine Übernahme aus der früheren Phase von Ransmayrs Auseinandersetzung mit Ovid. Dies geschieht auch bei Echos Bericht von Deucalion und Pyrrha und besonders bei Nasos Rede anläßlich der Eröffnung des Stadions zu Sieben Zufluchten, deren Thema die *Pest auf Ägina* ist.[45]

---

43 Wilke (1992) 24f.

44 Rosati (1981).

45 Ähnliches gilt für die nur in kurzer Zusammenfassung referierten Mythen von Hector, Hercules und Orpheus, die Cyparis an drei Abenden hintereinander als Film präsentiert (106-108); Vollstedt (1998) 39-63.

Bei der Filmvorführung wird die glückliche, aber im Unglück endende Ehe von Ceyx und Alcyone auf der Leinwand kontrastiert mit der des Fleischers Tereus und der Procne, da Tereus die Vorführung des Films mit unflätigen Kommentaren stört und keine Rücksicht auf die anderen Betrachter nimmt (29):

> (...) niemand lachte. Es hieß ihn aber auch niemand schweigen, als er den Unglücklichen dann eine Litanei von Ratschlägen zubrüllte. Tereus war jähzornig und ertrug keinen Widerspruch.

Auf den ersten Blick sind die Gemeinsamkeiten zwischen Ransmayrs und Ovids Tereus marginal: Bei Ovid ist er wie in der gesamten antiken Sagenüberlieferung der König von Thrakien, der die athenische Königstochter Procne heiratet, ihre Schwester Philomela vergewaltigt und verstümmelt, indem er ihr die Zunge herausschneidet – die vielleicht grausamste Szene in den *Metamorphosen* überhaupt –, schließlich aber der Rache der beiden anheimfällt: Sie töten seinen Sohn Itys und setzen ihn dem ahnungslosen Tereus als Mahlzeit vor. Bei Ransmayr entspricht dieser Charakterisierung zunächst nicht nur die Brutalität des Schlachters, sondern auch die geographische Situation: Tomi liegt in unmittelbarer Nachbarschaft zu Thrakien,[46] der Heimat des mythischen Tereus.

Im Verlauf der Romanhandlung wird der Schlachter Tereus der *Letzten Welt* seinem Vorbild aus den *Metamorphosen* immer ähnlicher.[47] Ovid läßt seinen Pythagoras den Fleischkonsum mit der kannibalischen Mahlzeit des Tereus vergleichen (*Met.* 15, 88-91):[48]

> Weh! Welch schwerer Frevel ist es, Leib in Leib zu bestatten, mit gierig hinabgeschlungenem Fleisch sein Fleisch zu mästen und als Lebewesen von eines anderen Lebewesen Tod zu leben!

Bei Ovid sind die thematisch aufeinander bezogenen Passagen durch neun Bücher getrennt, bei Ransmayr folgt auf die Szene, in der erstmals Tereus auftritt, unmittelbar die Begegnung des Cotta mit Nasos Knecht Pythagoras. Dessen Worte sind eine Variation, allerdings auf niedrigerem Stilniveau, von Pythagoras' Plädoyer für eine vegetarische Lebensweise in den *Metamorphosen*. Beide verurteilen den Fleischkonsum, da es keinen kategorialen Unterschied

---

46 Ovid thematisiert diese Nähe in *Tristia* 4, 1, 17f., in dem er sich mit Orpheus vergleicht.

47 Siegel (2000) zeigt die Gemeinsamkeiten zwischen Ovids Tereus-Sage und P. Greenaways Film *The Cook, The Thief, His Wife and Her Lover* auf, also einem etwa zeitgleichen Dokument der Wirkungsgeschichte von Ovids Sagengestaltung.

48 Bömer (1986) z. St.

zwischen Tier und Mensch gebe (17):

> (...) schimpfte Cotta dann einen Aasfresser, der sich von den Leichen seiner Verwandten ernähre und seine treuesten Dienstboten erschlage (...)

Daß der antithetische innere Zusammenhang zwischen Tereus und Pythagoras wie bei Ovid auch in der *Letzten Welt* bewußt gesucht ist, legt die thematische Wiederholung im 13. Kapitel nahe. Dort weiß Fama über Pythagoras zu berichten (252):

> In den langen Jahren der Stille und Abgeschiedenheit begann er Selbstgespräche zu führen und redete schließlich wirr, wenn er in die eiserne Stadt kam, hielt vor dem Schlachthaus Ansprachen über die Schande der Fleischfresserei, bis Tereus ihn durch die offenen Fenster mit Schafsherzen und Gedärmen bewarf.

Und wie Tereus bei Ovid als in seinen Leidenschaften ungezügelter Tyrann gezeichnet ist, so ist er auch in der *Letzten Welt* ein in seiner Wut kaum zu bändigender Mensch. Auf diese Weise wird die Verschmelzung der beiden Figuren, die sich in den Schlußkapiteln vollzieht, durch die zusätzlich zur Namensgleichheit beistehenden charakterlichen Gemeinsamkeiten schon in die Wege geleitet.

Eines Tages erscheint eine stumme Fremde in Tomi, die von Procne, der Frau des Tereus, als ihre Schwester Philomela identifiziert wird, die eigentlich längst für tot galt (275):

> Tereus hatte ein Maultier mit Fleisch für ein Lager mit Bernsteinsuchern bepackt und war mit Procnes Schwester, die ihn auf solchen Gängen manchmal begleitete, ins Gebirge gezogen. Noch am Abend dieses Tages aber (...) kam der Schlachter zerkratzt und atemlos die Halden herabgerannt und schrie unter Tränen, das Lasttier habe auf einem Saumpfad gescheut, sei ausgeglitten und gestürzt und habe seine Schwägerin mit in die Tiefe gerissen.

Wie in den *Metamorphosen* stellt sich auch hier heraus, daß Tereus ihr die Zunge herausgeschnitten hat, so daß sie schließlich nur noch stumm den Verantwortlichen für ihr Elend bezeichnen kann. Aber während bei Ovid die sexuelle Gier des Tyrannen Tereus in ihrer Entwicklung expliziert und auch plausibel gemacht wird, bleibt bei Ransmayr das Motiv, das Tereus trieb, völlig offen, ja sexuelle Gewalt wird nicht einmal erwähnt und ist allenfalls in der Spekulation des Lesers über die Beweggründe präsent, die den Schlachter zu seiner schrecklichen Tat trieben.[49] Damit gibt der Roman seine erzählerische Autonomie auf und verläßt sich auf eine aus der Vorlage übertragene Motivation.

---

49 Nur im *Ovidischen Repertoire* ist ausdrücklich von Vergewaltigung die Rede (318).

Ransmayr verzichtet im folgenden auch auf die Übernahme der schrecklichen Mahlzeit, als der Tyrann, ohne es zu wissen, seinen eigenen Sohn ißt: Sein Tereus entdeckt vielmehr den von Procne und Philomela aus Rache getöteten Itys im eigenen Haus und trägt ihn in namenlosem Schmerz ins Freie (280f.):

> In seinen Armen, an denen noch die matten Lichter von Fischschuppen glänzten, hielt er seinen Sohn, trug ihn behutsam die Stufen zum Brunnen hinab. Aber wie Itys Kopf in dieser Umarmung und bei jedem Schritt seines Vaters pendelte, wie seine nackten Füße baumelten und aneinanderschlugen, erkannte die eiserne Stadt, noch ehe sie das blutgetränkte Hemd des Kindes sah, daß Itys tot war.
> Tereus schrie nicht, weinte nicht. Tereus, der selbst das Schlachtvieh zu überbrüllen vermochte, wenn es sich in Todesangst gegen den Zerrstrick stemmte, stieg jetzt so zögernd, so ratlos zum Brunnen hinab, hielt den kleinen Leichnam an sich gepreßt, legte ihn sachte auf den von den Zugseilen der Wassereimer gerippten Steinen nieder.

Der Schmerz schlägt um in den unbedingten Wunsch nach Rache. Doch als er endlich die beiden Frauen in dem von Cotta bewohnten Haus entdeckt hat, wird sein Vorhaben vereitelt (284):

> Der Gesang verstummte. Tereus hob die Axt, um zu tun, was ihm Trauer und Haß befahlen. Sprang seine Opfer an. Aber nicht zwei Frauen hoben abwehrend die Arme, sondern zwei aufgeschreckte Vögel breiteten die Flügel aus; ihre Namen waren im Archiv von Trachila verzeichnet: Schwalbe und Nachtigall. Mit rasenden Flügelschlägen durchmaßen sie die Seilerei, schnellten durch das zerbrochene Fenster ins Freie und verloren sich im nachtblauen Himmel, noch ehe aus dem krummen Stiel der Axt ein weiterer Schnabel, aus Tereus Armen Schwingen und seine Haare zu braunen und schwarzen Federn geworden waren. Ein Wiedehopf folgte den beiden Geretteten in einem geschwungenen, wellenförmigen Flug, als gleite er auf dem Nachhall von Procnes Stimme dahin.

„Im Archiv von Trachila", das bedeutet: im „Buch der Vögel", als das Arachne in selektiver Wahrnehmung Cotta die *Metamorphosen* erklärt hat (198). Die literarische Ankündigung wird so zur Realität. Die Nähe der Schilderung selbst zu Ovids Worten aus den *Metamorphosen* ist evident (*Met.* 6, 666-674):

> Jetzt aber verfolgt er Pandions Töchter mit gezücktem Schwert. Man hätte meinen können, die Cecropiden schwebten auf Flügeln – und in der Tat, sie schwebten auf Flügeln. Eine von ihnen fliegt in den Wald, die andere schlüpft unter ein Dach. Von ihrer Brust sind immer noch nicht die Spuren des Mordes verschwunden. Der Flaum ist blutig gezeichnet. Er aber, von Trauer und Rachedurst beflügelt, verwandelt sich in einen Vogel: Auf dem Scheitel trägt er einen Kamm, und anstelle der langen Schwertspitze ragt der Schnabel übermäßig weit vor; Wiedehopf heißt der Vogel, und sein Aussehen ist wehrhaft.

So hat denn am Ende der Mythos der Verwandlung selbst das der *Metamorphosen*-Welt entstammende Personal des Romans erfaßt, bevor die Natur endgültig die Macht über Tomi ergreift. Während das Tomi der *Letzten Welt* immer mehr seinen ovidischen Charakter verliert, kommen seine Bewohner in einer gegenläufigen Bewegung den namensgleichen Figuren im antiken Epos immer näher.

Diese Entwicklung hatte sich schon angedeutet, als der Sohn Famas, Battus, eines Tages in einen Felsen verwandelt aufgefunden wird. Damit dringt in Tomi die Welt der *Metamorphosen* ein, die Welt des Gedichts über die universale Verwandlung. Es bewahrheitet sich, was Echo unausgesprochen verheißen hatte, als sie Nasos Werk als das „Buch der Steine" (172) Cotta vorgestellt hatte, also die zweite Variante, in der der Römer Nachricht über das verschollene Epos erhält. Die durch die Filmleinwand des Cyparis bewirkte Trennung der beiden Erzählebenen ist aufgehoben. Folgerichtig erscheint er mit seiner Kinoveranstaltung auch nicht mehr in Tomi.

Auch Cotta wird schon zu Beginn – in einer traumartigen Sequenz – beinahe selbst in diese Welt der *Metamorphosen* gezogen. Während in Tomi die Einwohner fasziniert dem Filmgeschehen zusehen, ist er nach Trachila, der Einöde, wo Naso wohnte, hinaufgestiegen. Nasos Knecht Pythagoras hat ihm in der Nähe des Herdes einen Schlafplatz angewiesen. Doch mitten in der Nacht schreckt Cotta auf, weil ein Viehhirt den Raum betritt (78f.):

> Aber was auf den Schultern des Viehhirten glänzte (...) – das waren Augen, Dutzende, Hunderte Augen. (...)
> Lautlos trat die Mißgeburt an den Herd und hockte sich dort auf den Boden wie vor ein Lagerfeuer und kümmerte sich nicht um den Schläfer. Cotta spürte (...) einen hohlen, langen Schrei, der aus seinem Innersten kam, einen fremden, tierischen Laut, der seinen Rachen, die Nasen- und Stirnhöhlen erfüllte, seinen Kopf vibrieren ließ und endlich als Gebrüll gleichzeitig aus Mund und Nase hervorstieß: Es war das Brüllen einer Kuh.

Der Anblick des Viehhirten – des Argus der *Metamorphosen* – hat Cotta zur in eine Kuh verwandelten Io werden lassen. Auch der Besucher aus Rom ist in die Welt des Verwandlungsgedichts eingetaucht, zumindest für eine kurze, alptraumartige Phase.

Am Ende gewinnt er dann die Gewißheit, daß der verschwundene Naso in sein eigenes Werk eingegangen ist (287):

> Und Naso hatte schließlich seine Welt von den Menschen und ihren Ordnungen befreit, indem er *jede* Geschichte bis an ihr Ende erzählte. Dann war er wohl auch selbst eingetreten in das menschenleere Bild, kollerte als unverwundbarer Kiesel die Halden hinab, strich als Kormoran über die Schaumkronen der Brandung oder hockte als triumphierendes Purpurmoos auf dem letzten, verschwindenden Mauerrest einer Stadt.

Und selbst Cotta widerfährt, was sich im Alptraum von Trachila angedeutet hatte. Der Ankömmling aus Rom ist genauso Teil der *Metamorphosen*-Welt wie alle anderen Ankömmlinge in Tomi:

> Die einzige Inschrift, die noch zu entdecken blieb, lockte Cotta ins Gebirge: Er würde sie auf einem im Silberglanz Trachilas begrabenen Fähnchen finden oder im Schutt der Flanken des neuen Berges; gewiß aber würde es ein schmales Fähnchen sein – hatte es doch nur zwei Silben zu tragen. Wenn er innehielt und Atem schöpfte und dann winzig vor den Felsüberhängen stand, schleuderte Cotta diese Silben manchmal gegen den Stein und antwortete *hier!*, wenn ihn der Widerhall des Schreies erreichte; denn was so gebrochen und vertraut von den Wänden zurückschlug, war sein eigener Name.

So endet der Roman: Die Literatur vereinnahmt das Leben. Daß diese Transformation von Ovids Werk in Ransmayrs Roman, die hier paradigmatisch vorgeführt wurde, bei aller berechtigten Kritik an Erzählstrategie und sprachlicher Gestaltung,[50] ein literarisch anspruchsvolleres Verfahren ist, als wenn er einen biographisch ausgerichteten Ovid-Roman geschrieben oder Ovids Mythen nacherzählt hätte, ist wohl klar geworden.

Wir haben am Beginn mit Peter Horst Neumanns Gedicht ein Dokument dafür zitiert, wie Ovid in der von Ransmayr geprägten Perspektive rezipiert wird. So kann am Ende die konsequente Fortführung von Ransmayrs Ansatz stehen. Die japanische, auch auf Deutsch schreibende Autorin Yoko Tawada hat im Jahr 2000 einen Prosaband vorgelegt mit dem Titel *Opium für Ovid. Ein Kopfkissenbuch von 22 Frauen*. Doch abgesehen von den Frauennamen, die auch die Titel der einzelnen Erzählungen darstellen – von Leda bis Diana –, ist hier kaum etwas vom eigentlichen Ovid zu finden. Vielmehr werden Frauen der Gegenwart durch die Namensgebung aus der Welt des Alltags in die Sphäre des Mythos erhoben.

In ihren Tübinger Poetikvorlesungen hat Tawada die erzählerische Hinwendung zu Ovid vorweggenommen und begründet.[51] Auch wenn der Name Ransmayr dort nicht fällt, so ist doch nicht zu bezweifeln, daß sein Vorbild ausschlaggebend war, wenn man sich ansieht, welche Passagen sie aus Ovid zitiert – übrigens selbstverständlich in der Übersetzung von Michael von Albrecht (1981), die Ransmayrs *Ovidischem Glossar* zugrunde liegt (54):

> In Ovids *Metamorphosen* wird im ersten Kapitel (*sic*) auf eine Weise von der Entstehung der Welt erzählt, die gleichzeitig eine Erklärung für die Verwandelbarkeit der einzelnen

50 Vgl. zuletzt Moog-Grünewald (1999); zur hier nicht berücksichtigten sprachlichen Form siehe auch Vollstedt (1998) 99-119.

51 Tawada (1998).

> Wesen ist. Die Vorstellung, daß ein Wesen sich überhaupt in ein anderes verwandeln kann, stammt aus der Erinnerung an die Zeit, in der die Gestalten der Lebewesen und der Dinge noch nicht bestimmt waren.
> „Zwar gab es da Erde, Wasser und Luft; doch konnte man auf der Erde nicht stehen, die Woge ließ sich nicht durchschwimmen, und die Luft war ohne Licht. Keinem Ding blieb die eigene Gestalt (...)."
> Gott habe dann die Welt dadurch geschaffen, daß er im Chaos Grenzen gesetzt habe. Seine Arbeit war durchaus eine sprachliche Leistung. Denn materiell kann man nicht die Gewässer von der Erde trennen, da in Gewässern immer etwas Erde enthalten ist und umgekehrt. Nur durch Begriffe kann man beides voneinander trennen und sagen, hier ist das Wasser und hier ist die Erde.

Nach einem kurzen Überblick über verschiedene Verwandlungssagen und einer Abgrenzung von Ovids *Metamorphosen* von Franz Kafkas *Verwandlung* schließt Tawada (60):

> Das Modewort „Identitätsverlust" hat den Begriff der Verwandlung in die Ecke verdrängt. Die Verwandlung ist aber seit der Antike – sei es der griechischen oder der chinesischen – eines der wichtigsten Motive der Literatur. Poetische Verwandlungen bilden einen Raum zwischen der Sehnsucht nach einer tödlichen Verwandlung in ein Tier und dem Entsetzen über die Verwandlung in einen Menschen.

Ransmayrs *Letzte Welt* steht in der Reihe der anspruchsvollen poetischen Auseinandersetzungen mit Ovid seit gut zwei Jahrzehnten, wozu etwa David Maloufs *An Imaginary Life* (1998), Cees Nootebooms *Het volgende verhaal* (1991) oder auch die Nachdichtungen des englischen *poeta laureatus* Ted Hughes *Tales from Ovid* (1997) zählen. Aber keine dieser Aneignungen und Umformungen, *Metamorphosen* also, hat in der Öffentlichkeit eine solche Wirkung erzielt, eine Wirkung, die auch der Präsenz des antiken Originals im öffentlichen Bewußtsein zugute kommt.

Literaturverzeichnis

Anz, Thomas: Spiel mit der Überlieferung – Aspekte der Postmoderne in Ransmayrs *Die letzte Welt*, in: Wittstock (1997) 120-132.

Bochenski, Jacek: Der Täter heißt Ovid, Wien/München 1975.

Claassen, Jo-Marie: Displaced Persons. The Literature of Exile from Cicero to Boethius. London 1999.

Danoff, Christo M.: Art. „Tomi", in: Paulys Realencyclopädie der Classischen Altertumswissenschaft, Stuttgart 1962, Suppl. 9, Sp. 1397-1428.

Ehlers, Widu-Wolfgang: Poet und Exil. Zum Verständnis der Exildichtung Ovids, Antike und Abendland 34 (1988) 144-157.

Epple, Thomas: Christoph Ransmayr *Die letzte Welt*. Interpretation, München 1992 (Oldenbourg Interpretationen 59).

Fülleborn, Ulrich: Christoph Ransmayr *Die letzte Welt*, in: Herbert Kaiser/Gerhard Köpf (Hrsg.), Erzählen, Erinnern. Deutsche Prosa der Gegenwart. Interpretationen, Frankfurt am Main 1992, 372-390.

Fülleborn, Ulrich: Ransmayrs *Letzte Welt*. Mythopoesie und das Unverfügbare von Natur und Geschichte, in: Hermenautik – Hermeneutik. Literarische und geisteswissenschaftliche Beiträge zu Ehren von Peter Horst Neumann, Würzburg 1996, 355-367.

Fuhrmann, Manfred: *Die letzte Welt*, Arbitrium 7 (1989) 250-254.

Fuhrmann, Manfred: Mythos und Herrschaft in Ch. Wolfs *Kassandra* und Ch. Ransmayrs *Die letzte Welt*, Der Altsprachliche Unterricht 36/2 (1994) 11-24.

Gindele, Jochen: „Immer wieder anders und neu" – Christoph Ransmayrs Roman *Die letzte Welt* und das Werk Ovids. Ansätze zu einem Vergleich, in: Manuel Baumbach (Hrsg.), Tradita et Inventa. Beiträge zur Rezeption der Antike, Heidelberg 2000, 601-614.

Glei, Reinhold: Ovid in den Zeiten der Postmoderne. Bemerkungen zu Christoph Ransmayrs Roman *Die letzte Welt*, Poetica 26 (1994) 409-427.

Hughes, Ted: Tales from Ovid. Twenty-four passages from the Metamorphoses, London 1997.

Kaiser, Joachim: Mit erlauchten Worten Wirkungen zweiter Klasse. Was wagt die Sprache dieses Autors und was erbringt sie?, Süddeutsche Zeitung (22/23.10.1988).

Lambertz, M.: Art. „Posides", in: Paulys Realencyclopädie der Classischen Altertumswissenschaft, Stuttgart 1953, Band 22, Sp. 829.

Malouf, David: An imaginary life. A novel, London 1978.

Moog-Grünwald, Maria: Über die ästhetische und poetologische Inanspruchnahme antiker Mythen bei Roberto Calasso *Le nozze di Cadmo e Armonia* und Christoph Ransmayr *Die letzte Welt*, in: Heinz Hofmann (Hrsg.), Antike Mythen in der europäischen Tradition, Tübingen 1999, 243-260.

Neumann, Peter Horst: Die Erfindung der Schere. Gedichte, Bargfeld 1999.

Nooteboom, Cees: Het volgende verhaal, Amsterdam 1991.

Ovid: Metamorphosen. Epos in 15 Büchern, übersetzt und hrsg. von Hermann Breitenbach, Zürich ²1964.

Ovid: Metamorphosen. In deutsche Prosa übertragen von Michael von Albrecht, München 1981.

Ovid: Metamorphosen, Kommentar von Franz Bömer, 7 Bände, Heidelberg 1969-1986.

Ovid: Briefe aus der Verbannung. Lateinisch und deutsch. Übertragen von Wilhelm Willige, eingeleitet und erläutert von Georg Luck, Zürich/Stuttgart 1963.

Ransmayr, Christoph: Die letzte Welt. Mit einem Ovidischen Repertoire, Nördlingen 1988.

Ransmayr, Christoph (Hrsg.): Im blinden Winkel. Nachrichten aus Mitteleuropa, Frankfurt am Main 1989 (Wien 1985).

Ransmayr, Christoph: Morbus Kitahara, Frankfurt am Main 1995.

Rosati, Gianpiero: Il racconto dentro il racconto. Funzioni metanarrative nelle *Metamorfosi* di Ovidio, in: Atti del Convegno internazionale „Letterature classiche e narratologia". Selva di Fassano (Brindisi) 6-8 Ottobre 1980, Perugia 1981, 297-309.

Schmitzer, Ulrich: Zeitgeschichte in Ovids *Metamorphosen*. Mythologische Dichtung unter politischem Anspruch, Stuttgart 1990.

Schmitzer, Ulrich: Ovid – Leben und Werk. Eine Einführung anhand der Elegie trist. 4, 10, München 1994.

Schmitzer, Ulrich: Ovid, Hildesheim/New York 2001.

Siegel, J.: Peter Greenaway's *The Cook, The Thief, His Wife and Her Lover*: A Cockney Procne, in: Classical Culture and Myth in the Cinema, ed. M. M. Winkler, New York 2001 – forthcoming.

Stenger, Jan: Art. „Minos", in: Der Neue Pauly, Stuttgart/Weimar 2000, Band 8, Sp. 234-235.

Syme, Ronald: History in Ovid, Oxford 1978.

Tawada, Yoko: Verwandlungen. Tübinger Poetik-Vorlesungen, Tübingen 1998.

Tawada, Yoko: Opium für Ovid. Ein Kopfkissenbuch von 22 Frauen, Tübingen 2000.

Thalmayr, Andreas (Hrsg.): Das Wasserzeichen der Poesie oder die Kunst und das Vergnügen, Gedichte zu lesen. In hundertvierundsechzig Spielarten, Nördlingen 1985 (Die Andere Bibliothek 9).

Töchterle, Karlheinz: Spiel und Ernst – Ernst und Spiel. Ovid und *Die letzte Welt* von Christoph Ransmayr, Antike und Abendland 38 (1992) 95-106.

Vollstedt, Barbara: Ovids *Metamorphoses*, *Tristia* und *Epistulae ex Ponto* in Christoph Ransmayrs Roman *Die letzte Welt*, Paderborn/München 1998.

Wieser, Harald: Eine Flaschenpost aus der Antike, Der Spiegel 42 (1988) Heft 37, 226-237.

Wilke, Sabine: Poetische Strukturen der Moderne. Zeitgenössische Literatur zwischen alter und neuer Mythologie, Stuttgart 1992.

Wittstock, Uwe (Hrsg.): Die Erfindung der Welt. Zum Werk von Christoph Ransmayr, Frankfurt am Main 1997.

Zanker, Paul: Augustus und die Macht der Bilder, München 1987.

Stefan Schütz

Postkarte für's Archiv

Vielleicht befinde ich mich mit meiner Lesart der Antike, ungewollt, zwischen Nietzsches Ekstase: „Fühlung halten zum Leben" und Schopenhauers: „Besserem Bewußtsein" als Ekstase der Verneinung, in jedem Fall war für mich das Theater der Raum in dem Energien fließen und ausgetauscht werden, Wogen die sich gegenseitig brechen, weil das Authentische es so will, aber es kann natürlich auch alles ganz anders sein.

Februar 2001 Stefan Schütz

Volker Riedel

Abrechnungen
Die Antikestücke von Stefan Schütz in ihrem literarischen Kontext

Zwei Schriftsteller stehen mit ihrem dramatischen Schaffen in hohem Maße in der Nachfolge Heiner Müllers: Hartmut Lange und Stefan Schütz. Ihre Verwendung antiker Stoffe und Motive ist von einer gleichartigen kritisch-problematisierenden Grundhaltung geprägt; sie haben eine starke Affinität zum Troja- und zum Odysseus-Sujet; sie scheuen nicht vor pointierten Zynismen und Sarkasmen zurück; sie behandeln mit Vorliebe das Thema der Macht, und sie üben radikale Kritik an der deutschen Gesellschaft ihrer Zeit – vorwiegend, aber keineswegs ausschließlich an der östlichen. Lange bevorzugt darüber hinaus ebenso wie Müller die Herakles-Gestalt, während Schütz sich mit seinem Vorbild in der schonungslosen Darstellung der Geschlechterproblematik berührt. Die beiden 1937 bzw. 1944 geborenen Autoren hatten, im Unterschied zu dem älteren Heiner Müller, allerdings die DDR verlassen – wenn sie auch in der *Art* ihres Schreibens der intensiven Antikerezeption in der Dramatik dieses Landes während der sechziger und frühen siebziger Jahre verpflichtet geblieben sind. Schütz bezeichnete sich sogar einmal „als DDR-Schriftsteller in der Bundesrepublik".[1]

Ebenso wie Müller haben Lange und Schütz auch in anderen literarischen Gattungen gearbeitet – Schütz ist in den achtziger und neunziger Jahren sogar vorrangig als Romancier hervorgetreten –; von ihrer Herkunft und Entwicklung her sind sie aber weitgehend mit dem Theater verbunden, und der folgende Beitrag über Stefan Schütz wird sich deshalb auf das dramatische Genre konzentrieren.

Der Autor ist am 19. April 1944 in Memel – dem heutigen Klaipeda in Litauen – geboren worden. Seine Kindheit und Jugend verlebte er in Berlin. Hier studierte er von 1963 bis 1965 an der Staatlichen Schauspielschule; danach war

1 Delius (1990) 918.

er als Schauspieler, Regieassistent und künstlerischer Mitarbeiter an verschiedenen Theatern – darunter dem Berliner Ensemble und dem Deutschen Theater – sowie beim Fernsehen tätig. Seit 1970 hat er als freischaffender Schriftsteller Stücke verfaßt. Im Jahre 1980 ist Schütz in die Bundesrepublik Deutschland übergesiedelt. Zunächst arbeitete er als Autor und Dramaturg in Wuppertal; ab 1984 war er freischaffender Schriftsteller in Hannover. Seit 1996 lebt er in Oldenburg/Holstein.

Stefan Schütz hat in seinen frühen Stücken den Konflikt zwischen dem Emanzipationsstreben des Individuums und den starren gesellschaftlichen Machtsystemen fast ausschließlich an Beispielen aus der Vergangenheit dargestellt – sei es aus der Antike, sei es aus Mittelalter und früher Neuzeit (*Heloise und Abaelard*, *Kohlhaas*), sei es aus der sich verbürokratisierenden sowjetischen oder aus der präfaschistischen deutschen Gesellschaft der 1920er Jahre (*Majakowski*, *Fabrik im Walde*, *Die Seidels*). Später ging er in einem Teil seiner dramatischen Werke (*Stasch*, *Sappa*, *Werwölfe*), vor allem aber in seiner Erzählprosa (*Katt*, *Der vierte Dienst*, *Galaxas Hochzeit*, *Schnitters Mall*), in der er mit der modernen Konsumgesellschaft abrechnet, zu zeitgenössischen Sujets über. Unter den Schauspielen mit historischen Stoffen nimmt die Antike den umfangreichsten Teil ein, und am Beginn der Romane mit Gegenwartsthemen steht ebenfalls ein Werk mit deutlichen Beziehungen zum Altertum: *Medusa*. Ein Überblick über die von Schütz publizierten *Stücke nach der Antike* ist durch den 1992 erschienenen Sammelband *Wer von euch* leicht zu erlangen; zwei weitere Texte – *Seneca* und *Iokaste Felsen Meer* – sind noch unveröffentlicht.[2]

Am Anfang stand das Heiner Müller gewidmete Stück *Odysseus' Heimkehr*: geschrieben 1972, veröffentlicht 1977 in der Reihe *Dialog* des Henschel-Verlages, uraufgeführt 1981 in Wuppertal. Für die Spezifik von Schützens Umgang mit einem antiken Stoff ist das Werk geradezu paradigmatisch – von der Forschung allerdings wurde es, im Unterschied zu späteren Texten, relativ selten beachtet.

Das Stück ordnet sich ein in die kritische Troja- und Odysseus-Rezeption des 20. Jahrhunderts. In der deutschsprachigen Literatur – um uns auf diese zu beschränken – hatte sie bereits 1907 mit Stefan Zweigs Drama *Tersites* eingesetzt, in dem das Zusammenspiel von kriegerischer Gewalt, Frauenfeindschaft und Unfähigkeit zu menschlicher Bindung vor allem in der Person des Achilleus entlarvt, der bei Homer und in anderen antiken Quellen geschmähte Ti-

2 Schütz (1992). – Die Angaben zur Entstehungszeit, zum Erstdruck und zur Uraufführung von Schützens Stücken nach Jucker (1997). Zum Leben und Schaffen des Autors vgl. Stefan Schütz (1997) 92, sowie Janz (1993); Wieghaus/Jucker (1996); Töteberg (1996).

telheld aber – ein sozial Entrechteter, politisch Unangepaßter und sexualpathologisch ‚Schlechtweggekommener' – als eine *tragische* Gestalt vorgeführt wird. Höhepunkte erlebte diese Rezeption in Heiner Müllers *Philoktet* von 1964 und in Christa Wolfs *Kassandra* (1983); Anteil daran hatten u. a. die Adaptationen der – seit Martin Opitz nur selten rezipierten – Euripideischen *Troerinnen* durch Franz Werfel im *ersten* sowie durch Mattias Braun und Walter Jens nach dem *zweiten* Weltkrieg, die jahrzehntelange differenzierte Auseinandersetzung von Walter Jens mit der Odysseus-Gestalt, der Troja-Teil von Franz Fühmanns Nacherzählung der Homerischen Epen, die 1968 unter dem Titel *Das Hölzerne Pferd* erschienen war, und Hartmut Langes *Die Ermordung des Aias oder Ein Diskurs über das Holzhacken* von 1972 – eine Persiflage auf den Machtkampf zwischen Stalin und Trotzki. Den Ausklang bilden die ersten zwei Romane von Michael Köhlmeiers Odysseus-Tetralogie, *Telemach* und *Kalypso*.

Über diesen *allgemeinen* Zusammenhang mit der Troja- und Odysseus-Rezeption hinaus ist Schütz' Stück *insbesondere* im Rahmen der Problematisierung von Odysseus' Heimkehr zu sehen. Dieses Motiv war unter den Bedingungen des Exils und des zweiten Weltkrieges zumeist in einem zustimmend-identifizierenden Sinne interpretiert worden – so in Johannes R. Bechers Gedichten *Odysseus* und *Ithaka*, in Bertolt Brechts Gedicht *Heimkehr des Odysseus*, in Anna Seghers' Prosatext *Der Baum des Odysseus* oder in Erich Arendts Sonett *Ulysses' weite Fahrt* von 1950.

Soviel unter den extremen Bedingungen dieser Zeit für eine Identifizierung mit dem heimkehrenden Odysseus sprechen mochte, zeichneten sich dennoch früh schon Komplikationen ab. Lion Feuchtwanger ließ in der Erzählung *Odysseus und die Schweine oder Das Unbehagen an der Kultur* von 1947 den Laertiaden erneut von dem rückständigen Ithaka ins Land der Phaiaken aufbrechen, wo er neue Erkenntnisse gewinnt, von wo aus er aber schließlich resignierend auf seine Insel zurückkehrt. Louis Fürnberg machte in dem Gedicht *Der neue Odysseus* von 1948 auf eine grundlegende Differenz zwischen dem antiken und einem modernen Helden aufmerksam: Als „tatenarmer Odysseus ohne Ithaka" kommt dieser nicht zu Hause an. Und Stephan Hermlin hatte bereits in der 1945 entstandenen *Ballade von dem Unbekannten von Gien* nur noch die Rückkehr eines „Blutige[n] Phoenix aus den zerschmetterten Stücken / Unserer Städte und Standbilder" anzudeuten vermocht, die sich nicht einmal als wirkliche Heimkehr, sondern allein als Wiederkehr „Von des Gefechtes Mühlen" in einem Kunstwerk erweist.[3]

3 Feuchtwanger (1959ff.), Band 14, 7-41; Fürnberg (1964-1973), Band 1, 503; Hermlin (1947) 62f.

Das theoretische Pendant schuf Ernst Bloch mit seinem Bekenntnis ausdrücklich zu einem *nicht*homerischen Odysseus. Ein Kapitel aus *Das Prinzip Hoffnung* lautet, in Anknüpfung an Dante: „Odysseus starb nicht in Ithaka, er fuhr zur unbewohnten Welt." Bloch wendet sich gegen die Auffassung, „daß ein redlicher Hausvater durch alle Gefahren hindurch immer wieder danach strebe, zu den Seinen zurückzukehren". Die Heimkehr sei zwar „eine bedeutende Kategorie", berge aber auch „Gefahren und Verderbungen".[4]

Diese literarische und philosophische Problematisierung verstärkte sich in den sechziger und siebziger Jahren, als endgültig offenbar geworden war, daß die Heimkehr aus Krieg und Exil keine grundsätzliche Lösung historischer Konflikte darstellte.[5] Erich Arendt hat in dem Gedicht *Odysseus' Heimkehr* von 1962 die Aussage des zwölf Jahre zuvor entstandenen Sonetts gleichsam ‚zurückgenommen' – an die Stelle einer zuversichtlichen Identifizierung mit der Gestalt sind die Reflexion ihres Scheiterns und die weitgehende Distanzierung von ihr getreten: „Größeres / wollten die Meere."[6] Heiner Müller hat in dem Stück *Zement* (1972) das Motiv des heimkehrenden Odysseus ironisch hinterfragt und in dem erstmals 1966 veröffentlichten Gedicht *Tod des Odysseus* einen Mann vorgestellt, der – „Müd des Festen" – von Ithaka aufbricht und, um den Preis des Scheiterns, zum Symbol für eine „Immer wieder" zu neuen Zielen strebende Menschheit wird.[7] Karl Mickel schließlich hat in dem Gedicht *Odysseus in Ithaka* von 1965, das er als programmatisch für sein gesamtes lyrisches Schaffen betrachtete, einen ausgesprochenen Kontrast zu dem offiziösen Odysseus-Bild der dreißiger und vierziger Jahre geschaffen: Der Held erkennt bei seiner Heimkehr, daß nach den Erfahrungen seines Lebens Ithaka nur scheinbar ein humanes Refugium, tatsächlich aber zu klein für ihn geworden ist, da es sich noch in den Banden einer mythisch-religiös bestimmten Welt befindet und seine Wiedergewinnung mit neuem Blutvergießen verquickt wäre: „Für Kirkes Schatten soll ich / Dreihundert abtun? Keinen. Troja reicht." Um die während des Krieges und der Irrfahrten gewonnenen Erfahrungen zu bewahren, bricht er aufs neue von Ithaka auf – der Ausgang ist ungewiß.[8]

Die Reaktion ließ an Deutlichkeit nichts zu wünschen übrig: Hans Koch – ein führender Kulturpolitiker – empfand Mickels Gedicht als „Bruch mit der

4 Bloch (1959-1978), Band 5, 1201-1206.

5 Zur Odysseus-Rezeption in der DDR-Literatur vgl. Bernhardt (1983) 16-70; Riedel (1984) 60-102; Emmerich (1985); Engelhardt (1985); Engelhardt/Rohrmoser (1985); Riedel (1998) 400-404.

6 Arendt (1968) 370-373 (Zitat: 373). – Vgl. ebda. 84.

7 Müller (1975) 327-329; Müller (1998ff.), Band 1, 44.

8 Mickel (1990-2000), Band 1, 76f.

‚eigenen' Tradition" und warf dem Autor vor, daß er sich „in Linien spätbürgerlicher Antike-Rezeption" stelle, da „‚geschichtlicher Auftrag', ‚moralische Verpflichtung' gegenüber der Heimat" und eine „‚sittliche Verpflichtung' Penelope gegenüber" das Verbleiben des Odysseus auf Ithaka verlangten.[9]

In diesem Kontext – als Polemik gegen die Glorifizierung einer gleichsam idyllischen und trotz des Tötens der Freier und der Mägde zu einem ‚glücklichen Ende' führenden Heimkehr – ist das Stück von Stefan Schütz entstanden; ja, es bezeichnet sogar eine Extremposition. Ithaka ist hier nicht nur provinziell und anachronistisch, sondern pervertiert – und Odysseus ist ein Mensch, der trotz gelegentlicher humaner Bemühungen endgültig versagt, der weder (wie bei Homer) die Kraft zu einem Bündnis mit einfachen tätigen Menschen und zu einer Umwälzung der Verhältnisse noch (wie bei Müller oder Mickel) die Kraft zu einem Wiederaufbruch hat: „Flucht kennt kein Held in Griechenland." Nur in den Worten des Totengräbers deutet sich einmal an, daß ein Leben „fern von dieser Insel" ein Ausweg sein könnte: „Eine Odyssee des Alltags."[10]

Das Ideal einer ‚normalen' und unproblematischen Heimkehr wird gleichermaßen durch die äußeren Bedingungen wie durch Odysseus' eigenes Handeln widerlegt. Auf Ithaka herrschen barbarische Zustände: Die Menschen werden infolge ihres egoistischen Fehlverhaltens in zunehmendem Maße von Schorf überzogen, an den sie sich teils gewöhnen und den sie teils so intensiv abschaben, daß sie daran sterben; Penelope ist mit zahlreichen Freiern (die sich allerdings als impotent erwiesen haben) sowie mit mehreren Fremdlingen (die zu diesem Zweck als ‚Odysseus' ausgegeben wurden) ins Bett gegangen; Telemach ist von zynischer Machtgier besessen, versucht den Schorf zu seinen Gunsten zu instrumentalisieren (sei es, daß er ihn als Beförderer der Gleichheit und „Inkarnation der Menschlichkeit" interpretiert, sei es, daß er verbietet, daran zu denken)[11] und schreckt, um Herrscher von Ithaka zu werden, nicht vor dem Inzest mit Penelope und vor einem Bündnis mit den Freiern zurück.

Odysseus jedoch preist zunächst in maßloser Form seine Heimkehr als Ende des Leidens und Anfang eines neuen Lebens („All ihr Helden von Griechenland, bewundert mich! Seht, Odysseus betritt sein Land!")[12] und schwankt dann ständig zwischen Aufbegehren und Anpassung: Einerseits will er gegen den Schorf und gegen das „Zufriedensein" mit ihm ankämpfen und verkündet

9 Koch (1966) 7f.
10 Schütz (1992) 39 und 61.
11 Schütz (1992) 20, 31 (Zitat) und 46.
12 Schütz (1992) 9.

überschwenglich-optimistisch, daß er die Stadt und die Menschen „retten" werde –[13] andererseits ekelt es ihn, für Ithaka „das Schwert zu ziehen", und er möchte sich von seinen Mitbürgern nicht mehr unterscheiden, also selbst von Schorf befallen werden.[14] Schließlich will er die Verhältnisse auf dem Weg einer Palastrevolution – durch Manipulation und Erpressung ‚hinter den Kulissen' – ändern, ist bestrebt, selbst die Macht zu ergreifen, und entwickelt einen Plan, wie man der Plage begegnen soll: nämlich durch die Einführung von Kratzmaschinen, damit das Volk sieht, daß sich der Staat um seine Belange kümmert, durch die Erklärung, „daß es noch lange dauern kann, bis die Gesellschaft gesundet, auch hängt das von den äußeren Feinden ab, die uns bedrohen", sowie dadurch, daß „dem Volk ökonomisch auf die Beine geholfen" wird und es dadurch sein Unwohlsein vergißt.[15] Es ist ein Reformprogramm, das die Übel nicht beseitigt, sondern lindert und umdeutet – ein Programm, das (wenn wir die metaphorische Abstraktionsebene des Stückes verlassen und auf die historische Realität sehen) Elemente sowohl einer ‚realsozialistischen' Propaganda wie einer ‚westlichen Wohlstandsgesellschaft' enthält.

Odysseus verfängt sich schließlich in seinen eigenen Intrigen und wird getötet – Telemach aber, der bisher dem Schorf hilflos gegenübergestanden hatte, greift dessen Konzeption auf („Seine Gedanken waren gut, wir werden sie gebrauchen")[16] und nutzt sie zur Legitimation seiner eigenen Herrschaft. Er läßt Kratzmaschinen aufstellen, durch die jene Untertanen, die sich ihm widersetzen, getötet werden, diejenigen aber, die sich ihm gleichgeschaltet haben, einige Linderung erfahren – und während der Kratzprozedur erzählt Telemach ihnen eine idyllisch-verlogene Odysseus-Legende: Sein Vater sei zurückgekommen und habe seine (Telemachs!) Ideen von den Kratzmaschinen als „dem Glück des Volkes" gebilligt:

> Wir wandelten noch ein wenig auf unserer Insel, sahen Baum und Strauch, darunter traurige Menschen, und faßten wieder Mut; Menschheit, wir retten dich. Dann kam der Ruf des Hades, und er verschwand. Meine Tränen begleiteten ihn und die seinen überzogen unsere Insel. Welch ein Abschied! Welche Geburt eines freien Landes![17]

Das Schlußmotiv – die Verherrlichung und Verklärung eines vom Volke geschätzten Helden, der zuvor auf dubiose Weise den Tod gefunden hat, die

13 Schütz (1992) 36f. und 45 (Zitate: 36 und 45).
14 Schütz (1992) 39 (Zitat) und 44.
15 Schütz (1992) 56-59 (Zitat: 59).
16 Schütz (1992) 59.
17 Schütz (1992) 65.

rechtfertigungsideologische Instrumentalisierung eines Menschenopfers also – ist von besonderer Brisanz. Es zielt auf den Märtyrerkult, dessen sich in stärkerem oder geringerem Maße nicht wenige ‚Weltanschauungen' bedienen und der im Extremfall sogar ‚selbstgeschaffene' Märtyrer umfaßt. Auch hier findet sich ein aufschlußreicher literarischer Kontext. In Karl Mickels Drama *Nausikaa* von 1963/64 – dem das Gedicht *Odysseus in Ithaka* entstammt – errichtet die Titelheldin, der es nicht gelungen war, Odysseus zum Verbleib auf Scheria zu bewegen und gemeinsam mit ihm ein menschenfreundliches Programm zu verwirklichen, zusammen mit Euryalos eine Gewaltherrschaft, die sich ideologisch des Odysseus-Mythos bedient. Euryalos – der einst selbst die Vertreibung des Odysseus von Scheria bewirkt hatte – gibt einen ehemaligen Seeräuber namens Knossos als Odysseus aus, um die Verehrung Nausikaas und des Volkes für den Laertiaden zu nutzen; Nausikaa läßt zwar Euryalos töten, baut aber zunächst selbst die Legende von Odysseus, der auf seinen Irrfahrten umgekommen sei, weiter aus und führt danach Knossos als zurückkehrenden Odysseus vor – bis sie schließlich, nach der Etablierung ihrer Herrschaft, die Legende zynisch fallenläßt.[18] *Nach* Schütz hat dann noch einmal Franz Fühmann das Motiv des ideologisierten Opfers aufgegriffen – nämlich 1983 in dem (wie es im Manuskript hieß) *Libretto für eine Rock-Oper Alkestis*. Auf eine Befreiung der Titelheldin durch Herakles verzichtet der Autor; statt dessen wird eine demagogische Gewaltherrschaft errichtet, deren ‚geistige' Grundlage die Verklärung von Alkestis' Opfertod ist. Der Schlußakt wird ein einer „roten" (d. h. ‚optimistischen') und in einer „schwarzen" (d. h. ‚pessimistischen') Variante gespielt. Nach der ersten sterben Alkestis und Admet gemeinsam, nach der zweiten stirbt Alkestis allein. Demgemäß ist Träger der Opfertod-Ideologie in der ‚optimistischen' Version ein neuer König und in der ‚pessimistischen' Admet selbst.[19]

Während Stefan Schütz in *Odysseus' Heimkehr* einen antiken Mythos zur Abrechnung mit barbarischen Methoden der Machtausübung nutzte und die Homerischen Vorgaben radikal ins Negative wendete, ist er in seinem zweiten Antikestück – *Die Amazonen* – differenzierter vorgegangen. In diesem 1974 entstandenen, 1978 (mit dem Untertitel *Antiope und Theseus*) in *Theater der Zeit* veröffentlichten und 1977 in Basel uraufgeführten Stück deutet der Autor den Konflikt zwischen den Athenern und den Amazonen als Auseinandersetzung zwischen Patriarchat und Matriarchat. Er schließt sich damit der *Interpre-*

18 Mickel (1990-2000), Band 3, 9-71.
19 Fühmann (1989).

tation der Sage in Johann Jakob Bachofens *Mutterrecht* an und kehrt sich zugleich von deren *Bewertung* durch den Gelehrten des 19. Jahrhunderts ab. Bachofen sieht die Überwindung des von den Amazonen verkörperten Mutterrechts als sittlich an – und zwar so sehr, daß er Antiopes Liebe zu Theseus als „Auflösung des Kampfs zu freundlicher Vereinigung" deutet und den Schmerz ihres Muttertums für gerechtfertigt hält: „Aber das ist die Naturbestimmung des Weibes." Theseus ist für ihn der Begründer des attischen Männerrechts „in apollinischer Reinheit".[20] Schütz hingegen verzichtet auf jegliche Idealisierung realer Antagonismen. Bei ihm erscheint die vaterrechtliche Gesellschaft, repräsentiert durch Herakles und Theseus, als eine inhumane und brutale Ausbeuterordnung, zugleich aber als historisch progressiver, während die Amazonen zwar mit Sympathie gezeichnet werden, allerdings auch von übersteigerter Männerfeindschaft und Kriegslüsternheit geprägt und letztlich der geschichtlichen Entwicklung nicht gewachsen sind. Sie müssen sich im Krieg gegen Athen mit den Skythen verbünden, von denen sie hintergangen werden, und werden praktisch zwischen den rivalisierenden Männergesellschaften zerrieben.

Der Versuch von Theseus und Antiope jedoch, durch Liebe reale Gegensätze zu überwinden und eine höhere Ordnung zu stiften, erweist sich als utopisch-illusionär. Am Ende gibt Theseus aus realpolitischen Erwägungen heraus dem Drängen der Athener nach und heiratet Phaidra, die Tochter des kretischen Königs Deukalion; seine Geliebte fordert ihn zum Zweikampf und wird getötet. Die Sage ist noch in einer anderen Version überliefert, nach der Antiope im Kampf der Athener gegen die Amazonen an Theseus' Seite heldenhaft gefallen ist – Schütz folgt (im Gegensatz zu Gustav Schwab in seiner Fixierung auf die *schönsten* Sagen des klassischen Altertums) wie selbstverständlich der härteren.[21] Das Bemühen, trotz äußerer Gefahren ein Reich der Liebe zu errichten, war einige Jahre zuvor auch in Peter Hacks' Komödie *Omphale* thematisiert und ad absurdum geführt worden – wo aber Hacks eine durchaus ernst gemeinte (und nur unterschwellig problematisierte) Verbindung von gegenwärtigem Kampf und perspektivischer Harmonie andeutet,[22] dort gestaltet Schütz nur ein klischeehaftes Ideal und die unaufhaltsame Katastrophe.

In den *Amazonen* hat sich der Autor erstmals in einem Antikestück der Geschlechterproblematik zugewandt – und zwar nicht im Sinne eines Zusammenstoßes zweier gleichermaßen starrer und unnatürlicher Ordnungen wie in Heinrich von Kleists *Penthesilea*, sondern unter moralischer Höherbewertung

20 Bachofen (1943ff.), Band 2, 182-190.

21 Vgl. Apollodor 1, 17; Schwab (1965), Band 1, 225.

22 Hacks (1972) 411f.

der weiblich geprägten Gesellschaft. Dies wird von nun an – wenn auch teilweise anders akzentuiert – ein zentrales Thema seines Schaffens bleiben.

1979 entstand – noch in der DDR – *Laokoon*, 1984 – bereits in der Bundesrepublik Deutschland – *Spectacle Cressida*: zwei Stücke mit Stoffen aus den nichtiliadischen Phasen des Trojanischen Krieges, die seit jeher in der literarischen Rezeption gegenüber den Vorgängen aus dem Homerischen Epos bevorzugt wurden und die sich zumeist (wie bei Kleist) für die Gestaltung *krasser* Konflikte eigneten. In *Laokoon* (1980 im Rotbuch-Verlag erschienen und 1983 in Göttingen uraufgeführt) stellt der Autor Verblendung und Leichtgläubigkeit der Trojaner – allen voran des Priamos – vor Augen; der Priester, der um das kommende Unheil weiß, opfert seine Söhne und sich selbst, um einen „letzten Beweis" für seine Erkenntnis zu erbringen, erntet aber Spott und Unverständnis. Haben die Trojaner bei Vergil nur das unheilvolle göttliche Vorzeichen mißverstanden, so sind sie bei Schütz blind gegenüber dem radikalen Engagement eines Menschen. Die Vorliebe des Schriftstellers für sarkastische Pointen, die sich schon in den früheren Antikestücken zeigte, gipfelt in den Schlußworten des Chores, die das ‚Siegesfest' der Trojaner einleiten: „Der Krieg ist beendet."[23]

Nach seiner Übersiedelung in die BRD im Jahre 1980 gab Schütz die relativ konventionelle, in sich geschlossene Handlungen vorführende Dramaturgie seiner bisherigen Antikestücke auf und wandte sich gemäß einer ‚postmodernen' Literaturauffassung ‚offenen', ‚fragmentarischen', ‚clownesken' Formen zu, die es erlaubten, ein Thema vielfach zu variieren und zu kommentieren. *Spectacle Cressida* – 1984 im Fischer-Taschenbuchverlag erschienen und in Köln uraufgeführt – ist aus dem gescheiterten Versuch einer Bearbeitung von Shakespeares Tragikomödie *Troilus and Cressida* hervorgegangen und verbindet die gegen Kriegs- und Machtpolitik gerichtete mit der antipatriarchalischen Komponente des Schützschen Schaffens. Hatte schon Shakespeare – weniger in der Tradition Homers denn in derjenigen der von römischem Selbstverständnis inspirierten mittelalterlichen Troja-Rezeption stehend – den moralischen Anspruch der griechischen Helden beträchtlich reduziert und gewalttätige, unbeständige, von Illusionen geleitete oder belanglose Figuren auftreten lassen, so schafft Schütz vollends eine Persiflage auf den Trojanischen Krieg: vorgestellt von drei oder mehreren Frauen, von denen „jede (...) eine Frau (spielt), die einen Mann spielt, der ein Clown ist und den Helden gibt".[24] Das Stück endet in einem – bis in Motivik, Sprache und Stil hinein – an Heiner Müllers

23 Schütz (1992) 155 und 158.

24 Vgl. Schütz (1992) 161.

Zement-Intermedium *Herakles 2 oder die Hydra* und an die Schlußworte der Elektra aus dessen *Hamletmaschine* erinnernden Aufruf, in dem sich feministische, antiplutokratische, antifaschistische und urkommunistisch-anarchistische Forderungen miteinander verbinden:

> Schlagt eure Führer tot. Köpft den Besitz. Enteignet die Männer. Laßt keine hydrischen Hälse mehr wachsen. Schließt eure Vagina vor Männermacht. Entthront die Herrschaft, macht der Vielfalt Platz. Entwurzelt den patriarchalischen Familientisch. Schafft die Staaten ab. Schlagt den Besitz tot. Köpft die Führer, entwurzelt Männermacht. Schließt die Vagina. Herrschaft vom Thron. Familientisch. Staaten. Hälse der Hydra. Schlagt eure Führer tot. Enteignet den Besitz. Vielfalt. Gegen Männermacht. Laßt keine hydrischen Hälse mehr wachsen. Weg mit den Staaten. Tötet die Herrscher, wo ihr sie trefft.[25]

Wie der Autor in einer Schlußbemerkung ausführt, habe Shakespeare „das Archaische des Stoffes" (der tatsächlich allerdings erst aus dem Mittelalter stammt, aus dem *Roman de Troie* des Benoît de Sainte-Maure)[26] „unterschätzt"; er selbst aber habe es nicht vermocht, „den Krieg, die Helden und die Liebe auf dem Rücken derer darstellen zu wollen, die ungenannt verscharrt werden und Täter wie Opfer gleichermaßen sind": „So konnte ich nur noch den Abgang der Geschichte formulieren, wie es einen Anfang gegeben hat. Dem Urknall des Patriarchats den Endknall entgegensetzen."[27]

Die matriarchalische Thematik beherrscht auch die späteren Stücke von Stefan Schütz. Bei *Die Bakchen nach Euripides* (entstanden 1987, ein Jahr darauf in Hannover uraufgeführt und 1992 in dem Band *Wer von euch* veröffentlicht) handelt es sich zwar um eine Nachdichtung ohne größere Eingriffe – aber einmal ist der Gegensatz zwischen männlich-politischer *ratio*, verkörpert durch Pentheus, und weiblich-orgiastischer Natürlichkeit, verkörpert durch den von Dionysos geführten Chor der Bacchantinnen, bereits bei dem attischen Tragiker markant herausgestellt, und zum anderen hat Schütz einige Akzente denn doch *so* gesetzt, daß aus der Ambivalenz der Vorgänge bei Euripides eine eindeutige Sympathie für die Vertreter des Irrationalen geworden ist und als Thema des Stückes nicht so sehr die Einsetzung des Dionysos-Kultes als vielmehr eine generelle Geschlechterproblematik erscheint. In dem neugeschriebenen Vorspiel sagt das platt-optimistische Leben, das sich als „gelebte Utopie" und „wahre Freiheit" begreift, dem Pan ab, während der Tod seinen Kontrahenten als „Verdränger der wahren Konflikte" beschimpft und die Wiederkunft „des

25 Schütz (1992) 195. – Vgl. Müller (1975) 358-361; Müller (1998ff.), Band 2, 97.

26 Vgl. Preußer (1997) 33f.

27 Schütz (1992) 197.

„große[n] Pan“ voraussagt – und am Schluß des Stückes wird der Triumph des Dionysos breiter ausgemalt als in der Vorlage.[28]

Betont Schütz in den *Amazonen*, in *Spectacle Cressida* und in den *Bakchen* die – wenn auch nicht uneingeschränkte – moralische Überlegenheit einer von weiblichen Strukturen bestimmten Gesellschaft, so zielt *Orestobsession* auf einen anderen Aspekt im Verhältnis der Geschlechter und Generationen. Dieses 1989 verfaßte, 1990 in einer Lesung in Berlin vorgestellte sowie 1991 in der Edition phi veröffentlichte und in Luxemburg uraufgeführte Stück in der Nachfolge von Heiner Müllers *Hamletmaschine* ist gleichermaßen eine Invektive auf den Kapitalismus wie auf den Sozialismus, auf die Männermacht wie auf die von der Mutter dominierte bürgerliche Familie: „Jeder Vater ein Massenmörder. Jede Mutter eine killende Maschine, die ihr Kind mit dem Messer eigener unerreichter Wünsche zerstückelt.“ Orest empfindet zwar – in der ersten Szene des Stückes – die Mordtat Klytaimestras als „Befreiung vom Vater“, so daß er es ablehnt, den Tod Agamemnons zu rächen; doch als Feind blieb ihm die „Mutterwunschmaschine“. Er hat Vater wie Mutter in sich ausgelöscht und fordert in *einem* Atemzug „Tod den Müttern und Tod den Vätern“: „Tod der Familie. Tod den Religionen. Tod dem Besitz.“[29] Elektra, von Klytaimestra manipuliert, hat sich selbst dem Klischee der bürgerlichen Ehefrau und Mutter angepaßt. Vollzieht sich *deren* Deformation in der zweiten Szene vorrangig in einem ‚realsozialistischen‘ Ambiente, so gilt die kompositionell zentrale und konzeptionell grundsätzliche dritte Szene hauptsächlich einem Konglomerat von nationalsozialistischen und christlich-‚abendländischen‘ Familienvorstellungen und einem aus diesen beiden Quellen gespeisten Geschichtsbild. „Orests Traum“ – die vierte Szene – wendet sich sowohl gegen den weißen als auch gegen den roten Terror: so wie sich schon der Eingangsmonolog des Orest ebensosehr aus ‚östlichen‘ wie aus ‚westlichen‘ Erfahrungen gespeist hatte. Die Konsequenz jedoch ist *nicht* eine aus überlegener Distanz gewonnene Haltung *jenseits* der Parteien, sondern die Selbstentzweiung Orests. In der fünften Szene teilt er sich in „Orest als Dealer“ und „Orest als Käufer“ und endet in einem makabren „Totentanz“, in dem der „Dealer“ den „Käufer“ zerfleischt.[30]

Schütz’ letztes als „Antikestück“ bezeichnetes Werk – *Wer von euch*, 1992 entstanden und erschienen, 1993 gemeinsam mit *Orestobsession* in Magdeburg uraufgeführt – trägt den Untertitel *Ein Satyrspiel.* Dieses in der Tradition des ‚absurden Theaters‘ stehende Stück ist freilich nicht nur ein ironisches Nach-

---

28 Schütz (1992) 201f. und 252f. – Vgl. Euripides *Bakchai* 1330-1343.

29 Schütz (1992) 259-264 und 269.

30 Schütz (1992) 280-283.

spiel zu den früheren Themen (vor allem der *Orestobsession*), sondern zugleich der (bisherige?) Ausklang von Schützens Beschäftigung mit Sujets aus dem Altertum. Die Absage an Patriarchat und bürgerliche Familie, an Utopie und Terror wird nur noch durch gelegentliche Anspielungen auf Mythos und Geschichte der Antike – auf Iokaste, Oidipus und die Sphinx oder auf Neros Mutter Agrippina – sowie durch die Gleichsetzung von griechischen und germanischen Mythen („Brunhild, die Medusa des Nordens") und deren Beziehung zu Vorgängen aus dem 18. und dem 20. Jahrhundert unterstützt („Ares Saint Just"; „Kreon, Hagen und Hitler").[31]

In der Akzentuierung der Geschlechterproblematik berührt sich Stefan Schütz mit Fragestellungen Heiner Müllers seit den siebziger Jahren. Während aber Müller – in den Gestalten der Elektra und der Medea – vor allem die Deformation weiblicher Helden innerhalb eines *Emanzipations*prozesses vor Augen führt, bekennt sich Schütz einmal zu den Potenzen matriarchalischer Strukturen und konzentriert sich zum anderen auf Deformationen innerhalb des patriarchalisch-familiären *Alltags*. In der Dramatik vollzieht sich dabei eine Entwicklung vom ersten zum zweiten Aspekt – in der Prosa ist weiterhin der erste dominierend. So mündet in dem Roman *Medusa* von 1986 die radikale Kritik an der patriarchalischen Welt von der Antike bis zum Faschismus und insbesondere auch am ‚realen Sozialismus' und seiner nur partiellen „Befreiung oder Gleichberechtigung der Frau" in einem „Free Play of Love", der Utopie von einem gewaltfreien Spiel der Geschlechter. In seinem nächsten Roman *Katt* (1988) aber ist – wie der Autor in einem Interview mit Frank-M. Raddatz ausführte, in dem er auch die autobiographischen Gründe für seine Polemik gegen die „Mutterwunschmaschine" dargelegt hat – aus der Marie Flaam der *Medusa* eine Frau geworden, „die nicht von ihrem Muttermuster durchdrungen ist", sondern aus ihren „erotischen Bedürfnissen heraus lebt": Sie „leidet nicht am Patriarchat, sondern genießt lustvoll im Kampf seinen Untergang."[32]

Sowohl mit dem (von Schütz selbst als „Hauptpunkt" für sein „Weggehen" aus der DDR bezeichneten)[33] Übergang von der Dramatik zur Prosa als auch mit dem Aufzeigen dessen, was einer Frau *jenseits* der Strukturen einer Män-

31 Schütz (1992) 304-306 und 317.

32 „Apokalypse. Howg. oder Ich bin ein typisches Muttermaschinenopfer" (1990) 904.

33 „Der Hauptpunkt für mein Weggehen war die Idee, Prosa zu schreiben. Als Dramatiker braucht man die Komplexität einer Gesellschaft (...). Aber als Prosaautor braucht man nicht nur Komplexität der gegenwärtigen Verhältnisse, die sich im Menschen ausdrückt, sondern man braucht alles, was kommen wird, und die Gegenwart sowieso. Ich habe das einfach nie fertig gekriegt, in der DDR einen ersten Satz Prosa zu beginnen (...)" (Rückblick aus der Zukunft [1992/3]).

nergesellschaft möglich wäre – ein Anliegen, das in der neueren Literatur vor allem von Schriftsteller*innen* vertreten wird –, hat sich Stefan Schütz von seinem Vorbild Heiner Müller gelöst. In beiden Punkten berührt er sich bis zu einem gewissen Grade mit Christa Wolf – und namentlich die Abrechnung mit der kriegerischen Welt des Mannes in den *Amazonen* und in *Spectacle Cressida* erinnert an die Aussagen dieser Schriftstellerin über die Herausbildung einer patriarchalischen Ordnung in *Kassandra*.

Ebensowenig wie bei Christa Wolf ist diese Konzeption einer von weiblichem Denken und Fühlen bestimmten Welt bei Stefan Schütz unumstritten.[34] In der Tat wird sie dann problematisch, wenn – dies geschieht allerdings weniger in den epischen oder dramatischen Texten selbst als in den sie begleitenden Essays und Interviews[35] – der Eindruck einer gleichsam *wissenschaftlichen Interpretation* der Geschichte erweckt werden soll; denn so wichtig auch die geachtete Stellung der Frau und die matrilineare Erbfolge in frühen Entwicklungsphasen der Menschheit gewesen sind, so wenig kann heute noch im Sinne von Bachofen und Engels vom ‚Mutterrecht' oder ‚Matriarchat' als von einem geschlossenen System ausgegangen werden.[36] Als *künstlerisches Bild* für Konflikte grundsätzlicher Art, für das Namhaftmachen deformierender Tendenzen im Leben der Gegenwart und für die Veranschaulichung von Möglichkeiten des menschlichen Zusammenlebens aber ist eine derartige Konzeption durchaus legitim. Daß – um die Vielschichtigkeit einer ästhetisch-produktiven ‚Arbeit am Mythos' auch an diesem Motiv wenigstens anzudeuten – in der Literatur aus der zweiten Hälfte des 20. Jahrhunderts die Thematik von ‚Matriarchat' und ‚Patriarchat' nicht nur im Sinne einer Auseinandersetzung zwischen den Geschlechtern, sondern auch im Hinblick auf gravierende Epochenumbrüche (wie den Übergang von der Gentil- zur Polisgesellschaft) gestaltet wurde, belegen Heiner Müllers Bearbeitung des Sophokleischen *Oidipus Tyrannos* von 1967 und insbesondere Franz Fühmanns Erzählung *König Ödipus* aus dem Jahr zuvor, in der – unter ganz anderer Akzentuierung als bei Christa Wolf oder Stefan Schütz – gerade von „der alten, wilden Stufe des Mutterrechts" als von einer „überlebte[n] Zeit" gesprochen wird.[37]

---

34 Vgl. Preußer (1997).

35 Vgl. Fehervary (1981) 65.

36 Vgl. Pötscher (1969); Fluehr-Lobban (1988); Kuch (1988) 470f.; Wagner-Hasel (1992); Schneider (1998) – Die *Griechische Mythologie* von Robert Ranke-Graves, die gerade bei Schriftstellern sehr beliebt ist, leistet im Hinblick auf das ‚Matriarchat' einigen historischen Fehlspekulationen Vorschub.

37 Fühmann (1966) 300.

Die Beschäftigung mit antiken Sujets gehört in den siebziger und achtziger Jahren zu den konstitutiven Merkmalen des Schaffens von Stefan Schütz. Sie gilt – zumindest in den veröffentlichten Texten – ausschließlich griechischen Mythen, die ihm einen unmittelbaren Zugang zu einer *frühen* Phase der menschlichen Entwicklung bieten. Die römische Geschichte, die für Schriftsteller wie Bertolt Brecht, Peter Hacks, Heiner Müller oder Volker Braun eine nicht unwesentliche Rolle spielte, bleibt ebenso außer Betracht wie Reflexionen über antike Autoren in der Art von Brechts und Müllers Horaz-Rezeption, des Müllerschen Gedichtes *Geschichten von Homer* oder von Hartmut Langes Stück *Staschek oder Das Leben des Ovid.* Dabei sind die Dramen aus den siebziger Jahren ausschließlich in der Antike selbst angesiedelt, während die späteren Texte auch auf eine Vermischung der antiken und der gegenwärtigen Zeitebene zielen.

Mit Ausnahme der *Bakchen* verzichtet Schütz auf die Bearbeitung antiker Stücke. Allerdings orientiert er sich häufig an Personen und Motiven, die bereits – sei es im Altertum, sei es in der Neuzeit – literarisch oder bildkünstlerisch vorgeprägt waren: am Homerischen Odysseus, an der Aischyleischen *Orestie*, an dem Troja-Stück Shakespeares und an der Gestalt des Laokoon, die durch Vergil und vor allem durch die berühmte Statue von zentraler Bedeutung für die ästhetischen Debatten des 18. Jahrhunderts gewesen ist. Nur die *Amazonen* gehen auf eine wenig bekannte Sage zurück – berühren sich allerdings mit Fragestellungen aus Kleists *Penthesilea.*

Überhaupt ist die Antikerezeption von Stefan Schütz durch einen hochgradig intertextuellen Charakter bestimmt, durch einen ständigen – bewußten oder unbewußten – Bezug auf die Arbeiten anderer Autoren (der dann wiederum durch Assoziationen später entstandener Texte zu Schützschen Werken ergänzt wird). *Medusa* zum Beispiel – um über die bisher genannten Zusammenhänge hinauszugehen – wirkt streckenweise wie eine Replik auf Peter Weiss' Roman *Die Ästhetik des Widerstands,*[38] in dem die Geschlechterproblematik zwar nicht ausgespart, wohl aber den politischen Konstellationen nachgeordnet ist und dessen Kritik an der Stalinschen Repressionspolitik durch eine Kritik am bürokratischen Inferno der ‚realsozialistischen' Gesellschaft weitergeführt wird.

In erster Linie ist für Stefan Schütz charakteristisch, daß griechische Mythen ausschließlich als Exempel für moderne Machtpolitik, für ideologische Manipulation und für die Deformation der Frau genommen werden – und dies in

38 Vgl. Cramer (1986); Knittel (1991); Lernout (1997).

einer Kraßheit, die keine Hoffnung auf einen wenigstens zeitweiligen Ausweg kennt (wie in der Herakles-Gestalt des frühen Heiner Müller oder in der Utopie eines vom Eros bestimmten Lebens im Ida-Gebirge aus Christa Wolfs *Kassandra*), die sich grundlegend von der Humanisierung der Medea-Gestalt bei Christa Wolf und anderen Autorinnen unterscheidet und die den Gegenpol zu einem Werk wie Botho Strauß' *Ithaka* darstellt. Bereits 1980 hatte der Autor in einem Interview erklärt:

> All meine Stücke bleiben Fragmente, nie hab ich die Töne des Instruments in ihrer unendlichen Fülle zum Klingen gebracht, oft blieben Fugen und Synkopen ungespielt, Zerrungen und Striche auf den Sehnen menschlichen Schmerzes lautlos, immer unterlag meine Musik den Dissonanzen und Harmonien des wirklichen Lebens, gegen die zu wehren ich angetreten war, um sie zu stürzen.[39]

Es ist deshalb kein Wunder, daß namentlich ein Stück wie *Odysseus' Heimkehr* nicht nur auf ideologische Bedenken stieß und unter dem Aspekt einer „bewußtseinsbildenden Funktion der Altertumswissenschaften" abgelehnt wurde, sondern auch auf Rezipienten schockierend wirkte, die sich der Tradition der klassischen deutschen Antikerezeption von Winckelmann bis Humboldt verpflichtet fühlten.[40]

Ein Punkt ist gewiß problematisch: die unbedenkliche Verwendung des Inzest-Motivs. *Grundsätzlich* aber handelt es sich – wie abschließend zumindest angedeutet sei – bei der Nutzung antiker Paradigmata für die Gestaltung individueller und gesellschaftlicher Widersprüche um eine adäquate Form des künstlerischen Umganges mit dem ‚Erbe'. Die Autoren des 18. und des 20. Jahrhunderts standen vor unterschiedlichen historischen Gegebenheiten: Ging es damals um die Idealbildung des aufsteigenden Bürgertums, das in seiner Kritik an der absolutistischen Ordnung und an der modernen arbeitsteiligen Gesellschaft im antiken Griechenland ein ganzheitliches, natürliches, ursprüngliches und wahrhaftes Leben verwirklicht sah, so nunmehr um die Reflexion geschichtlicher Extremsituationen. Wir wissen heute – und bis zu einem gewissen Grade war diese Erkenntnis auch den Autoren des 18. Jahrhunderts nicht fremd –, daß dem Griechenglauben jener Zeit viel Verklärend-Irreales anhaftete; ja, es zeigt sich sogar, daß die Akzentuierung leidvoller, düsterer, tragischer Züge durchaus in den antiken Mythen und Dichtungen selbst begründet ist. Achill ist keineswegs nur als vorbildlich angesehen worden (selbst bei Homer, der im wesentlichen auf Identifikation und Bewunderung zielte, gibt

39 Schütz (1980) 143f.
40 Vgl. Schmidt (1980) 11f.

es Momente der Distanzierung) –[41] und der moralisch und intellektuell vorbildliche Held der *Odyssee* hebt sich von einem dunkleren Untergrund ab, den wir aus dem (im Kern *vor*homerischen) epischen Kyklos erschließen können und den wir bei *nach*homerischen Autoren wiederfinden.[42] Offenbar hat Schütz in provokanter Form sogar auf die *Telegonie* zurückgegriffen, in der Telegonos, der Sohn des Odysseus und der Kirke, seinen Vater erschlägt und Penelope heiratet, während Telemachos sich mit Kirke vermählt.[43] Auf jeden Fall aber erweist sich sein Werk, so kontrovers es auch von Publikum und Kritik eingeschätzt wird, im Kontext der Gegenwartsliteratur[44] als ein aufschlußreiches Dokument poetischer Auseinandersetzung mit einer Zeit voller Konflikte und Ambivalenzen.

Literaturverzeichnis

„Apokalypse. Howg. oder Ich bin ein typisches Muttermaschinenopfer". Stefan Schütz im Gespräch mit Frank-M. Raddatz, in: Stefan Schütz: Medusa [s. d.], 892-904.

Arendt, Erich: Aus fünf Jahrzehnten. Gedichte, Rostock 1968.

Bachofen, Johann Jakob: Gesammelte Werke, Basel 1943ff.

Bernhardt, Rüdiger: Odysseus' Tod – Prometheus' Leben. Antike Mythen in der Literatur der DDR, Halle/Leipzig 1983.

Bloch, Ernst: Gesamtausgabe, Frankfurt am Main 1959-1978.

Cramer, Sibylle: Gerichtshof der Vernunft und ästhetische Revision. Zum Medusa-Projekt von Stefan Schütz, Merkur 40 (1986) 598-602.

Delius, Friedrich Christian: Laudatio auf Stefan Schütz, gehalten am 30. April 1985 zur Verleihung des Alfred-Döblin-Preises, in: Stefan Schütz: Medusa [s. d.], 912-918.

Effe, Bernd: Der Homerische Achilleus. Zur gesellschaftlichen Funktion eines literarischen Helden, Gymnasium 95 (1988) 1-16.

Emmerich, Wolfgang: Das Erbe des Odysseus: Der zivilisationskritische Rekurs auf den Mythos in der neueren DDR-Literatur, Studies in GDR Culture and Society 5 (1985) 173-188.

Engelhardt, Michael von: Das alte und das neue Ithaka. Antiker Mythos in der Lyrik der DDR am Beispiel Odysseus, Studies in GDR Culture and Society 5 (1985) 189-204.

---

41 Vgl. Effe (1988); Stoevesandt (1994/95); Schmidt (1999). – Problematisch ist die Interpretation des Homerischen Achilleus als einer uneingeschränkten Identifikationsfigur bei Latacz (1995) 28-65.

42 Vgl. Philippson (1947); Hölscher (1994).

43 Vgl. Stanford (1954) 86-89; Schmalzried (1992).

44 Darüber hinaus hat Schütz auch noch weitere weltliterarische Traditionslinien aufgenommen – vor allem Dante und Joyce (vgl. Lernout 1997).

Engelhardt, Michael von/Rohrmoser, Michael: Kassandra – Odysseus – Prometheus. Modelle der Mythos-Rezeption in der DDR-Literatur, L'80. Zeitschrift für Literatur und Politik (1985) Heft 34, 62-76.
Fehervary, Helen: Theater, Manufacturing, and the Ship of Women: Interview with Stefan Schütz, New German Critique 23 (1981) 59-72.
Feuchtwanger, Lion: Gesammelte Werke in Einzelausgaben, Berlin/Weimar 1959ff.
Fluehr-Lobban, Carolyn: Marxism and the Matriarchate. One-Hundred Years after Engels' *Origin*, in: Joachim Herrmann/Jens Köhn (Hrsg.), Familie, Staat und Gesellschaftsformation. Grundprobleme vorkapitalistischer Epochen einhundert Jahre nach Friedrich Engels' Werk *Der Ursprung der Familie, des Privateigentums und des Staats* (Veröffentlichungen des Zentralinstituts für Alte Geschichte und Archäologie der Akademie der Wissenschaften der DDR 16), Berlin 1988, 173-180.
Fühmann, Franz: Alkestis. Stück mit Musik, Rostock 1989.
Fühmann, Franz: König Ödipus. Gesammelte Erzählungen, Berlin/Weimar 1966.
Fürnberg, Louis: Gesammelte Werke in sechs Bänden, Berlin/Weimar 1964-1973.
Hacks, Peter: Ausgewählte Dramen, Berlin/Weimar 1972.
Hermlin, Stephan: Die Straßen der Furcht, Singen 1947.
Hölscher, Uvo: Der epische Odysseus, in: ders., Das nächste Fremde. Von Texten der griechischen Frühzeit und ihrem Reflex in der Moderne, München 1994, 52-61.
Janz, Marlies: Stefan Schütz, in: Dietz-Rüdiger Moser (Hrsg.), Neues Handbuch der deutschsprachigen Gegenwartsliteratur seit 1945 (dtv 3296), München 1993, 1015-1017.
Jucker, Rolf: Bibliographie zu Stefan Schütz 1975-1996, in: Stefan Schütz [s. d.], 78-91.
Knittel, Anton Philipp: Medusas Metamorphosen. Stefan Schütz' *Medusa* und Peter Weiss' *Die Ästhetik des Widerstands*, Orbis Litterarum 46 (1991) 305-320.
Koch, Hans: Haltungen, Richtungen, Formen, Forum 20 (1966) Heft 15/16, 5-12, 14-19, 22f.
Kuch, Heinrich: Friedrich Engels und die *Orestie*, in: Joachim Herrmann/Jens Köhn [siehe Fluehr-Lobban, Carolyn], 468-474.
Latacz, Joachim: Achilleus. Wandlungen eines europäischen Heldenbildes (Lectio Teubneriana 3), Stuttgart/Leipzig 1995.
Lernout, Geert: Stefan Schütz' Alptraum der Geschichte. Zur Lokalisierung von *Medusa* in Moderne und Postmoderne, in: Stefan Schütz [s. d.], 44-54.
Mickel, Karl: Schriften, Halle/Leipzig 1990-2000.
Müller, Heiner: Stücke, Berlin 1975.
Müller, Heiner: Texte 6. Mauser (Rotbuch 184), Berlin 1978.
Müller, Heiner: Werke, hrsg. von Frank Hörnigk, Frankfurt am Main 1998ff.
Philippson, Paula: Die vorhomerische und die homerische Gestalt des Odysseus, Museum Helveticum 4 (1947) 8-22.
Pötscher, Walter: Art. „Mutterrecht", in: Der Kleine Pauly, Stuttgart, Band 3 (1969), Sp. 1499-1501.
Preußer, Heinz-Peter: Vom Urknall zur finalen Katastrophe. Patriarchat und Matriarchat bei Stefan Schütz, in: Stefan Schütz [s. d.], 33-43.
Riedel, Volker: Antikerezeption in der Literatur der DDR, Berlin 1984.

Riedel, Volker: Metamorphosen des Odysseus-Bildes, Deutschunterricht 51 (1998) 394-406.

Rückblick aus der Zukunft. Aus einem Gespräch mit Stefan Schütz. (Das Gespräch führte Kay Wuschek am 22.04.92 in Hannover), in: Freie Kammerspiele Magdeburg. Spielzeit 1992/3.

Schmalzried, Egidius: Art. „Telegonia“, in: Kindlers Neues Literatur Lexikon, München, Band 19 (1992), 640.

Schmidt, Ernst August: Achill, in: Heinz Hofmann (Hrsg.), Antike Mythen in der europäischen Tradition, Tübingen 1999, 92-125.

Schmidt, Ernst Günther: Die Antike in Lyrik und Erzählliteratur der DDR: die letzten zehn Jahre (1969-1978), in: Horst Gericke (Hrsg.), Rezeption des Altertums in modernen literarischen Werken (Beiträge zur bewußtseinsbildenden Funktion der Altertumswissenschaften in Vergangenheit und Gegenwart, Teil 2 = Kongreß- und Tagungsberichte der Martin-Luther-Universität Halle-Wittenberg. Wissenschaftliche Beiträge 1980/36 [F 23]), Halle 1980, 7-31.

Schneider, Helmuth: Art. „Gynaikokratie“, in: Der Neue Pauly, Stuttgart/Weimar, Band 5 (1998), Sp. 35f.

Stefan Schütz (Text + Kritk 134), München 1997.

Schütz, Stefan: Ikarus und Dädalus und kein Ende, Neue Rundschau 91 (1980) Heft 4, 143-147.

Schütz, Stefan: Medusa. Prosa (rororo 12699) [Taschenbuchausgabe mit einem Anhang „Materialien“], Reinbek 1990.

Schütz, Stefan: Wer von euch. Stücke nach der Antike (Theater Funk Fernsehen 11427), Frankfurt am Main 1992.

Schwab, Gustav: Die schönsten Sagen des klassischen Altertums. Nach seinen Dichtern und Erzählern, Leipzig 1965.

Stanford, William Bedell: The Ulysses Theme. A Study in the Adaptability of a Traditional Hero, Oxford 1954.

Stoevesandt, Magdalene: Catull 64 und die *Ilias*. Das Peleus-Thetis-Epyllion im Lichte der neueren Homer-Forschung, Würzburger Jahrbücher für die Altertumswissenschaft, N. F. 20 (1994/95) 167-205.

Töteberg, Michael: [Bibliographie zu Stefan Schütz], in: Heinz Ludwig Arnold (Hrsg.), Kritisches Lexikon zur deutschsprachigen Gegenwartsliteratur, München 1978ff. (Stand 1.8.1996).

Wagner-Hasel, Beate: Rationalitätskritik und Weiblichkeitskonzeptionen. Anmerkungen zur Matriarchatsdiskussion in der Altertumswissenschaft, in: dies. (Hrsg.), Matriarchatstheorien der Altertumswissenschaft (Wege der Forschung 651), Darmstadt 1992, 295-373.

Wieghaus, Georg/Jucker, Rolf: Stefan Schütz, in: Heinz Ludwig Arnold (Hrsg.), Kritisches Lexikon zur deutschsprachigen Gegenwartsliteratur, München 1978ff. (Stand 1.8.1996).

Botho Strauß

Aus: Einstweh und Wiedererkennen, Beginnlosigkeit. In: Botho Strauß, *Ithaka,* Programmheft des Deutschen Theaters (Berlin), Premiere am 5. April 1997, 7-8.

Gegenwart als Mysterium. Man ist der Eingeweihte einer Passage, die man nicht überblickt. Man versteht alles um sich herum in etwas zu alten Begriffen. Gegenwart ist immer unentschiedene Totale, Meer. Nur die Vergangenheit läßt sich in Bahnen verfolgen, Flüssen.

Die Geschichte ist offen, der Mythos geschlossen. Man sagt, er endet mit Göttersturz, mit Geschichtsbeginn. Er endete aber nicht, er ging nur zu Bruch. Überall in der Noosphäre treiben seine Trümmer auf verschiedenen Ringbahnen. Man muß die Orbits wählen. Die Dinge sind zerkleinert, doch auf ihrer Umlaufbahn kreisen sie in kleiner Ewigkeit.

Selbstverständlich gibt es keine *bloße* Gegenwart, und selbst der reinste oder mystische Augenblick bricht aus der Tiefe der Vergangenheit hervor, der geschichtlichen Erfahrungswelt, aber eben als versprengter Klumpen, nicht als logische Kette, und sein Verglühen im Jetzt ist sein Einleuchten.

Wir müssen rückverbunden leben, rufen Sie uns zu. Weshalb spotten Sie dann über meinen Vergangenheitssinn? Ihm allein habe ich es zu danken, daß ich mit dem Ausdruck der Todesverachtung weiterhin mein Haus bestelle. Daß ich Freude und Ärger empfinde, meine Beobachtungen mache, gerechte und ungerechte Urteile fälle; neugierig bin, als wär ich nicht alt, und bereit, als wär ich nicht müd. Dem Anachronisten, für den Sie mich ansehen, steht indes der Blick nach vorn; denn niemand hält geduldiger Ausschau als eben der Rückgestützte. Während doch jener allzu Zeitgemäße, der tief in den Fluß des Geschehens eintaucht, notwendigerweise nur das Flüchtigste, das Ablaufende selbst, das ihn umgibt, bemerkt und undeutlich daraus hervorblubbert.

Vergessen wir darüber aber nicht, daß wir nicht minder nötig eines Bewußtseinsschutzes bedürfen, nein, nicht mehr bloß eines Schutzes, sondern schon einer großen Gesundung, einer gehörigen Reinwaschung, um uns den Quellen und Zuflüssen der großen Kulturen wieder anzuschließen und Stärkung aus ihnen zu erfahren. Zugehörigkeit. Die Zerstörung von Interesse und Gedächtnis - die niemand gewollt hat, die aber der maßlosen Selbstbespiegelung und Vergötzung der Gesellschaftsherrschaft zwangsläufig nachfolgen mußte -, sie wirkt sich genauso lebensbedrohend aus wie die Verderbnis von Luft, Wasser, Boden und Nahrung.

Wolfgang Emmerich

„Eine Phantasie des Verlustes"
Botho Strauß' Wendung zum Mythos

I

Für die Bundesrepublik galt lange, was Karl Heinz Bohrer einmal ein „politisch motiviertes Mythos-Verbot"[1] genannt hat. Die Nazis waren es gewesen, die den Mythos zuletzt in Deutschland öffentlich und programmatisch eingesetzt hatten – als massenwirksames propagandistisches Mittel gegen einen Zustand, den Alfred Rosenberg als den vom „mythenlos gewordenen bürgerlichen und marxistischen Deutschland" beklagt hatte. Die moderne, demokratische, rational orientierte Bundesrepublik schien der Mythen nicht zu bedürfen. Die andauernde mythische Qualität des Lebenszusammenhangs, seine Momente von Übermächtigkeit, Undurchschaubarkeit und Wiederholungszwang, die allgegenwärtige Verwandlung von Geschichte in Natur, wurde von der Position der Entmythologisierung aus ignoriert und überspielt. Das linke politische Milieu der späten 60er und 70er Jahre, anfangs noch fern der politischen Macht, stand im Zeichen einer Kritik an der Väterwelt (die mit dem Nationalsozialismus mehr oder weniger gleichgesetzt wurde), einer forcierten, nichts auslassenden Politisierung aller Lebenssphären und dem ungebremsten Glauben an Aufklärung und Fortschritt. Das hieß zugleich, daß Mythen, welcher Art und Herkunft auch immer, für obsolet, weil irrational, primitiv und voraufgeklärt, gehalten wurden. Die klassische Antike, gleich ob griechischer oder römischer Provenienz, stand als vermeintlich totes Erbe eines Bildungsbürgertums, das politisch versagt hatte, ohnehin nicht hoch im Kurs.

Das war die eine Hälfte des Zeitgeists, in den Botho Strauß, bürgerlicher Herkunft und vom Jahrgang 1944, hineinwuchs. Nach fünf Semestern Ger-

1 Bohrer (1983) 10.

manistik, Soziologie und Theaterwissenschaft – eine damals nicht seltene Fächerkombination – arbeitete er von 1967 bis 1970 als Redakteur und Kritiker bei der Zeitschrift *Theater heute*, so daß er als Mittzwanziger schon viel vom Kanon des deutschen Theaters dieser Jahre gesehen hatte. 1969 schrieb er einen kritischen Vergleich dreier westdeutscher Inszenierungen von Heiner Müllers *Philoktet* (der Uraufführung Hans Lietzaus in München sowie der Inszenierungen in Frankfurt am Main und Hannover), den er mit einem Bericht über eine politische Demonstration gegen Bundeskanzler Kurt Georg Kiesinger anläßlich des 30. Januar 1969 (mahnend an den von 1933) vor der Frankfurter Oper einstimmte. Einen antiken Mythos (wie die Geschichte von Philoktet, Odysseus und Neoptolemos nach Sophokles) zu feiern, als „anwesend" zu unterstellen (wie ein Vierteljahrhundert später in *Ithaka*), wäre Strauß damals nicht in den Sinn gekommen. Er zitiert respektvoll Bertolt Brecht, den Theatertheoretiker, freilich doch, um ihm zu widersprechen und darauf aufmerksam zu machen, daß das Kunstwerk in dieser historischen Stunde nicht mehr Wirklichkeit verfremde, „sondern selbst ein Fremdkörper in unserer Wirklichkeit geworden" sei in einer Welt der Trennung von „Wirklichkeits-Empirie und Kunst-Empirie", einem Zustand „von der wachsenden Einsamkeit der Symbole, von der Unlust und der Unfähigkeit, zu vergleichen, zu interpretieren, Modelle anzuwenden." Heiner Müllers *Philoktet* ist für Strauß ein solches Kunstwerk, dem seine Einsamkeit als notwendige eingeschrieben ist, das seine eigene kunstvolle Künstlichkeit nicht leugnet, sondern bewußt ausstellt und dadurch dem Zuschauer gleichfalls eine „bewußte, möglicherweise künstlerische Verhaltensweise" abfordert. Der Theaterkritiker Strauß fragt, inwieweit die drei Inszenierungen diesem Anspruch gerecht geworden seien, wie er sich in der jeweiligen „Kombination von Körperbewegung und gesprochener Sprache" realisiere.[2] Was er dabei im einzelnen herausfindet, ist hier nicht von Interesse, wohl aber sein Fazit: „Das politische Stück ‚Philoktet' wird um so aufschlußreicher, je vollkommener, sinnfälliger die Umsetzung des Modells in die Oberfläche seiner Erscheinungsbilder glückt. Es schult, den äußeren Anzeichen zu mißtrauen."[3] Damit ist zur Genüge deutlich, daß schon der junge Botho Strauß, der sich fraglos als politisch verstehen und artikulieren will, eine Vermischung des Ästhetischen und des Politischen ebenso ablehnt wie eine Unterwerfung des Theaters unter die Politik. Vielmehr wird, so ist Strauß zu verstehen, der Künstler immer dann auch politisch wirken, wenn er sich auf seine ureigenen ästhetischen und theatralischen Mittel besinnt, indem diese, als sinn-

2 Strauß (1969) 12.
3 Strauß (1969) 13.

liche, ‚Sinnfälligkeit' erzeugen. Auch der 1970 erschienene Essay *Versuch, ästhetische und politische Ereignisse zusammenzudenken* scheidet (jetzt an Michel Foucault angelehnt) das Theater als eigenen Diskurs vom politischen und anderen Diskursen – und dies, obwohl Strauß sich ebenso für das interessiert, was auf der Straße passiert – Demonstrationen und Happenings – wie für neue, experimentelle Theaterformen.[4] Der Primat des Ästhetischen, offenkundig in Strauß' späterem Werk gegeben, artikuliert sich schon hier. Die *Philoktet*-Besprechung zeigt zugleich *ex negativo*, daß der Strauß dieser Jahre den griechisch-antiken Mythen durchaus noch keine herausgehobene Bedeutung zumißt.

Zwischen 1970 und 1975 erfährt Botho Strauß als Dramaturg an der Berliner Schaubühne (damals noch am Halleschen Ufer) so etwas wie eine zweite ästhetische und theatralische Sozialisation (zur ersten gehören einige wesentliche Lektüren, von denen noch die Rede sein wird) – im Umgang mit Regisseuren wie Peter Stein, Klaus Michael Grüber und Luc Bondy und einer Vielzahl großartiger Schauspieler. Hierzu zählt auch die Wiederentdeckung, das ganz neuartige Ernstnehmen der griechischen Antike, wie es sich zumal im sogenannten ersten Antikenprojekt der Schaubühne aus dem Jahre 1974 spiegelt. Dessen *spiritus rector* war der Regisseur Klaus-Michael Grüber, aber ebenso wichtig war wohl der Dramaturg für *Die Bakchen*, Dieter Sturm. Und auch wenn Botho Strauß an dieser Produktion nicht offiziell beteiligt war, darf unterstellt werden, daß er sie zeitweilig mitverfolgte und ihre Ergebnisse, die beiden Aufführungen und das Programmbuch, sehr genau zur Kenntnis genommen hat. Jedenfalls ist es eine begründete Vermutung, daß in diesem ersten Antikenprojekt der Schaubühne ein entscheidender, Richtung weisender Anstoß für des werdenden Autors Beschäftigung mit dem (antiken) Mythos liegt.

Das erste Antikenprojekt der Schaubühne wollte nicht nur ein einzelnes Stück – *Die Bakchen* des Euripides – auf die Bühne bringen. Es verfolgte das hochgesteckte Ziel, die Herkunft des Theaters, und mit ihm diejenige von Sprache und Bewußtsein, von Gesellschaftlichkeit und Ich-Abgrenzung zu erforschen. Es teilte sich in zwei Abende. Am ersten, den *Übungen für Schauspieler*, sollten grundlegende anthropologische Probleme „als szenisches Museum" dargestellt werden. Man begann mit ausführlichen, öffentlich dargebotenen *Warming up*-Übungen (damals war so etwas noch ganz ungebräuchlich) und zeigte anschließend die drei Komplexe *Jagd* (Trennung in Protagonisten und Chor, sodann in Gejagte und Jäger, schließlich die tödliche Jagd selbst), *Opfer* (bezogen auf ein Objekt aus Tierschädeln und Knochen) und *Initiation* (hier die

4 Vgl. Strauß (1987a).

Trennung der Zuschauer nach männlich und weiblich durch die Schauspieler). Abschließend wurde das Fragment eines Monologs aus Aischylos' *Der gefesselte Prometheus* gespielt. – Die Inszenierung der *Bakchen* wollte, auf dem ersten Abend aufbauend, die kultischen und rituellen Wurzeln der Tragödie und ihre Manifestation in Mythen freilegen, indem sie auf einen zentralen Mythos, nämlich den um Dionysos, zurückging, wobei man die Fabel des Stücks von Euripides als Wiedergabe eines historischen Ereignisses, die Einführung einer neuen Religion in Griechenland, verstand. Aber das Interesse der Schaubühnen-Künstler war kein antiquarisches, altphilologisches, sondern ein höchst gegenwärtiges, in der Pointierung zivilisationskritisches. Im Gott Dionysos sahen sie eine Manifestation menschlicher Grundbedürfnisse nach Entgrenzung des Ich, Ausleben der Triebe und rauschhafter Erfahrung. Geschah dies nicht in ‚gesunder', rituell geregelter Form (wie in den dem Dionysos geweihten Festen), so war (laut Programmheft) „Massenhysterie" die Folge,

> die gefährliche Form des Taumels, der als Strafe die zu Soliden befällt und sie gegen ihren Willen mit sich fortreißt. (...) Dem Dionysos widerstehen heißt, einen Teil der eigenen Natur unterdrücken. Die Strafe ist der plötzliche und vollständige Einsturz aller inneren Dämme, wenn das Elementare mit Naturgewalt durchbricht und die Zivilisation hinwegschwemmt. (...) Die Moral der „Bakchen" besteht darin, daß wir nur bei Strafe unseres Untergangs das Verlangen der menschlichen Seele nach dionysischer Erfahrung unterdrücken.[5]

So wurde der Text der *Bakchen* lesbar als Darstellung zweier falscher, gleichermaßen tödlicher Extreme: König Pentheus, der arrogante, rationalistische, ‚aufgeklärte' Verächter der dionysischen Mysterien, der insgeheim begehrt, sie zu erfahren – seine Neu-gier bringt ihm den schrecklichen Tod des Zerrissenwerdens –, und Agaue, seine Mutter, inmitten des Chors der Bakchantinnen, bei der sich die dionysische Verzückung bis zum Wahn steigert, in dem sie den eigenen Sohn in Stücke reißt. – Natürlich sind die Schaubühnenkünstler von Nietzsches Tragödienbuch beeinflußt, aber auch wohl von Herbert Marcuses *Eros and Civilization* (deutsch: *Triebstruktur und Gesellschaft*), jenem Gegenentwurf zu Freuds skeptischer Schrift *Das Unbehagen in der Kultur*, der eine Versöhnung der Triebwünsche des Einzelnen mit den Notwendigkeiten gesellschaftlichen Zusammenlebens ohne Repression für möglich hält.[6]

---

5 Schaubühne (1974) 13 und 15.

6 Offenbar sind die Schaubühnenkünstler in ihren Annahmen zu Dionysos und zur Entstehung der Tragödie gar nicht so weit vom heutigen Forschungsstand der Klassischen Philologie entfernt; vgl. Zimmermann (2000), insbes. 10-23 und 179-187.

Negativfolie dieser hoffnungsvollen Projektion ist die (heute, damals noch nicht) berühmte, alles andere als optimistische Diagnose aus Horkheimers und Adornos *Dialektik der Aufklärung*, die das Programmheft des *Antikenprojekts* im Großdruck zitiert:

> Furchtbares hat die Menschheit sich antun müssen, bis das Selbst, der identische, zweckgerichtete, männliche Charakter des Menschen geschaffen war, und etwas davon wird noch in jeder Kindheit wiederholt. Die Anstrengung, das Ich zusammenzuhalten, haftet dem Ich auf allen seinen Stufen an, und stets war die Lockung, es zu verlieren, mit der blinden Entschlossenheit zu seiner Erhaltung gepaart. (...) Die Angst, das Selbst zu verlieren, und mit dem Selbst die Grenze zwischen sich und anderem Leben aufzuheben, die Scheu vor Tod und Destruktion, ist einem Glücksversprechen verschwistert, von dem in jedem Augenblick die Zivilisation bedroht war. Ihr Weg war der von Gehorsam und Arbeit, über dem Erfüllung immerwährend als bloßer Schein, als entmachtete Schönheit leuchtet.[7]

Seit Ende der siebziger Jahre werden die griechisch-antiken Mythen gerade von Theaterleuten, Autoren und Regisseuren, immer häufiger in diesem Sinne als Texte aus der Frühgeschichte der eigenen, der abendländischen Zivilisation gelesen, in denen sich verdrängte, unbewältigte, nur ,verschobene' Traumata spiegeln; Menschheitsdramen, die die Geschichte der Gattung als Gewaltgeschichte bis zum heutigen Tag prägen. Nicht durchweg, aber manchesmal sind diese Theaterprojekte inspiriert durch den brillanten Odysseus-Exkurs aus der *Dialektik der Aufklärung* und werden so zu Manifestationen einer radikalen Kritik an den als pathologisch diagnostizierten (wenngleich sich ,vernünftig' gebärdenden), immer noch andauernden Grundimpulsen unserer Zivilisation.[8]

Was hat all das mit Botho Strauß zu tun? Nun, man kann davon ausgehen, daß auch er in jenen frühen siebziger Jahren diesem Amalgam aus Zivilisationskritik und gesellschaftlicher Utopie nicht fern stand, das, an entscheidender Stelle von antiker Tragödie und Mythos inspiriert, dem Theater unter anderem die Aufgabe zuwies, den eigenen Körper und seine Sinne wiederzuentdecken, sie zu üben und zu kultivieren, um ihnen so, eine zukünftige bessere Kultur antizipierend, einen ,richtigen' Ort zu geben, den sie derzeit nicht haben. In seiner frühen Theaterästhetik nimmt Strauß den von Trauer gezeichneten Standpunkt der Kritischen Theorie ein, daß im gegebenen historischen Augen-

---

7 Horkheimer/Adorno (1969) 40.

8 Mehrere dieser Autoren werden in diesem Band vorgestellt. Von den Regisseuren seien Alexander Lang, Christoph Schroth und Einar Schleef aus der DDR und, neben Grüber und Stein, George Tabori, Roberto Ciulli, Hans Neuenfels und Hansgünter Heyme aus der Bundesrepublik genannt. Vgl. dazu Emmerich (1991).

blick „Erfüllung", wie oben zitiert, nur als „bloßer [ästhetischer] Schein, als entmachtete Schönheit leuchtet." Insbesondere die Gedankenwelt Theodor W. Adornos fasziniert Strauß seit den späten sechziger Jahren. Er steht im Banne der *Minima Moralia*,[9] aber auch der *Dialektik der Aufklärung*, später dann der *Ästhetischen Theorie* und der *Negativen Dialektik*. Mit Adorno wendet er sich gegen das identifizierende, stillstellende Denken und favorisiert eine Version von Dialektik als „das konsequente Bewußtsein von Nichtidentität. (...) Diese Richtung der Begrifflichkeit zu ändern, sie dem Nichtidentischen zuzukehren, ist das Scharnier negativer Dialektik."[10] Die Kunst erscheint als die einzige authentische Antithese zum gesellschaftlichen Istzustand, als Besetzung der Position des Nichtidentischen, wenn sie denn, wie Strauß mit Adorno will, das Gegenteil von affirmativer Abbildlichkeit und Harmonie mit dem *Status quo* ist, sondern „Gedächtnis des akkumulierten Leidens" – eine Kunst, die das Versprechen der Versöhnung nur *per negationem* enthält: im Modus der Abwesenheit. So enthalten denn Strauß' frühe Stücke – *Die Hypochonder, Bekannte Gesichter, gemischte Gefühle, Trilogie des Wiedersehens* und *Groß und klein* – immer wieder Leerstellen, die auf das wünschbare Glück, die ersehnte Befreiung und Erlösung verweisen, ohne diese Zustände auszuformulieren, geschweige denn als zugängliche, gar vorhandene auf die Bühne zu bringen.

Doch mit den Jahren zeigt sich, daß Botho Strauß dieses Bündnis mit Adorno nicht aufrecht erhalten kann. In *Paare, Passanten* von 1981 steht jene mittlerweile vielzitierte Stelle, die auch hier nicht fehlen darf: „Ohne Dialektik denken wir auf Anhieb dümmer; aber es muß sein: ohne sie!"[11] Das Buch schließt symbolträchtig und quasimythisch: Der Ich-Erzähler erinnert sich an einen Aufenthalt in Venedig, wo er meint, „den berühmten Philosophen" in seinen letzten Tagen, also kurz vor seinem Tod am 6. August 1969 in Visp/ Schweiz, gesehen zu haben. Ein ‚Tod in Venedig' also, und ein doppelter Abschied.

II

Im Erscheinungsjahr von *Paare, Passanten*, in dem der Autor sich erkennbar von der Frankfurter Schule und Adornos Ästhetik der Abwesenheit zu lösen beginnt, kommt das Stück *Kalldewey, Farce* auf die Bühne – Strauß' erstes Stück,

9 „Heimat kommt auf (die doch keine Bleibe war), wenn ich in den *Minima Moralia* wieder lese", heißt es in *Paare, Passanten* (1981) 115.

10 Adorno (1966) 15 und 22.

11 Strauß (1981) 115.

in dem antike Mythen eine entscheidende Rolle spielen.[12] Vordergründig präsentiert der Autor eine Gegenwartswelt der nicht mehr gelebten Triebe und Gefühle, ein gesteigertes „Unbehagen in der Kultur“ ohne Perspektive. Weder die gutgemeinten konventionellen Gesellungs- und Lebensformen – die ratlose Ehe zweier Orchestermusiker, Flötisten –, noch die ‚alternativen‘, politisierten Paarbeziehungen – hier die zweier Lesben (K wie Kattrin und M wie Meret), die sich im Proll-Szene-Jargon artikulieren – funktionieren. Zwar sagen die beiden letzteren von sich, sie seien einmal Hexen gewesen, die die zerstörerische Männerherrschaft hätten brechen wollen, aber inzwischen seien sie weiter – wo, bleibt unklar. Zu Ende des ersten Aktes (Szene 3) kommt es unvermittelt zu einem massiven, gewalttätigen Übergriff. Die drei Frauen zerreißen gemeinsam den Mann und stopfen die Leichenteile in die Waschmaschine. Die Frau befindet: „Es hat *mich* erwischt. Zum Glück. Hab auch – hab auch das Geschenk meines Gottes in Stücke gerissen wie der Wolf das Lamm.“[13] (26f.) Der zweite Akt führt unter dem Motto „Das Leben eine Therapie“ (28) eine Art Gruppentherapie vor, die aber offenbar erfolglos bleibt. „Der Mann“ ist auch wieder dabei, mit einem Pflaster auf der Wange. Er beschreibt die Situation aller später als Gefangenschaft, „verflucht in eine ewige Komödie, verbannt ins Grauen heftiger Belustigung. So überleben wir und wiederholen uns und werden's wohl für alle Zeiten tun.“ (46) Doch halt, da war noch ein „Zweiter Mann“ aufgetaucht, ein Dicker, der lange schweigt und sich schließlich mit einer Zote einführt. So redet er auch weiter und stellt sich schließlich vor: „Kalldewey mit Namen / hält brav zurück den Samen.“ Die drei Frauen bezeichnen ihn als „krank“, mit „Dreck im Schädel“ (35), „diese Sau im Zimmer“ (36) und „Schweinepriester“ (40) – und spüren, kaum daß er wieder verschwunden ist, seine unwiderstehliche Anziehungs- und Verwandlungskraft. Sie vermissen ihn und erkennen ihn als „große Führernatur“ (so der Mann), „es war der King, es war der King“, ruft M aus. Nur die Frau stemmt sich gegen diesen Sog, sieht die andern drei „rückfällig“ werden: „Es war alles umsonst, umsonst die Therapie!“ (40) Auch im weiteren Verlauf des Stücks, das, ein andauerndes „Wühlen in der Krabbelkiste namens Seele“ (67), nicht an ein wirkliches Ziel gelangt, spukt Kalldewey immer wieder herum, und der Mann, K und M ‚opfern‘ am Ende gar etwas für ihn, einen Mantel, einen Pullover, ein

12 In der Folge werden drei Theaterstücke von Strauß untersucht, in denen griechisch-antike Mythen eine zentrale Rolle spielen: *Kalldewey, Farce*, *Der Park* und vor allem *Ithaka*. Aber auch in andere Stücke spielen sie hinein, so vor allem in *Die Fremdenführerin* und *Schlußchor*.

13 Strauß (1991b). Die Belege aus *Kalldewey, Farce* werden in der Folge direkt mit Seitenzahlen in Klammern nach dieser Ausgabe zitiert.

Postpaket (der Mann) – nur die Frau bekennt: „Hab leider nix. Ich kann nichts geben." (67) Kein Zweifel, Botho Strauß hat der Gegenwartshandlung seines Stücks auf geistreiche Weise zentrale Mythologeme der griechischen Antike interpoliert, um das Brüchige, Haltlose des zivilisatorischen *Status quo* der Bundesrepublik dieser Jahre offenzulegen. Die Zerreißung des Mannes zitiert sowohl den Orpheus-Mythos (dessen Zerreißung durch die Mänaden oder Bakchen), als auch die Zerreißung des Pentheus durch seine Mutter Agaue aus Euripides' *Bakchen* – Indiz für einen Gesellschaftszustand, der, weil er keine Kultur des gelebten Eros zwischen den Geschlechtern hervorzubringen vermag und dessen sublime kulturelle Hochleistungen – Orpheus! – gleichfalls leerlaufen, in das Chaos enthemmter Gewalt einmündet.[14] Und Kalldewey, der die beiden Paare zugleich provoziert, verstört, gefährdet, erregt und mit Sehnsucht erfüllt, ist niemand anderes als eine Travestie des Gottes Dionysos, dessen Präsenz, wie auch immer tabuiert und verworfen, nicht zu entgehen ist. Er ist „der Agent des mühsam beschwichtigten Unterbewußtseins und seiner Triebregungen"[15], die zerstörerisch durchbrechen und alle Grenzen überschreiten, wo sich ihnen keine kultisch gegründeten und rituell gebändigten Formen mehr anbieten. Drei der Protagonisten „lassen (...) noch etwas liegen (...) für Kalldewey" – klägliche Schwundstufe des einstigen kultischen Opfers für den Gott, während die vierte noch nicht einmal mehr das kann: Sie hat „leider nix".

Diese, aus der Sicht des Autors, kulturelle Verfallsphase kann auch nicht mehr ernst genommen werden, vielmehr ist sie „Farce" (das Wort ist nicht bloß Untertitel resp. Angabe des theatralischen Genres, sondern explizit Bestandteil des Titels). Wahrscheinlich spielt Strauß damit auf Karl Marx' berühmten Satz aus *Der Achtzehnte Brumaire des Napoleon Bonaparte* an, nach dem Geschichte sich in wichtigen Zügen zweimal ereigne, „das eine Mal als Tragödie, das andere Mal als Farce", nämlich immer dann, wenn sich ihre Agenten kostümierten und alte Requisiten einsetzten, um ihr wahres Gesicht zu verbergen. Sie spielen nur noch,

> sie wiederholen und wiederholen sich.
> Sie machen das Damals, sie lassen nicht nach. Und wiederum von vorn und noch einmal das Ganze. Du siehst: Der Rest ist Theater. Der letzte unserer magischen Versuche, die Angst uns auszutreiben.

---

14 Das mythische Motiv des Zerreißens begegnet bei Strauß häufiger. Vgl. vor allem das Stück *Schlußchor*, in dem Delia erwägt, Lorenz (der sie unbefugt nackt gesehen hat) zu zerreißen, aber diesen Plan wieder verwirft (Strauß 1991b, 429), und Anita von Schastorfs Wunschtraum, von dem Adler (der sich als „kastrierte Chimäre" erweist) blutig begattet zu werden (ebda. 461ff.).

15 Lindner (1983) 60. Hier auch Näheres zu Strauß' Anverwandlung des Orpheus und Eurydike-Mythos.

(...)
Diese Zeit, die sammelt viele Zeiten ein;
da gibt's ein Riesensammelsurium,
unendlich groß ist das Archiv (...)
Das Beste freilich können wir nicht
mehr halten in unseren Armen, nicht mehr
tragen in den Köpfen – aber verschwunden,
wirklich verschwunden ist in Wahrheit
nichts, kein Reich und keine noch so winzige Gebärde (46f.)

Ein Theaterstück, ein Kunstwerk kann „das Beste", wie das Ungelöste, aus dem Archiv der Menschheitsgeschichte überliefern, Erinnerung wachhalten (so „der Mann" weiter unten im Text), aber als Dominante prägt sich die schlechte Wiederholung der immer gleichen Irrtümer, der Wiederholungszwang mit seinen zerstörerischen Folgen ein. „Der Versuch, durch die Anstrengung sublimierter Kultur die widerstreitende Natur zu bändigen und zu beherrschen, schlägt fehl."[16] So wird *Kalldewey, Farce* noch einmal zum Beispiel einer Ästhetik der Abwesenheit. Der Ort erfüllten Begehrens, des gelingenden Eros, kurz: von Glück bleibt leer. Orpheus- und Dionysos-Mythos, im Alltäglichen der Gegenwart durchscheinend wie durchbrechend, weisen auf diesen leeren Ort hin, aber sie besetzen ihn nicht im Sinne emphatischen Anwesendseins.

Strauß' nächstes Stück *Der Park* von 1984 ist *Kalldewey, Farce* strukturell nahe verwandt. Es imaginiert, wie schon der Vorspruch verrät, „eine tüchtige Gesellschaft, beinahe gleich weit entfernt von den heiligen Dingen wie vom zeitlosen Gedicht (und ein wenig ermüdet schon)", die „statt einem Mythos oder einer Ideologie dem Genius eines großen Kunstwerks" erliegt. Dieses Kunstwerk ist Shakespeares *Sommernachtstraum*, dessen Figuren tatsächlich „*statt* einem Mythos", einen solchen substituierend, in eine heillose Gegenwartsgesellschaft, wie man sie aus *Kalldewey* bereits kennt, einbrechen, freilich ohne dieselbe in ihrer leidenschaftslosen Vergeblichkeit wirklich erreichen, geschweige denn verwandeln zu können.[17] Grenzüberschreitungen, Ekstasen und Exzesse, wie sie das vorhergehende Stück auf die Bühne bringt oder wenigstens andeutet, finden nicht statt, obwohl das Paar der Elfenkönige Oberon und Titania sich alle erdenkliche Mühe gibt, die Menschen aus ihrer ratlosen Lethargie zu reißen. Die beiden zeigen sich ihnen z. B. nackt im ‚Park' (als Ort der Handlung, der nichts weiter als ein verwahrloster, verdreckter Stadtpark ist, und als solcher allegorisch bedeutend) – und lösen damit nur Erschrecken und den Ruf nach der Polizei aus. Oberon stellt ernüchtert fest:

16 Lindner (1983) 61.

> Menschen wissen nichts von Lust.
> Sie wissen nichts von der Gewalt,
> mit der auf anderen Sternen andere Wesen
> zueinander kommen. (...)
> Ihr Lustempfinden ist mit unserem so fern verwandt wie dieses Lurchlein dort mit einem Drachen. (...)
> Aus mündigen Bürgern über Nacht entspringen
> keine Troubadoure und König Salomonis Lüsternheit
> erweckt man nicht im Fahrschullehrer. (82f.)[18]

Doch wollen er und Titania es wenigstens versuchen, diese Menschen, denen „Bewußtsein und Geschäfte" so gründlich „ihren Trieb verdorben" haben, „zu neuem Drang [zu] beleben", „einmal noch verwirren [zu] lassen" (82f.) und in der heißen Sommernacht „zur Verrücktheit" zu treiben (87). Das ist gleichsam das Programm von Strauß' Schauspiel, das aber rundherum scheitert. Diese Menschen, Helen und Georg, Helma und Wolf oder wie sie sonst noch heißen mögen, sind und bleiben unerweckbar, lustlos durch und durch. Am Ende hat Titania fünfzig Menschen zum Fest ihrer Silberhochzeit eingeladen, nur fünf sind gekommen. Was bleibt, ist „ein wahres Aschenhäufchen ausgeglühter Leidenschaften" (167) – und Titanias stierfüßiger Sohn, der an den Minotaurus der griechischen Sage erinnert.[19] Die antik-mythischen Einsprengsel des Stücks verweisen, wie der Einbruch des (einer ganz anderen Mythologie entstammen-

---

17 Shakespeares *Sommernachtstraum* ist bekanntlich selbst schon auf allen Ebenen von antiker Mythologie durchdrungen: im athenischen Herrscherpaar Theseus und Hippolyta, der Amazonenkönigin; in der Persiflage auf die große Tragödie, dem Spiel um Pyramus und Thisbe, das die Handwerker aufführen (Shakespeare kannte es vermutlich aus einer Übersetzung von Ovids *Metamorphosen*); in der Gestalt der Titania, deren Name in der lateinischen Originalversion der *Metamorphosen* einmal für Diana und zweimal für Circe gebraucht wird. Die Verwandlung eines Menschen (Nick Bottom) in einen Esel kannte Shakespeare vermutlich aus Apuleius' *Goldenem Esel*. Vgl. *A Midsummer Night's Dream* in der Arden Edition von Shakespeare (Walton-on-Thames 1979) mit dem Kommentar von Harold F. Brooks, insbes. LVIII-LX.

18 Strauß (1991b). Die Belege aus *Der Park* werden in der Folge direkt mit Seitenzahlen in Klammern nach dieser Ausgabe zitiert.

19 Auf die Zeugung dieses Sohnes spielt das Ende der 11. Szene in Akt III an: „Auf der Wiesenböschung liegt auf einem weißen, blutbefleckten Laken Titania mit dem Hinterteil einer Kuh. (...) Titania kriecht, rutscht hilflos auf dem Laken. Sie keucht und sagt etwas wie: ‚Schickt die Kinder weg! Die Kinder sollen mich nicht sehn ...'" (133f.). Dergestalt verschmilzt Strauß Titania mit Pasiphaë, der Gattin des Königs Minos, die in Liebe zu einem Stier entbrannte und ein Ungeheuer, halb Stier, halb Mensch – den Minotauros – gebar. Vgl. Ovid *Metamorphosen* 8, 132ff. Im anschließenden Akt IV, Szene 1, sitzt Titania auf einer Wiese „im leichten Mantel, modernen Kleid. Neben ihr die Kuhattrappe und das historische Kostüm", die sie „immer wieder verwundert" anschaut (137). Offenbar hat sie ihre grenzüberschreitende sexuelle Lust ‚vergessen'.

den) Märchenkönigspaars Oberon und Titania in die „tüchtige" Gegenwartsgesellschaft, auf die „tausenderlei übergeordneten und untergründigen Vorbedingungen, ‚Strukturen' und Überlieferungen", denen das Leben der Protagonisten gehorcht, wo sie doch meinen, ein „eigenes Leben" zu führen (75). Das Mythische: das ist in Strauß' Stücken der achtziger Jahre eine Chiffre für die Abhängigkeit des Menschen von Trieben und Mächten, die stärker sind als er selbst und sein Vernunftvermögen, auch da, wo, wie in der Gegenwart, diese archaischen Kräfte vielfältig gebrochen und neutralisiert sind. In den Worten von Sigrid Berka: „Strauß' Figuren werden gerade wegen ihrer Ignoranz gegenüber dem Anderen zu Medien der Vergegenwärtigung mythischer Schichten."[20]

III

Eben diese vielfältige Brechung, Abstumpfung, Neutralisierung der authentischen Antriebe des Lebens in der Moderne, forciert in der Gegenwartskultur der elektronischen Medien und der von ihnen erzeugten „Agonie des Realen" (Jean Baudrillard), wird zu Botho Strauß' wichtigstem Thema in seinen essayistischen und poetischen Texten der achtziger und neunziger Jahre. Aus dem Abstand von mehr als einem Jahrzehnt will es so scheinen, daß der Autor eine Kehre vollzogen habe, die auch dem Umgang mit griechisch-antiken Mythen einen anderen, jetzt zentralen Stellenwert gegeben habe.

Offenbar hat sich bei Strauß im Lauf der achtziger Jahre der Eindruck verstärkt, daß die Menschen ihn nicht verstanden, mehr noch: daß sie ihm nicht einmal mehr zuhörten. Sie gerieten in den Bann von etwas anderem: den neuen Medien mit ihrer unglaublichen Macht, die Welt zu simulieren, Wirklichkeit in Permanenz vorzutäuschen. Damit rücken die Massenmedien, so Strauß, in den inzwischen schon lange leeren Ort ein, den einst die Götter (oder der Gott) eingenommen hatten. Ja, sie werden selbst aufgrund ihrer Allmacht, ihrer, wie immer simulierten, Schöpfungspotenz, zu Göttern. Der kommende Gott, von dem die Romantiker einst sprachen, als neue Instanz der Sinnstiftung: Das sind nach Strauß, ironischer- wie schrecklicherweise, die neuen elektronischen Medien – heute, im Zeichen von PC und Internet, mehr noch als vor fünf oder zehn Jahren. Dies nun akzeptiert Botho Strauß nicht. Seine Texte der späteren achtziger und neunziger Jahre schreiben nicht mehr nur gegen den „rationalen Automatismus der Aufklärung", gegen den ernüchterten, ent-

20 Berka (1991) 25.

götterten Fortschrittsdiskurs und die chronologisch-lineare Zeitrechnung[21] einer so „tüchtigen" wie „ermüdeten" Gesellschaft an – nein, auch gegen alle Formen medialer, massenhafter, demokratischer Öffentlichkeit, gegen das „Regime des totalen öffentlichen Bewußtseins"[22], das Strauß als totalitär begreift: „die unblutigste Gewaltherrschaft und zugleich der umfassendste Totalitarismus der Geschichte".[23] All das zusammen – linke Phraseologie und Ideologie, die Kultur- und Vergnügungsindustrie als Maschinerie der Verdummung und Stillstellung von erotischem Begehren und intellektueller Neugier in den Individuen, den immer umfassenderen Simulationscharakter aller möglichen Lebensvollzüge – nennt der Autor seit Beginn der neunziger Jahre „die sekundäre Welt", und er bläst zum „Aufstand" gegen sie, im Essay, einmal sogar in massenmedial-öffentlicher Rede – der *Anschwellende Bocksgesang* im *Spiegel* – und in seinen Bühnenstücken. Schon der Roman *Niemand anderes* hat 1987 dieses Programm in unmißverständlicher Klarheit formuliert, das viele Leser bei Erscheinen des *Bocksgesangs* so erschreckt hat (wie oft gespieltermaßen?). Dort heißt es – und damit ist der Rückgriff auf den Mythos schon vollständig programmiert -:

> Innerhalb der Öffentlichkeit, in der jedermann zuhaus und gleichzeitig evakuiert ist, läßt sich kein Traum retten, gegen sie nicht Widerstand noch Kritik, denn aus diesen Elementen ist sie selber beliebig zusammengesetzt. Ein solcher Verbund kann nur mit spirituellen Brüchen beantwortet werden. Er provoziert einen neuen Typus des Außenseiters: den Esoteriker, den Eingeweihten des verborgenen Wissens – und des geschonten Lebens. Gegen den allesüberstrahlenden Scheinwerfer wird sich der Illuminat herausbilden. Gegen das unkenntliche Allgemeine die versprengten Geheimzirkel, die Rosenkreuzer-Bünde der Kunst und des schönen Wissens. Der Gescheitheitsvertrag der Informationsgesellschaft wird von der Ketzerbewegung des „verbotenen Geists" gebrochen. Diese als eine neognostische ist nur wenigen zugänglich und verwahrt sich gegen jede gesellschaftliche Brauchbarkeit. Sie unterhält daher keine Verbindung zu irgendwelchen anarchoradikalen, subversiven oder anderen verbrauchten Formen der Gesellschaftskritik. Sie sucht im Gegenteil die Verbindung zu Ordnungen jenseits des soziozentrischen Denkens überhaupt. Sie sagt sich entschieden los von der zutiefst satirischen Intelligenz, die in diesem Land ein nicht enden wollendes, zwanghaftes und längst erschöpftes Nachspiel gab zu einer blutigen, miserablen Tragödie; einer Intelligenz, deren tiefe Überzeugungsleere im übrigen am allerwenigsten dazu geeignet ist, die Nachfolgenden gegen neue Dämonie und ungute Dunkelheit zu feien.[24]

---

21 Hierzu und zur Problematik generell erhellend: Damm (1998) 12f. und passim.
22 Strauß (1984) 10.
23 *Anschwellender Bocksgesang*, in: Strauß (1999a) 68.
24 Strauß (1987b) 147.

Anschwellender Bocksgesang tut dann 1993 nichts anderes, als diesen Entwurf zuzuspitzen und mit Reizvokabeln wie „der Rechte – in der Richte" oder „Verhängnis" zu versehen. Bernhard Greiner hat, wie mir scheint: völlig überzeugend, zeigen können, daß Strauß mit diesem Artikel *mißverstanden werden wollte*, denn:

> Auch das Mißverständnis, sogar das Mißverständnis wird einem menschlich teuer – es ist nahezu aufgelöst im Verkehr der öffentlichen Meinung. Jeder Meinende versteht den anders Meinenden. Da gibt es nichts zu deuten. Die Öffentlichkeit faßt zusammen, sie moduliert die einander widrigsten Frequenzen – zu einem Verstehensgeräusch. – Das Mißverständliche wird um so mehr zum Privileg des Kunstwerks, das Deutung fordert und nichts meint.[25]

In diesem Sinne macht sich der *Bocksgesang* von Strauß zum Kunstwerk. Sein Autor hat mit ihm, auch durch den Ort seiner Veröffentlichung,

> eine kathartische Tragödie in Gang gesetzt, die noch nicht zu Ende ist. Die ganze Republik ist das Theater, die „aufgeklärten Intellektuellen", die das Tragische längst „entsorgt" haben, vollziehen den Part des in „Aufklärungs-Mania" agierenden, zerreißenden Chors, der Sprechende des Essays ist das Opfer, das real (als Autor) zerrissen wird. Was sich vollzieht, ist eine Wiederkehr der Ursprungshandlung der Tragödie, ist ein Theater der Präsenz.[26]

Ästhetisch ausformuliert hatte Strauß seine neue Position des „spirituellen Bruchs" mit dem „soziozentrischen Denken" bei gleichzeitigem Anschluß an ältere, tiefere und beständigere, sprich: mythische „Ordnungen" bereits 1990/91 in seinem Rezensionsessay *Der Aufstand gegen die sekundäre Welt. Bemerkungen zu einer Ästhetik der Anwesenheit,* der George Steiners Buch *Real Presences* (deutsch: *Von realer Gegenwart*) gewidmet ist. Strauß las das Buch unter dem Eindruck des Zusammenbruchs des sowjetkommunistischen Imperiums, und mit ihm der „negativ[en] Offenbarung einer verfehlten, weltlichen Soteriologie".[27] Diese Vorgänge scheinen ihm zu begünstigen, was er für unabdingbar hält, nämlich „die Entmischung der weltlichen von den verweltlichten heiligen Dingen", und das heißt für die Kunst: „die Befreiung des Kunstwerks von der Diktatur der sekundären Diskurse, (...) die Wiederentdeckung nicht seiner Selbst-, sondern seiner theophanen Herrlichkeit, seiner transzendenten Nachbarschaft."[28] Er meint jetzt zu wissen, inzwischen von Adorno weit entfernt,

---

25 Strauß (1999a) 69.

26 Greiner (1996) 369.

27 Strauß (1999a) 40.

28 Strauß (1999a) 41.

„daß die ideelle Macht der Abwesenheit und der Leugnung verbraucht", mehr noch: „daß die Mitternacht der Abwesenheit überschritten ist."[29] „Erfahrung des Unmittelbaren und der Andersheit", „Realpräsenz, Anwesenheit", „Wiederbegegnung mit dem Primären", „eine revelatische Befreiung des Menschen", „ein Zerreißen all der Texte und Texturen, in die er sein Herz und sein Antlitz gehüllt hat": all das erscheint plötzlich (wieder) möglich – im Kunstwerk, und nirgendwo anders. Mit dieser Vision einer „sakralen Poetik" geht eine substantialistische Sprachtheorie in der Nachfolge der Mystiker, der Begriffsrealisten in der mittelalterlichen Scholastik oder auch eines Jakob Böhme und seiner Vorstellung einer adamitischen Sprache einher: „Das Wort Baum ist der Baum, da jedes Wort wesensmäßig Gottes Wort ist und es mithin keinen pneumatischen Unterschied zwischen dem Schöpfer des Worts und dem Schöpfer des Dings geben kann."[30] Der Unterschied zwischen *signifiant* und *signifié* (vom realen Referenten ganz zu schweigen), an den man sich seit Ferdinand de Saussure gewöhnt hatte, scheint nicht mehr existent zu sein. Dann muß auch der Mythos nicht nur, wie bei Horkheimer/Adorno oder Blumenberg, legitimes, dialektisches Pendant des Logos sein, sondern mehr noch: der bessere, der eigentliche Logos.

IV

Ithaka. Schauspiel nach den Heimkehr-Gesängen der Odyssee hat Botho Strauß sein bisher einziges Theaterstück nach einem griechisch-antiken Mythos im engeren Sinne genannt. Ein Vorspruch bekräftigt den Untertitel und weckt doch zugleich Zweifel, ob er für bare Münze genommen werden könne:

> Dies ist eine Übersetzung von Lektüre in Schauspiel. Nicht mehr, als höbe jemand den Kopf aus dem Buch des Homer und erblickte vor sich auf einer Bühne das lange Finale von Ithaka, wie er sich's vorstellt. Abschweifungen, Nebengedanken, Assoziationen, die die Lektüre begleiten, werden dabei zu Bestandteilen der Dramaturgie.

Das, und der „Anklang" an die großen Übersetzungen des Epos ins Deutsche (Strauß nennt Johann Heinrich Voß und Anton Weiher), solle „genügen, um den Hörer wie eh und je in die Kindheit der Welt zu versetzen.[31] Mit diesen Sätzen legt der Autor eine richtige und eine falsche Fährte zugleich. Sie sind

---

29 Strauß (1999a) 47.
30 Strauß (1999a) 41f.
31 Strauß (1999b) 76.

Lektürehilfe oder auch Spielanleitung des pragmatischen Understatement – und enthalten doch auch das hochfahrende Credo eines ganz besonderen „jemand", der hier seinen „Kopf aus dem Buch" hebt. Es ist der Autor des *Anschwellenden Bocksgesangs*, der davon träumt, „rechts zu sein (...) von ganzem Wesen, das ist, die Übermacht einer Erinnerung zu erleben, die den *Menschen* ergreift, weniger den Staatsbürger, die ihn vereinsamt und erschüttert inmitten der modernen, aufgeklärten Verhältnisse, in denen er sein gewöhnliches Leben führt. Diese Durchdrungenheit", so Strauß weiter, „bedarf nicht der abscheulichen und lächerlichen Maskerade einer hündischen Nachahmung, des Griffs in den Secondhandshop der Unheilsgeschichte. Es handelt sich um einen anderen Akt der Auflehnung: gegen die Totalherrschaft der Gegenwart, die dem Individuum jede *Anwesenheit* von unaufgeklärter Vergangenheit, von geschichtlichem Gewordensein, von mythischer Zeit rauben und sie ausmerzen will." Letztere Dreiheit also – darin liegt die Kontinuität zu *Kalldewey, Farce* und *Der Park* – will der Autor bewahrt und anerkannt wissen, statt sie zu verdrängen oder wegzuerklären. Und während „die linke, Heilsgeschichte parodierende Phantasie" auf ein künftiges Paradies angewiesen sei, bedürfe die „rechte" Phantasie „keiner Utopie". Vielmehr suche sie „den Wiederanschluß an die lange Zeit, die unbewegte" und sei „ihrem Wesen nach Tiefenerinnerung und insofern eine religiöse oder protopolitische Initiation. Sie ist immer und existentiell eine Phantasie des Verlustes und nicht der (irdischen) Verheißung. Eine Phantasie also des Dichters, von Homer bis Hölderlin."[32]

Liegt, so wird man fragen müssen, diesem Programm einer kulturrevolutionären Wende von links nach rechts, von Gegenwart und Zukunft zu Vergangenheit, von der Geschichte zum Mythos, von der Aufklärung zur Ergriffenheit nicht ein eklatanter Widerspruch zugrunde? Läßt sich die beschworene „Anwesenheit" wirklich wiederherstellen, wo der „Verlust" zugleich als unaufhebbar deklariert wird? Was heißt „Initiation", wenn es sich doch nur um die Imagination eines Gewesenen handelt? Wer vermöchte allein aus dieser Quelle produktiv zu leben? Strauß' Aufsatz *Die Distanz ertragen. Über Rudolf Borchardt* (1987) gibt hierauf Antwort, auf seine Weise. So, wie Strauß es Borchardt unterstellt, glaubt auch er selbst nicht an die „Wiederherstellung früherer Verhältnisse", wohl aber – feiner Unterschied – an die „Wiederkehr der Frühe" – und zwar durch niemanden anders als durch die Dichter, als „lebendiges und wandelndes Gedächtnis der Welt", als (mit Hölderlin) „Zeugen des Volkes". Und gerade weil dieses Volk „gewiß ein sagenhaftes" ist „und nicht unter der Bevöl-

---

32 Strauß (1999a) 62.

kerung zu finden, auf Straßen und Sportplätzen nicht, die die beschäftigte Menge füllt"[33], gerade weil „um Dichtung und Überlieferung keine schützende, mitliebende, mitschaffende Gemeinschaft sich mehr hält", muß, so Strauß, „ein jeder die Antike aus sich selber neu erschaffen".[34] Wie Rudolf Borchardt will er ein solcher „poetischer Fundamentalist" sein, „im Gegensinn der Evolutionsgeschichte".[35]

Das Schauspiel *Ithaka* ist Strauß' „Phantasie des Verlustes" und, vermittels derselben, *seine* „Wiederkehr der Frühe". Sie vollzieht sich in ernsthafter Auseinandersetzung mit zwei literarischen Traditionen, mit Homers *Odyssee* zum einen und mit der Bauform der griechischen Tragödie zum andern. Strauß hält sich sehr weitgehend an die Gesänge XIII bis XXIV des alten Epos, die der Heimkehr des Odysseus und den dramatischen Vorgängen gewidmet sind, welche zur Wiedergewinnung seiner Macht gegen die Penelope belagernden Freier führen. Ein merkwürdiger Chor der „Drei fragmentarischen Frauen" namens Knie, Schlüsselbein und Handgelenk zitiert immer wieder längere Passagen wörtlich aus Voß' Übersetzung, denen die Funktion von Botenberichten zukommt, wie wir sie aus der Tragödie kennen. Fast alle ‚skandalösen' Handlungs- und Redeelemente, die einige Theaterkritiker irritiert und in ihren Negativurteilen über Strauß bestätigt haben, gehen auf das Epos des Homer zurück – so auch mehrere der im Stück vorkommenden krassen Gewalttätigkeiten[36] (die, gemäß Homer, Athene ihrem eher unwilligen Schützling regelmäßig anbefehlen muß), aber auch die am Ende von Athene herbeigeführte Versöhnung zwischen Odysseus und den Verwandten der Freier auf der Basis eines Vertrages und des allen Beteiligten gewährten Vergessens der vorausgegangenen Morde des Odysseus (dazu weiter unten). – Die dramatische Struktur für sein Stück hat Strauß erkennbar an die Bauform der griechischen Tragödie angelehnt. Auf seinen Gebrauch des Chores, wie immer merkwürdig verfremdet, wurde bereits hingewiesen. Er hat dem Stoff der Heimkehrgesänge einen ans Modell der griechischen Tragödie angelehnten Spannungsbogen gegeben, wenngleich die Verteilung der Handlung auf fünf Akte (I Ankunft II Haushalt der Freier III Die Narbe IV Der Bogen des Odysseus V Die Wiedererkennung – Der Vertrag) nicht der klassischen Tragödie entspricht, sondern sich erst in der hellenistischen Komödie durchsetzt. Aus der Konfrontation zweier gegnerischer Partei-

33 Strauß (1999a) 13f.

34 Strauß (1999a) 12.

35 Strauß (1999a) 14.

36 Karl Heinz Bohrer spricht treffend von „Homers auf alle physiologischen Details versessene Beschreibung des Tötens, Getötetwerdens"; vgl. Bohrer (1996) 1104.

en läßt der Autor den dramatischen Konflikt plastisch hervortreten: hier das System der Freier, die sich als Staat im Staate des Odysseus eingenistet haben, dort die Odysseus-Anhänger, die *familia*, der *oíkos* des verschollenen Herrschers (Eumaios, Eurykleia, Phemios, Medon, und natürlich Telemach, später auch Penelope).[37]

Mit der Wahl der Heimkehrgesänge und des mit ihnen verbundenen Heldenprofils des Odysseus stellt sich Botho Strauß in bemerkenswerter Weise quer zur Tradition, wie dieser mythische Heros in der gesamten Moderne, von Dante über Joyce, Kafka und Horkheimer/Adorno bis zu Heiner Müller und Karl Mickel, bevorzugt angeeignet wurde. Man kann geradezu von einer Kontrafaktur sprechen. In den herausragenden Texten der Neuzeit ist Odysseus der Zivilisationspionier, der sich der mal verführerischen, mal widerspenstigen Natur verweigert und sich dieselbe untertan zu machen weiß. Er ist, als Seefahrer, ruheloser, grenzüberschreitender Entdecker und Erforscher der Erde, der als solcher auch scheitern kann (wie in Dantes *Göttlicher Komödie* an den Säulen des Herkules). Pointiert wird er als Ankündigung des ‚bürgerlichen Individuums' (Horkheimer/Adorno), gar als Inkarnation der Prinzipien von Vernunft und (resp. als) Terror gelesen, so von Heiner Müller. Diese Linie der Odysseus-Rezeption stützt sich immer auf die den Irrfahrten gewidmeten Gesänge I bis XII, und es sind nur wenige bemerkenswerte Adaptionen des Epos und seines Helden, die sich (wie *Il ritorno d'Ulisse in patria* von Badoaro/Monteverdi, 1640) den Heimkehrgesängen widmen. In jüngerer Zeit hat man sich natürlich die Möglichkeit nicht entgehen lassen, auch diese gegen den Strich zu lesen, wie in Stefan Schütz' Stück *Odysseus' Heimkehr* von 1972.[38]

Zweifel an Strauß' listig verknappter Leseanweisung, es handle sich um eine schlichte, und obendrein apolitische, „Übersetzung von Lektüre in Schauspiel" aus einem gleichsam kindlichen Gemüt heraus, weckt schon der pointierte politische Gehalt der im homerischen Epos dargestellten Lösung einer politischen Krise wie dann auch des Autors frühere Einmischung in die deutschen Verhältnisse der 80er und 90er Jahre. Es ist das Verdienst Hans Jürgen Scheuers, gezeigt zu haben, daß Strauß' die Lektüre begleitenden „Abschweifungen, Nebengedanken, Assoziationen" tatsächlich explizit politischer Natur sind, und zwar in Anlehnung an Carl Schmitts *Politische Theologie* von 1922, seine berühmt-berüchtigten *Vier Kapitel zur Lehre von der Souveränität*.[39] Da ist auf

37 Vgl. hierzu den fundierten Aufsatz von Hans Jürgen Scheuer (1998), insbes. 129-132.
38 Siehe den Beitrag von Volker Riedel in diesem Band.
39 Vgl. zum folgenden Scheuer (1998) 132-139.

der einen Seite die Schar der wartenden Freier, die ein „greuliches Interregnum", einen gelähmten Pluralismus markieren und explizit die Legitimationsstrategien der demokratischen Massengesellschaft und des Kapitalismus von heute vertreten. Auch massiver Fremdenhaß (im Stück gegen „den Phönizier" gerichtet[40]) hat hier seinen Platz. Auf der Gegenseite stehen die konservativen Odysseus-Getreuen, auch sie handlungsunfähig. Was gebraucht wird, so suggeriert Strauß' Stück mit Homers Text und bis hierher geleitet von Carl Schmitt, ist ein Führer, ist eine Entscheidung, ist der Ausnahmezustand. Odysseus ist dieser Führer, er ist als einziger entscheidungsfähig und stellt den Ausnahmezustand mit seiner Veranstaltung des Bogenschießens her. Odysseus *ist* souverän – und *wird* Souverän, freilich nicht lange: Durch seine vernichtende Racheaktion bringt der Held die Angehörigen der Freier gegen sich auf und muß, wiederum inspiriert durch Athene, neuerlich Gewalt anwenden und deren Anführer Epeithes mit dem Speer töten („Herrlich getroffen, Odysseus", jubelt Athene [150]). Doch schon wenige Augenblicke später muß Athene neuerlich eingreifen und sowohl die anrückende Übermacht der Odysseusgegner als auch den sich am eigenen Töten berauschenden Odysseus aufhalten: „Nichts mehr vom schrecklichen Krieg!" heißt die göttliche Devise jetzt, und: „Wir aber verfügen, was recht ist: aus dem Gedächtnis des Volks wird Mord und Verbrechen des Königs getilgt. Herrscher und Untertanen lieben einander wie früher. Daraus erwachsen Wohlstand und Fülle des Friedens den Menschen. Aus göttlichem Spruch entstand der Vertrag." (151)[41]

Natürlich war es opportun, Strauß nicht nur zum Verherrlicher der Gewaltvorgänge seiner Vorlage zu stempeln, sondern ihm obendrein zu unterstellen, er habe diese skandalöse „Vergessensanordnung"[42] erfunden, um damit, per Analogieschluß, eine Politik des Schwamm-drüber gegenüber den Gewaltverbrechen der Nazis zu propagieren. Dabei wurde gleich zweierlei übersehen: zum einen, daß Strauß sich hier wörtlich an Homer und seine göttliche Gründung des neuen Sittengesetzes (wie vorher der mörderischen Gewaltaktion) anlehnt

40 Strauß (1999b) 98. Weitere Belege aus *Ithaka* im Text nach dieser Ausgabe mit Angabe der Seitenzahl.

41 Vgl. 24. Gesang, Vers 480ff. Dort nimmt Athene diesen Ratschlag zunächst von ihrem Vater Zeus Kronion auf, der dann für ihren Schützling handlungsleitend wird: „Tue, wie dir's gefällt, doch will ich das Beste dir sagen. / Da der edle Odysseus die Freier jetzo bestraft hat, / Werde das Bündnis erneut: Er bleib in Ithaka König; / Und wir wollen dem Volke der Söhn' und Brüder Ermordung / Aus dem Gedächtnis vertilgen; und beide lieben einander / Künftig wie vor, und Fried und Reichtum blühen im Lande!" (Homer/Voß 1960, 774).

42 Kiesel (1997) 154.

– aber wer macht sich schon die Mühe des Nachlesens, des Textvergleichs?[43] –, und zum andern, daß Strauß sich an dieser Stelle, indem er dem Text Homers weiter die Treue hält, von Carl Schmitts politischer Strategie totalitärer Herrschaft mittels Terror explizit trennt. Den *Eumeniden* in Aischylos' Tragödienzyklus *Orestie* nahe, steht am Ende eine Verabschiedung des Rachemotivs wie des Schuldgefühls zugunsten von Versöhnung und Liebe als den besseren menschlichen Regungen. Daß dieses Modell wiederum nicht umstandslos auf unsere Epoche, gar auf den Umgang mit dem Massenmord an den Juden übertragen werden kann, weiß auch Strauß und hat es schon im *Anschwellenden Bocksgesang* klargestellt.[44] Hier macht der zeitgenössische Theatertext gerade die Differenz deutlich und nicht Identität: keine „Wiederherstellung früherer Verhältnisse", stattdessen die *Phantasie eines Verlustes,* einer unwiederbringlichen Unschuld.[45]

Aber auch mit der Lesart einer getreulichen Nachahmung der homerischen Handlung ist Strauß' Stück nicht angemessen verstanden. Sie übersieht das erhebliche Gewicht von Momenten des Spiels, der Variation, der Metamorphose, von Bedeutungsverschiebung, Verfremdung und Brechung dessen, was bei Homer steht. Damit belebt Strauß aber gerade das, was Hans Blumenberg als – neben der Bannung des Absolutismus, des ‚Terrors' der Wirklichkeit – zweite wesentliche Komponente der „Arbeit am Mythos", für denselben überlebenswichtig, benannt hat: das spielerische, im engeren Sinne poetische Element. Auch Strauß nimmt, in jahrtausendealter Tradition, das „Angebot des Mythos zur Polysemie, seine Liberalität, seine substantielle Inkonstanz" als kreatives Potential wahr.[46] So gibt es, in Gestalt des dreieinigen Chors von Knie, Schlüsselbein und Handgelenk, eine Art Erzähler, einen Kommentator des Geschehens, und damit ein episches, die Theaterillusion zeitweise durchbrechendes

---

43 Vgl. *Odyssee* 24. Gesang, Vers 480ff. und 544f. Voß übersetzt *horkia* mit „Bündnis", Weiher mit „Treue-Eide" und „Frieden", Strauß mit „Vertrag".

44 Vgl. Strauß (1999a), insbes. 73: „Die Verbrechen der Nazis (...) können nicht erinnert werden. Sie stellen den Deutschen in die Anwesenheit [!] der Untat, in die Erschütterung, als sei sie gerade geschehen. (...) Eine über das Menschenmaß hinausgehende Schuld wird nicht durch moralische Scham oder staatsbürgerliche Gedenkstunden über ein paar Generationen ‚abgearbeitet'. Sie wird den Nachlebenden vielmehr zum Verhängnis in der sakralen Dimension des Wortes, indem sie ihr geschichtliches und gesellschaftliches Leben auf Dauer entstellt." Auch wer Strauß' Auffassung nicht teilt, sollte zumindest nicht verkennen, daß er, bezogen auf die NS-Verbrechen, nicht Vergessen als Gegenteil von Erinnern anstrebt, sondern, in einem Gestus der Überbietung, auf viel mehr als nur landläufiges Erinnern mit dem Kopf hinauswill.

45 So auch Kiesel (1997) 155 und passim, u. a. gegen Herzinger (1996).

46 Vgl. Parry (1998) 55.

Element. So werden mehrfach Theatermaschinen eingesetzt, die im Zeitalter perfekter Illusionierungseffekte à la Hollywood wie ein spielerisches Zitat aus der griechischen Tragödie von vor zweieinhalb tausend Jahren wirken und nicht mehr ernstgenommen werden können. Oft mutet den Zuschauer von heute das Bühnengeschehen ohnehin wie ein Zaubermärchen an, das nur deshalb voranrückt und zu einem *happy ending* gelangt, weil Athene (resp. Zeus) eingreift als eine gute Fee, die immer noch und wieder ein neues Wunder bereithält. Und dementsprechend kommt uns Odysseus auch eher wie ein Märchenheld vor, der stets neu und anders von der Göttermacht in Gestalt der Athene disponiert werden muß (mal seine Gewaltbereitschaft weckend und stimulierend, mal den einmal entfachten Blutrausch dämpfend), um ans ersehnte Ziel zu gelangen. Nie ist dieser Odysseus ein selbstbestimmtes, im modernen Sinne handelndes Wesen, sondern immer nur ein Werkzeug göttlichen Willens. Und so wie der Vater seinem modernen Stereotyp des selbstmächtigen, dynamischen Aktivisten entfremdet wird, so Telemach dem des allzeit unwandelbar treuen Sohnes. Bei Strauß ist er eine eher fragwürdige Gestalt, selber scharf auf den Thron des Vaters und zeitweise bereit, die Mutter endlich an einen der Freier zu geben, um dem zu langen Spiel der Freierbelagerung ein Ende zu machen. Schließlich die zeitweise ordinär daherredende Penelope, deren Erscheinungsbild schon stark verfremdet ist. Sie ist fett und unansehnlich geworden – Sinnbild des Verfalls am Hofe des Odysseus in den zwanzig Jahren seiner Abwesenheit –, so daß man nicht recht weiß, warum die Freier (von denen die meisten sie freilich lange nicht gesehen haben) sich weiter um sie bemühen. Am Ende ihre Entfettung, die Rückkehr zur ursprünglichen Gestalt: auch sie ein märchenhafter Vorgang gegen alle Wahrscheinlichkeit. Und auf das Outfit der göttlichen Athene sei noch hingewiesen. Strauß will sie als „androgyne Lichtgestalt" und schreibt ihr „weiße Bundhose, kurze bestickte und beschlagene Weste, kreideweiße Haut, schwarze Lippen, urinblonde [!] Wuschellocken (...)" vor (80). Solche Aspekte sind es, derentwegen der ansonsten Strauß sehr geneigte Karl Heinz Bohrer ihn schilt, in „Halbherzigkeit", im „Ausweichen vor der Homerischen Grausamkeit (...) unverzeihlich" steckengeblieben zu sein und damit sogar noch jene „harmlos-politische Mentalität, die sich gegen ihn als Künstler artikuliert hat", bedient zu haben.[47] So geriert sich Bohrer gleichsam als Über-Strauß und läßt die Leser wissen, daß man in der elitären Absonderung von ‚den Massen' noch entschieden weiter gehen kann als Botho Strauß. Diesen auf seinem Weg zurück zu den Mythen der Antike zu begleiten und, Mißverständ-

47 Bohrer (1996) 113.

nisse und Widerspruch inbegriffen, auszuhalten, lohnt sich allemal, weil er mit seiner Polemik gegen den allgegenwärtigen, sich absolut setzenden „Mythos der Jetztlebigkeit"[48] ins Schwarze trifft.

Literaturverzeichnis

Adorno, Theodor W.: Negative Dialektik, Frankfurt am Main 1966.

Anz, Thomas: Sinn für Verhängnis und Opfer? Zum Tragödien-Verständnis in Botho Strauß' *Anschwellender Bocksgesang*, Jahrbuch der Deutschen Schillergesellschaft 40 (1996) 379-387.

Arnold, Heinz Ludwig (Hrsg.): Botho Strauß. 2. Auflage (Neufassung), München 1998 (Text + Kritik 81).

Berka, Sigrid: Botho Strauß und die Debatte um den *Bocksgesang*. Zu diesem Heft, Weimarer Beiträge 40 (1994) Heft 2, 165-178.

Berka, Sigrid: Mythos-Theorie und Allegorik bei Botho Strauß, Wien 1991.

Berka, Sigrid: Spätzeit des Mythos in Botho Strauß' *Der Park*: Terror und Poesie, New German Review 5/6 (1989/90) 1-14.

Blumenberg, Hans: Arbeit am Mythos, Frankfurt am Main 1979.

Bohrer, Karl Heinz: Das homerische Phantasma Grausamkeit. Aus Anlaß von Botho Strauß' *Ithaka*, Merkur 50 (1996) 1103-1113.

Bohrer, Karl Heinz (Hrsg.): Mythos und Moderne. Begriff und Bild einer Rekonstruktion, Frankfurt am Main 1983.

Braungart, Wolfgang: „Theophane Herrlichkeit". Utopie, Utopiekritik und Ästhetik der Präsenz bei Botho Strauß, in: Rolf Jucker (Hrsg.), Zeitgenössische Utopieentwürfe in Literatur und Gesellschaft. Zur Kontroverse seit den achtziger Jahren, Amsterdam/Atlanta 1997, 295-311.

Brommer, Franz: Odysseus. Die Taten und Leiden des Helden in antiker Kunst und Literatur, Darmstadt 1983.

Damm, Steffen: Die Archäologie der Zeit. Geschichtsbegriff und Mythosrezeption in den jüngeren Texten von Botho Strauß, Wiesbaden 1998.

Emmerich, Wolfgang: Mythos als Erbe. Antikenprojekte der 80er Jahre auf den Theatern der Bundesrepublik und der DDR, in: Thomas Metscher/Christian Marzahn (Hrsg.), Kulturelles Erbe zwischen Tradition und Avantgarde, Köln (u. a.) 1991, 443-457.

Greiner, Bernhard: Der Ursprung als Ziel: Botho Strauß' Theater mythischer Gegenwart (*Der Park*, *Kalldewey, Farce*, *Schlußchor*), in: ders., Die Komödie als theatralische Sendung: Grundlagen und Interpretationen, Tübingen 1992, 468-483.

Greiner, Bernhard: Wiedergeburt des Tragischen aus der Aktivierung des Chors? Botho Strauß' Experiment *Anschwellender Bocksgesang*, Jahrbuch der Deutschen Schillergesellschaft 40 (1996) 362-378.

48 *Die Distanz ertragen. Über Rudolf Borchardt*, in: Strauß (1999a) 22.

Greiner, Ulrich: Am Rand. Wo sonst. Ein ZEIT-Gespräch mit Botho Strauß, Die Zeit (31.5.2000).

Gutjahr, Ortrud: Mythos nach der Wiedervereinigung. Zu Christa Wolfs *Medea. Stimmen* und Botho Strauß' *Ithaka*, in: Verena Ehrich-Haefeli (u. a.) (Hrsg.), Antiquitates Renatae. Deutsche und französische Beiträge zur Wirkung der Antike in der europäischen Literatur. Festschrift für Renate Böschenstein zum 65. Geburtstag, Würzburg 1998, 345-360.

Hage, Volker: Der Dichter nach der Schlacht. Eine Begegnung mit Botho Strauß im Sommer 1993, Weimarer Beiträge 40 (1994) Heft 2, 179-189.

Herwig, Henriette: Verwünschte Beziehungen, verwebte Bezüge. Zerfall und Verwandlung des Dialogs bei Botho Strauß, Tübingen 1986.

Herwig, Henriette: Der Zusammenbruch der profanen Eschatologie. Zum Begriff der Gegenaufklärung bei Botho Strauß, Weimarer Beiträge 40 (1994) Heft 2, 282-288.

Herzinger, Richard: Die Heimkehr der romantischen Moderne. Über *Ithaka* und die kulturphilosophischen Transformationen von Botho Strauß, Theater heute (1996) Heft 8, 6-12.

Homer: Ilias. Odyssee. In der Übertragung von Johann Heinrich Voß, München 1960.

Homer: Odyssee. Griechisch und deutsch. In der Übertragung von Anton Weiher, München/Zürich [9]1990.

Horkheimer, Max/Adorno, Theodor W.: Dialektik der Aufklärung. Philosophische Fragmente [1944], Frankfurt am Main 1969.

Kiesel, Helmuth: Wovon uns nur Götter erlösen könnten. Eine Reflexion auf die Wiederkehr der Götter. Aus Anlaß von Botho Strauß' *Ithaka*, Sinn und Form 49 (1997) Heft 1, 149-155.

Lehmann, Hans-Thies: Mythos und Postmoderne – Botho Strauß, Heiner Müller, in: Albrecht Schöne (Hrsg.), Kontroversen, alte und neue. Akten des VII. Internationalen Germanisten-Kongresses Göttingen 1985, Tübingen 1986, 249-255.

Lindner, Ines: Kalldewey – Dionysos. Geschichte als Wiederholungszwang – Über Mythenzitate in *Kalldewey, Farce*, Theater heute (1983) Heft 10, 58-61.

Luehrs, Kai: Bedeutung und Bedeutungsverlust des „trosas iasetai" im Werk von Botho Strauß, Zeitschrift für Germanistik, N. F. 6 (1996) Heft 3, 611-624.

Marschall, Susanne: Mythen der Metamorphose – Metamorphose des Mythos bei Peter Handke und Botho Strauß, Mainz 1993.

Parry, Christoph: Der Aufstand gegen die Totalherrschaft der Gegenwart. Botho Strauß' Verhältnis zu Mythos und Geschichte, in: Heinz Ludwig Arnold (Hrsg.), Botho Strauß, München [2]1998, 54-64.

Parry, Christoph: Botho Strauß, in: Heinz Ludwig Arnold (Hrsg.), Kritisches Lexikon der deutschsprachigen Gegenwartsliteratur, München 1978ff. (= 47. Nachlieferung 1994).

Radix, Michael (Hrsg.): Strauß lesen, München/Wien 1987.

Ruckhäberle, Hans-Joachim: Botho Strauß, in: Hartmut Steinecke (Hrsg.), Deutsche Dichter des 20. Jahrhunderts, Berlin 1995, 870-881.

Schaubühne am Halleschen Ufer (Hrsg.): Antikenprojekt. Erster Abend: Übungen für Schauspieler. Zweiter Abend: Euripides, *Die Bakchen*, o. O. [Berlin] 1974.

Schaubühne am Lehniner Platz (Hrsg.): Schaubühne am Halleschen Ufer. Schaubühne am Lehniner Platz 1962-1987, Frankfurt am Main/Berlin 1987.

Scheuer, Hans-Jürgen: „Von der Gestalt der künftigen Tragödie wissen wir nichts". Zur Bearbeitungstendenz der dramatisierten Homer-Lektüre *Ithaka* von Botho Strauß, in: Heinz Ludwig Arnold (Hrsg.), Botho Strauß, München ²1998, 129-140.

Schneider, Irmela: Myth and Mythology in the Drama of Botho Strauß, in: W. G. Sebald (Hrsg.), A Radical Stage. Theatre in Germany in the 1970s and 1980s, Oxford 1988, 31-51.

Stanzel, Karl-Heinz: Zeitgenössische Adaptionen der *Odyssee* bei Inge Merkel, Michael Köhlmeier und Botho Strauß, in: Heinz Hofmann (Hrsg.), Antike Mythen in der europäischen Tradition, Tübingen 1999, 69-89.

Strauß, Botho: Kunst². *Philoktet* von Heiner Müller in München, Frankfurt, Hannover, Theater heute (1969) Heft 3, 12-14.

Strauß, Botho: Der junge Mann, München 1984.

Strauß, Botho: Versuch, ästhetische und politische Ereignisse zusammenzudenken, Frankfurt am Main 1987(a).

Strauß, Botho: Niemand anderes, München/Wien 1987(b).

Strauß, Botho: Theaterstücke (3 Bände), München/Wien 1991(a), 1991(b), 1999(b).

Strauß, Botho: Der Aufstand gegen die sekundäre Welt. Bemerkungen zu einer Ästhetik der Anwesenheit, München/Wien 1999(a).

Thomson, George: Aischylos und Athen. Eine Untersuchung der gesellschaftlichen Ursprünge des Dramas, Berlin 1957.

Treichel, Hans-Ulrich: „Wir Rücken an Rücken vereinte". Zeitgeist und Kulturkritik im Werk von Botho Strauß [1997], in: ders., Über die Schrift hinaus. Essays zur Literatur. Frankfurt am Main 2000, 202-219.

Visser, Anthonya: Beleibt und sublimiert. Der weibliche Körper im intertextuellen Spiel von Botho Strauß' *Ithaka*, in: Gerd Labroisse/Dick van Stekelenburg (Hrsg.), Das Sprach-Bild als textuelle Interaktion, Amsterdam/Atlanta 1999, 381-405.

Waschescio, Petra: Vernunftkritik und Patriarchatskritik. Mythische Modelle in der deutschen Gegenwartsliteratur. Heiner Müller, Irmtraud Morgner, Botho Strauß, Gisela von Wysocki, Bielefeld 1994.

Weinböck, Harald: Die frühen Untertöne des *Bocksgesangs* in Botho Strauß' *Der Park*, Weimarer Beiträge 40 (1994) Heft 2, 203-221.

Wilke, Sabine: Poetische Strukturen der Moderne. Zeitgenössische Literatur zwischen alter und neuer Mythologie, Stuttgart 1992.

Williams, Arthur: Botho Strauß. The Janus-Head above the Parapet. Final Chorus and Goat Song Without Beginning, in: Stuart Parkes/A. Williams (Hrsg.), The Individual, Identity and Innovation. Signals from Contemporary Literature and the New Germany, Bern (u. a.) 1994, 314-344.

Zimmermann, Bernhard: Europa und die griechische Tragödie. Vom kultischen Spiel zum Theater der Gegenwart, Frankfurt am Main 2000.

Christa Wolf

Aus: Von Kassandra zu Medea. Impulse und Motive für die Arbeit an zwei mythologischen Gestalten. In: Christa Wolfs *Medea*. Voraussetzungen zu einem Text. Mythos und Bild, hrsg. von Marianne Hochgeschurz, Berlin 1998, 11-13 und 14-15.

Manchmal hilft es ja, hunderte von Kilometern weit wegzufahren, oder hunderte von Jahren zurückzugehen, in eine Vergangenheit, die wir nur durch Sagen und Mythen kennen, um zu sehen, was man da findet – ohne sich darüber zu täuschen, daß man sein Reisegepäck immer bei sich haben, nie loswerden wird: Sich selbst. Wohin man auch greifen wird auf dem scheinbar so „freien" Markt der Stoffe und Motive – es bleibt einem nur etwas im Kopf, in der Hand hängen, was diesen Kopf betrifft, wofür diese Hand gebildet ist. Als ich das erstemal auf den Mythos stieß – das war Anfang der achtziger Jahre, der Mythos hieß „Kassandra" – erfuhr ich die Vorzüge dieses Fundes: Eine Gestalt ist da, die sich in einem Rahmen bewegt, an den man sich zu halten hat, in dem aber, wenn man sich nur tief genug darauf einläßt, ungeahnte Freiräume sich eröffnen: zu entdecken, heraufzuholen, zu deuten, zu erfinden. Den heutigen Blick auf die uralte Geschichte zu richten. Sich aus der Tiefe der Zeit von uralten Figuren anblicken, anrühren zu lassen.

Goethe meinte, niemand könne seiner Zeit wirklich gerecht werden, der nicht den Zeitraum von 2000 Jahren gegenwärtig habe. Er hat zum Teil andere Fragen an die Antike gestellt, als wir Heutigen sie an die Vor-Zeit stellen: denn sowohl die Kassandra als auch die Medea sind Frauengestalten aus einer Zeit, die die Schrift noch nicht kannte, überliefert in später aufgeschriebenen Sagenkreisen, aufgenommen, vielfach umgedeutet und verändert in der großen Literatur der griechischen und römischen Klassik. Mich faszinierte der Versuch, all diesen Überlieferungen auf den Grund zu kommen, soweit dies überhaupt möglich ist – nicht in der Art der Wissenschaft, sondern als Literatin, mit Imagination und Phantasie, die allerdings gespeist wurden durch weitestmögliche Kenntnis der Lebensumstände dieser Figuren. Denn es ist ja nicht wahr, was dennoch viele glauben, daß man umso „freier" erfinden kann, je weniger man weiß. Erst die Vielzahl der Quellen, die ich in diesem vorgeschichtlichen Gelände als besonders anregend, ja: aufregend, aufschlußreich und beglückend empfinde, trägt einem die Vielzahl der möglichen Varianten einer Geschichte zu – die Quellen selbst spielen ja, wenn auch nicht willkürlich, mit diesen Varianten –, stellen einen dann allerdings vor die Qual der Wahl, die begrenzt und eingeschränkt wird durch den Vorsatz, ich würde sagen: die Notwendigkeit, selbst auch nicht willkürlich zu sein. Zu finden, was niemals war, vielleicht auch niemals so gewünscht oder vorgestellt wurde, was aber, wenn man das Glück hat, richtige, produktive Fragen zu stellen, aus der Tiefe der Zeit wie von selbst erscheint, ein Kunstgebilde natürlich – ja, manchmal gehen die zwei scheinbar entgegengesetzten Wörter zusammen –, das sich in einer durchschaubaren Struktur um die zentrale Frage ordnet, wie Eisenspäne um einen Magneten.

Die Frage, die ich mir stellte, als ich mich dem Kassandra-Stoff näherte – das war zu Beginn der achtziger Jahre, zu beiden Seiten der deutsch-deutschen Grenze wurden Mittelstreckenraketen aufgestellt, ein Atomkrieg in Mitteleuropa war strategisch vorkalkuliert und wurde allen Ernstes als mögliche „Lösung" der Spannungen zwischen den beiden Blöcken gedacht – die Frage war: Wann und wodurch ist dieser selbstzerstörerische Zug in das abendländische Denken, in die abendländische Praxis gekommen. Es wird einleuchten, daß diese Frage mich immer weiter zurückführte, ins klassische Altertum, das ja eine Fülle von Spiegelungen der alten Mythen bietet, und dann, in einem entschlossenen Sprung über die Schrift- und Geschichtsgrenze hinweg, in die Vor-Geschichte, dorthin, wo nichts aufgeschrieben werden konnte, wo aber gehandelt, gedacht, erlebt und erzählt wurde, in einer Weise, die uns zugleich fremd, also fragwürdig, und vertraut erscheint: die besten Voraussetzungen für einen erstaunten Autor, noch bessere vielleicht für eine von dem Reichtum, der Schönheit und der Fülle des Materials bezauberte Autorin, die nicht umhin konnte und kann, jeden Gang in die Tiefe der Zeit als einen Gang zu den Müttern zu unternehmen, belehrt, daß das, was wir durch die männliche Überlieferung erfahren haben, nicht zwingend „die Wahrheit" sein muß. Denn wir sehen nur, was wir wissen und wissen wollen, und, meist tief im Unbewußten, was wir gebrauchen können, was uns nützt. [...]

In diesem Sinne, als Modell, das offen genug ist, um eigene Erfahrung aus der Gegenwart aufzunehmen, das einen Abstand ermöglicht, den sonst oft nur die Zeit bringt, dessen Erzählungen fast märchenhaft, sehr reizvoll und doch so wirklichkeitsgesättigt sind, daß wir Heutige uns in den Verhaltensweisen seiner handelnden Personen erkennen können – in diesem Sinne scheint mir der Mythos brauchbar zu sein für den heutigen Erzähler, die heutige Erzählerin. Er kann uns helfen, uns in unserer Zeit neu zu sehen, er hebt Züge hervor, die wir nicht bemerken wollen und enthebt uns der Alltagstrivialität. Er erzwingt auf besondere Weise die Frage nach dem Humanum, um die es ja, glaube ich, bei allem Erzählen geht.

Glenn W. Most

Eine Medea im Wolfspelz

Christa Wolf unterscheidet sich von vielen anderen bedeutenden DDR-Schriftstellern unter anderem durch die eher untergeordnete Rolle, die der Bezug auf die klassische Antike in ihrem literarischen Œuvre spielt. Neben vielen Themen aus dem zeitgenössischen Alltag oder auch (einmal) aus der deutschen Klassik kommt der griechische Mythos eigentlich nur zweimal in ihren Schriften vor, dafür aber an zwei sehr exponierten Stellen, den Romanen *Kassandra*[1] (1983) und *Medea. Stimmen*[2] (1996). Über die frühere Erzählung, eine ihrer gelungensten, ist viel, auch und gerade aus rezeptionsästhetischer Perspektive geschrieben worden;[3] der vorliegende Beitrag wendet sich daher eher der späteren zu.[4]

Die Ähnlichkeiten zwischen den beiden Erzählungen sind unübersehbar: Beide teilen eine grundsätzliche Rezeptionsstrategie, die als gebrochene Aktualisierung bezeichnet werden darf (der griechische Mythos wird in beiden Fällen in einer antiken Welt lokalisiert, die in Kleidung, Behausung, Bewaffnung und allem anderen Äußerlichen und Nebensächlichen durchaus unmodern ist, in den wesentlichen Aspekten der menschlichen Psychologie und der zwischenmenschlichen Interaktion dagegen unverkennbar alle Züge unserer eigenen

---

1 Wolf (1983a).

2 Wolf (1996). Zitate aus diesem Roman werden im folgenden mit bloßer Seitenangabe im Text dieses Beitrags angeführt.

3 Aus der überaus reichen Sekundärliteratur seien folgende Arbeiten genannt: Arnold (1988); Barner (1989); Brown (1989); Buchholtz (1987); Engelhardt u. Rohrwasser (1985); Fuhrmann (1984); Gerdzen u. Wöhler (1991); Glau (1996); Jankowsky (1987); Keller (1985); Klingmann (1991); Klutzny (1989); Lersch (1985); Lindemann (1988); Loster-Schneider (1993); Nicolai (1989, 1991); Porter (1989); Rengen (1992); West (1991/92); Wilke (1992) 81-118; Wülfing (1993).

4 Zu Wolfs *Medea* gibt es schon eine stattliche Sekundärliteratur. Vgl. z. B. Biesenbach u. Schößler (1998); Ehrhardt (2000); Gottwald (1997); Gutjahr (1998); Heidmann Vischer (1998); Hochgeschurz (1998); Kaminski (1997); Kim (1996); Loster-Schneider (2000); Novak (1998); Paul (1997); Schmidt-Berger (1997); Shadi (1997); Voss (1998).

Welt trägt), die konsequente geschlechtsspezifische Politisierung des Inhalts (die Schwächen machtbesessener Männer werden gegen die unterlegene Stärke ihrer weiblichen Opfer ausgespielt), die eigentümliche Erzählperspektive (in beiden Fällen kommen endlich die schweigenden Verliererinnen der männlich beherrschten Geschichte zu Wort und richten und berichtigen, indem sie berichten) und die Wahl der dramatischen Form des Monologs (durch den alle Kommunikation, vor allem diejenige zwischen den Geschlechtern prinzipiell in Frage gestellt wird).

Auf der anderen Seite aber stellt *Medea* im Vergleich mit den Erwartungen, die an *Kassandra* anknüpfen konnten, eine gewisse Überraschung dar, und zwar vor allem in einem entscheidenden rezeptionsästhetischen Punkt. Denn dem jüngeren der beiden Romane kommt eine eigenartige und eigenwillige Spielart des Pathos zu, die ihn von seinem Vorgänger grundsätzlich unterscheidet. Das starke Pathos, das von der früheren Erzählung *Kassandra* ausging, leitete sich zumindest teilweise daraus her, daß jeder Leser von Anfang an wußte, daß sämtliche darin erzählten Ereignisse – trotz des Anscheins der Kontingenz, den sie in den Augen der meisten Charaktere des Romans (mit Ausnahme Kassandras) haben mußten – sich nicht mehr im Geringsten ändern ließen: Wie es sich bei der Figur der Kassandra, des Inbegriffs der unfehlbaren aber ignorierten, also wortmächtigen aber wirkungslosen Wahrsagerin gewissermaßen aus dem Mythos selbst zwangsläufig ergeben mußte, blieben ihre Prophezeiungen ohne Ausnahme völlig wirkungslos, so daß die mythische Handlung ihren bitteren Weg bis zu ihrem vorhersehbaren und unabänderlichen blutigen Schluß nehmen mußte. Die unbeirrbare und absolut nutzlose Klarsicht der Prophetin, die sie von allen übrigen Charakteren der Geschichte unterscheidet und sie eng mit unserer Außenperspektive verbindet, bringt ein Vorwissen um die Zukunft in die Erzählgegenwart hinein, von dessen Wahrheit nur wir Lesenden zusammen mit Kassandra selbst überzeugt sind; die daraus sich ergebende dramatische Ironie setzt die Unabänderlichkeit des Handlungsverlaufs voraus und erzielt damit eine starke pathetische Wirkung auf die Lesenden, die das unheimliche Gefühl haben, sowohl innerhalb als auch außerhalb des Romans zu stehen und nicht nur Kassandras Klarsicht, sondern auch ihre Ohnmacht zu teilen.

Die spätere Erzählung *Medea* wird dagegen von der gespaltenen Entdeckung getragen, daß sich die Geschichte und die Geschichten, durch die die Geschichte vermittelt und verzerrt wird, ändern lassen, daß sich das durch solche Änderungen herbeigeführte Endergebnis aber nicht unbedingt von dem unterscheiden wird, was auch ohne sie geschehen wäre. Ob die Autorin aus dem deutsch-deutschen Mauerfall von 1989 die Lehre zog, daß sich die bislang als eisern geltenden Gesetzmäßigkeiten der Geschichte durch menschliches Eingreifen doch wenden können, sich aber durch die politischen Entwicklungen in den ersten Jahren danach zum Schluß genötigt fühlte, daß im Prinzip alles Nachherige nicht wesentlich anders als alles Vorherige war?

Jedenfalls nimmt sich Wolf jetzt in *Medea* die Freiheit, die tradierten Begebenheiten des griechischen Mythos nicht nur umzudeuten, sondern sie auch zu ändern. Sie läßt sie in ihrer (fiktiven) Realität nicht mehr unangetastet und arbeitet nicht nur an ihrer interpretatorischen Neubewertung, sondern ändert auch die Ereignisse und ihre Struktur. Dadurch unterzieht die Autorin ihre Medea einem noch radikaleren Freispruch als demjenigen, den 1987 Ursula Haas in ihrem Roman *Freispruch für Medea*[5] ihr zuteil werden ließ. War die bekannteste Form der Tradition (und so auch bei Haas) davon ausgegangen, daß im Zentrum des Medea-Mythos die Ermordung der eigenen Kinder stand, stellt Wolf jetzt fest, daß die Kinder vielmehr von den Korinthern im Hera-Heiligtum getötet wurden, nachdem Medea schon aus Korinth verbannt worden war. Wolfs Medea ist also keine Kindsmörderin – aber nicht nur das. Auch ihren Bruder Apsyrtos habe nicht Medea ermordet, sondern die fanatischen Frauen in Kolchis hätten seinen Tod auf dem Gewissen; auch Glauke, die Braut Iasons, sei nicht von Medea umgebracht worden, sondern habe Selbstmord begangen, indem sie sich selbst in einen Brunnen gestürzt habe; und an irgendeinem Mord an Kreon, dem König von Korinth, trage sie ebensowenig die Schuld, da dieser am Ende der Geschichte zwar völlig zerrüttet, aber am Leben ist (nur im übertragenen Sinn kann Leukon von ihm berichten, „Er ist ein toter Mann“ [230]). Nur selten ist die kanonische Überlieferung um eine bekannte mythische Figur so vollständig und so systematisch revidiert worden wie hier; nicht häufig tritt ein modernes Zeugnis des Nachlebens eines griechischen Mythos so krass in Widerspruch zu dem Lebensbericht, der durch die antiken Träger dieses Mythos und dessen neuzeitliche Vermittler tradiert wird. Es ist ja eines vorauszusagen, „La guerre de Troie n'aura pas lieu“ – ein anderes festzustellen, „L'infanticide de Médée n'eut pas lieu.“

Gerade die Radikalität von Wolfs Vorgehen läßt aber ihren Roman als lediglich den vorläufigen Endpunkt in der viel längeren Entwicklung einer defensiven Strategie erscheinen, als deren Anfang man spätestens Grillparzers dramatische *Medea*-Trilogie ansehen kann.[6] In dieser apologetischen Tradition wird Medea von ihren traditionellen Verbrechen weitgehend freigesprochen, nicht indem sie wegen ihrer Leidenschaft (sei es Zorn oder Eifersucht) als vorübergehend unzurechnungsfähig entschuldigt oder grundsätzlich als Zauberin

5 Haas (1987).

6 Franz Grillparzer *Das Goldene Vlies* (1820).

bzw. als Barbarin der menschlichen bzw. der zivilisierten Gerichtsbarkeit nicht unterliegend angesehen wird (so die vorausliegende Rezeption vom 5. Jh. v. Chr. bis tief in das 18. Jh. hinein), sondern indem die Schuld an den (freilich nie verneinten) scheußlichen Verbrechen zumindest zum Teil von ihr genommen und stattdessen der griechischen Welt selbst angelastet wird. Daß die arme Ausländerin trotz aller ihrer redlichen Bemühungen, sich den griechischen Verhältnissen anzupassen, gründlich mißverstanden und so unmenschlich verhöhnt wird, daß sie letzten Endes aus Verzweiflung zum berüchtigten und auch von ihr selbst ungewollten Kindermord geradezu gezwungen wird, wirft bei Grillparzer und seinen Nachfolgern ein grelles Licht auf den humanistischen Anspruch auf griechische Menschlichkeit und läßt im Gegenzug dazu den nach wie vor entsetzten Zuschauer ein entschuldigendes Verständnis für die absolute Außenseiterin Medea aufbringen.

Im Lichte dieser an vielen neuzeitlichen Texten greifbaren Entwicklung läßt sich Wolfs Entscheidung, die Existenz der traditionellen Verbrechen Medeas einfach zu verneinen oder diese anderen Tätern zuzuschreiben, durchaus als die vorläufige Endstation einer jahrhundertelangen Sehnsucht nach der Schuldlosigkeit Medeas verstehen. Wolf betreibt also dieselbe Entschuldigung der Kindsmörderin, die ihre Vorgänger gesucht hatten, nur mit entschiedeneren und drastischeren Mitteln, als diese anzuwenden wagten. Nur müßte man hinzufügen, daß dieser merkwürdige aber unverkennbare (und dabei auch wichtige und beunruhigende Fragen über den neuzeitlichen Wert des menschlichen Lebens und der menschlichen Würde aufwerfende) Prozeß einer allmählichen und kontinuierlichen Freisprechung von der an sich sonst kaum anders als mit Bestürzung und Grauen perhorreszierten Ermordung der eigenen Kinder ausgerechnet durch die eigene Mutter nicht erst mit Grillparzer anfängt. Vielmehr beginnt er für uns schon bei Euripides, der seinen Iason bei allen seinen schönen Reden über die hohen Leistungen der griechischen Zivilisation alles andere als eindeutig positiv schildert und der Medeas Entscheidung als für sie zutiefst schmerzhaft und psychologisch plausibel, wenn auch weder nachvollziehbar noch lobenswert darstellt.

Freilich wird die hier skizzierte Rezeption des Medea-Mythos von Euripides bis Wolf in dem Begleitband, den Wolf selbst zwei Jahre nach dem Erscheinen ihres Romans publizierte, nicht erwähnt. Die Autorin zeichnet ein ganz anderes Bild dieser Tradition:

> Die Kindsmörderin wird Medea erst bei Euripides, im 5. Jahrhundert v. Chr., davor gibt es schon eine vielhundertjährige Geschichte von Quellen, in denen Medea nicht die Kindsmörderin, sondern zu allererst die Göttin, dann die Priesterin, Heilerin, die »guten Rat Wissende« ist – das bedeutet nämlich ihr Name. Wir sollten uns fragen, warum wir sie als böse, wilde, mörderische Frau, als ‚Hexe' brauchten, die man verfolgen und

> ausgrenzen muß. Das ist es doch, was wir alle von ihr wissen. Sie gehört zu jenen Gestalten, an denen die Überlieferung je nach Bedarf viel gearbeitet, viel verändert und umgedeutet hat.
> Das Bedürfnis des Patriarchats nach Abwertung weiblicher Eigenschaften, dessen Wurzel die Angst ist, hat im Verlauf von Jahrtausenden gerade diese Figur in ihr Gegenteil verkehrt. Mir war klar, daß sie bei mir keine Kindsmörderin sein könnte – nie hätte eine noch von matriarchalen Werten beeinflußte Frau ihre Kinder umgebracht. Dann fand ich – unterstützt durch Wissenschaftlerinnen – den Zugang zu den frühen Quellen, die meine Ahnung bestätigten. Das war ein freudiger Augenblick.[7]

Nach Wolfs enthusiasmierter Rekonstruktion verläuft die Tradition der Rezeption des Medea-Stoffs nicht wie oben geschildert, sondern vielmehr in zwei großen, monolithischen Blöcken, die durch zwei Zäsuren voneinander getrennt sind: Erst gab es eine lange Ursprungszeit, in der Medea ausschließlich als positive Heldin gefeiert wurde; dann das plötzliche Eingreifen des Euripides, der sie in eine monströse Kindermörderin verwandelte; dann die lange Zeit danach vom 5. vorchristlichen Jahrhundert bis zum 20. Jahrhundert, in der das durch den Mann Euripides erfundene negative Bild der Frau Medea gedankenlos und einstimmig, hauptsächlich durch männliche Autoren, weiter tradiert wurde; dann ein zweites plötzliches, diesmal umgekehrt verlaufendes und dadurch korrigierendes Eingreifen Christa Wolfs, die Medea zum ersten Mal rehabilitiert und das alte positive Bild wieder zu Ehren bringt. Sollte nicht danach vielleicht ein dritter monolithischer Rezeptionsblock folgen, in dem bis an das Ende der Menschheitsgeschichte das alte-neue, von Wolf (wieder-) hergestellte Bild zustimmend übernommen und weiterhin unverändert weitergegeben wird?

Wolf bekennt, daß auch sie in ihrem Verständnis von Medea einen langwierigen Lernprozess durchmachen mußte, da sie selbst, wie wir alle, am Anfang von Euripides' einflußreichem Trugwerk geblendet worden sei; aber durch ihre außerordentliche Erfahrung und Einsicht befähigt, sei es ihr schließlich gelungen, zur ursprünglichen und lange verschütteten Wahrheit um Medea vorzudringen:

> Es war zunächst das Thema ‚Kolonisierung', Abwehr gegen Fremdes, das mir in der Medea-Figur zu stecken schien: Sie war für mich die ‚Barbarin aus dem Osten'. Da kannte ich allerdings nur die gängige Überlieferung, die sich an den Euripides hält. Allerdings war ich schon so weit geschult im Auffinden von Hintergründen hinter den schriftlich fixierten Überlieferungen aus einer relativ späten Zeit und ‚wußte' doch soviel über das

7 Hochgeschurz (1998) 51. Dieselbe Passage wird auch auf dem Schutzumschlag des Bandes als hilfreiche Grundsatzfeststellung zur besseren Orientierung der Leserschaft abgedruckt. Vgl. im selben Sinne auch Hochgeschurz (1998) 15-16.

> Profil der Frau in mythischer Zeit, daß ich es für unmöglich hielt, daß Medea ihre Kinder umgebracht haben könnte: Aber dies ist es ja, was ‚jedermann' von ihr heute weiß. Ich habe es ausprobiert: Sie ist die „schreckliche Frau", das Monster, die Unnatur in Person. Dies alles hat Herr Euripides erreicht (man bezweifle also doch nicht die Wirksamkeit von Literatur!) (...)[8]

Der spöttische Ausdruck „Herr Euripides" mag befremden, ist aber durchaus gewollt: Denn Wolfs mühevolle Aufklärungsarbeit wird von einer konsequenten geschlechtsspezifischen Ideologie getragen, die grundsätzlich (und vielleicht auch ein bißchen simpel) zwischen Wahrheit und Ursprung als weiblich, sowie Lüge und Tradition als männlich zu unterscheiden scheint. Zumindest beschreibt Wolf sich selbst in demselben Band als „eine von dem Reichtum, der Schönheit und der Fülle des Materials bezauberte Autorin, die nicht umhin konnte und kann, jeden Gang in die Tiefe der Zeit als einen Gang zu den Müttern zu unternehmen, belehrt, daß das, was wir durch die männliche Überlieferung erfahren haben, nicht zwingend ‚die Wahrheit' sein muß";[9] und auf ihre Unterstützung durch „Wissenschaftlerinnen" weist sie selbst stolz hin.[10]

Eine solche monolithische Darstellung der Tradition mag gut zu einer gewissen schriftstellerischen Selbststilisierung passen, und es wäre sicherlich mißlich, eine begabte Schöpferin von Fiktionen wie Wolf ohne weiteres am Maßstab eines professionellen Literaturwissenschaftlers messen zu wollen. Dennoch muß festgehalten werden, daß Wolfs Darstellung der Rezeption des Medea-Stoffes den eigentlichen Tatsachen dieser Rezeption nicht entspricht.[11] Schon ihre Grundvoraussetzung, das Bild einer weiblichen Richtigstellung der männlichen Verzerrungen einer mythischen Tradition, wurde gerade nicht von ihr selbst zum ersten Mal in die Medea-Tradition gegen die geblendete Vorherrschaft ihrer männlichen Vorgänger eingebracht, sondern wurde ihr ausgerechnet von „Herrn Euripides" selbst in seiner von ihr als den Ursprung aller

8 Hochgeschurz (1998) 22.

9 Hochgeschurz (1998) 12. In dieser Hinsicht scheint Wolf Medea als eine idealisierte Selbstprojektion konstruiert zu haben: beide Frauen wittern die verdrängten Geheimnisse, die unterhalb einer patriarchalen Machtstruktur liegen, beide unternehmen eine feministische Dekonstruktion männlicher Lügen, beide leiden in einer verdorbenen Gesellschaft an einer edlen Wahrheitsliebe, die ihren Mitmenschen ungeheuer ist. Das gilt übrigens schon für *Kassandra*, wenn auch in geringerem Ausmaß: vgl. Jahraus (1996), McDonald (1990).

10 Hochgeschurz (1998) 51. Vgl. auch 24.

11 Zur Rezeption des Medea-Mythos fehlt immer noch eine zuverlässige und umfassende Untersuchung. Indessen findet man einige Hinweise und Anregungen, die nützlich sein können, wenn sie mit großer Sorgfalt benutzt werden, u. a. bei Calabrese (1998); Gascard (1993); Kenkel (1979); Kepetzis (1997); Stephan (1997).

männlichen Mißverständnisse Medeas bezeichneten *Medea*-Tragödie vorweggenommen und geschenkt. Es ist in der Tat eine sehr häufig beobachtbare allgemeine Tendenz der literarischen Rezeption, daß viele Elemente, auch und gerade die scheinbar kritischsten, des Nachlebens eines Textes bereits in dem Ursprungstext selbst vorprogrammiert sind: der spätere Autor nimmt nicht nur wohlwollende, sondern auch polemische Deutungsansätze auf, die vom Ursprungstext angeboten werden, und wendet sie seinerseits an, auch und gerade wenn er meint, völlig frei und unabhängig zu diesem Text zu stehen und etwas ganz Neues und Eigenes darüber sagen zu können.[12] So auch hier: denn Euripides' Chor der Korintherinnen antizipiert auf frappierende Weise Wolfs Selbstverständnis als Richtigstellerin dichtender männlicher Voreingenommenheit:

> Flußaufwärts ziehen heiliger Ströme Wellen,
> und Recht und alles kehret sich um.
> Die Männer hegen listige Pläne, und nicht mehr fest
> steht die bei den Göttern beschworene Treue.
> Mein Leben aber soll wandeln der Ruhm,
> auf daß es Ehren gewinne.
> Auszeichnung wird dem Frauengeschlechte zuteil;
> mißtönend Gerede soll nicht mehr treffen die Frauen.
>
> Die Musen uralter Sänger werden nicht mehr
> meine Untreue schmähen.
> Es hat nicht in unsere Brust gelegt
> die Gabe des göttlichen Sanges zur Lyra Phoibos,
> der Herr der Lieder. Denn sonst ließ ich eine Weise
> erschallen gegen das Männergeschlecht. Die lange Zeit
> hat vieles von unserem und der Männer Los zu berichten.[13]

Die scheinbar utopische Bescheidenheit der Chorsängerinnen wird als beißende Ironie schon durch die Tatsache entlarvt, daß sie in ihrem eigenen Lied vorgetragen wird: Die Tatsache, daß schon Euripides durch diese Frauen feststellen läßt, daß Männer selbstverständlich Männerlieder, Frauen Frauenlieder singen, läßt die um Jahrtausende verspätete Feministin Wolf als schon in dem vermeintlich antiquierten und männlich geblendeten Text ihres eigenen erklärten Erzfeindes eingeschrieben und eingefangen erscheinen.

Aber auch über diese punktuelle Peinlichkeit hinaus läßt sich zeigen, daß

---

12 Vgl. Most (1986).

13 Euripides *Medea* 410-30, Übers. Ebener (1972) 83, 85.

Wolfs monolithische Rezeptionskonstruktion nicht stichhaltig ist. So steht gegen ihre Behauptung, vor Euripides kenne die Tradition kein Beispiel einer ihre Kinder tötenden Medea, das Zeugnis von Eumelos von Korinth, in dessen Epos *Korinthiaka* aus dem Ende des 8. Jhs. v. Chr. Medea durchaus, wenn auch unbeabsichtigt, ihre eigene Kinder umbringt.[14] Gegen die These, Euripides allein und als erster habe die Version erfunden, wonach Medea absichtlich ihre Kinder tötete, steht das zuverlässige Zeugnis des Aristoteles und seines Schülers Dikaiarchos, daß Euripides diese Version von dem Tragiker Neophron übernommen habe.[15] Gegen den durch Wolf selbst nahegelegten Eindruck, sie habe alle wesentlichen Elemente ihres eigenen Bildes der Medea aus der voreuripideischen, also noch frauenfreundlichen Tradition übernommen, um dadurch die Ungerechtigkeiten der durch Euripides eingeleiteten frauenfeindlichen Tradition wiedergutzumachen, steht die Tatsache, daß eine ganze Reihe entscheidender Merkmale der Medea Wolfs nicht dem archaischen griechischen Mythos, sondern vielmehr der nacheuripideischen und vor allem der nachantiken Literatur entnommen sind:[16] so die als ihr zentrales Novum herausgestellte Freisprechung der Medea von dem Vorwurf der Tötung ihrer Kinder und die Zuweisung der Schuld für den Mord an die Korinther, beide vielmehr ‚Entdekkungen' von Dagmar Nick;[17] so die Vorstellung von Medea als Zauberin, die in erhaltenen Texten erst bei Apollonios Rhodios, Ovid und vor allem Seneca vorkommt; so das Bild der Medea als einer Frau, die zwischen zwei Welten wandelt und einer bitteren Ausländerfeindlichkeit ausgesetzt ist, dem schon Grillparzer monumentalen Ausdruck verlieh; so die Identifikation der Medea als einer Negerin („die braune Haut, […] das Wollhaar, das wir Kolcher alle haben" [18]), die schon Hans Henny Jahnn in der Weimarer Zeit vornahm;[18] so die eklektische Mischung aus ethnographischen Berichten und religionswissenschaftlichen Opfertheorien, die sehr stark an den Medea-Film Pier Paolo Pasolinis[19] erinnert. Sogar die dramatische Form und der feministische Inhalt

14 Eumelos Frg. 5 Bernabé, 3 Kinkel = *Fragmente der griechischen Historiker* (FGrHist) 451 F 2ab.

15 Neophron *Tragicorum Graecorum Fragmenta* (TrGF) 15 T 2 (arg. Eur. *Med.*), F 1-3.

16 In ihren diesbezüglichen Selbstdarstellungen wechselt Wolf zwischen Angaben, wonach sie als *poetria docta* sich eingehend über die ganze literarische und wissenschaftliche Überlieferung informierte (z. B. Hochgeschurz 1998, 40-41, 54), und anderen, wonach sie so wenig wie möglich unter der Last des Wissens um frühere Versionen leidend in fast vollständiger Selbständigkeit ihre eigene Version erfand (z. B. Hochgeschurz 1998, 52, 59).

17 Nick (1988) 8, 28.

18 Hans Henny Jahnn *Medea* (1925). Die antike Quelle dieser Vorstellung ist ein merkwürdiger Passus bei Herodot, der die Kolcher als Ägypter identifiziert, 2, 104.

des Wolf-Romans haben unverkennbare Vorläufer(innen): Die Struktur einer Reihe dramatischer Monologe läßt sich als eine Pluralisierung des einzelnen Monologs in Dagmar Nicks *Medea, ein Monolog*[20] deuten; und der feministischen Ehrenrettung der Medea hatte schon Ursula Haas zumindest den Ansatz und den Titel geliefert, auch wenn der *Freispruch für Medea* in dieser Version des Stoffs, in der die Titelheldin erstens die Mitverantwortung an der Ermordung ihres Bruders trägt, da sie Apsyrtos wissentlich in die Falle lockt, in der Iason ihn umbringt, in der sie zweitens die Töchter des Pelias dazu veranlaßt, ihn zu töten, in der sie drittens das Kind, das sie von Iason bekommen hat, abtreibt, und in der sie schließlich viertens Kreusa selbst umbringt, als Freispruch eher halbherzig ausfällt. In einem gewissen Sinne kann man behaupten, Wolf habe eigentlich nur den passenden Roman zu Haas' Titel geliefert, während Haas selbst noch tiefer als sie in der Tradition verstrickt blieb, über die ihr Titel eigentlich hinausdeuten wollte.

Nun wäre die Feststellung so vielfacher und weitgehender Abhängigkeiten nicht besonders aufregend, wenn Wolf behauptet hätte, lediglich eine neue Version des Mythos zu liefern, denn kein Autor kommt zu einem Mythos außer durch die Vermittlung zumindest einiger seiner Vorgänger. Aber die These, die Wolf in ihrem Begleitband aufstellt, ist eine andere und viel stärkere: nämlich diejenige Version verfasst zu haben, die allein wahr ist und die damit alle übrigen nacheuripideischen bis auf die eigene als schlechterdings falsch erweist. Eine solche Behauptung ist – um es milde auszudrücken – sehr ungewöhnlich; sie verdient deshalb eine eingehendere Untersuchung. Wie realisiert Wolf eine (zumindest im Anspruch) so geartete Rezeption?

Drei besondere Rezeptionsstrategien lassen sich identifizieren, mittels derer Wolf ihren eigenen Text verfasst und ihn mit diesem ungewöhnlichen Anspruch ausstattet:

– 1. *Die programmatische Dezentralisierung der Euripideischen Version*: Es ist in der Tat auffallend, wie tief und wie nachhaltig das Bild der Medea, das Euripides in seiner Tragödie liefert, die europäische literarische Tradition zumindest von Apollonios Rhodios bis Pasolini fasziniert hat. Trotz vieler, z. T. oben angedeuteter Neuerungen im Detail gehen fast alle Rezeptionszeugnisse nach Euripides direkt oder indirekt auf ihn zurück. Wolf versucht dagegen, Euripides dadurch zu marginalisieren, daß sie andere Teile von Medeas „Biographie" als die korinthische Episode durch Rückgriff auf andere Autoren (z. B.

---

19 Pier Paolo Pasolini *Medea* (1969).

20 Nick (1988).

Apollonios Rhodios für Kolchis) ergänzt[21] sowie möglichst voreuripideische Versionen für die korinthischen Ereignisse (vor allem das nur fragmentarisch überlieferte Epos *Die Einnahme von Oichalia* des Kreophylos von Samos aus dem 7. vorchristlichen Jahrhundert) hinzuzieht.[22] Dadurch wird einer vermeintlich nichteuripideischen Version des Mythos monumentaler Ausdruck verliehen.

– 2. *Die Verwissenschaftlichung der eigenen Rezeption*: Wolf weitet ihren Rückgriff systematisch nicht nur auf literarische, sondern auch und vor allem auf wissenschaftliche und pseudowissenschaftliche Quellen aus. Aus der Antike wird vor allem Herodot bemüht, aus der Neuzeit eine eklektische Mischung aus mehr oder weniger wissenschaftlichen Autoren wie Johann Jakob Bachofen, Heide Göttner-Abendroth und René Girard, deren (tatsächlich nicht völlig miteinander verträgliche) Theorien von Matriarchat, Patriarchat, Opfer, Macht und Tod offenkundig bei der Strukturierung vieler Elemente von Wolfs Erzählung Pate standen. Inwiefern diese so verschiedenen Gewährsmänner im Einzelnen tatsächlich ernsthaften wissenschaftlichen Ansprüchen genügen können, sei dahingestellt; wichtiger ist die Frage nach der Funktion, die sie in Wolfs Konzeption spielen, nämlich ihre eigene Rezeption des Medea-Mythos mit dem Siegel einer wissenschaftlich beglaubigten Wahrhaftigkeit zu nobilitieren. Ihre Fiktion soll nicht so sehr eine Fiktion unter anderen Fiktionen sein als vielmehr eine Fiktion, die gleichzeitig als alleinige Wahrheit alle anderen Versionen als bloße Fiktionalität entlarven kann.

– 3. *Die Bereitstellung von Paratexten zur Steuerung der Rezeption des eigenen Werks*: Schon ihrem ersten antikisierenden Roman *Kassandra* hatte Wolf einen selbstinterpretatorischen Text beigegeben, die Frankfurter Poetik-Vorlesungen vom Frühjahr 1982, in denen sie autobiographische Notizen über die Entstehung ihrer Erzählung vortrug sowie Hinweise zu deren von ihr autorisierten Deutung gab.[23] Daß eine Autorin ihrem eigenen Text nicht zutraut, seine Rezeption auf befriedigende Weise selbst zu steuern, sondern versucht, durch Beigabe eines zweiten Texts die Vielfalt möglicher Deutungen einzugrenzen und die eigene Interpretation als die allein gültige zu erweisen – so, als läge in der Vervielfältigung einander interpretierender Texte nicht vielmehr der Keim

---

21 Interessanterweise fehlt in Wolfs Roman jeder Hinweis auf die in der Literatur und Vasenmalerei vor Euripides sehr populäre Geschichte von Medeas Ermordung des Pelias; vielleicht läßt aber diese Greueltat eine indirekte Spur bei Wolf in der Ermordung und Kastration des Turon.

22 Creophylus Frg. 9 Bernabé, 4 Kinkel.

23 Wolf (1983b).

weiterer Interpretationspluralisierung – ist ein bemerkenswertes Phänomen. Allerdings bleibt die paratextuelle Rezeptionssteuerung im Fall der *Kassandra* noch relativ diskret und liberal. In *Medea* dagegen werden die rezeptionssteuernden Paratexte vervielfältigt und autoritär verwissenschaftlicht. Diesmal hat jedes Kapitel des Romans ein eigenes Epigraph, während außerhalb des Buchs selbst ein „Medea“ Ausstellungs- und Lesungs-Projekt 1997 im Frauen Museum in Bonn veranstaltet sowie im darauffolgenden Jahr der oben genannte Begleitband von Marianne Hochgeschurz veröffentlicht wurde. Letzterer enthält unter anderem Briefwechsel zwischen Wolf und verschiedenen als solche ausgegebenen Wissenschaftlerinnen, die sogar durch Reproduktion der Unterschriften beinahe aktenmäßig authentifiziert werden.

Der *Zweck* aller dieser Strategien ist offenkundig die Entlarvung von Euripides' *Medea* als nicht bloß einer Version des Mythos unter anderen, sondern als einer falschen und die entsprechende Nobilitierung von Wolfs *Medea* als nicht bloß einer weiteren plausiblen oder gar plausibleren Version, sondern als der einzig wahren.[24] Das *Ergebnis* ist jedoch eine starke Reduktion der Komplexität dieses Romans im Vergleich zum antiken Drama. Euripides brachte eine Reihe moralisch komplexer Charaktere (zu denen auch Iason gezählt werden muß) und vor allem in der Person der Medea eine genuin tragische Figur auf die Bühne, eine, die außerordentliche Vorzüge sowie Schwächen, übermenschliche Laster sowie Tugenden besitzt, eine, die sich für lange Zeit gegen jegliche Evidenz die ausschließliche Sympathie des Chors erhalten kann, die durch den Kontrast mit ihren jedenfalls teilweise schwer zu ertragenden männlichen Gegenspielern in ein verhältnismäßig positives Licht gerückt wird, die alles andere als ein Monstrum ist[25] – sonst hätte seine Medea gewiß viel weniger stark bis in unsere Zeit gewirkt. Bei Wolf dagegen gibt es keine Schattierungen und Nuancen, sondern nur Schwarz und Weiß. Ihre Frauen stehen fast ausnahmslos für Wahrheit und Frieden und enden immer als Opfer; ihre Männer wollen fast alle immer nur Lüge und Krieg und fügen sich bereitwillig und außerordentlich gut in die Rolle der Täter. Wolfs Charaktere sind entweder undifferenzierte Identifikations- oder aber undifferenzierte Feindbilder; kein Bösewicht, der nicht mit Lastern über das von der Handlung Verlangte hinaus weiter belastet wird, keine Heldin, die nicht mit einer kaum zu glaubenden Vielfalt miteinander kaum verträglicher Tugenden ausgestattet wird.

---

24 Diese Feststellung läßt sich sowohl am Roman selbst als auch an Wolfs anderen Äußerungen belegen, auch wenn Wolf selbst einmal erklärt, „ich würde unglücklich sein, wenn Sie den Eindruck von mir haben, daß ich Euripides klein machen wolle. (...) Ich bilde mir nicht ein, den Euripides zu übertreffen“ (Hochgeschurz 1998, 61).

25 Vgl. M. Schmidt, Brief an Christa Wolf vom 8.11.1992, in Hochgeschurz (1998) 27.

Dieser Zweck und dieses Ergebnis sind nun beide für sich genommen durchaus problematisch. Ist es einerseits sinnvoll, von der wahren Version eines Mythos zu sprechen, wenn der Mythos prinzipiell nur in der Vielfalt seiner Deutungsmöglichkeiten zu existieren vermag?[26] Mythos ist nicht Geschichte: allenfalls bei historischen Ereignissen (und auch in deren Fall nur in einem sehr beschränkten Sinn) kann man eventuell von einem wahren Sachverhalt reden; beim Mythos ergibt eine solche Rede keinen Sinn. Hat aber Wolf ernsthaft vor, Medea dem Bereich des Mythos zu entführen, um sie in der Sphäre des historisch Verbürgten anzusiedeln? Wohl kaum, wenn auch nur deswegen, weil ein solches Vorhaben notwendigerweise zu einer Aushöhlung des Anspruchs auf Aktualität führen würde, der zumindest für Wolfs politische Zwecksetzung unerläßlich ist. Andererseits aber reduziert die Schwarzweißmalerei in Wolfs Charakterdarstellung nicht nur die moralische, sondern auch die ästhetische Komplexität ihres Romans. Eine derartige Vereinfachung und Homogenisierung mag sich für ein engagiertes Flugblatt in einer politischen Krise eignen, scheint aber denkbar ungeeignet für ein literarisches Werk, das sich gewiß nicht in einer einzelnen augenblicklichen Aktualität erschöpfen, sondern in andere, noch nicht ganz vorstellbare zukünftige Situationen hinein wirken will. Will Wolf Medea aber nur dazu einsetzen, um die durchaus als kritisch anzusehende Lage gegenwärtiger Frauen zu verbessern? Wohl kaum, denn dies wäre nur noch die letzte der vielen Instrumentalisierungen der Medea, gegen die Wolf vehement protestiert; und diese wäre auch nicht dadurch gerechtfertigt, daß sie eine Instrumentalisierung zu Gunsten einer (in den Augen Wolfs) richtigen Politik wäre, denn ihr Anspruch ist gegen jede Instrumentalisierung und für die Autonomie des Subjekts, vor allem aber nicht nur des weiblichen, gerichtet.

Doch so problematisch dieser Zweck und dieses Ergebnis im einzelnen sind, aus der Verbindung von beiden ergibt sich zusammen ein noch gravierenderes Problem. Denn wenn Wolfs Version die einzige wahre und ihre Medea gleichzeitig eine absolut positive, tugendhafte Figur sein soll, wie konnte jemals der verzerrende Mythos über sie entstehen, der das Abendland für so viele Jahrhunderte in seinem Bann gehalten hat? Wolf bestreitet nicht die Existenz der Verbrechen, die Medea traditionell zu Last gelegt wurden, aber sie projiziert sie auf andere Figuren aus Medeas Umgebung. Den Tod von Apsyrtos, von Turon, von Glauke, von den Kindern habe es durchaus gegeben, nur habe nicht Medea sie auf dem Gewissen, sondern andere Personen, deren Verantwortung spä-

26 Vgl. Schmidt in Hochgeschurz (1998) 26.

ter vergessen wurde; erst nachdem diese Morde begangen worden waren, behauptet Wolf, sind sie der Medea nachträglich – aber noch während ihres eigenen Lebens – zur Last gelegt worden.

Aber die Menschen, die diese falschen Anschuldigungen hörten, waren genau dieselben, die die Chance hatten, die wirkliche Medea in ihrer außerordentlichen Tugendhaftigkeit kennenzulernen. Warum also sollten ausgerechnet sie solch absurden Anschuldigungen Glauben geschenkt haben? Wenn Medea wirklich so war, wie Wolf sie darstellt, wie konnte überhaupt jemand auf die Idee kommen, zu glauben, sie sei fähig zu solchen Greueltaten? Auf der letzten Seite des Romans stellt Medea diese Frage selbst: „Und die Korinther sollen immer noch nicht fertig sein mit mir. Was reden sie. Ich, Medea, hätte meine Kinder umgebracht. Ich, Medea, hätte mich an dem ungetreuen Jason rächen wollen. Wer soll das glauben, fragte ich. Arinna sagte: Alle." (235-36) Warum aber „alle"? Warum überhaupt jemand? Nun ist es ja durchaus denkbar, daß Medeas Strenge und Stolz sie ihren Mitmenschen nicht besonders sympathisch gemacht hätte; aber ein enormer Sprung trennt einen Menschen, den wir unsympathisch finden, von einem, dem wir solche Morde zuzutrauen bereit sind. Wie schafft es Wolf, diesen Sprung zu leisten?

So spröde sie auch ist, so wäre doch die Medea, die Wolf schildert, psychologisch niemals in der Lage gewesen, auch nur eine der scheußlichen Greueltaten zu verüben, die ihr vorgeworfen werden. Daß Medeas Mitmenschen in diesem Roman dennoch bereit sind, allen diesen Vorwürfen zu glauben, ist innerhalb der Konsequenz der fiktiven Welt dieses Romans schlicht unerklärlich. Um eine solche Leichtgläubigkeit plausibel zu machen, müßte man ihnen allen nicht nur Bösartigkeit und Unwissen, sondern eine derartige Irrationalität zuschreiben, daß sie kaum mehr als vernünftige Menschen bezeichnet zu werden verdienten; und welches Interesse könnten sie dann beim Leser beanspruchen? Diese Leichtgläubigkeit läßt sich nur erklären, wenn wir die Grenzen von Wolfs Roman sprengen: Denn nur diejenigen könnten an Medeas Fähigkeit zu solchen Verbrechen glauben, die mit der Tradition vertraut sind, die Euripides' Version entspringt, die die seitherige europäische Literatur dominiert und die sich gerade zum Ziel setzt, Medeas Verantwortung für diese Taten zu plausibilisieren. Mit anderen Worten: Nur wer Euripides' *Medea* oder die auf ihn aufbauenden Texte gelesen hat, könnte jemals glauben, daß die Protagonistin überhaupt in der Lage gewesen sein könnte, diese Verbrechen zu begehen. Aber wenn dem so ist, dann mag Wolf in ihrem Roman durchaus die Gültigkeit der Euripideischen Version des Mythos für die Handlungen der Medea selbst bestreiten; dennoch setzt sie gerade diese Version für denselben Roman als unerläßliche Prämisse voraus, denn sie projiziert sie in das Wissen und in die Erwartungen von Medeas Mitmenschen hinein, die sonst in ihrer Bereitschaft, einer Lüge zu glauben, die dann zur Grundlage der abendländischen Rezeption der Medea werden sollte, völlig unverständlich wären. Euripides' Lüge kommt so gesehen nicht nur nach den angeblich wahren Begebenheiten, so wie sie Wolf erzählt, sondern sie wird auch von dieser Erzählung selbst vorausgesetzt – am Anfang war offenbar das falsche Wort –, da sie sonst gar nicht als (einigermaßen) plausibel wirken könnte. Weit davon entfernt, Euripides zu entthronen, liefert Wolf noch einen Beweis für die Unmöglichkeit, ihm zu entkommen: Trotz ihrer Hoffnung auf Emanzipation für sich selbst und Befreiung für andere Frauen aus den männlichen Machtinstanzen, erweist sie sich letzten Endes als unentrinnbar verfangen in gerade derjenigen männlichen Tradition, deren Trug sie endgültig entlarven wollte.

Sobald man sich der Tatsache bewußt wird, daß Wolf Euripides nur der ausdrücklich erklärten Absicht nach entkräftet, während sie seine Version und diejenigen, die ihm folgen, in der Tat als notwendiges Instrument zur Plausibilisierung ihres eigenen literarischen Werks einsetzt, wird es leichter zu erkennen, daß und warum das Gespenst des griechischen Tragikers durch Wolfs ganzen Roman hindurchgeistert.

Denn formal gesehen ist Wolfs Entscheidung, ihren mit *Stimmen* untertitelten Roman in der Form einer Reihe von Monologen zu gestalten, eine wohl unbeabsichtigte und vielleicht sogar unbewußte, aber dennoch unverkennbare Huldigung an eines der auffälligsten Merkmale dieses euripideischen Dramas. Denn Euripides hat für diese seine Tragödie (so wie Shakespeare für seinen *Richard III*) den genialen Kunstgriff verwendet, alle Dialoge zwischen seiner Protagonistin und den übrigen Charakteren dadurch als Lügen zu erweisen, daß er diese eine Person über ihre Interaktion mit den anderen hinaus auch eine Reihe von Monologen sprechen läßt, in denen sie nur sich und uns, nicht aber ihren Mitmenschen gegenüber, die volle Wahrheit ihrer Seele ohne jeglichen Halt oder Skrupel entblößt: Wahrheit des Monologs und Trug des Dialogs bestimmen sich gegenseitig. So aber auch bei Wolf: Das, was die Charaktere in allen denjenigen Dialogen zueinander sagen, von denen die Monologe berichten, ist mit der einzigen Ausnahme der Gespräche der Medea selbst (die viel zu tugendhaft ist, um sich den Lügen um sie herum anzupassen: „Nicht lügen können ist eine schwere Behinderung" [110]) fast durchweg lügenhaft und heuchlerisch; aber dies können wir mit voller Sicherheit wissen, da ja die Monologe, in denen die Charaktere über diese ihre trügerischen sozialen Interaktionen berichten, selbst absolut wahrhaftig und ehrlich sind – auch und gerade dann, wenn die betreffenden Sprecher sonst nur zu lügen verstehen.

Auch inhaltlich läßt sich wohl erst in diesem Lichte auf befriedigende Weise verstehen, warum Wolf ihre Medea so emphatisch als eine Figur herausstellt, vor der ihre ganze Mitwelt Angst hat. Schon auf den ersten Seiten erwähnt

Medea z. B. „die krankhafte Furcht der Korinther vor dem, was sie meine Zauberkräfte nennen" (19); die ersten Worte des ersten Monologs Jasons formen den angsterfüllten Ausruf „Das Weib wird mir zum Verhängnis" (43); später wird Leukon im Bezug auf sie feststellen: „Irgend etwas fehlt dieser Frau, was wir Korinther alle mit der Muttermilch einsaugen (...) Eine Art ständigen Schreckens" (169). Diese ständige Angst der Umgebung Medeas vor ihr ist, erzähltechnisch betrachtet, die Vorverlegung des Entsetzens, das sich eigentlich erst aus dem schauderhaften Finale ergeben wird, in frühere Phasen der Handlung, wo sie in eine bange Vorahnung verwandelt wird, die teilweise genau weiß, was passieren muß, teilweise aber diese Erkenntnis schon im voraus als so unerträglich schmerzhaft empfindet, daß sie sie gern verdrängen möchte. Für die Kohärenz der Erzählung und deren Wirkung auf die Lesenden ist dieser Kunstgriff sehr vorteilhaft, da dadurch Anfang und Ende besser miteinander verknüpft werden und eine einheitlichere emotionale Atmosphäre hergestellt werden kann, als es sonst möglich wäre. Aber die Plausibilität dieser Angst setzt vom Anfang der Erzählung an die Bekanntheit der zumindest teilweise als unvermeidlich angesehenen endgültigen Katastrophe voraus – und ohne Euripides und die euripideische Tradition wäre eine solche Bekanntheit undenkbar. Ja mehr noch: schon Euripides hat auf meisterhafte Weise gerade dieselbe bange Angst vor Medea schon vom Anfang an in seiner Tragödie inszeniert. Bei Euripides haben die Amme, der Paidagogos, der Chor und Kreon alle Angst vor der Person der Medea und vor dem, was sie zu tun fähig sein könnte – ja es haben alle in diesem Stück Angst vor Medea bis auf Iason (der den meisten Grund dafür hätte, aber zu blöde und selbstgefällig ist, um Angst zu empfinden, bis es zu spät ist) und Aigeus (der erst in späteren Phasen des Mythos vor Medea wird bangen müssen, hier aber sie irrtümlicherweise als Freundin, Opfer und Helferin ansieht). An einer beredten Einzelheit merkt man auch, wie subtil der antike Autor im Gegensatz zu seiner unfreiwilligen Nachfolgerin ist: Bei Euripides nämlich ist auch Medea selbst alles andere als furchtlos, sie hat Angst darum, ob sie nach ihrer Rache wird entkommen können oder nicht, und eine Hauptmotivation für ihre Tötung der Kinder ist ihre Furcht davor, von ihren Feinden ausgelacht zu werden; aber bei Wolf ist Medea die einzige Person, die so frei von Lastern ist, daß sie als einzige fast völlig frei ist von jeglicher Spur von Angst und Haß.[27]

So gesehen erweist sich Wolfs *Medea* als eine seltsame Mischung aus einer verdrängten Faszination durch Euripides und seiner emphatisch erklärten Ab-

27 Eine seltene Ausnahme: 189.

lehnung. Das literaturwissenschaftliche Hauptinteresse an diesem Roman liegt m. E. weniger an seiner recht durchsichtigen Allegorie über die politischen Verhältnisse im Westen Europas sowie im Osten nach dem Mauersturz[28] als vielmehr daran, daß er auf exemplarische Weise zeigt, durch welche Mittel ein literarischer Text hergestellt werden kann, der in einem engen Abhängigkeitsverhältnis zu einem bekannten Vorgänger steht, der aber den Anspruch aufstellen will, wahrer und deshalb besser als dieser zu sein. Zwar haben Autoren mindestens seit der griechischen Antike das Reservoir der im Mythos paradigmatisch erhaltenen Erzähl- und Deutungsmöglichkeiten häufig und gern gegen die unvermeidbare Einseitigkeit eines anerkannten Vorgängertextes ausgespielt, um sich selbst gegenüber dem Vorgänger zu profilieren und zu legitimieren (man denke bloß an Euripides' Umgang mit Aischylos). Aber dabei ging es meistens um die Plausibilisierung eigentlich unplausibler Geschichten, um den immer gescheiterten und immer wieder aufgenommenen Versuch, das Absurde am Mythos, das nur deswegen geduldet werden konnte, weil es eben als mythisch galt, literarisch durch nachvollziehbare Handlung, Moral und Psychologie auf eine befriedigendere Weise zu entschärfen und erträglicher zu machen, als dies den vorangegangenen Zunftkollegen gelungen war.

Bei Wolf dagegen können wir eine besonders moderne, zeitaktuelle Spielart dieses alten literarischen Kunstgriffs beobachten, bei der der Anschein der Wissenschaftlichkeit, die in unserer verwissenschaftlichten Gesellschaft ein besonderes Privileg genießt (und die von Wolf selbst häufig und heftig angeprangert wird[29]), zur Legitimierung eines bestimmten literarischen Kunstwerks zu Ungunsten anderer instrumentalisiert wird. Eine (pseudo-)wissenschaftlich verbürgte, durch die Briefe und Unterschriften von erklärten „Wissenschaftlerinnen" fast legalistisch authentifizierte Wahrheit wird heraufbeschworen, um sie als rhetorisches Mittel im literarischen Konkurrenzkampf einzusetzen. Daher wird der Roman selbst, und nicht nur der manchmal peinlich wirkende Begleitband, von einem merkwürdigen hermeneutischen Optimismus (um nicht von einer erstaunlichen hermeneutischen Naivität zu sprechen) getragen, so, als könnten wir jetzt endlich nach den viele Jahrhunderte dauernden Irrwegen und Verzerrungen der europäischen literarischen Überlieferung zu einem auf Transparenz und Wahrheit gründenden endgültigen Verständnis des wirklichen Sachverhalts durchdringen – so, als könnten wir, nach den vielen Versionen der

28 Vgl. Wolf in Hochgeschurz (1998) 58.

29 Z. B. Hochgeschurz (1998) 44.

Medea, endlich einmal Medea selbst in ihrer Wirklichkeit erleben, so wie sie jenseits aller Versionen eigentlich gewesen ist:

> Wir sprechen einen Namen aus und treten, da die Wände durchlässig sind, in ihre Zeit ein, erwünschte Begegnung, ohne zu zögern erwidert sie aus der Zeittiefe heraus unseren Blick. Kindsmörderin? Zum ersten Mal dieser Zweifel. (...) Wir haben sie auf den Weg geschickt, aus der Tiefe der Zeit kommt sie uns entgegen, wir lassen uns zurückfallen, vorbei an den Zeitaltern, die, so scheint es, nicht so deutlich zu uns sprechen wie das ihre. Irgendwann müssen wir uns begegnen.
> Lassen wir uns zu den Alten hinab, holen sie uns ein? Gleichviel. Es genügt ein Händereichen. Leichthin wechseln sie zu uns über, fremde Gäste, uns gleich. Wir besitzen den Schlüssel, der alle Epochen aufschließt (...) (9)

Die Illusion einer Version, die keine wäre; der Traum einer Fiktionalität, die sich mit der Selbstsicherheit wissenschaftlicher Objektivität von der Sorge um die eigene Willkürlichkeit endgültig befreien könnte; die Angst einer Dichtung vor der eigenen dichterischen Freiheit; der beharrliche Versuch, die jedem genuin literarischen Werk innewohnende prinzipielle Deutungsvielfalt durch massive extratextuelle Rezeptionssteuerungsmaßnahmen möglichst einzudämmen – der *Medea*-Roman Christa Wolfs, die sich wie ihre Protagonistin als emanzipatorisch, selbstsicher und mutig ausgibt, unterminiert sich selbst auf Schritt und Tritt.[30] Unter ihrem aufgepfropften Wolfspelz erweist sich diese Medea – „die braune Haut, (...) das Wollhaar, das wir Kolcher alle haben“ (18) – vielmehr als ein schwarzes Schaf.

Wolfs Erzählung ist sehr ambitioniert. Sie will nicht nur literarisch wirken, sondern auch politische und historische Lektionen erteilen und einen gewichtigen Beitrag zur Diagnose und Therapie vieler gegenwärtiger Mißstände leisten, die unter anderem die Suche nach Frieden und das Los der Frauen erschweren. Sie ist jedoch ein unverkennbares Symptom aller derjenigen Übel, die sie feststellen und heilen will. Nicht zuletzt daran mag ihr Erfolg bei vielen Lesern liegen.

30 Es ist kennzeichnend, daß auch außerhalb dieses Romans kein Vorwurf häufiger von Wolf an die Adresse derjenigen gerichtet wird, von denen sie sich distanzieren will, als der Vorwurf, daß sie Angst hätten. So z. B. Hochgeschurz (1998) 16, 22, 23, 51 und *passim*.

Literaturverzeichnis

Arnold, Herbert A.: On Myth and Marxism. The Case of Heiner Müller and Christa Wolf, Colloquia Germanica 21 (1988) 58-69.

Barner, Wilfried: Mythen-Renaissance in der Erzählprosa der Gegenwart, in: Siegfried Grosse/Eberhard Lämmert (Hrsg.), Chinesisch-deutsches Germanistentreffen Peking, 15.9-19.9.1986: Dokumentation der Tagungsbeiträge, Bonn 1989, 97-106.

Biesenbach, Ellen/Schößler, Franziska: Zur Rezeption des Medea-Mythos in der zeitgenössischen Literatur: Elfriede Jelinek, Marlene Streeruwitz und Christa Wolf, Freiburger Frauenstudien 4 (1998) 31-60.

Brown, Russel E.: The *Kassandra* of Christa Wolf, Classical and Modern Literature 9 (1989) 115-23.

Buchholtz, Elisabeth: Zum Problem der doppelten Historizität in Christa Wolfs *Kassandra*, in: W. Seifert (Hrsg.), Literatur und Medien in Wissenschaft und Unterricht. Festschrift für Albrecht Weber, Wien 1987, 37-46.

Calabrese, Rita: Von der Stimmlosigkeit zum Wort. Medeas lange Reise aus der Antike in die deutsche Kultur, in: Hochgeschurz (1998) 75-93.

Ebener, Dietrich (Hrsg.): Euripides Tragödien. Erster Teil. *Medeia*. Griechisch und Deutsch, Berlin 1972.

Ehrhardt, Marie-Luise: Christa Wolfs *Medea* – eine Gestalt auf der Zeitgrenze, Würzburg 2000.

Engelhardt, Michael von/Rohrwasser, Michael: Kassandra – Odysseus – Prometheus. Modelle der Mythenrezeption in der DDR-Literatur, L'80. Zeitschrift für Literatur und Politik 10/34 (1985) 46-76.

Fuhrmann, Manfred: Christa Wolf, Kassandra. Voraussetzung einer Erzählung: *Kassandra*, Arbitrium 2 (1984) 209-15.

Gascard, Johannes R.: Medea-Morphosen. Eine mytho-psychohistorische Untersuchung zur Rolle des Mann-Weiblichen im Kulturprozeß, Berlin 1993.

Gerdzen, Rainer/Wöhler, Klaus: Matriarchat und Patriarchat in Christa Wolfs *Kassandra*, Würzburg 1991.

Glau, Katherina: Christa Wolfs *Kassandra* und Aischylos' *Orestie*. Zur Rezeption der griechischen Tragödie in der deutschen Literatur der Gegenwart, Heidelberg 1996.

Gottwald, Herwig: Der Mythos nach der Wende. Christa Wolfs *Medea*, in: Mythos und Utopie. Andeutungen eines literarischen und kulturellen Phänomens im 20. Jahrhundert. Publikation zur Ausstellung in der „Galerie im Stifter-Haus", 30.4-29.5.1997, Linz 1997, 52-69.

Gutjahr, Ortrud: Mythos nach der Wiedervereinigung. Zu Christa Wolfs *Medea. Stimmen* und Botho Strauß' *Ithaka*, in: Verena Ehrich-Haefeli/Hans-Jürgen Schrader/Martin Stern (Hrsg.), Antiquitates Renatae. Deutsche und französische Beiträge zur Wirkung der Antike in der europäischen Literatur. Festschrift für Renate Böschenstein zum 65. Geburtstag, Würzburg 1998, 345-60.

Haas, Ursula: Freispruch für Medea. Roman, Wiesbaden/München 1987 (Frankfurt am Main/Berlin 1991).

Heidmann Vischer, Ute: Die andere Art, *Medea* zu lesen. Wie Schriftstellerinnen des 20. Jh. Euripides für sich entdecken, in: Verena Ehrich-Haefeli/Hans-Jürgen Schrader/Martin Stern (Hrsg.), Antiquitates Renatae. Deutsche und französische Beiträge zur Wirkung der Antike in der europäischen Literatur. Festschrift für Renate Böschenstein zum 65. Geburtstag, Würzburg 1998, 334-44.

Hochgeschurz, Marianne (Hrsg.): Christa Wolfs *Medea*. Voraussetzungen zu einem Text. Mythos und Bild, Berlin 1998.

Jahraus, Oliver: Christa Wolf als Kassandra? Der Text als Modell einer schriftstellerischen Selbstversicherung, Literatur in Wissenschaft und Unterricht 29 (1996) 3-16.

Jankowsky, Karen Hermine: Unsinn / Anderer Sinn / Neuer Sinn: Zur Bewegung im Denken von Christa Wolfs *Kassandra*. Über den Krieg und die Heldengesellschaft, Berlin 1987.

Kaminski, Nicola: Sommerstück – Was bleibt – Medea. Stimmen. Wende-Seismographien bei Christa Wolf, in: Walter Erhart/Dirk Niefanger (Hrsg.), Zwei Wendezeiten. Blicke auf die deutsche Literatur 1945 und 1989, Tübingen 1997, 115-39.

Keller, Thomas: Die Wolfsträume der *Kassandra*. Über eine weibliche Mythologie des Friedens und die männliche Logik des Krieges bei Christa Wolf, Recherches Germaniques 15 (1985) 151-74.

Kenkel, Konrad: Medea-Dramen. Entmythisierung und Remythisierung. Euripides, Klinger, Grillparzer, Jahnn, Anouilh, Bonn 1979.

Kepetzis, Ekaterini: Medea in der bildenden Kunst vom Mittelalter zur Neuzeit, Frankfurt am Main 1997.

Kim, Kwangsun: Christa Wolfs Rückkehr zum Mythos. Von *Kassandra* zu *Medea*, Dogilmunhak 37 (1996) 234-50.

Klingmann, Ulrich: Entmythologisierter Mythos. Die Problematik des Wissens in Christa Wolfs *Kassandra*, Zeitschrift für Germanistik, N. F. 1/2 (1991) 270-79.

Klutzny, Monika: Rezeption der Antike in Klassik und Gegenwart: Goethes *Iphigenie auf Tauris*, Christa Wolfs *Kassandra*, Aachen 1989.

Lersch, Barbara: „Hervorbringen müssen, was einen vernichten wird". Mimik als poetisches Prinzip in Christa Wolfs Erzählung *Kassandra*, Deutsche Vierteljahresschrift für Literaturwissenschaft und Geistesgeschichte 59 (1985) 145-66.

Lindemann, Klaus: Christa Wolf: *Kassandra. Erzählung* (1983), in: Werner Zimmermann (Hrsg.), Deutsche Prosadichtung des 20. Jarhunderts, Band 3 (1988), 202-55.

Loster-Schneider, Gudrun: „Den Mythos lesen lernen ist ein Abenteuer": Christa Wolfs Erzählung *Kassandra* im Spannungsverhältnis von Feminismus und Mythenkritik, in: Harmut Laufhütte/Jürgen Landwehr (Hrsg.), Literaturgeschichte als Profession. Festschrift für Dietrich Jöns, Tübingen 1993, 385-404.

Loster-Schneider, Gudrun: Intertextualität und Intermedialität als Mittel ästhetischer Innovation in Christa Wolfs Roman *Medea. Stimmen*, in: Waltraud Wende (Hrsg.), Nora verläßt ihr Puppenheim. Autorinnen des zwanzigsten Jahrhunderts und ihr Beitrag zur ästhetischen Innovation. Dokumentation eines Symposiums, das am 2. und 3. Dezember 1999 auf Einladung der Herausgeberin in der Universität-Gesamthochschule Siegen stattfand, Stuttgart/Weimar 2000, 222-49.

McDonald, W. E.: Who's Afraid of Wolf's Cassandra – or Cassandra's Wolf? Male Tradition and Women's Knowledge in *Cassandra*, Journal of Narrative Technique 20 (1990) 267-83.

Most, Glenn W.: Hölderlin and the Poetry of History, The Germanic Review 61 (1986) 154-67.

Nick, Dagmar: Medea, ein Monolog, Düsseldorf 1988 (Aachen 1991).

Nicolai, Rose (unter Mitarbeit von Doris Thimm): Christa Wolf, *Kassandra*: Interpretation, München 1989 (^{2}1991).

Novak, Simone: The Return of the Medea: Bridging Dichotomies in Contemporary German Culture, Diss. U. of California, Davis 1998.

Paul, Georgina: Schwierigkeiten mit der Dialektik: Zu Christa Wolfs *Medea. Stimmen*, German Life and Letters 50 (1997) 227-40.

Porter, James I.: Resisting Aesthetics. The Cassandra Motif in Christa Wolf and Aeschylus, in: Marilyn Sibley Fries (Hrsg.), Responses to Christa Wolf, Detroit 1989, 378-94.

Rengen, Winfried von: Christa Wolfs feministische Interpretation von Aischylos' *Orestia*, in: Michael Vanhelleputte (Hrsg.), Christa Wolf in feministischer Sicht. Referate eines am 7. und 8. Dezember 1989 an der Vrije Uniwersitejt Brussel veranstalteten Kolloquiums, Frankfurt am Main (u. a.) 1992, 65-80.

Schmidt-Berger, Ute: Christa Wolfs *Medea*. Eine feministische Transformation des Mythos, Der Altsprachliche Unterricht 40 (1997) 127-40.

Shadi, Monika: „Falsch leiden sollte es das auch geben". Konfliktstrukturen in Christa Wolfs Roman *Medea*, Colloquia Germanica 30 (1997) 375-85.

Stephan, Inge: Medea, meine Schwester? Medea-Texte von Autorinnen im 20. Jahrhundert, in: Marianne Henn/Britta Hufeisen (Hrsg.), Frauen: MitSprechen MitSchreiben. Beiträge zur literatur- und sprachwissenschaftlichen Frauenforschung, Stuttgart 1997, 1-23.

Voss, Christine Lilli: Mythic Topographies in Christa Wolf's *Cassandra* and *Medea*: A Literary Analysis of their feminist-mythographic Implications, Diss. Rutgers 1998.

West, Stephanie: Christa Wolf's *Kassandra*. A Classical Perspective, Oxford German Studies 20/21 (1991/92) 164-85.

Wilke, Sabine: Poetische Strukturen der Moderne. Zeitgenössische Literatur zwischen alter und neuer Mythologie, Stuttgart 1992.

Wolf, Christa: Kassandra. Erzählung, Darmstadt/Neuwied 1983(a).

Wolf, Christa: Voraussetzungen einer Erzählung: Kassandra. Frankfurter Poetik-Vorlesungen, Darmstadt/Neuwied 1983(b).

Wolf, Christa: Medea. Stimmen. Roman, Darmstadt/Neuwied 1996.

Wülfing, Peter: Der Kassandra-Mythos und Christa Wolfs Erzählung, in: Christoff Neumeister (Hrsg.), Antike Texte in Forschung und Schule. Festschrift für Willibald Heimann zum 65. Geburtstag, Frankfurt am Main 1993, 301-18.

Register der Personen, Werke und mythologischen Figuren

Kursive Zahlen verweisen auf Anmerkungen auf der jeweiligen Seite. Nicht verzeichnet sind die Autoren von Sekundärliteratur.
(Mark-Georg Dehrmann)